李计忠解《周易》系列

易界名家 独门首传

好山好水在中国

李计忠著

上册

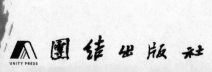

团结出版社
UNITY PRESS

图书在版编目（CIP）数据

好山好水在中国：全2册 / 李计忠著. -- 北京 ：
团结出版社，2015.11
　　ISBN 978-7-5126-3929-4

　　Ⅰ. ①好… Ⅱ. ①李… Ⅲ. ①名胜古迹—介绍—中国
Ⅳ. ①K928.7

　　中国版本图书馆CIP数据核字(2015)第255874号


出　　版：团结出版社
　　　　　（北京市东城区东皇城根南街84号　邮编：100006）
电　　话：(010) 65228880　65244790
网　　址：http://www.tjpress.com
E-mail：zb65244790@vip.163.com
经　　销：全国新华书店
印　　装：北京泽宇印刷有限公司

开　　本：170mm×240mm　　1/16
印　　张：48.25
字　　数：590千字
版　　次：2016年3月　第1版
印　　次：2016年3月　第1次印刷

书　　号：978-7-5126-3929-4
定　　价：98.00元（全2册）

# 前 言

中国古代各种建筑类型很多，包括宫殿、陵墓、园林、民居等等。
中国古建筑文化，是历史上"人的灵魂活动"的雕塑，是古往今来"的意义化"
的风景。学习古建筑文化就必然要达到"灵魂风景"的感触和"风景灵魂"的
感悟。至少，应当向"哪个境地""趋步"。基于这种思考，本教材的指导思想
主要是以古建筑的文化体系为编写脉络，以试图解释中国古建筑文化体系的精
神基础和文化内涵为编写重心，以具体的建筑物体为学习的参照对象而不仅仅
是接受对象为考虑，以牵引受教育者在文化"传统与现实"中所能产生的思索
为手段，以建构中国古建筑业化初步认识为编写目的。本书在以上指导思想基
础上形成的编写思路是：宏观上，以古建筑遗存实物为点、以建筑文化艺术为
线，以一定时代的人文历史为面，完成中国古建筑文化应当反映和传达的"历史
信息"，并成为我们解读"历史中国"的一个视点。微观上，叙述古建筑文化空
间纬度的建筑艺术特色(如从建筑总体文化渊源，各派文化思想对古建筑的影
响，各具体艺术门类对古建筑的衬托—建筑群落—院、屋、房的介绍)，形成从
广泛到精炼、从广博到精深的总结；叙述古建筑文化空间经度的建筑艺术特点
(如从史前社会——先秦——汉——唐——宋——元——明——清的阐述)，归
纳出中国古建筑文化历史走向的特征。在具体建筑构件文化上，力图以小见大，
以大鉴小，达到能够睹物见性、思事出情，从而使中国古建筑与古建筑文化成
为"有生命的历史"和"有历史的生命"，使读者在了解学习中国古建筑时，既
能从现代走近历史，又能从历史走向未来。

数千年来，中国先民在华夏大地上建造了几千座大城，大多有城墙。也建
造了数万个城镇，还有许多数百年或千年的古村落，而且历来人丁兴旺、人才
鼎盛、生机盎然。是因为先祖们谨慎择址布局，都是先经由晓通天文地理的大
师们精心地选择布局创立了一套完整严格的建筑理论体系。先祖们认为：山体
是大地的骨架，山体来脉高昂，一个地方才有气势；水域是万物生机的源泉，
没有水人类就不能生存和发展。只有山环水抱才是"藏风聚气"的优良地理环

境。传统选址的理想模式是"枕山、环水、面屏、向阳"。

不少古城、古镇在建筑选址、形态、结构、造形、色彩、命名等方面体现了中国传统文化中的儒家道德、五行等观念规范，体现了传统的价值观、审美观与各地的经济文化地域特色。中国古代民居、村镇、城市的择址环境的优选、生态景观的塑造都必须选择充满"生气"或"藏风聚气"之地。所谓藏风聚气之地，即是要山岭宛转逶迤、或顺或逆、迂回盘绕、层层拱卫，向前拥簇而不僭逼，能够聚止而不陡急。来山凝结，止而聚集、阴阳调和。土层高厚、聚水深沉、草木茂盛。是一个群山环绕、流水弯弯、山岭回环、草茂林盛的生机盎然之地。

这些历史文化名都、名城、名镇、名村、名寺，名宅在当初择址布局时就符合环境学理论，或是经过改善环境后，使其符合环境学理论，因此能够经历千百年的沧桑遗留至今。

保存至今的多为聚居形态，多沿山势、水势布局，灵活多样。整个聚落的轮廓与所在地的地形、地貌、山水等自然风光取得和谐统一，都有着浓厚的地方特色。不能不说中国古人所创造的建筑文化确实是人类生存的智慧成果。

古人讲究天人合一、顺应自然、讲究耕读写意、寄情山水；讲究环境布局，才使古聚落能成为今天文化旅游的宝贵资料。

本书介绍的中国古都、古城、古镇、古村、古寺、古墓、古宅在中国大地上只是寥若晨星，希望能够抛砖引玉，使更多的堪舆爱好者有更深入的研究，写出更多、更好的作品。

**李计忠**

2015 年 5 月　海口

# 目　录

第一章

文化名城在中国

中国有着悠久的建城历史，截至清末，中国有二千多个县城，大多有城墙，而且在建城之前，必先由风水师精心选址、规划、布局。建城先选址的实例，在历史上屡见不鲜。

夏桀王二十二年（公元前1798年），后稷的曾孙公刘迁豳，选址重视基地形局之广大，采光良好，山之向背，水之去来，实后世营造之法式，周朝之兴自此肇始。《诗经·大雅》记载：

"既溥既长，既景乃冈，相其阴阳，观其流泉。"

周武王十二年（公元前1035年），分封天下诸侯。周公旦为武王之弟，因辅佐有功，被封于少昊之墟曲阜，称为鲁公。周公精心选址，周公之子伯禽在此建鲁国，自此而后至战国末年鲁灭亡，长达873年，未曾迁都，是中国先秦时期连续使用时间最长的城市之一。

周成王八年（公元前1035年），周公姬旦营洛邑，筑王城于郏鄏，筑成周于洛水之北。《洛阳县志》记载：

"周公复卜申视，卒营筑，居九鼎焉。"

后有东周、东汉、曹魏、西晋、北魏、隋、唐、后梁、后唐等九个朝代建都于此，素称"九朝古都"。隋唐时期洛阳城市人口超过百万，

是当时世界上有名的繁华大都市之一。

东晋明帝太宁元年（公元323年），置永嘉郡。当时，大学者、堪舆家郭璞为郡城在瓯江南岸（今鹿城）选定地址，规划筑城，据《晋书》记载，郭璞对天文、地理、占卜、历算样样精通，他登西郭山，望诸山错立如北斗，华盖、海坛、西郭、松台四山似斗魁，积谷、翼山、仁王三山似斗杓，以为"城于山则寇不入斗，可长保安逸"。因跨山为城，名斗城，周长十八里，时有白鹿衔花之瑞，故取名白鹿城。凿井二十有八，以象列宿，凿湾潭水渠遍布街衢坊巷大小布列如井田状。时至今日，温州已成东南沿海重要城市，温州商人名扬天下。

福州城址也是东晋时郭璞所选定，他生于西晋武帝咸宁二年（公元276年），卒于东晋明帝太宁二年（公元324年），是1700多年来公认的风水祖师。

晋太康三年既诏置郡，命严高治故城，招抚昔民子孙。高顾视险隘不足以聚众，将移白田渡，嫌非南向，乃图以咨郭璞。璞指其小山阜曰："是宜城，后五百年大盛。"于是迁焉！福州自郭璞选址至今，一直都是福建政治经济文化中心。

隋文帝时营建大兴城，就是唐朝的长安，今日的西安，新都的创建开始于隋文帝开皇二年（公元582年）六月，到开皇三年三月初步建成，因为隋文帝初封大兴公，故取名大兴城。营建新都时，总领其事的是左仆射高颖，创制规模的是太子左庶子宇文恺等。城市建设过程中，还以《易经》中"乾卦六爻"的说法，根据龙首原分为六条岗地的特点，安排了功能不同的建筑。此外，在城市的边缘规划了园林区，既可美化环境，又可成为民众的游览场所，是中国古代城市史上的一大创举。

唐天复二年（公元902年），卢光稠扩展赣州城区，修建城墙，增设城门，开凿城壕，筑拜将台，确定此后相沿千年的赣州城规模。至今还保存了朝天门和西津门、涌金门、建春门、拜将台、八境台炮城、西门炮城等。卢光稠请杨救贫择址建城。杨救贫选赣州城址，为上水龟形，龟头筑南门，龟尾在章贡两江合流处，至今仍名龟尾角。东门、西门为龟的两足，均临水。卢光稠拥兵一隅，面南称王30余年。人们认为得益

于杨救贫赣州城址的选择。

南宋嘉定十三年（公元 1220 年），道教全真七子之一、龙门派教主长春真人丘处机应成吉思汗的邀请前往西域。丘处机用了三年多的时间西游天山，路经新疆特克斯河谷时，被河谷的山势、水势所动，取其地北倚乌孙山刚气寓天，环绕谷地缓坡之柔顺寓地，南临蜿蜒迂回的特克斯河为水之盛脉，称这里集山之刚气、川之柔顺、水之盛脉为一体，并以此作为"八卦城"风水核心择定方位。取"天地相融，东西相通，天人合一，人杰地灵"之龙脉，以周文王姬昌推演的后天八卦确定了坎北、离南、震东、兑西四个方位，成为新疆特克斯八卦城最原始的雏形。

民国二十五年（公元 1936 年）冬，伊犁屯垦使丘宗浚来特克斯视察，首肯当地官员迁址建议，并亲自选址和设计了现县城。该城完全依《周易》八卦图说而建，取"天地交而万物通，上下交而志同"之意。县城以其街道形式独特、城区规划奇异而闻名遐迩，被誉为"八卦城"。城心为占地 32 亩的中心公园。宽 40 米，长 1400 米的八条大街均分布在由城心向外的四面八方，每条大街根据八卦方位（乾、坤、震、坎、艮、巽、离、兑）分别命名。以城市中心花园为太极阴阳两仪，按八卦方位向外辐射八条主街，由中心向外依次共设四条环路。一环 8 条街，二环16 条街，三环 32 条街，四环 64 条街。街道按八卦方位形成 64 卦。整个县城形成路路相通，街街相连，神奇迷宫般的街道布局，县城呈放射状圆形。是现今世界上唯一的一座保存完整、卦爻完整、规模最大的八卦城。因为"建筑正规，卦爻完整，规模最大"，它曾被上海吉尼斯总部正式宣布为现今最大规模的"八卦城"。

北京紫禁城的设计者和营造者是刘秉忠。刘秉忠不仅是帝都的设计专家，而且还是一位政治家，但他是以营建北京城而名垂不朽。刘秉忠学识渊博，精通天文、地理、历法，熟读四书、五经，深受忽必烈的器重。根据《续资治通鉴》的记载，忽必烈决定迁都北京，是出自刘秉忠的奏议。他奉忽必烈之命，兴建大都城，就是今天的北京。

北京为元朝的大都，元大都城从公元 1267 年开始兴建，到 1285 年基本建成，历时 18 年之久，其中仅皇宫部分就建了 4 年。那时的大都城

已成为世界上最为宏伟和繁华的城市。

朱元璋定都南京，由刘基等人相地，营建宫殿。《明太祖实录》卷二十一记载了元朝至正二十六年（公元 1366 年），修筑城墙和宫殿的情况。朱元璋营建应天府城，直至公元 1386 年才完成，后来改称南京城，全长 33 公里的城垣，不仅是全国第一，也是世界之最。选址的刘基不但是著名的政治家，更是名垂后世的风水师。

公元 1875 年，清廷大臣沈葆桢奏请添设台北府，根据 1878 年台北府第一任知县林达泉对台北府的规划，府城坐落在艋舺和大稻埕之间的平野上，即今日的中正区。开始兴筑依风水规划的台北城，全城约作长方形，东西城墙风水线交会于七星山，以大屯山为背，新店溪为水，城向坐北朝南，其主轴直指北极星。1882 年开始兴建，1884 年完工，1887 年刘铭传就任台湾巡抚，奠定台北成为省城的所在。台北正式筑城动工不久，即由台湾道人刘璈接任。刘璈素精堪舆之学，曾有兴筑恒春城的经验，他以风水专业来兴筑台北城。台北城的建筑与七星山有关，相应于天上的北斗七星，西门对纱帽山，东门对七星山主峰山尖，及北斗七星之天枢、天玑二星，内府对北极星。以城门对北斗七星，街道对北极，完全符合中国城市法天象地的风水思想。台北盆地山水大会，外关内锁，山环水抱，藏风聚气，确是风水大地。因此三百年来，大陆移民至此大大发迹。

清光绪三年（公元 1877 年），辽宁怀仁（今桓仁）被批准建县，由章樾负责建县之事。为了选好县城城址，使其真正成为桓仁的经济文化中心，章樾颇费心血。传说，章樾最初将县城选址于浑江西岸六道河子荒沟门。但因一日章樾出巡，登上五女山游览，在五女山点将台俯瞰浑江、哈达河时，看到了两条河流交汇形成的天然太极图形，遂将城址移至浑江东岸，在太极图的阳极中建成八卦桓仁城。光绪四年六月开工兴建，于光绪八年春竣工。据史书记载："八卦城竣工之际，知县章樾在他所撰写的《初建怀仁县碑记》中写道：相度形势，览择斯土，两江带环兮，气聚风藏，五袖屏到兮，原蔽形固，城像八卦，以宣八风，门开三光，以立三才。"

　　这里既提到了章樾根据山环水抱的形势建八卦城的初衷，也表达了他以此来接日月星辰，培育和树立天地人三才的希望。据说县城建成后，桓仁风调雨顺，国泰民安，人丁兴旺。

　　清朝在全国各地府、州、县建城之前，会以知府、同知、知县等行政的最高负责者为主，并会同七位高阶位置的武官，以及当时的士绅，共同参与、共同商量，并斟酌实际防御面的问题，取得共识，以风水为中心加以检讨后才兴建。在对于建城风水的检讨时，有资深的风水师参加并给予适当的鉴定及忠告，因此中国各地方志常有风水舆地形胜的记载。

　　中国各省的通志、府志、州志、县志等地方志，在舆地或山川、形胜等篇章中，都有关于该地风水格局的记载，使后世的人知道：无论是旧城改造、都市更新或社区重建，都避免破坏风水。古人此举实在是充满智能。

　　风水理论是中国传统建筑的思想与灵魂，也是一座城市兴盛的灵魂。从城市到乡村，从宫殿到民居，均遵照风水理论选址布局、规划兴建。因此，古代对风水师极为尊重。

　　古代参与城市规划开发的风水师，都是学有专精之士。例如为浙江温州选址布局的郭璞，是东晋著名的文学家；为北京规划布局并兴建的郭守敬，不但是元朝的天文学家，也是水利专家；为南京选址布局并兴建的刘基，则是明初的政治家。他们的成就名垂千古。

　　郭璞被尊为风水祖师之一，他的风水理论影响中国人1000多年来的生活起居。郭守敬在天文学上的成就，则举世闻名。1970年，国际天文学会以世界上最具影响力的科学家的名字，来命名月球上的山脉，其中有一座环形山被命名为郭守敬山，在他的周围，是爱因斯坦、欧姆、焦耳、帕欣、迦罗华、赫兹斯朋、迈尔森……至于刘基，协助朱元璋奠定明朝江山，他的风水著作更是后学必读的经典。

　　古代无论是民居或村镇或城市，在规划开发之前，都是先由风水师择址布局，才规划开发，也就是说，先有风水师规划，才有建筑师、景观规划师或工匠的参与。

其成果如何？在现存的古村落、古镇、古城的实例中，可得到明证。

中国历史悠久，幅员广阔，是世界上城市最多的国家之一，时至今日，城市规划、建设正在日新月异地进行着，不仅无数的乡村、社区在改造，数以万计的城镇也在进行更新。无论是社区、城镇或大都市的开发，都不可以破坏风水，以免使人类赖以生存的生态环境遭到严重破坏，终至自食恶果。

# 第一节　中国文化名城概述

宇宙周期中国称之为"气运"、"元运"或"气数"。宇宙无时不在运转，万物亦随宇宙运转，而无时不在消长，元运即是宇宙星辰运行的周期律，与地磁气转变的规则。元运影响风水的成败盛衰，因此，研究堪舆地理，首务即在了解"元运"。

宇宙有大关合，运气为主；山川有真性情，气势为先。

山何以独取秀气？山之势，类多刚猛而顽硬，惟患不秀丽。若见秀丽所丛，便是真气所聚。且上聚地，惟天清之气居多。收山不收水者，正用之此处，以峰峦之秀气为生气耳。

水何以独取积气？水之势，类多流走而散逸，惟患不澄凝。若见诸水所积，便是真气所钟。且下聚地，惟取凝蓄之气居多。收水不收山者，正用之此处，以水之积气为生气耳。

世界的转折变化在于气运，山川的真情实性在于气势。什么是气运呢？如找到了一块福地，但居住在此或葬在此的人，不能享受这个福气，或者能够受这个福气，但时候又不合适，这就是气运。什么是气势呢？山峰秀丽是气势，水流澄净是气势，岩石威仪成体是气势，平原上如同骨脊一样隆起的地方也是气势。

地运有推移而天气从之，天运有转旋而地气应之；天气动于上而人

为应之，人为动于下而天气从之。

宇宙气运，天地人皆相与于有成，一有转移举动，气即以异，此识时观变者之一大枢纽也。

何谓地运有转移而天气从之？黄河是天地间一大血脉，河由龙门而转吕梁，由吕梁而转太行，由太行而转褐石，乃入海。是河从西转南，从南转东北，而冀居其中，所谓"黄河如带，五岳俱朝"，为天下第一大风水者。北冀都一时而尧、舜、禹三圣人出焉，千古莫盛矣！黄河经其北，长江绕其南，泰岳夹于其间，泰山为华山以来，大尽之龙乃中国之一大干。论中国形胜，则泰山为中尽当时孔圣起而群贤济济并生，千古亦莫盛焉。自汉，黄河渐徙而南，乃至穿断邹鲁之墟直走淮泗则泰山反居北而黄河乃居南！冀州之水势倾邹鲁之地脉断，而北地之气运衰！我朝祖陵钟于中都，大业起于滁阳，正在淮泗之间，岂非黄河南徙，气运固使之然？江南之盛，以宋南渡而然，不知黄河徙而之南，则天运亦从而之南，人不能为之挽也。天气一从地运之转者。

天运有转旋而地气亦应之？如秦太史占金陵有天子气，乃疏秦淮以泄之，不知秦淮一疏，地运乃动。六朝之建都，我朝之鼎奠，果应于此。洛阳素未有杜鹃，杜鹃啼而天气行于南！地运未到而天运先到，则地从天转也。

世界的气运不是孤立的，而是在天、地、人三者之间相互感应。如黄河从龙门转吕梁山、太行山、褐石山而入海，像一条大玉带，五岳都来朝拜，形成中国第一大风水，所以有尧、舜、禹三位圣人出世；秦山北有黄河流过，南有长江环绕，形成中国第一大气脉，所以有孔子、孟子等贤人出生。汉朝以后，黄河改道，到了泰山南面，所以气运也慢慢转往江南，这是地运有推移而天气从之。洛阳向来没有杜鹃鸟叫，出现了这种鸟，是天运到了南方，以后果然由南方人当宰相，这是天运有转旋而地气应之。

以人事世势来论，得元之运则兴荣，失元之运则衰败。一切兴衰，总以气运来判断。

"风水轮流转，十年河东，十年河西。""地运随时间、空间而转变。"地气之盛衰，久则必变。盛极必衰，理固然也。

中国南北人文生态的对比，自先秦以来，一直是北盛于南。夏禹成第一次统一之业，文武周公成第二次统一之业，秦政成第三次统一之业，而皆起自黄河上游。积千余年之精英，而黄河上游，遂成全国之北辰，仁人君子之所经营，枭雄杰黠之所搀夺，莫不在于此土。盛极而衰，是事物发展的普遍规律。历史发展到唐宋，几乎来了一个180度的大转弯，中国南北人文生态的对比开始出现对峙和换位的局面，即是说唐以前，北盛于南；宋以后，南盛于北。

中国文化是由北方盛南方衰，而逐渐南移成今日南方盛北方衰的局面。自宋代以来，中国文化日渐呈现由北向南转移的趋势。宋以前，是黄河流域的文化；以后，是长江流域的文化；近代则是珠江流域的文化。黄河流域以军事人物为最多，长江流域以文化人物为最多，珠江流域以企业人物为最多。未来中国文化中心将坐落在南方而不是北方。

地气推移最明显的例证，是经济重心跟着变化。中国的经济重心是

由北方黄河流域向南方长江流域逐渐迁移，在中原文化轴心时代，中国的经济发达地区一直在黄河流域，这只是笼统地相对而言的。详细地进一步研究就可以发现，这个经济重心仍然经历了一个从前期稳定于中原，到后期向东南倾斜以致基本转向江南的演变过程。经安史之乱和藩镇割据的冲击，中国的经济重心基本上转移到了东南江浙地区；至靖康之难、宋室南迁（公元 1127 年），中国的政治、经济和文化中心则彻底转移到江南。

从东汉末年开始，中原烽火四起，战乱不休，中州士女，不断南迁，至西晋末年，永嘉之乱起，掀起了历史上人口的大迁移，揭开了开发江南的序幕。至南北朝，中国经济重心微微向东南倾斜的态势出现。但经济重心仍在北方。

唐朝之时的安史之乱，加上藩镇割据，使中原动荡，人民离散，又掀起一次人口大流动，江南经济迅速发展，中国经济重心转移到了南方长江流域，尤其荆州、扬州的成效最著。

至宋室南渡以后，中国的经济已形成南重北轻的局面，在此后的数百年，北方经济始终未能赶上南方的经济。

关中者，天下之脊，中原之龙首也冀州者，太行之正，中条之干也；洛阳者，天地之中，中原之粹也；燕都者，北陇之尽，鸭绿界其后，黄河挽其前，朝迎万派，拥护重复，北方一大会也。之数者自三代以来，靡不为帝王之宅，然兴衰迭异者，以其气有去来之不齐也。

朝代更迭与各大都市的兴衰，往往因地运之衰旺有别。所谓气运，是一种上天注定的数。所谓地运，是土地为了应显上天的气运，而有兴衰荣枯的现象。一个国家的国运到了要生旺兴发的时候，这一国土地才得以兴旺一个地区的地运到了应当兴旺的时候，这一方的土地才得以兴旺。家族也是一样，一个家族的家运当兴，才得以兴发这一家的土地。地穴是结在土地之上的，而气运之数却是定于天上，因此气运未到的时候，地穴也不会显露出来，这是无法以人力勉强的事。

地运有推移，而天的气运从之，天的气运有转移变迁，而地运随着感应。地运有变迁或推移的时候，一个结穴的地方，是不可能永远繁荣，

也不可能永远默默无闻。

由于地形的变动，使得地运有所改变，称为地运的变迁。

从中国的六大帝都来看，其风水各具特点，堪称佳地。帝都既然是风水中的精华，为何那些择都的帝王们不能保其"千秋基业"，而总是出现王朝更迭呢？

根据风水的基本理论，人们选择宅地（包括帝都）和葬地的主要标准，是要求能护卫生气，以便给后人带来好运。

一、地貌的自然改变。黄河是天地间一大血脉，原来的流向是由龙门而转吕梁，由吕梁而转太行，由太行而转碣石入海。河北北自黄河，南有长江，冀都居其中。黄河如带、五岳俱朝，为天下一大风水也。故有尧、舜、禹三大圣人出生于此。泰山也被夹在黄河、长江之间，泰山为华山以来大尽之龙，中国三大干龙中的中龙尽头，故春秋战国之际有孔子等群贤出。在汉代，黄河改道，穿断邹鲁之墟直淮泗，泰山居黄河之北，冀州之水倾邹鲁之地，地脉被冲断，地运也随之转移。到了元末，明太祖生于滁阳，正在淮泗之间，这便是黄河改道后地运转移的结果。

二、天候的变化。地脉之盛衰，必由气运，理有明证。天气动而地气无不应之。

三、地貌的人为破坏。山冈如果遭到掘凿，生气就会行于其他地方。

黄河、长江水品不同说。在中国历史上，北方建都的王朝寿命往往要长些，而在南方建都的王朝多半作短，流转频繁。风水认为造成这一现象的原因是黄河、长江的风水作用不同。黄河水浊聚脉，有不断发展扩张的趋势，故建都于此既兴盛又长命。如黄帝葬于桥山，位于黄河之南的河套地区。土地富饶而广豪。长江水清断脉，故建都于此往往早夭。如舜帝葬于苍梧，位于长江以南，所以舜帝之子商均遭到诸侯的背弃。

都城是一个国家政治、经济的中枢，如何为都城选址，更是古人关注的核心所在。

国都选址，要在平坦而肥沃的土地之上。背有大山，左右有河流、泉水或湖泊，城内有通畅的排水系统。这种因地制宜进行建城的原理，可能是中国古代城市所共有的特点。选择建立都城的地形，大抵可以归

纳成几条准则：

一、地形坚固不倾。

二、土地肥沃，有山水环绕。

三、因势利导，如坐落于高山之下，要注意防旱，以免用水不便。如坐落于大河之旁，要注意防涝，以免排泄不畅。

司马迁在《史记》中记载了大量的城邑、宫殿、园囿、坛庙和陵墓等建筑，以其历史学家深邃的眼光，用较大的篇幅详细记载了不同历史时期的城市选址思想、城市规划、建筑设计和建筑礼俗等思想观念，使后世得到重要的启发。所呈现出来的城市选址思想，归纳三点即"择中"原则、"形胜"原则和"堪舆"原则。

远在新石器时代中晚期中国的先民就很注意聚落的选址问题，当时的多数村落选择在浅山区或丘陵区靠近河流或湖泊的台地上。这种选址有利于发展原始农业，便于就近捕鱼捉虾，还可以解决用水和防止洪涝灾害等问题。城市选址，特别是都城选址便成为历朝历代人们审慎考虑的重大问题。相当注意把都城建设在环境最佳的地方。周成王在营建东都洛邑之前，先派亲信大臣召公去"相土"，后又派周公旦去进行"复卜申视"，经过反复勘察、分析后，才确定了成周城的地点；刘邦建都长安，也是经过群臣认真比较长安与洛阳两地的优缺点，反复论争之后才确定的。这些事实反映了统治者对都城选址的极大重视。

在长期的都城选址实践中，古人积累了丰富的经验，形成了城市选址的一些基本原则和基本理论。其中"择中"原则、"形胜"原则和"堪舆"理论最为突出。

从这些史料可以推测，堪舆术不外是以天地之道、阴阳之理，占卜凶吉祸福的"术数"和技巧。堪舆家使用的主要工具是"栻盘"。栻形上圆象天，下方法地，用之则转天纲加地之辰，故云旋式。棋者，筮之状。正棋，盖谓卜以作卦也。"栻盘"，又称星盘。栻盘由地盘和天盘两部分构成。地盘为方形，四周刻有八干（甲、乙、丙、丁、庚、辛、壬、癸）和十二支（子、丑、寅、卯、辰、巳、午、未、申、酉、戌、亥），加上四维（乾、坤、巽、艮）共二十四向。天盘为圆形，上刻有

二十八宿、北斗等主要星象。天盘的圆心钉在地盘上，随天体的运行转动天盘，可根据它确定天体运动与大地方位的关系。主张顺应四季的秩序去行事，是不可丢失的。司马迁对阴阳术的评价是相当客观的。对风水理论也既不能全盘肯定，或一概抛弃，在科学分析的基础上，进行辩证的扬弃。风水理论是中国古代内涵丰富、综合性和系统性很强的独特的建筑理论体系，它总结了丰富的实际经验，吸收融汇了古代科学、哲学、美学、伦理学以及宗教、民俗等方面的众多智慧，集中而典型地代表和反映了中国传统建筑环境科学与艺术的历史真知，非其他学术可以取代。主张尊重自然、顺应自然、强调天、地、人和谐统一的观点，对人类今天解决"可持续发展"的时代课题，就具有重要的现实意义。风水所追求的负阴抱阳、背山面水等建筑选址的基本模式，是古人的真知灼见。背山可以屏挡冬日北来寒流；面水可以迎接夏日南来凉风；朝阳可以争取良好日照；近水可以取得方便的生活、灌溉用水，有利于发展水运交通，且可适于水中养殖；缓坡可以避免淹涝之灾；植被可以保持水土，调整小气候，果林或经济林可以取得经济效益和部分的燃料能源。我们应当把风水理论中这些"合理内核"加以升华，整合到中国现代建筑文化中去。

中国古代城市选址注重都邑的脉络形势，几乎成为一种传统。"欲知都会之形势，必先考大典之脉络。两山之中必有一水，两水之中必有一山，水分左右，脉由中行，都邑市镇之水旁拱侧出似反跳，省会京都之水，横来直去如曲尺……山水依附，犹骨与血，山属阴，水属阳……故都会形势，必半阴半阳，大者统体一太极，则基小者亦必各具一太极也。"

城市大小不同，其脉络形势也各异："若都省府州县邑，必有旺龙远脉铺第广布。""干龙尽为州府，支龙尽为市村……龙气大则结都会省郡，气小则结县邑市村。"

北京在历史上曾经是金、元、明、清数代都会（中都和首都）。北京城原始聚落的形成，无疑是在环境选择的基础上出现的古老的蓟城处在永定河渡口的偏北位置，这里是太行山东麓的要道，通向山海关和坝

上高原等地的必经之路，显然交通条件决定了北京原始聚落形成的必然性。北京城在宏观区位上的特点，却与风水所倡导的宏观地理形势有某种暗合之处。它后有靠山，前有流水，宽广大平原成为首都级城市的宽大堂局。冀都是天地中间好个风水。山脉从云中发来，云中止。高脊处，自脊以西之水，则西流入于龙门、西河。自脊以东之水，则东流入子海。前面一条河环绕。右畔是华山，耸立为虎。自华山东来为嵩山，是为前案。遂过去为泰山，耸于左是为龙。淮南诸山是第二重案，江南诸山及五岭又为第三、四重案。把北京作为一个全国性大都会来言其形势的。

风水在对城市进行选址时，总的规则与乡村选址相同，同样基于对四周的山川、地理形势的审视，对地质情况的考察。地形各要素之间的关系亦受"阴阳"之支配："欲知都会之形势……必先考大舆之脉络，两山之中必有一水，两水之中必有一山，水分左右，脉由中行，郡邑市镇水旁拱侧出似反跳，京都之水横来直去如曲尺……山水依附，犹骨与血，山属阴，水属阳二故部会形势，必半阴半阳，大者统体一太极，则其小者亦必各具一太极也。""气"要大，"龙"要旺，"脉"要远，"穴"要横阔。也就是说"环境容量"要大。

必有旺龙远脉，铺张广布，干龙尽为州府，支龙尽作市村，气大亦大，气小亦小。龙气大则结都会省郡，气小则结县邑市村。

"凡京都府县，其基阔大，其基既阔，宜以河水辨之，河水之弯曲乃龙气之聚会也，若隐隐与河水之明堂朝水秀相对者，大吉之宅也。"

对于城市而言，选址时水比山显得更重要，目前我国城市分布的规律看，也的确多沿江、河或近海。充足的供水是城市选址最重要的必备条件之一，任何城市都很难没有水源而生存下去。

古人在城市的环境优选、时空优选上，达到了相当的高度，这是一种奇特的文化现象和科学现象。风水理论是中国传统建筑的思想和灵魂，也是一座城市兴盛的灵魂。根据长期对自然的细致观察及实际生活的体验，在中国古代就已产生了一种有关住宅、村镇及城市等居住环境的基址选择及规划设计的学说，叫做"风水术"或"堪舆学"。它包括了环境优选学、建筑学、天文学、预测学、园林学等等，内容精深广博，堪

天道，舆地道。"风水说"所信仰和追求的天人合一，人与自然和谐相处，正是现代和未来生态学所追求的目标，有的西方学者甚至称"风水说"为"宇宙生物学的思维模式"和"宇宙生态学"，把"风水说"定义为"通过选择合适时间与地点，使人与大地和谐相处，取得最大利益、安宁和繁荣的艺术"。可以说是"天地之学"是文化，又是一门严谨的科学。

它的实质不外是在选址方面作为准绳的地质、地文、水文、日照、风向、气候、气象、景观等一系列自然地理环境因素，做出或优或劣的评价和选择，以及所需要采取的相应的规划设计的措施，从而达到趋吉避凶纳福的目的，创造适于长期居住的良好环境。一个居住地点的形成发展及兴衰，是由地理、经济、政治、文化、历史等多种因素所影响所决定，自有其客观规律。它还是中国传统宇宙观、自然观、环境观、审美观的一种反映。所有这些，对传统住宅、村镇、城市的选址及规划设计，都产生了一定影响并起到正面的作用。它将自然生态环境、人为环境以及景观的视觉环境，做了统一的考虑。"风水"是中国古代即已产生的一种环境设计理论和初级的环境科学。

水在中国的聚落选址中占有重要的地位，风水认为，水是气的标志。"气乘风则散，气界水则止。"水能聚气，特别是呈环抱状的水最能聚气。"凡京都府县，其基阔大。其基既阔，宜以河水辨之。河水之弯曲乃龙气之聚会也，若隐隐与河水之明堂朝水秀峰相对者，大吉之宅也"。中国传统的城市选址绝大多数都以河流的弯曲之处为首选。

风水家选择都城、聚落和阳宅地址时，有一个总的原则，就是要具备封闭式的环境单元。这种环境单元被风水家称为太极，它跟地理学上的地貌单元相对应。风水家对太极的解释是"既有天地，天一太极，地亦一太极，所生万物又各一太极。故地理太祖，一龙之终始，所占之疆域，所收之山水，合成一圈，此一太极也。少祖一龙之终始，所开之城垣，合成一圈，此又一太极也。祖宗一龙之终始，所开之堂局，合成一圈，此又一太极也。父母、主星所开之龙虎，合成一圈，此又一太极也。"太祖为一级，少祖为二级，祖宗为三级，父母、主星为四级。在同级太

极中，又按地形结构分三层：外太极、中太极、内太极。"物物有太极，于风水言太极尤肖焉。太极有三层，风水有外罗城，为外太极，龙虎砂为中太极，护穴砂为内太极。其穴坪处，为太极中间一点。"

风水家根据太极大小来安排都城、都市、乡聚、民宅。一级太极可建都，二级、三级太极可建城镇乡聚，四级太极宜建民宅。各级太极有一定的地域面积要求，帝都要求大局，也就是垣局，垣局必落平原。平原面积要求四周在一百里以上；府州要求四周有数十里的平原郡县要求四周有十数里至二三十里的平原；乡村市井所在地的平原，四周亦不下数里。平原越大，铺展愈阔，则力量愈大。这个力量指生产力，如资源丰富，人口众多，经济发达等因素。各级太极有的风水家称作大、中、小聚，大聚相当于一级太极，宜建帝都中聚相当于二三级太极，宜建城市。

帝都的重要性决定它必然是风水的精蕴所在。风水对帝都的选择有着比普通住宅更高的要求，包含以下要点：

帝都必须形局开阔辽广，不能逼厄狭小。"凡立国都，非于大山之下，必于广川之上。""黄河九曲为大肠，江川屈曲膀胱。分肢擘脉纵横去，气血勾连逢水住。大为都邑帝王州，小为郡县君公侯。"风水对帝都选择上的这一要求，赋予帝都以宽广活动空间，这是符合一国之都实际需要的。

帝都

帝都必须能控扼天下，不能局促于一隅。适宜为帝都者，皆能"控制六合，宰割河山"。六合即四面八方之意。如北京，具有"挈裘之势"，北京负重山，面平陆，南控江淮，北连朔漠，总握天下。西安，具有"建瓴之势"，因为西安据黄河上游，俯瞰河东，只要一有风吹草动，便可飞流直下，控制全局。洛阳，具有"宅中图大之势"，因为洛阳居于中国心腹之地，便于向四方拓展。

帝都必须有众水汇聚。帝都是一国的风水精华，更需要有诸多的水流来朝，如此方能形局严密，国运长久。"陟彼百泉观水去，陟彼溥原观水聚。""建都山水必中聚。"众水汇聚是出于风水界气的需要，实际上是根源于经济生活的需求。国都人口众多，生活用水是首先要考虑的问题，中聚之水也便于交通。

帝都必须有"龙关"可以依附。龙关即所谓"龙过峡"，"蜂腰鹤膝"，指山脉的束咽处。"古人建都与建邑，先寻顿伏识龙关。"龙关其实就是关隘、天堑，它使帝都有隘可守，不致于四面受敌。

帝都必须上合星垣，方为天下至尊之地。帝都者，天下之京畿，万方之枢会，抚有四方，统御万民，是天下的至尊之地，更应上合天星垣局，下钟丘脉之旺气。这种天星垣局与一般的星区不同，它必须含有所谓的"帝座之星"在内，因为"在天为帝座之星官，在地为帝居之都"。含有帝星在内的星垣只有三个：紫微、太微、天市。"帝都必要合垣，紫微在中天，其次太微与天市皆有帝座位。"

紫微：位于北斗七星以北，相当于今小熊座、大熊座、天龙座、猎座、牧夫座、武仙座、仙王座、仙后座、英仙座、鹿豹座等。

太微：三垣中的上垣。位于北斗七星的南方，在紫微垣的东北角，相当于今室女座、狮子座和后发座的一部分。

天市：三垣的下垣。在紫微垣的东南角，相当于今武仙座、巨蛇座和牧夫座的一部分。

帝都必须是干龙中出者所结，不能旁出，如此方得"正气"，支龙也须就此打住，如此才能形局阔大，平夷千里，王世之宅；奔腾不息，山陵之格。迢迢郁郁，作镇方岳；自余偏断，宅坟己尔。

我国城市选址的生态思想具体可概括为：依山傍水，山体是大地的骨，也是人们生活资源的天然库府。水域是万物生机的源泉，没有水，人就不能生存。依山傍水，可以为生存提供便利的条件。我国的城市大多是在大山大河之间发展起来的。六朝古都南京濒临长江，四周是山，有虎踞龙盘之势。

中国历来名都大邑，大体皆界水且抱水，生气旺盛，人才荟萃，且富甲一方，可谓备极繁华，故知审外水之大小深浅，可识地之轻重，审内水之分合聚散，能识地之真假，此言诚不虚也。

得水，又称为"得气"，"水为气之子，气为水之母。"地气行于地下，眼睛无法看到，而水为气之凝固，形诸于外，是眼睛可以看得到的。有水的地方，就有气的存在。

两条河流交汇（界水）之处，就是龙脉界止的地方，"未看山，先看水，真龙落处水聚，真穴落处水瀍。"水聚是指四方河水流来会合，水瀍是指流水绕抱，是界水抱水的地方，为真龙真穴的意思。

界水兼抱水，地气停聚，自然生气旺盛；生气旺盛，自然万物滋茂，容易聚集人口；人口一多，即有贸易往来，发展出商业；商业发展，则容易带来财富，财富一多，则行有余力以学文，求取功名利禄。所以说界水兼抱水之地，是发富贵的绝佳地点。

"山管人丁水管财。""水深处民多富，水浅处民多贫，水聚处民多稠，水散处民多离。"界水兼抱水的地点，由于水聚水深，人口稠密，居民富庶，容易发展成大都市。

考古发掘证明，3千多年前的殷商时代，中国已经有城市，这些城市已有规划。春秋战国时代的古城遗址研究证明，当时中国城市的规模已相当大，城市功能已很复杂。

从三国开始，中国古代城市规划有明确的意图，有整体综合的观念，有处理大尺度空间的丰富艺术手法，也有修建大型古代城市的高超技术水平，在城市建设中发挥了重要作用。

隋唐长安城的规划，是中国古代最杰出的城市规划成就之一，公元五八二年由城市规划家宇文恺制定，并按照规划进行建设。城市平面为

矩形，宫城居中偏北，采取严格的中轴线对称布局，影响深远。

元大都是完全按照规划建设起来的都城，城市规划采用汉民族传统的都城规划原则，布局严整对称，南北轴线和东西轴线相交于城市的几何中心。明代的北京城，是在元大都的基础上建成的，清代继续作为部城。它被完整地保留下来，成为中国古代城市规划的杰出典范，受到举世称赞。

"凡立国都，非于大山之下，必于广川之上，高毋近旱而水用足，下毋近水而沟防省"的原则，城市要选择依山傍水的地形，以免受旱涝之灾，节省开渠引水和筑堤防涝的费用。

中国的一些著名城市，如西安、洛阳、开封、苏州、杭州、北京、南京的选址，都经过周密的考虑。千百年来，它们虽受不少天灾战祸，但经过重建、改建或扩建，仍保存至今。

中国古代的地理思想认为，天上的星变会引起地下人文环境的变动。天上的星对应地下的州城。在城市，国都的规划建设中，充分体现了这种"上应天星"的思想。"法天象地"是国学人文景观和都城规划的主要特征。

天有五星，地有五行；天分星宿，地列山川气行于地，形丽于天；天有象，地有形。地表的山形与天上的星体相合，地表的河岳与天上的星辰相应，原非二物。天的东方有苍龙，在九天，谓之苍天，其下即为东岳。西有白虎为吴天，其下为西岳。中有北极为均天，其下即中岳。天上有天河天汉，地下即有长江、汉水。天上有四垣九野，地上即有垣局以造王城。这里讲的是天上各种星宿名称都是人为的，人们通过用帝王百官和宫室土地人物等名称来表示空中星宿，将天空分为中央、东、南、西、北五部分，称作五宫。中央是中宫，包括三垣：上垣太微垣，即星宿、张宿、翼宿和轮宿以北的天区；中垣紫微垣，即北极周围，包括在我国黄河流域一带常见不没的天区；下垣天市垣，即房宿、心宿、尾宿、箕宿和斗宿等以北的天区。三垣中短垣都有若干颗作为框架，界限出这三个天区的范围，它们好像是围墙，故称作垣。三垣中，紫微垣是天空的中心，是天帝居住的地方。人间天子居住的宫殿也叫紫微宫、

紫禁城。地上的山川形势也要符合三垣。除了有机论自然观一定的作用外，还有皇权天授的思想。帝都乃至尊之地，地理之大莫先于此，必上合天星垣局，下钟正龙王气，然后才可建都。如北京，后面燕山像天上的华盖，黄河前绕，像天上的御河，而太行诸山在右，海中诸岛，辽东半岛，山东半岛在左护卫，中间是中原大地，南面有秦岭、大别山为朝应，形成垣局。

把天上的星座与人间的帝王、宫妃、藩臣紧密相联，"中宫，天极星，其一明者，太一常居也，旁三星三公。后四星，末大星正妃。余三星，后宫之属也。环之匡卫十二星，藩臣"。

天上的星座也与地上的州域相应，这也是上应天星。地上的都城，就是天上的"帝车"，它行使着帝王的权力，运行于中枢，控制着四方，掌握着天下的阴阳气，与万物相生相克。

如何来建造国都呢?伍子胥提出"相土尝水，法天象地"的原则。"相土尝水"就是对城市土质和水质的选择。城市基址的土壤最好是五色土或黄豆粉那样细腻的土壤。城市的水源，无论是地上的河水、湖水或地下泉水的水质，必须甘甜清洁，不能苦涩有异味。"法天象地"就是要把城市的形态结构和城市的文化生态的主题，与城市所处位置的地理形势、天文星相以及天地灵气相感相通。"其尊卑以天地为法象，其交媾以阴阳相配合。"把新营造国都城市，其尊卑地位、结构形态、方向位置都与地理、气象、天文星相感应相通把城市营造成一个阴阳互补互助互动的活体。

"象天法地"是秦都咸阳和西汉长安城规划的基本思想。秦始皇把"信宫"改名为"极庙"象征"天极"（北极星）。秦始皇筑咸阳宫，"以则紫宫象帝居。渭水贯都，以象天河（银河）横桥南渡以法牵牛"。汉长安的宫殿布局，"体象乎天地，经纬乎阴阳，据坤灵之正位，仿太紫之圆方"，"正紫宫于未央"。其效法天象的设计意念十分明显。连筑布局及其形制体象天地，这不是一种简单的比附，也不是由于古人的无知与荒唐，而是古人对自然与社会、自然与人之间的某种内在同形同构的对应关系的把握。运用人间的建筑来说明星体或星组的含义和名称，

用社会尊卑观念解释星宿之间的关系，在天上描绘了一个不仅有中宫、后宫、阁道、明堂、天市、天朗、天街、天苑等建筑，尊卑分明，秩序井然的理想城市。从建筑视角，对人与自然之间的感性对应关系的反映。当时的天文知识不可避免地会对建筑产生重要影响。

在明、清北京城中，象征天上紫微的紫禁城位居中央；外面是皇城，位于皇城南北中轴线的南、北二城门分别以天、地命名曰"天安门"、"地安门"；皇城外面是内城，内城四周分设"天、地、日、月"四坛；紫禁城内，建筑的规划布局，以及宫殿、宫门的命名，也以宇宙天象为象征。乾清宫、坤宁宫象征天、地；乾清宫东西两庑之日精门、月华门象征日、月；东、西六宫，合起来象征十二辰；干东、西五所，合起来象征十天干。

《周易》在明、清北京城的规划布局中，以象、数、义、理使整座京师充满了礼仪的规范，使紫禁城成为具有独立文化系统的建筑群体。

## 一、紫禁城是中国建筑文化的杰作

紫禁城是明、清两代的皇宫，曾有24位皇帝居此执政。明永乐四年（公元1406年）开始营建，永乐十八年（公元1420年）基本建成，至今已有580多年的历史。紫禁城是一座长方形城池，南北长960余米，东西宽750余米，周长3428米。城墙高10米，城墙下宽8.62米，上宽6.66米。在午门的墩台上建有五座崇楼，俗称"五凤楼"。景山上有五个山峰及"五凤亭"。其"五"的应用象征意义来自"河图、洛书"，象征这里是整座城市和世界的中央。紫禁城四隅各有一座结构精巧的角楼，通高27.5米，俗称九梁十八柱七十二条脊，是"龙"的象征，为我国古代建筑中皇家特有的辉煌建筑。城外有一条宽52米，长3800米的护城河环绕，形成楼抱水绕的阴阳和谐景观。明、清京师的紫禁城是皇权至高无上的表现，也是500余年来最为壮观的皇权统治中心。

紫禁城

明、清北京城的中心是皇城，皇城的中心是宫城，宫城的中心是太和殿，太和殿的中心是用《周易》的"象"，象征宇宙中心的须弥山。殿中有九层台阶的须弥座，象征着天上的仙山仙境，真命"天子"坐于其上。宫殿坐落在白云似的汉白玉基石之上。上朝之时，异香缭绕，白鹤壁立，金鼓齐鸣，乐声回荡，宛如"天上仙境"！门物体的光彩，声响的神秘，使"象征"达到了极高度。"君权神授"、"唯我独尊"的天子被塑造成国家的主宰者。

## 二、"太极"、"太和"的含义

古都的中心，布政决策的殿堂往往称为"太极殿"。"易有太极，是生两仪。""两仪"指"阴、阳""天、地"。天地相交，阴阳相配，于是生化出万物。太极是天地未分的整体，是天地万物的本原，用它做主殿的名称，意味着天子遵行宇宙天道的造化规律，有处理人间万事的无限权力。北京故宫有太和、中和、保和三大殿。何以称"和"呢?阴阳

和合，滋生万物是为"和"。《周易·乾·象》说："保和太和，乃贞利。"当阴阳和谐、平衡、协调，则万事吉祥。

太和殿面阔九间，进深五间，天安门、端门、午门的城楼，保和殿、乾清宫等都是面阔九间而进深五间，含有九、五之数，象征着天子的"九五之尊"，来自《周易》的"象"。"九五之尊"成了天子的代名词。紫禁城的设计者在设计实体建筑物的构思中，也蕴涵着深刻的文化背景和哲理，其象征意义出自《周易》。

《周易》的数代表时间、长短、大小、方位的尺度。"数"反映《易经》64卦、384爻的排列关系，既反映占卜的卦义，也反映了一定的数学关系，隐含着现代科学知识，包括遗传密码的排列关系。

明、清京师城门、宫殿的设置和命名，阶、台、亭、门、楼、堂的布局，甚至连宫门铜钉的数目都与《周易》的"数"有关。"术家取九室之数，配以八卦、五行名之曰九宫。"中国几千年来，九宫八卦是城市规划的基本格局。故都宫殿常以"九"为数。"国中九经九纬，经涂九轨。""内有九室，九嫔居之；外有九室，九卿朝焉。"九龙壁的图案是用九的倍数270块雕塑块组成。北京天坛的三坛面、台阶、栏板等所用的石板、石块，其数目都是九和九的倍数。午门、神武门等许多宫门都是上、下各九排，共81颗门钉。

奇数、偶数与京师布局。一、三、五、七、九是奇数，也叫"天数"；二、四、六、八、十是偶数，也叫"地数"。九是最大的阳数，是"极阳数"，表示最大的"天数"。"圣人作九，九之数，以合天道而天下化之"，以此来象征天子必须合天道。明、清北京的圆丘坛是祭天的地方。圆形，高三层为一石坛，共5.33米。下层四面出阶各九级。上层坛面直径30米，中层50米，下层70米。三层坛面栏板总数为360块，总计环坛的坛面、台阶、栏板等所用石板、石块数目都是九和九的倍数。用最大的极阳数九来象征天体的无限高大，祭天只用"天数"，不杂"地数"。坛面之上铺艾叶青石。上层坛面正中央的一块圆石叫"天心石"或"太极石"，从此石向外每圈依次递增九块，到第九圈为81块。中层从第18圈铺到27圈。下层则从第27圈铺到81圈。每层都以汉白玉石

雕为护栏。望柱、栏板的数目也各取天数。可见设计者在几何图案上的构思精巧，其象征意义皆出自《周易》。

《易经》的六十四卦都由两卦迭成。时间上象征着前后两个阶段，空间上象征着高下两个地位。"时"和"位"是《易经》里极重要的两个基本概念。这就是说，在某一时候的某一地位，宜乎采取男性的（阳）姿态，以刚强进取出击。而在另一时候的另一地位，则又宜乎采取女性的（阴）姿态，以阴柔退守。

《易经》的每一卦都由三画组成，无论在时间或地位上都表示着上、中、下或前、中、后和过去、现在、未来三重境界。大体上在最先的阶段或最下的地位，其时机缘未成熟，事势未成，一切应该采取谨慎或渐进的态度。在最高的地位，则机运已过，事势将变，一切事势应该采取警戒或退守的步骤。只有处于正中的地位和时间时，最适宜于积极的进取活动。

把重卦六爻合并看，第二、第五两爻居中，占主要地位。第三、第四爻可上可下，其变动性往往很大。第一或第六（最上与最下）两爻则永远指示我们谨慎、渐进或警戒保守。再配上全卦六爻所象征的具体事物及全局形势，则每阶段的时间及每一地位应采取的刚柔态度和可否进取、退让，凶吉感召便不难辨认了。

"九经、九纬"就是以中心轴为对称轴。"左祖右社，前朝后市"的布局也是阴阳对称观念的反映。对称就意味着调和。北京南有天坛，北有地坛；东有月坛，西有日坛；左有太庙，右有社稷坛。太庙为阴，祭祀祖先；社稷坛为阳，祭祀土地、谷物稷神。对称的中心点就是风水穴。阴、阳两极是互相对立的一个事物的两极，互相依存，不可缺少，阴、阳调和在城市平面布局上所反映出来的就是对称、明朗。

明、清北京城的城墙东南是东便门，西南为西便门。以老阳之数设置了九个城门。南三门，正阳门居中，建造时的高度为九丈九尺，九九更体现了老阳之数，左崇文、右宣武，东文、西武在方位上青龙、白虎。东二门，南朝阳，北东直；西二门，南阜成，北西直；北二门，东安定，西德胜。内城的南面设三门，为奇数，是阳；北面设二门，为偶数，为

阴。阳为天，阴为地，阴阳相交滋生万物，天地交泰，国安民富。均体现了《易》与九宫八卦的内容。

天坛

地坛

日坛

月坛

社稷坛

北京的五坛即天坛、地坛、日坛、月坛和社稷坛，其配置和设计也是以《周易》乾坤、阴阳观念为基础的。天坛是天子祭天的地方，在北京城的南端，外城的里侧其建筑形状是圆形的，体现了南为天、为乾、为阳的思想。地坛是天子祭祀的地方，其位置在北方，内城的外侧；其建筑形状为方形，体现了北为地、为坤、为阴的思想。日坛在东方，月坛在西方，都在城之外，社稷坛在内城的中央，日坛、月坛和社稷坛一样都是方形的。

乾清宫出自乾卦，《象传》："大哉乾元，万物资始，乃统天。"《象传》说："天行健，君子以自强不息。"

坤宁宫出自坤卦，《象传》说："至哉坤元，万物资生，乃顺承天。"《象传》说："地势坤，君子以厚德载物。"

交泰殿出自泰卦，泰卦是由乾卦和坤卦合成，乾下坤上，乾内坤外。《象传》曰："泰，小往大来吉亨，则是天地交而万物通也，上下交而春志同也，内阳而外阴，内健而外顺。""天地交泰，后以财成天地之道，辅相天地之宜，以左右民。"每年元旦、冬至、立秋三大节日皇后在交泰殿受贺。清朝乾隆皇帝取《同易》"天数二十有五"之说，造定二十五方宝玺存放在交泰殿。

天为阳，地为阴，天地之道即阴阳之道，天地交泰，阴阳合和，万物有序寓意其中。

与紫禁城配套的天坛，其丹阶桥北端矗立着祈谷坛，中心有祈年殿，是天坛建筑群中最为宏伟的建筑。祈谷坛状如圜丘坛，为三层圆形石台。上层直径68.2米，中层直径79.6米，下层89.6米。三层总高5.56米。三层坛而都有汉白玉石雕的护栏环于须弥座的坛座周围，珠花玉环。坛座之上高耸的"祈年殿"是体现这种天人相通的典型建筑。中间最大的四根柱子叫"龙井柱"，象征一年有四季；中层12根柱子叫"金柱"，代表12个月；外层12根柱子表示子、丑、寅、卯、辰、巳、午、未、申、酉、戌、亥12个时辰。三十六扇大窗象征一年三十六旬；72扇小窗代表一年72候。殿为圆形，顶为蓝天色。地为方形，代表地。第三重殿檐有28根巨大的楠木柱，代表28宿。整个天坛的环境沉浸在柏树密

林之间，充满了上天的感应。

紫禁城是中华文化的集中体现，它所反映出的文化内涵是研究中华文化的活字典。我们只有不断地研究并读懂这本字典，才能更加了解我们的祖先所创造的独特文化，以及中华文明在世界文明中的地位。因此，了解《周易》与紫禁城建筑规划布局的关系，对研究中华文化具有十分重要的意义。

中国古代将天空中央分为太微、紫微、天帝三垣。紫微垣为中央之中，是天帝所居处。皇帝在人间，必居"紫微宫"，紫禁城之名由此而来。把紫禁城中最大的奉天殿（后名太和殿）布置在中央，供皇帝所用。奉天殿、华盖殿（中和殿）、谨身殿（保和殿）象征天阙三垣。三大殿下设三层台阶，象征太微垣下的"三台"星。以上是"前廷"，属阳。以偶阴奇阳的数理，阳区有"前三殿"、"三朝五门"之制，阴区有"六宫六寝"格局。

"后寝"部分属阴。全按紫微垣布局。中央是乾清、坤宁、交泰三宫，左右是东、西六宫，总计是十五宫，合于紫微垣十五星之数。而乾清门至丹阶之间，两侧六个盘龙列柱，象征天上河神星至紫微宫之间的阁道六星。午门在前，上置五城楼又称"五凤楼"，为"阳中之阴"。内庭的乾清宫为皇帝寝宫，与皇后坤宁宫相对，在寝区中的乾阳，为"阳中之阳"。太和殿与乾清宫，虽同属阳，但地理有别。太和殿以三层汉白玉高台托起，前广场内明堂壮阔。而乾清宫的前庭院，台基别致，前半为白石勾栏须弥座，后半为青砖台基，形成独特的"阴阳合德"的布局。北京城凸字形平面，外城为阳，设七个城门，为少阳之数。内城为阴，设九个城门，为老阳之数。内老外少，形成内主外从。按八卦易理，老阳、老阴可形成变卦，而少阳、少阴不变。内用九数为"阴中之阳"。内城南墙属乾阳，城门设三个，聚象于天。北门则设二，属坤阴，取象于地。皇城中央序列中布置五个门，取象于人，天、地、人三才齐备。全城宛如宇宙缩影。城市形、数匹配，形同涵盖天地的八卦巨阵。

在中国古代传统的文化观念里，天上的星空主宰着世间人们的命运。天空是等级森严的王国，北极星、北斗星所处的拱极一带是天球众星环

绕的中心。整个天空被划分成为"三垣"和"二十八宿"。其中心区的北斗星座，象征着人间的中枢地区及都城。"斗为帝车"，"运于中央，临制四方，分阴阳，建四时，均五行，移节度，定诸纪"，主宰着大自然以及人间的一切事务。

六国破灭后，秦始皇开始大兴土木，兴建帝都咸阳。秦始皇后期，又在上林苑兴建了新的行宫——阿房宫，"覆压三百余里，隔离天日"。咸阳成为一座气势雄伟的庞大都城。咸阳城的规划，完全是按照"法天象地"的思想来设计的。在咸阳城的规划中，渭河比作天上的银河，咸阳宫象征天极，并以其为中心，各宫殿环列周围，形成拱卫之势，构造成"为政以德，譬如北极，居其所而众星拱之"的格局。在咸阳宫与阿房宫的相互关系上，明显地表现出天文思想。表山南之巅为朗，并为复道，自阿房宫渡渭，属之咸阳，以象天极银河抵营室也广在这里，咸阳宫象征天，也就是北极星；阿房宫象征营室宿，并通过阁道联接起来；渭水象征银河，秦都咸阳按天象布局，史料记载与星象吻合。

西汉长安城规模宏大，布局精巧。作为封建王朝的首都，在形制上与后来都城的工整严密颇为不同。城墙呈不规则形，据考古发掘，南墙中部南凸，东段偏北，西段偏南；西墙南、北两段错开；西北部分曲折延伸；只有东墙完整平直。这种现象特别引人关注。《三辅黄图》曰："城南为南斗形，北为北斗形，至今人呼叹京城为斗城是也。"认为是有意模仿天象。

在星图上，将北斗七星、勾陈、北极、紫微右垣星座连接起来，与汉长安城形状完全吻合。几个特殊的关键部位，正是星座的位置。南端突出处为天璇所在，建章宫独立于西南，正是开阳、摇光的连接部分；西北曲折城墙与太子、勾陈联机吻合；天矶、天枢与勾陈（北极星）三点一线已被天文学证实，和东墙的平直完整相一致。更令人惊奇的是，连接安门、清华门、宣平门、洛城门、厨城门、横门、雍门、直城门的八条大道也基本相同，甚至主要宫殿、市场的大小比例也相符合。

"斗为帝车，运行中央，临制四乡，分阴阳，建四时，均五行，移节度，定诸纪，皆系于斗。"古人观天文，定历法，一是为了明确季节、

方向，生产活动的需要；二是为了构建人间的社会秩序，建立社会体制和礼法体制。到汉代，天人一体、天人感应几乎成为从朝野到民间的基本理念。西安交大出土的"二十八宿图"、"斗为帝车图"最有代表性。四季星空，循环变化，而位于北天极附近，紫微垣视运动较稳定，北极星居中，北斗柄授时，在天成象，在地事人。

长安城的规划思想与星象有关。"量径轮，考广袤，经城恤，管郭郛。殊取裁与人都，岂启度与往旧，乃览秦制，跨周法。""体象乎天地，经纬乎阴阳，据坤灵之正位，仿太紫之圆方……徇以离宫别寝，承以崇台闲馆，焕若列宿，紫宫是环。刘邦先主长乐宫，后主未央宫，两个主要宫殿位于北斗七星上，在于"齐七政"，象征政通人和，体制完备。未央宫作为都城行政中心，位置不在中央，偏居西南，似乎有悖常理，但考虑八卦方位，顿时释然。乾卦对应西北，坤卦对应西南。"帝星"位于西北，取意"天行健，君子以自强不息"；皇宫地处西南，取意"地势坤，君子厚德载物"。在"天干地支"的方位中，"未"在西南，故未央宫实为地之中央，并感通于天之中央的宫廷建筑。"后宫星"对应桂宫、北宫，"少尉星"对应武库，银河对应渭水……均反映了星象与长安城布局密切相关。汉长安城纵贯南北的中轴线，北达朔方郡，南至襄樊，体现了气势磅礴的泱泱汉风和天地为廓的规划思想。

中国古代认为，人体是个小天地，天地是个大活体。城市、乡村、住宅都是人和天地自然相联系的一个中介场所。人居环境处于"人"与"自然天地"，这两大不同生命活体的层次之间，沟通其间气场也是另一个活体。城市、乡村、住宅的文化历史特色，就是它的灵气结合体。这灵气一方面取之于当地的自然环境，另一方面也取之于当地的历史文化环境，是这两者交融作用的结果。

"法天象地"就是要把城市的形态结构和城市的文化生态的主题，与城市所处位置的地理形势、天文星相以及天地灵气相感相通。"其尊卑以天地为法象，其交媾以阴阳相配合。"把新营造的国都城市，其尊卑地位、结构形态、方向位置都与地理、气象、天文星相感应相通；把城市营造成一个阴阳互补互助互动的活体。将城市的位置、结构、朝向

与天象相配合，"阴阳调和、四序顺理，雨阳以时、寒暑应气"。设"陆门八，以应天象之八风，水门八，以法地之八卦"。"八风"就是八个方位的天。城市选址布局，深得天时地利，用"法天象地，尝水相土"的办法，使城址与城市环境优越、位置良好，真是一块风水宝地，几千年来一直相沿不变。苏城也成为一个非常有特色的"东方威尼斯"。此城"智者创于前，能者踵于后"，对中国古都文化，留下了极为宝贵的遗产。

"水者，地之血气，如筋脉之流通者也。"发达的水系具有供水、交通运输、灌溉、水产养殖、军事防御、调蓄洪水、改善城市环境以及稳定城市格局等诸多功效。

# 第二节　文化古城——咸阳

咸阳是秦汉文化的重要发祥地。秦始皇定都咸阳，使这里成为"中国第一帝都"。咸阳也是古丝绸之路的第一站，中国中原地区通往大西北的要冲。

咸阳古城

先秦时期

咸阳市政区建置始于夏代,公元前21世纪,市境西部为有邰氏封地,东南部为有扈氏管辖。

秦朝时期

公元前221年,秦始皇统一中国,设郡县,在咸阳周边京畿要地置内史,统辖关中各县,定都咸阳。秦末项羽入关,废郡县,恢复分封制,将秦内史和上郡一部分划为雍、翟、塞3国,是为"三秦"的由来。汉高祖初年,刘邦恢复被项羽焚毁的咸阳,取名新城。武帝年间,因咸阳临近渭水始更名渭城。

两汉时期

西汉建都长安,距咸阳仅十余里,咸阳北原为西汉皇室的陵区,地位仍很重要。西汉十一个皇帝中有九个葬在咸阳北原,有汉高祖长陵,汉惠帝安陵,汉文帝霸陵,汉景帝阳陵,汉武帝茂陵,汉昭帝平陵,汉宣帝杜陵,汉元帝渭陵,汉成帝延陵,汉哀帝义陵,汉平帝康陵。这些陵墓周围还有许多权贵功臣的陪葬墓。当时还从全国各地迁徙富豪大家,在皇陵周围设置邑县。

魏晋南北朝

三国时,咸阳的版图分布在扶风、冯翊、新平诸郡内。到西晋,咸阳境内有始平郡、新平郡、安定郡、扶风郡及诸郡所辖数县。东晋南北朝时期,先后有过灵武县、石安县、咸阳郡等建置。至北周末,境内有分属3州辖下的咸阳、扶风、新平、云阳、冯翊、平凉数郡的十余个县。

隋唐时期

隋初废除郡制,置州、县两级地方政区,后又改州为郡。至隋末,境内有京兆郡的始平、武功、醴泉、上宜、三原、泾阳、云阳7县,北地郡的新平、三水2县,安定郡的鹑觚县东北部。

唐代,在关中设京畿道,改豳州为邠州,至唐末,境内有京畿道京兆府的咸阳、三原、泾阳、醴泉、云阳、兴平、武功、好畤、奉天9县,邠州及所辖的新平、三水、永寿、宜禄4县。五代时至后周末,境内有京兆府的咸阳、兴平、泾阳、好畤、醴泉、武功6县,耀州的三原、云

阳2县，乾州及所辖奉天县，邠州及所辖新平、三水、永寿、宜禄4县。

宋元时期

北宋在陕甘置永兴军路，置淳化县，撤销乾州，置醴州。北宋末，境内有京兆府的咸阳、兴平、泾阳3县，耀州的三原、云阳2县，邠州及所辖新平、宜禄、三水、淳化4县，醴州及所辖奉天、武功、醴泉、永寿、好畤5县。金末，境内有京兆府的咸阳、兴平、泾阳、云阳4县，耀州的三原县，乾州及所辖奉天、醴泉、武亭、好畤4县，邠州及所辖新平、淳化、永寿、宜禄、三水5县。元代在陕西置行中书省，境内有奉元路的咸阳、兴平、泾阳3县，耀州的三原县，乾州及所辖醴泉、武功、永寿3县，邠州及所辖新平、淳化2县。

明清时期

明代改奉元路为西安府，公元1371年（洪武四年）将咸阳迁到渭水驿，即中华人民共和国建国后秦都区所在地，后置三水县、长武县。明末，境内有西安府的咸阳、兴平、泾阳、三原、醴泉5县，乾州及所辖武功、永寿2县，邠州及所辖淳化、三水、长武3县。清代除将乾州、邠州改省直隶州外，仍延明旧制。

从风水上说，以咸阳为国都，优于历史上的夏（都安邑，今山西夏县西北，后陆续迁斟鄩、阳翟、原、老丘、渑池、洛阳一分别在今河南巩县、济源、陈留、渑池、洛阳等地）。斟鄩南背嵩山，处于伊洛河、坞罗河交汇的三角洲，正是"水口"地带；原（济源县）则北倚太行，南临溸河，位在一广阔的平原地带，风水都不错。这证明，古人已懂得风水了。

秦在咸阳大建宫室。嬴政在位37年，仅修陵墓就用了36年，

咸阳宫

这是他的地下宫殿。秦王朝的短命，后代人一般只在其严刑峻法、焚书坑儒等暴政上找原因。而从风水学上，可以找到另外的解释。

第一，秦宫筑于倚山面水的平原，风水得宜。但其宽大于长（东西20里，南北四里），便犯了风水大忌。因为"凡宅地形，卯酉不足，居之自如；子午不足，居之大凶"。卯酉指东西向即横向，子午指南北向即纵向。宫室进深大大小于横长，必然大凶，暗示着敌人进攻时，一发即可到达我之中枢地带。

第二，秦建都之初，以渭水为南端，形成倚山面水的佳境，但嬴政接着又在渭水之南建筑阿房宫和诸庙、章台、上林苑，使渭水在整个格局中成为横断龙脉的一条带子。且"六国宫殿"建于咸阳北原，宏伟的阿房宫和诸庙反而建在渭水南岸，这便犯了"反客为主"之忌。"六国宫殿"是六国的象征，本用以作为战功的纪念碑而建于秦国都城。中国的风水、礼义均以南为尊，这便预示着秦与六国的地位还将颠倒过来。

第三，秦始皇即皇帝位十二年间，出巡郡县五次，沿途刻石勒碑，自我歌功颂德。一直反对其父坑杀儒生的太子扶苏，其时被派往上郡去监将军蒙恬军，蒙恬当时正奉令筑长城以防匈奴，蒙恬并非不懂得风水，为了防止在筑长城时挖断地下龙脉都是依山形龙势，蜿蜒而下。长城刚筑好，秦始皇便以四十九岁的盛年，突然病死出巡途中。"中车府会"赵高丞相李斯合谋，作为秦始皇诏书，赐太子扶苏与将军蒙恬自杀。蒙恬悲怆地叹息："我什么事得罪了苍天，要我无过而死呢？"想来想去，终于醒悟："我筑长城，起临洮属之辽东，城堑万余里，此其中不能无绝地脉哉？此乃恬之罪也。"由此可知，当时人已有"伤及龙脉"的思想。筑长城伤及龙脉，结果在一年中，连秦始皇在内，同时死去对秦朝兴亡有关键意义的人物：秦始皇、扶苏、蒙恬，使秦朝覆灭成为必然。

秦帝都的设计指导思想便取法于天象。众星列布，体生于地，精成于天，列居错峙，各有所属，在野象物，在朝象官，在人象事。这种天人相应的观念在秦都设计中被体现得淋漓尽致。

　　书中的"天极"、"阁道"、"营室"、"端门"、"紫宫"、"天汉"、"牵牛"均是天象星宿的名称。于是秦都咸阳的布局呈现出一幅壮丽而浪漫的景色：沿着北原高亢的地势，营造殿宇，宫门四达，以咸阳城为中心，建造象征"天帝常居"的"紫微宫"；渭水自西向东横穿都城，恰似银河亘空而过；而横桥与"阁道"相映，把渭水南北宫阙林苑连为一体，象"鹊桥"使牛郎织女得以团聚，建阿房以象"离宫"，天下分三十六郡又似群星灿灿，拱卫北极。咸阳的平面布局和空间结构确实成了天体运行的缩影，每年十月，天象恰与咸阳城的布局完全吻合。此时天上的"银河"与地下的渭水相互重叠，"离宫"与阿房宫同经呼应，"阁道"与经由横桥通达阿房前殿的复道交相辉映，使人置于一个天地人间一体化的神奇世界。秦朝就是以十月这个天地吻合的吉兆作为岁首的。

　　代信宫而起象征天极的阿房宫，是一座巍峨宏大的朝宫，帝王朝会、庆典、决事都在这里举行。

　　前殿遗址在今西安市西三桥镇南，夯土迤逦不绝，东西长 1300 米，南北宽 500 米，建筑基址至今仍高出地面 10 米以上，可以想见当年宫殿的宏伟。不仅宫苑如此，陆墓亦不例外，据文献记载，秦始皇陵"以水银为百川江河大海，机相灌输，上具天文，下具地理"，"天为穹窿，上设星宿，以象天汉银河；下百物阜就，以象地上万物"。这又是一个完整的宇宙缩影。

秦都这与天同构的宏图，充分地显示了秦帝国与日月同辉的政治气魄和博大胸怀，是王权集中的思想在都城建设上的具体反映。当年刘邦入咸阳看到秦都的壮丽情景时，不禁赞叹道："大丈夫当如此！"

秦都咸阳的规划设计体现宇宙象征主义思想，天子居住的地方以星象为依托。《三辅黄图》说："秦始皇筑咸阳城，北面依山修宫殿，四面有门，仿效天上的紫微宫，象征皇帝居住，渭水横贯都城，象征天上的银河。横桥南渡，象征银河边上的鹊桥。"这种地法天的思想意景，是风水学说的内容之一。从地理学的角度看，咸阳形势很好，北依高原，南临渭水，是关中东西大道的分界线，控制关中平原的枢纽。

渭水与黄河相连，水上交通方便，关中平原是农业基地，粮食给养充足。天道循环，而渭水在平原上摆动，此后咸阳城受水的侵蚀。两千多年中，渭河逐渐北移约四公里，把秦咸阳城南部约四公里宽的城区冲掉了。

秦帝都城咸阳以天地为廓、焕若星辰。

六国破灭后，秦始皇开始大兴土木，兴建帝都咸阳。首先，在渭河北岸的咸阳北殿上，兴建了六国宫，"徙天下富豪于咸阳十二万户"至此。在渭南又兴建了诸庙、章台、兴乐宫以及上林苑等。秦始皇后期，又在上林苑兴建了新的行宫——阿房宫，"覆压三百余里，隔离天日"。经过这样一番经营，咸阳成为一座气势雄伟的庞大都城。咸阳城的规划完全是按照"法天象地"的思想来设计的。

在咸阳城的规划中，渭河比作天上的银河，咸阳宫象征天极，并以其为中心，各宫殿环列周围，形成拱卫之势，构造成"为政以德，辟如北极，居其所而众星拱之"的格局。在咸阳宫与阿房宫的相互关系上，明显地表现出天文思想。"表山南之颠为阙，并为复道，自阿房宫渡渭，

属之咸阳，以象天极绝汉抵营室也。"在这里，咸阳宫象征天极，也就是北极星；阿房宫象征营室宿，并通过阁道联接起来；渭水象征银河，秦都咸阳按天象布局，史料记载与星象吻合。

秦灭六国后，拆除各国城墙，迁徙各国十二万富户集中入咸阳。同时广征民工北筑长城。秦集全国财力，兴建咸阳都城。咸阳位于骊山之南，渭水之北，在风水学上属于阳性地域，故名咸阳。咸阳北倚高台，高台上专建被灭的六国宫殿的复制建筑，以陈列显示统一的威权。但咸阳倚塬临河，六国宫殿高大，都城用地不足，而构思朝宫外移至渭河南岸。阿房宫应运而建。选址认为南岸开阔，地平物丰.又是原周代的丰、镐二京所在之地，有"先王之气"。"阿房"即"近旁"之意。意指靠近都城咸阳。动用七十万军民，兴工未毕，秦始皇病故。秦二世接建，至秦灭，项羽入城，焚毁而无考。只留下文史描述。唐代诗人杜牧在《阿房宫赋》中描述道："覆压三百余里，隔离天日，五步一楼，十步一阁，廊腰漫回，檐牙高啄，各抱地势，勾心斗角。"文辞不乏夸张，但从遗址发掘中，测得殿基夯土高台，竟达东西长两公里，南北长一公里之巨，非常罕见。

秦末楚汉战争，四年争夺，刘邦获胜，建立汉朝。刘邦初都洛阳，后采纳娄敬、张良之策，改选长安为都。都城轴线取正子午向，但南北城垣却随地形呈曲折状。北城曲屈象北斗七星，南城象南斗七星，又名斗城，取意象天。而长安地处国土之中，符合"择天下之中建宫"的"择中"原则。城设十二门，四个方向各开三个门，符合"旁三门"的周制。城内基本为宫殿，城东北为手工业作坊，城南为帝王专用园林上林苑。城内集中设市（商）达九处。在城内宫殿之间设闾里一百六十个，里的四周有高墙，闾为里之门，设亭长管辖。

# 第三节 文化古城——洛阳

　　洛阳有着数千年文明史、建城史和建都史，中国古代伏羲、女娲、黄帝、唐尧、虞舜、夏禹等神话，多传于此。从夏朝开始先后有 13 个王朝在此定都，有 105 位帝王在洛阳指点江山。洛阳是中国历史上唯一被命名为"神都"（神州大地之首都）的城市。是我国建都时间最早，时间最长的城市。 洛阳历史曾用名或别名，斟鄩、西亳、洛邑、洛师、成周、王城、雒阳、神都、京洛、洛京、中京、伊洛、河洛、河南、洛州、三川。

　　洛阳城位于洛水之北，水之北乃谓"阳"，故名洛阳，又称洛邑、神都。境内山川纵横，西靠秦岭，东临嵩岳，北依王屋山——太行山，又据黄河之险，南望伏牛山，自古便有"八关都邑，八面环山，五水绕洛城"的说法，因此得"河山拱戴，形胜甲于天下"之名，"天下之中、十省通衢"之称。

　　从中国第一个王朝夏朝开始，先后有商、西周、东周、东汉、曹魏、西晋、北魏、隋、唐等 13 个正统王朝在洛阳建都，拥有 1500 多年建都史，是中国历史上建都最早、朝代最多、历时最长、跨度最大的城市，"普天之下无二置，四海之内无并雄"。先后 100 多个帝王在这里指点江山，因此有"千年帝都"之称，与西安、南京、北京并列为中国四大古都，是中国历史上唯一的女皇武则天定都的城市，也是中国历史上唯一被法定命名为神都的城市，以洛阳为中心的河洛文化是中华民族文明的源头与核心，河图洛书在此诞生，儒、释、道、玄、理肇始于此。丝绸之路与隋唐大运河在此交汇，中国的国名便源自古洛阳，牡丹因洛阳而闻名于世，被世人誉为"千年帝都，牡丹花城"。 洛阳，立河洛之间，居天下之中，既禀中原大地敦厚磅礴之气，也具南国水乡妩媚风流之质。

开天辟地之后，三皇五帝以来，洛阳以其天地造化之大美，成为天人共羡之神都。洛阳代表最早的中国，也是最本色、最渊深的中国。洛阳城，北据邙山，南望伊阙，洛水贯其中，东据虎牢关，西控函谷关，四周群山环绕、雄关林立，因而有"八关都邑"、"山河拱戴，形势甲于天下"之称；而且雄踞"天下之中"，"东压江淮，西挟关陇，北通幽燕，南系荆襄"，人称"八方辐辏"、"九州腹地"、"十省通衢"。所以历朝历代均为诸侯群雄逐鹿中原的皇者必争之地，成为历史上最重要的政治、经济、文化中心。洛邑是当时世界上最早按照事前周详规划而建筑的城市。公元前 770 年，周平王迁都洛邑，这是洛阳作都城之始。洛阳有四条河流贯穿其间，它在洛水之北，从战国开始，人们称洛邑为洛阳。洛邑在战国之前称王城，地址在今洛阳以西。

洛阳古城

　　远在五六十万年前的旧石器时代，已有先民在此繁衍生息。新石器时代（距今八九千年前至四五千年前），黄河中游两岸及伊、洛、瀍、涧等河流的台地上，分布着许多氏族部落，新中国成立后在洛阳一带发现的孙旗屯遗址、王湾遗址、矬李遗址等近200处聚落遗址，便是当时人们居住、生活的地方。

　　禹划九州，河洛属古豫州地。洛阳是夏王朝立国和活动的中心地域，太康、仲康、帝桀皆以斟鄩（今偃师二里头）为都。二里头（一至四期）年代范围约为公元前1735年～公元前1540年。

　　公元前1600年，商朝建立。商汤建都西亳（二里头遗址东北约6千米）。商汤之后的数代帝王均以此为都，前后累计200余年。偃师商城（一至三期）的年代范围约为公元前1600年～公元前1260年。

　　公元前1046年，西周代殷后，为控制东方地区，开始在洛阳营建国都。

　　秦庄襄王元年（公元前249年），秦在洛阳置三川郡，郡治成周城。

　　汉王元年（公元前206年），项羽封申阳为河南王，居洛阳。

　　西汉末年，王莽篡政，改洛阳为宜阳，设"新室东都"和"中市"。汉光武建武元年（公元25年），刘秀定都洛阳，改洛阳为雒阳，建武十五年（公元39年），更河南郡为河南尹。泰始元年（公元265年），西晋代魏，仍以洛阳为都。东晋时称故都洛阳为中京，一直沿用到南朝宋武帝、宋文帝、宋明帝。太延二年（公元436年），北魏在洛阳置洛州，太和十八年（公元494年）孝文帝迁都洛阳。东汉、曹魏、西晋、北魏都洛共计330余年。北周平齐之后，升洛阳为东京，设置六府官，号东京六府。

　　隋开皇元年（公元581年），在洛阳置东京尚书省；次年，置河南道行台省；三年，废行台，以洛州刺史领总监；十四年，于金墉城别置总监。大业元年（公元605年），隋炀帝迁都洛阳，在东周王城以东，汉魏故城以西18里处，新建洛阳城。同年，改洛州（东魏改司州置）为豫州，三年又改河南郡，十四年复置洛州，辖河南、洛阳、偃师、缑氏、阌乡、桃林、陕、熊耳、渑池、新安、巩、宜阳、寿安、陆浑、伊阙、

兴泰、嵩阳、阳城 18 县。

唐代自高宗始仍以洛阳为都，称东都。武德四年（公元 621 年），置洛州总管府，辖洛州、郑州、熊州、穀州、嵩州、管州、伊州、汝州、鲁州 9 州，洛州辖洛阳、河南、偃师、缑氏、巩、阳城、嵩阳、陆浑、伊阙 9 县。贞观元年（公元 627 年），分全国为十道，洛阳属河南道。显庆二年（公元 657 年）置东都。开元元年（公元 713 年），改洛州为河南府。开元二十一年（公元 733 年），于洛阳置都畿道。天宝年间，改东都为东京。洛州、河南府均治洛阳。

武则天光宅元年（公元 684 年）始，改东都为神都，对都城进行扩建，修建了明堂、万国天枢等。武则天称帝后，改国号为周，定都洛阳，以更大的规模开凿龙门石窟，奉先寺卢舍那大像龛便是盛唐雕刻艺术的辉煌代表。武则天还令薛怀义为白马寺住持，大规模整修白马寺。唐代，中国佛教臻于鼎盛，佛教史上势力最大、影响最广、流传最久的教派禅宗在洛阳形成。唐玄宗长期居洛，曾敕令大修中岳庙，并赐风穴寺（在今汝州）内佛塔名"七祖塔"。

唐天祐四年（公元 907 年），唐室亡祚，其后中原地区相继出现了后梁、后唐、后晋、后汉、后周五个短暂的王朝，史称五代。其中，后梁、后唐、后晋均曾都洛阳，后汉、后周以洛阳为陪都。这一时期洛阳仍是全国政治、经济、文化的中心。

宋以洛阳为西京，置河南府。朝廷设"国子监"于洛阳，名臣遗老和文人学士多会于此，赵普、吕蒙正、富弼、文彦博、欧阳修都曾居住洛阳。理学家程氏兄弟、邵雍等，在洛阳著书讲学。司马光在洛阳完成了史学巨著《资治通鉴》。

金代定洛阳为中京，改河南府曰金昌府，并河南县入洛阳县。时因洛阳旧城毁弃，便在隋唐城东北角另筑新城，周围不足 9 里，即今日老城之前身，它仅是隋唐洛阳城的一小部分而已。

自元代始，洛阳不复为京，降为河南府治。明代河南府辖洛阳、偃师、巩县、孟津、登封、新安、渑池、宜阳、永宁、嵩县 10 县，又是伊王和福王的封地。清代洛阳仍为河南府治。

洛阳具有以下风水特点：

第一，洛阳形局完整，龙脉砂水俱佳。从嵩山而来，过峡石而北，变作冈，龙入首后，分一枝结北邙山托于后，山虽不高，蜿蜒而长顿。起首阳山，远映下首，至巩县而至于黄河之中。嵩山起抽中干，起皇陵山，分出一枝至黑石关为水口，中扩为堂局，而四山紧拱，前峰秀峙，伊洛湟涧汇于前，龙之右界水也，稠桑弘农，好阳诸涧，乃左界水，流入黄河，绕于北邙之后。洛河悠扬，至巩县而与黄河合，一大聚会也。

第二，洛阳龙势强健，嵩岳秀气相望，故而敔阳少年英气勃发。洛阳自古闻名天下，京洛出少年。洛阳之龙起于嵩山，嵩山位于洛阳东南巽地，由于有涧湟之水作为嵩山之源，因而山色葱郁，秀气相望。风水认为，凡是龙之宗主强健的地方，其子孙后代必然英武俊秀，故"洛阳少年，势如云叶，随风翩翩"。

第三，洛阳是文献中最早采用占卜式风水法进行选择的都邑。成王在丰都时，想营建洛邑，派召公去选择地址。召公首先占卜了黄河以北的黎水，发现不吉，便放弃了。接着，又占卜了涧水以东，瀍水以西的地方，得到了吉兆。又占卜了瀍水以西的地方，也得到了吉兆。于是，便派人向成王献上地图和卜兆。成王对召公相宅的结果十分满意。不过，成王并没有在洛阳建都，只把它当做陪都。直到公元前770年，平王才正式迁都洛阳。

值得一提的是，对洛阳的形胜，古人有完全不同的看法："南系于洛水，北因为邙山，以为天下之大凑"。洛阳是"左据成皋，右阻渑池，前向嵩高，后界大河，建荥阳，扶河东，南北千里以为关，而入敖仓，地方百里者八九，东压诸侯之权，西远羌胡之难"。"北有太行之险，南有宛、叶之饶，东压江淮，食湖海之利，西驰崤渑，据关河之胜，山河拱载，形势甲于天下。"

与此相反的看法认为，洛阳虽有成皋、渑池、邙山，但却不够险，不足以作为立都的凭借，很容易四面受敌，成为战场。洛阳固然是天下之中，但此地没有险阻，只能靠威德服人。过去，周朝强威时，天下和洽，诸侯纳贡，一旦衰弱，天下莫朝，便不能制人，这皆因洛阳"形势

弱也"。张良也认为洛阳"其中小，不数百里、田地薄，四面受敌，此非用武之国也"。

洛阳的城址选择是典型的风水例证之一。它北依邙山，也即以邙山为"镇山"或"嘉山"。"前向嵩山"为案山。"左成皋，右阻渑池"为青龙、白虎。"后界大河"为玄武。前有伊水、洛水为朱雀。

洛阳位于河南省西部偏北。河南地势西高东低，西部有嵩山，东部是平原，河流由西向北、东、南三面辐射分流。

洛阳地形险要，东有虎牢关，西有函谷关，南有嵩山十八盘和龙门伊阙，北有邙山和黄河。因此，它可以西挟关陇，东压江淮，北通幽燕，南至荆襄。"河山拱戴，形势甲于天下。"

洛阳古城

洛阳也很富庶，洛、伊、涧、瀍四水流贯洛阳平原，气候温和，适于居住。

洛阳很早就有了人居住。传说其地"河出图、洛出书"，说明这里是文化的发祥地之一。在伊、洛二水的夹河地带有夏人居住的遗址。周武王看好这块地方，"自洛汭延于伊汭，居易毋固，昔有夏之居。我南

望三涂，北望岳鄙，顾詹有河，粤詹洛、伊，毋远天室。"向南可以看到伊阙、木谷、轘辕，向北可以望见太行，确实很险要。周公亲自勘测其地，绘制了详细的城市规划图，把洛阳作为陪都。公元前1770年，周平王迁都洛邑，开创了洛阳作为都城的历史。

东汉建都洛阳，规模宏大。

北魏任命蒋步游规划洛阳，扩大东、西、南三面的城域，气派很大。

洛阳是九朝故都，先后有东周、东汉、曹魏、西晋、北魏、隋、唐（武后）、后梁、后唐以此为都，并且多次作为陪都。它之所以能够作为都城，主要原因在于当时的政治文化中心在北方，洛阳地处"天下之中"。尽管后来中国政治中心南移，但洛阳一直是北方重镇。

洛阳的龙脉从何而来？支脉如何缠绕？堪舆家李思聪《堪舆杂著》云："洛阳即今之河南府。从嵩山而来，过峡石而北变作冈，龙入首后，分一枝结北邙山托于后。山虽不高，蜿蜒而长顿，起首阳山，远映下首，至巩县而止于黄河之中。嵩山抽中干，起皇陵山，分出一枝至黑石关为水口，中扩为堂局，而四山紧拱，前峰秀峙，伊洛瀍涧，汇于前，龙之右界水也，稠桑弘农，好阳诸涧，乃左界水，流入黄河，绕于北邙之后，洛阳悠扬，至巩县而与黄河合，一大聚会也。"

关于洛阳的风水格局，亢亮、亢羽在《风水与城市》中分析颇为详尽：

周本边陲小国，周灭商后，感到"天下之中"的洛邑的重要。居中，利于控制天下。周成王五年，周公先遣太保召公到洛邑堪舆建城。随后，周公亲来卜洛。历史著名的"周公卜洛"，即源出于此。

刘秀打败篡位的王莽，中兴汉室，面对战火破毁的长安城和北方匈奴南侵的威胁，而改都洛阳，建立东汉。洛阳以地处洛水之北而名。

洛阳北高南低，合于风水学原理。城南北九里七十步，东西六里十步，长方形。九与六合《易经》的九为阳，六为阴的数理。可阴、阳和合。城四周各开三门，计十二门。方格网道路，共二十四条道路。划分一百四十个闾里。宫城居中偏北，中轴线清晰。

洛阳城自东汉以降，历次为三国曹魏、西晋、北魏、隋、唐等九朝

都城。正如司马光诗句："欲知古今兴废事，请君只看洛阳城。"俗云："九朝兴衰，繁华一梦。"即指此处。

曹魏时，三次修建洛阳。建安二十四年，曹操西征汉中归来，始在洛阳重修宫殿。在修建中，因伐濯龙祠里的古树，树出血汁，曹操病情加剧，不久身亡。到魏文帝建成建始殿。后又建成昭阳殿。殿前置四丈高铜铸黄龙，二丈高的铜铸凤凰。铜材专取长安的，取"龙凤呈祥，江山长安"之意。

西晋时代，晋武帝为避父亲司马昭的名讳，将昭阳殿，改名为明阳殿。在宫城中心建造的是太极殿。取天下是太极居中之意蕴。太极殿极为豪华，铜铸巨柱，从中国大山祖脉昆仑山运来万年古树两株，分植大殿前两侧。在太极殿南的司马门外，铸有两个铜人守门。以象天人相佑。此时期又增建了明光殿、含章殿等大型宫殿。含章殿相当于故宫中的坤宁宫，为皇后的寝殿。

时至南北朝，北魏王朝势力最大，存时最长。国君拓跋氏厌其国都偏居北方的平城（山西太原），不利于控制全国，而看中洛阳之地。太和十七年孝文帝借机南伐中，将30万北方大军驻留洛阳。曾派遣中书博士蒋少游到南齐的都城建康，调研建康的城市、宫宛，并绘图纸带回。会同司空穆亮、尚书李冲，将作大匠董爵等人，构思新都城规划设计。太和十九年正式建成，同时正式迁都洛阳。

北魏新都洛阳，总体规划，主次分明，既继承了周礼的前朝后寝，左祖右社，宫苑区划，市肆设置等基本格局，又改进了秦、汉以来的多宫制。而是把宫城区、宫苑区、仓库区、行政办公区、军事区、里坊居住区、市肆商贸区等进行大块的功能分区。这种规划格局，给后代的唐、宋、元、明、清的京城规划提供了样板。规划的功能分区思想，比西方早出1千多年！北魏洛阳城在规模上，也是中古时期最大的。总面积达265.5平方公里，人口达60万人。而同一时期欧洲罗马帝国首都罗马，和东罗马帝国首都君士坦丁堡的总面积加在一起，还不到洛阳的三分之一；中古的伦敦也只有38.5平方公里。在布局上，一改汉魏洛阳旧城的南北宫的分散格局，而把宫城集中在大城的中央部位。显示皇权的至高

无上，占据中央。这种强化宫城地理区位的格局，成为后世的隋、唐、宋、元、明、清的都城建设规划模式。

北魏洛阳宫殿也有明确的中轴线，主要建筑都布置在中轴在线。其中，宣光殿位于宫城中心，是处理军政大事的地方。显阳殿是进行礼仪宣化的一所建筑，在此讲经论道，宣教和学习汉族文化，推动全国求学问礼之风尚。太极殿是魏晋以来的皇宫正殿，为皇帝理朝政之所，是由将作大匠王遇建造的。北魏崇尚宗教，洛阳城内广建寺庙，仅城内寺庙即达一千三百多所。北魏建国不足百年即分裂为东魏、西魏，避乱又迁都邺，拆房迁入，宫殿自毁。

时至隋代，隋文帝杨坚从北周小皇帝（系杨坚小外孙）夺过皇权后，即意存离开北周旧都长安，迁都洛阳。其子隋炀帝继位后，公元604年实施迁都。动用两百万劳力，大规模营建洛阳。同时征工百万开运河，贯通海河、黄河、淮河、长江、钱塘江五大水系的五千里南北大运河以洛阳为中心，历史地形成了。隋炀帝责成尚书令杨素，著名匠师宇文恺负责城建。据传，隋炀帝本人也多才多艺，亲自踏堪城址，提出"宫室之制，便以为生"营建原则，既遵从都城营建典制，又结合地貌和实际需要的原则。他又在汉魏故城西十八公里处对着伊阙龙门直向北邙画一垂线，定为新都的南北中轴线，令洛水横贯都城。在洛水上架桥四座，连接都城的南区和北区。皇城南门外的桥最高大，有天汉津梁气慨，称为"天津桥"。由于城市地势北高南低，因此一改前代皇城居中格局，而将皇城选址在西北方位的乾位。皇城外规划出103个里坊，为百官及百姓居住区。郭城南面正门为建国门，从端门至建国门绵亘八里，经常有游艺大会。洛阳都城又是一座粮仓。用大运河之便，汇集南北物资。因此，在洛阳设置兴洛仓。这种大型仓储用地达20余里长，3千大库。在洛阳北建有回洛仓城，仓城周十里。储粮各10亿斤，至唐代初年尚未吃完。由于这个初建大帝国当时盛极一时，又在洛阳宫城之西营建豪华的西园，圆周长两百里，内挖人工北海，水周四十里，沿岸建16个宫院，名称皆由隋炀帝亲自命名。洛阳皇宫，分为皇城与宫城两部分，皇城在南，宫城在北，皇城在东、南、西三面凹字形拥抱宫城，中间以双城墙

相隔，禁戒森严。因此，宫城又称"禁城"、"大内"。宫城正门为则天门，南对端门．北对玄武门。连同中央各殿的正门，贯穿在一个中轴在线，秩序井然。宫城内的三大殿是大业殿、文成殿、武安殿，三殿呈鼎足之势，构成宫城中的主体建筑群。

唐代一直定都长安。武则天欲图帝业，力求摆脱李唐王朝大本营长安。以利于水陆运输为名，催促高宗迁都洛阳。责成司农少卿韦机负责营建洛阳，在洛水岸边建了豪华的上阳宫。天授元年（公元 690 年），武则天废黜了唐睿宗，称帝为神圣皇帝，改国号为周。位于皇城西南隅坤位的上阳宫，是当时最豪华宫殿。

武则天在洛阳登帝位十五年，原皇宫正殿万象宫，正对则天门，在南北中轴在线。此本是隋代的乾阳殿，隋末，李世民焚毁。唐高宗重建此殿，改名乾元殿，殿高 120 尺，东西长 345 尺，进深达 176 尺，绮丽非凡，大殿又建在三层平台之上，前面是云龙柱八根，武则天称帝后又令拆毁，在其基础上，耗巨资建筑豪华的"明堂"，即万象神官宫。周礼明堂是祭天之所，设在城外。武氏不纳旧俗，明堂建在宫内。明堂平面正方形，各方配以青、红、白、黑四色，以象四时，兼象五行之色（木、火、金、水四色。中央土黄，以屋瓦象之）。明堂共三层，中层变为十二边形，供十二生肖地支，又象十二时辰。明堂上曾为二十四棱柱，象征二十四节气。明堂屋顶为圆形，象征天圆地方。全楼处处象征天、地、时、空。在九条盘龙围绕之顶部高立一只金凤凰，雄伟向着端门。图腾含义，以凤抱龙，突出女皇地位。神韵寓意，"语言"清晰。

洛阳平原，在风水外局上分析，东有虎牢关，西有函谷关，南有嵩山和伊阙门户，北有邙岭和黄河天险，河洛交汇，场气充足，形胜万千。洛阳平原，空中俯瞰，似一熟睡少女，仰卧在群山环抱之中。伊河、洛河如她的纤臂，在巩县之西，优美地交织双臂，河水滔滔，滋养着华夏文明。六千年前的仰韶文化及数万年前的先民遗址在此发现，证明了民族文明摇篮的称誉和地理场气的优越的真实。山川形胜，历史悠久，神话传说和文史记载也自为多。

洛神、河图即其遗珠。河图、洛书，相传伏羲时，有龙马自河中跃

出，背负星点图案对应天星，后称"河图"。后又有万年神龟自洛水出，背上星点对应九州岛，后称"洛书"。伏羲由此启示画成八卦（先天八卦）。后来形成《周易》，对应"洛书"的也称后天八卦。中国文化的源头，也称"河洛文化"。源自"河出图、洛出书"的历史记载。洛阳被认为"天下之中部"。崇敬"中心"、"中央"之心可见。"中国"的来历，也可溯源于此。这种"崇中"观念，也正是《易经》及风水学思想的体现。

# 第四节  文化古城——开封

开封是河南省地级市，简称汴，古称东京、汴京，为八朝古都。位于黄河中下游平原东部，地处河南省中东部，东与商丘相连，西与郑州毗邻，南接许昌和周口，北与新乡隔黄河相望。

开封是中原经济区的核心城市之一，河南省中原城市群和沿黄"三点一线"黄金旅游线路三大中心城市之一。

开封古城

开封已有两千七百多年的历史，是首批中国历史文化名城，中国八大古都之一，历史上的开封有着"琪树明霞五凤楼，夷门自古帝王州"、"汴京富丽天下无"的美誉，北宋东京开封更是当时世界第一大城市。

开封是世界上唯一一座城市中轴线从未变动的都城，城摞城遗址在世界考古史和都城史上少有。开封亦是清明上河图的原创地，有"东京梦华"之美誉。

开封，位于河南省东部。春秋时郑庄公在此筑城．名开封，取"开"拓"封"疆之意，距今已有两千六百余年。因地理位置优越，水陆交通发达，战国时魏、五代梁晋汉周、北宋及金朝后期国都均设于此，有"七朝古都"之称。

东连淮鲁，西接秦晋，南络荆襄，北拱燕赵，伊洛蟠地脊，河内比秦关。大河蜿蜒，嵩高耸峙，锁天中区，控地四鄙。居南北要冲，绵亘万余里。

开封地处豫东平原，地势由西北向东南倾斜，海拔在百米以下，市区西北部多沙丘。公元前 362 年，战国时代魏惠王从山西高原上的安邑，迁都至今日开封的地方，在这里修了一座城，命名为大梁，这是开封地方建都之始。

近代的考古发掘中，在开封的万隆岗遗址中，在尉氏县县城西南的断头岗，发现了一处新石器早期裴李岗文化遗址。考古发掘证明，早在五六千年前，在开封就已经有了人类活动。

夏朝（帝杼）曾在开封一带建都 232 年，史称老丘。公元前 8 世纪，春秋时期的郑庄公在今开封城南朱仙镇附近修筑储粮仓城，取"启拓封疆"之意，定名启封。汉初因避汉景帝刘启之名讳，将启封更名为"开封"，这便是"开封"的由来。

公元前 361 年，战国时期的魏惠王迁都大梁，这是开封有明确历史记载的第一次建都。魏惠王迁都大梁之后，他引黄河水入圃田泽（今郑州圃田）开凿鸿沟、引圃田水入淮河。水利既兴，农业、商业得到极大发展，日趋繁荣。他还修长城、联诸侯，国力日盛，乃得称霸于诸国，使大梁城与秦国的咸阳、楚国的郢都并列，成为当时国内最发达的名都

大邑。魏国在大梁建都，历六世 136 年。在这 136 年里，曾发生了孟子游梁、窃符救赵，以及孙膑、庞涓等诸多故事，也给开封遗留下不少古迹，不愧被人称为开封古城第一都。

秦统一六国后，实行郡县制，开封作为败亡国的国都被降为浚仪县，属三川郡。"浚仪"作为开封的名称，一直沿用了八百年左右。 公元 534 年东魏孝静帝时，设立梁州辖陈留、开封、阳夏三郡。北周武帝建德五年，改梁州为汴州，这是开封称汴之始，由县治改为州治，失落了数百年的开封又慢慢的恢复了元气，开封也成为北魏对南部各朝作战的水运线上的八个重要仓库之一。北齐文宣帝天保六年（公元 555 年）和天保十年（公元 559 年）分别建了著名的建国寺（大相国寺）和独居寺（今铁塔一带），佛文化的发展对后来东京文化的勃兴做了前期的准备。隋炀帝时期开凿的两千多公里的大运河是沟通南北的大动脉。大运河的中段就是连通黄河与淮河的汴河。位于汴河要冲的开封，又是东都洛阳的重要门户，占尽天时地利的开封迅速发展。进入唐代之后，开封也是水陆便捷的大都会，唐高祖武德四年（公元 621 年））设汴州总管，唐玄宗天宝元年（公元 742 年），汴州一度改为陈留郡。唐德宗建中二年（公元 781 年），李唐的宗亲李勉到汴州任节度使，他增筑周围达 22 里的汴州城。后来李希烈叛乱时，靠汴州城阻叛军数月。永平节度使李勉扩建汴州城，规模宏大，坚固宽广，是今日开封城的雏形。五代时期，除了后唐之外，后梁、后晋、后汉、后周先后定都于开封， 称之为"东都"或"东京"，这一时期的开封正式取代了洛阳成为那个时期的政治、经济、文化、军事中心。后梁定都开封十七年，时间虽短，但开封的租赋较轻，人民得到休养生息。同时，梁定都开封，使中国的政治中心从西部转向东部平原地区，具有重要的里程碑意义。公元 923 年，后梁灭亡，继起的后唐定都洛阳，开封仍置宣武军。公元 936 年，石敬瑭灭唐，建立后晋，又从洛阳迁都开封。公元 947 年后晋亡。后汉立国仍定都开封，公元 951 年，郭威发动澶州（今濮阳）兵变，灭后汉建后周。郭威勤政爱民，大力改革使后周出现了新的气象。公元 954 年，周世宗柴荣即位。柴荣在郭威的基础上，整顿朝纲，改革弊制，在内政和军事都取

得了很大进展。他三次征伐南唐，夺得"淮南十四州"的土地，并恢复了江淮漕运，使开封经济进一步提升。公元955年，他又发动10万民夫在原汴州城外筑外城。

公元960年，后周殿前都点检赵匡胤在开封城北40里的陈桥驿（现属新乡市封丘县）发动"陈桥兵变"，建立了北宋，历经9帝168年，是开封历史上最为辉煌耀眼的时期，经济繁荣，富甲天下，人口过百万，风景旖旎，城郭气势恢弘，不仅是全国政治、经济、文化的中心，也是当时世界上最繁华的大都市之一。史书更以"八荒争凑，万国咸通"来描述开封。北宋画家张择端的作品《清明上河图》，描绘了清明时节北宋京城汴梁及汴河两岸的繁华和热闹的景象和优美的自然风光。中国的对外交通已由汉唐以来的丝绸之路转向东南沿海的海路，火药、印刷术等中国的发明由此传向世界各地，开封以其泱泱大国的气象，跃居为那个时期世界上最为繁华的著名都城。

靖康二年（公元1127年）金国灭北宋后，称为"汴京"。贞元元年（公元1153年），海陵王完颜亮迁都到中都大兴府，改汴京为"南京开封府"，成为金国陪都。公元1155年，汴京宋故宫发生大火，建筑几乎毁尽。正隆六年（公元1161年）初，完颜亮南下侵宋，一度以"南京开封府"为统治中心，贞祐二年（公元1214年），金宣宗为避蒙古军锋，迁都"南京开封府"。天兴二年（公元1233年），金哀宗在开封被蒙古军围困的情况下，逃出开封，迁都归德府（今商丘）。

元灭金后，设河南江北行中书省于开封。元朝末年，"天下义军共主"小明王韩林儿率领的红巾起义军，曾在开封建立"龙凤"大宋农民政权。

明朝初年，朱元璋为定都何地犹豫不决，洪武元年（公元1368年）三月，徐达带领北伐军攻取山东和河南，此时许多人向朱元璋建议定都汴梁。四月朱元璋来到汴梁考察，并将汴梁改称为开封府，考察结果令朱元璋满意，于是决定定地于此，并把应天也定为都城，实行两京制。但在八月初二时，明朝的北伐军大破大都（今北京）。八月下旬，有鉴于形势有变，在权衡开封的利弊后，朱元璋最终决定定都南京。

公元 1368 年，朱元璋改汴梁路为北京开封府，公元 1379 年，罢北京称号，封第五子朱橚就藩开封，称周王。"天下藩封数汴中"周王本身也很贤明，再加上开封府是河南承宣布政使司的治所，开封成为中原第一都会，开封城也仅次于北京和南京，是国际性大都市。

清朝统治中原后，于公元 1662 年重修了开封城池，并将河南省治、开封府治均设置在开封。由于开封在明末遭遇的严重破坏，与历代相比，清代开封的经济黯然失色，手工业、商业、服务业都呈衰落的态势。但是，开封毕竟是省会，它仍具备商品集散地的重要作用。清代末年，开封是河南境内重要的革命中心。

万寿宫

古人建都设置，必审其形势，以符风水条件，坐北朝南的地势更为趋吉避凶的建筑居住提供了良好条件。开封龙亭一带，一直是古代皇宫王府的遗址，清朝雍正年间，河南总督王士俊在此兴建万寿宫，以后改称龙亭，沿用至今。当时对其地势有一番精辟的诠释："中州为天下之

腹心，而祥邑（开封别称）为全省阃奥，平旷四达，以水为龙，自亥方入首，六龙聚会，必高阜为主宰，以洁岭振纲，左铁塔而右鼓楼，龙亭适居中而近左，应玄武之位，控制左右，领袖八方，亭高三丈六尺，右阶七十二级，上应天象，盘石在西，铁鼎在东，石桥南跨，以通呼吸之气，铁牛北镇，以司水土之权，昔人创造，井井有法。"龙亭为六龙聚会之处，六龙指《易经》乾卦的六爻。"时乘六龙以御天"，加之有三十六天罡星，七十二地煞星护佑上下，可见是古人最为理想的福地。

开封人被黄河淹怕了，于是在城北五里的铁牛村铸了一座身高六尺，座长三点五尺，体宽近三尺，周身乌黑，昂首挺胸的镇河铁犀，祈求它能"镇御堤防，波涛永息"。

开封素有"三山不显，五门不正"之说。

开封城分五门，除西门端正且无月门外，其余四门皆位置不正并设有月门，据说这样做是因为风水家认为开封的旺气从西面而来，西门端正且不设月门，正是为了迎旺气入门，四门不正且月门曲折盘绕，也是为了保证旺气不会外泄。

开封园地处平原，自然是无山无岭，但堪舆家认为西门内爪儿隅头及上街地势较高，可以当做是山，而且铁塔寺也称为夷山，如此，开封便有了"三山"的风水格局，也才有了"三山不显，五门不正"的说法。

战乱频仍，黄河泛滥，造成开封的没落。开封曾有几次水灾，第一次遭到毁灭性的灾害是秦始皇二十二年（公元前225年），距今两千年前，秦大将王贲攻打魏国大梁，由于久攻不下，王贲便掘开浚仪渠引水灌大梁，结果使开封元气大伤，六百年来衰败不振，从一个大都市，沦为一个小郡县。

开封位于黄河中游的南岸，地处中原和华北大平原的西部边缘。没有大山作为屏障，没有龙脉可以追寻，似乎不是一块风水佳地，怎么会有六七个政权在此建都呢？

其实不然，风水并不以山为唯一标准，还应当考虑其他因素。开封的地理缺憾正是它的优势所在。无山则平，诸侯四方辐辏。一马平川，交通便利。周围是经济富庶的平原，物产丰富。况且黄河是一条大水龙，

给它带来生机，还有鸿沟、汴河带来漕运之利。隋朝开凿大运河，为之注入了新的活力。

为了弥补自然形胜的不足，历代很重视在开封修建城墙。开封之城以坚固闻名。战国时，秦攻大梁，三个月都攻不下。北宋时，不少人主张建都洛阳，有天堑可守，然而，最终还是在开封建都，因为这里富庶而便利。于是，北宋十分重视城建，里外三层：皇城、内城、外城。城垣范围超过了明、清以来的开封城。三道城墙均有濠沟。外城濠深一丈五尺，宽二十五丈。水陆都有城门，严格把守。

开封古城墙

堪舆主张北边地势高为吉。开封西北隅地势偏低，有个叫刘混康的术士劝谏宋徽宗培筑增高北边，可以得多男之喜，徽宗于是在北边大兴土木，修建艮岳。

艮岳是北宋的大型园林，它仿浙江凤凰山修建，因其方位在八卦的艮位，故称艮岳。艮岳内埋雄黄、炉甘石以避虫害和提高地温，堆土砌石高达90步。山上奇花异草遍布，珍禽云集，是开封城内最好的人造风水之地。后来，金兵攻陷开封，毁了艮岳，至今荡然无存。

开封地下 3 米至 12 米处,上下叠压着六座城池,其中包括三座国都、两座省城及一座中原重镇,构成了"城摞城"的奇特景观。

在最上面的是清代开封城,最下面的则是唐代中原重镇汴州城,其中城市规模最为庞大的,是一千年前"人口上百万,富丽甲天下"的国际大都会北宋国都东京城。

战国时期的魏惠王迁都开封兴建了著名的大梁城,此后两千二百多年间,历代统治者在这块土地上又建起了唐汴州城、北宋东京三城、金汴京城、明开封城和清开封城。战乱与河水泥沙一次次将这些辉煌一时的名城掩埋,人们一次又一次地在原址上重建家园,掩埋在泥沙深处的座座古城,就叠罗汉般叠加起来。

在今日开封著名的龙亭景区地下约八米深处,是北宋东京城的皇城遗址所在地,它分别与金皇城与明周王府紫禁城遗址相叠压。

除了"城摞城"、"墙摞墙",还有很多"路摞路"、"门摞门"、"马道摞马道"的奇特现象。这种"路摞路"的景观还意味着,从古代的都城到现代的城市,层层重叠显示加起来的数座开封城,南北中轴线居然没有丝毫变动。

今天开封市最繁忙的中山路是一千多年来这座城市不变的南北中轴线,其下叠压着明、清时期的路面和北宋的御街遗址。

在我国古代都城发展史上,有一个颇为有趣的现象:大部分都城由于兵火战乱城毁国亡诸原因,都采取了抛开旧都城、另选新址营建都城的做法。而古都开封虽历经兵燹水患,基本上都是在旧城址上屡建屡淹,又屡淹屡建,形成奇特的"城摞城"现象。当时的统治者为何这样对开封情有独钟呢?

从自然环境上看,开封并不是一个理想的建都之地。自古以来,开封周围地势坦荡,不仅没有大山,就连丘阜也很难见到,不像长安、洛阳、北京等都有天然屏障,四塞险固而利于守。同时,开封一带地势低洼卑湿,古时就被称为"斥卤之地"。但开封与其他古都相比,有着极为优越的水利网络设施,这里一马平川,河湖密布,交通便利。不但有人工开凿的运河鸿沟(汴河)可与黄河、淮河沟通,还有蔡河、五丈河

等诸多河流，并且开封还是这些河流的中枢和向外辐射的水上交通要道，这一点是国内其他古都远远不能比拟的。

而从文化地理角度看，开封地处中原腹地，自古就有"得中原者得天下"之说。战国时期的魏国之所以迁都这里，一方面是避开强秦侵扰，更重要的是为了进取中原而谋取霸业。尤其是辉煌时期的北宋东京城又成为"富丽甲天下"的世界名都，造成了长期以来在人们的传统理念上认为开封是一个王气很盛的城市，即所谓"夷门自古帝王州"，因而在历史上，开封虽饱经兵火水患，人们也轻易不愿放弃这块宝地。

明末崇祯年间的那场空前的特大水患后，开封城几成平地，已是"黄沙白草，一望丘墟"。清初有人提出将省会由开封迁至许昌，但始终没有被清政府采纳，一个很重要的原因就是开封的历史地位非常重要。作为七朝建都之地和"八荒争凑，万国咸通"的名都大邑，开封这座历史古城在中原民众心目中的中心地位依然存在，这也是清政府维护中原地区局势稳定的象征，其地位和名气是中原其他城市远远不能比拟的。所以，清政府只是在明开封城墙的废墟上加高增筑墙体，而将河南省省会仍旧放在开封。

开封地上有"悬河"，地下"城摞城"，形成独特现象。地下，历次黄河水患使开封古城池深深淤埋于地面之下；地上，则因黄河泥沙淤积使河床不断抬高，形成了河高于城的"地上悬河"。两种都堪称世界奇迹的景观同时出现在一座城市。

# 第五节　文化古城——西安

西安，古称"长安"、"镐京"，是陕西省省会，地处关中平原中部，北濒渭河，南依秦岭，八水绕长安。"秦中自古帝王州"，西安拥有着7000多年文明史、3100多年建城史、1100多年的建都史，是中国

四大古都之一，中华文明和中华民族重要发祥地之一，丝绸之路的起点。

西安古城

远古时代，"蓝田猿人"就在这里繁衍生息；新石器"半坡先民"在此建立部落，半坡人的经济生活中，农业生产占有很重要的地位，他们焚毁树木，开垦农田，种植粟等旱地作物。当时人们从事生产活动所使用的工具是石头、兽骨、鹿角和陶片等制造的。除粮食生产外，半坡人也已开始种植蔬菜。家畜饲养业在当时已出现了，当时养的牲畜有猪和狗两种，以猪为主。打猎、捕鱼也是当时一项重要的生产活动。

从西周起，先后有秦、西汉、前赵、前秦、后秦、西魏、北周、隋、唐等王朝建都于此，历时超过 1200 年，是中国建都时间最长和影响力最大的都城。

西周初期的"成康之治"标志着中国奴隶制社会进入鼎盛时期。公

元前841年，镐京"国人暴动"是中国历史是最早的大规模群众暴动驱逐国王事件。

都城咸阳，阿房宫大部分面积在今西安市境内，兵马俑和秦陵在今西安市境内（位于西安市临潼区）。秦的宗庙在渭河南岸，荆轲刺秦王，就发生在秦章台宫（后来的汉未央宫前殿）；廉颇蔺相如，秦王坐章台。秦代宫殿布局还没有形成宫城、皇城和三大殿的布局。秦咸阳城地跨渭河南北。

公元前202年，刘邦取得政权，在长安（今西安城西北郊汉城）建立西汉王朝。刘邦定都关中，取当地长安乡之含义，立名"长安"，意即"长治久安"。

汉长安城位于渭河以南的关中平原上，面积约36平方公里。在西汉时期，作为首都的长安城一直是全国的政治、经济和文化中心，也是中国历史上第一座规模庞大、居民众多的城市。汉长安是在秦咸阳遗址基础上建立起来的。秦咸阳从惠文王以后，就不断向南扩展，在渭河以南修建了章台、兴乐宫、甘泉宫、信宫、阿房宫及七庙等建筑。刘邦夺得天下后，经娄敬、张良等的劝说，建都长安。修缮秦的兴乐宫而改为长乐宫，在秦章台基础上建未央宫。即汉长安城是在秦都咸阳基础上建立的，说明在都城选址上是汉承秦制的。汉朝宫阙均在今西安市汉城保护区内，位于北二环以北，而汉代的武帝文帝景帝陵墓，在今咸阳市境内。丝绸之路开通后，长安成为东方文明的中心，史称"西有罗马，东有长安"。

西汉末年的公元9年，大司马王莽正式称帝，曾改都城长安为"常安"。

公元582年，隋文帝颁令在汉长安城东南的今西安城址营建新都大兴城。隋开国之初，都城仍在长安旧城，因久经战乱，残破不堪。因此，隋文帝放弃龙首原以北的故长安城，于龙首原以南汉长安城东南选择新址，建造新城大兴城。

唐定都长安后，改隋大兴城为长安城，并进行了增修和扩建。唐太宗贞观八年（公元634年），在原外郭城东北龙首原上营建大明宫。之

后年间又不断修建城墙、城楼、兴庆宫等建筑。宫城完全与今西安市重合，皇宫与今西安市明城墙重合。唐代帝王陵，如昭陵、乾陵等则大部分在今咸阳市境内。而在唐代，唐十八陵全部在京兆府的辖县内，乾陵是京兆府奉天县。

自隋文帝开皇二年（公元 582 年）开始，至唐高宗永徽五年（公元 654 年）基本就绪，历时 72 年。城市面积 84.1 平方公里，布局规划整齐，东西严格对称，分宫城、皇城和外廓城三大部分。城市结构布局充分体现了封建社会巅峰时期的宏大气魄，在中国建筑史、城市史上具有划时代影响。

五代时，后梁改京兆府为雍州，设大安府，后唐改大安府为京兆府。宋代置陕西路，后置永兴军路。赵匡胤统一中国后，曾经有意迁都长安，最后由于部下反对，只得放弃金代改永兴军路为京兆府路。

元初，长安城的范围依然沿用韩建"新城"，并使用京兆府的名称。至元九年（公元 1272 年），元世祖封其三子忙哥为安西王，镇守其地，建安西王府。至元十六年（公元 1279 年），遂该京兆府为安西路。后来由于发生安西王叛乱，安西国被撤。皇庆元年（公元 1312 年），又改安西路为奉元路。据李好文在《长安志图》中所绘《奉元城图》，四面仅各一门，南门偏东，北门偏西，东西两门也不对称，城内建筑也无对称格局。市场集中在城内西北隅，有马市、羊市和秦川驿等。东北隅有太子府（明秦王府）、城隍庙、察院等。马可波罗于至元十二年（公元 1275 年）游历于此，写到："城甚壮丽，为京兆国之都会……此城工商繁盛，产丝多，居人以制种种金锦丝绢……凡人生必需之物，城中皆有，价值甚贱。"

明代形成了今天西安的格局，西安的名称也源于明代。明洪武二年（公元 1369 年）三月，大将军徐达进兵奉元路，明朝政府即改奉元路为西安府。

洪武三年（公元 1370 年），朱元璋封次子朱樉为秦王。同年西安府城东北隅开始营建秦王府。秦王府时称"王城"，后讹为"皇城"，明洪武七年至十一年新修了城垣，洪武十三年（公元 1380 年）和洪武十七年（公元 1384 年）分别修建鼓楼钟楼，其位置也与元代的敬时楼和钟楼无异。

洪武二十四年（公元 1391 年）朱标西巡西安后，曾经提议迁都西安，不过他回到南京之后便病死。

清代西安城内设置依旧，但在城东北修建一座满族驻防城，在城东南修建了汉军驻防城，以及增加了钟楼西南的总督布院署等。庚子之变时，慈禧和光绪西逃驻跸西安长达一年时间。汉朝长安城垣是汉惠帝时修筑的。

关于汉长安城的形状规划为斗城，是因地制宜的结果。

考古学者的实地考察表明，汉长安城平面呈不规则形，其四垣除东垣稍直之外，其余三面皆有曲折，尤其北、南两垣最甚，犹可证实李好文氏的看法是正确的。当年惠帝筑城时，长乐、未央二宫已成，受龙首原地形限制，又要包容已有的宫殿，所以其南垣不得不曲以致形成所谓"南斗"形：而长安城北垣因紧邻当时的渭河，筑城时则必须"顺河之势"，由西南往东北方向斜行，作"委曲迂回之状"，形成了更多曲折的"北斗形"。这是汉代的聪明匠师们根据地形地貌等特点，用心规划的结果。

长安城

长安城建筑于西汉初年，至隋初已近八百年，几经兴废。隋文帝杨坚建立隋朝后，考虑到长安旧城"凋残日久"，宫室狭小，不适合做都城，而且"水皆咸卤，不甚宜人"，就决定在"川原秀丽"的龙首原南营建新都。新都的创建开始于隋文帝开皇二年（公元 582 年）六月．到开皇三年三月初步建成，因为隋文帝初封大兴公，故取名大兴城。营建新都时，总领其事的是左仆射高颖，创制规模的是太子左庶子宇文恺等。到隋炀帝大业九年（公元 613 年），又修筑了外郭城。唐初时，改大兴城为长安城。

隋大兴城、唐长安城总体上是中轴对称的格局，设计时参考了邺城和汉魏洛阳城的布局。城市建设过程中，还以《易经》中"乾卦六爻"的说法，根据龙首原分为六条岗地的特点，安排了功能不同的建筑，此外，在城市的边缘规划了园林区，既可美化环境，又可成为民众的游览场所，是中国古代城市史上的一大创举。

隋、唐时期的长安城，是个很美丽的城市。当时的长安城，很注意环境的美化。街道两旁多植槐树，宫城、皇城内多种梧桐。隋代开凿龙首渠、永安渠、清明渠，将浐水、交水、潏水引入城内。唐天宝年间，又引满水从城西壁金光门入城，在西市凿潭作贮运木材之用，谓之漕渠。大历初，又将水渠延长，经皇城景风门、延喜门引入内苑。这些纵横交错的河渠，不仅解决了都市的饮水问题，而且有利于城市的绿化、美化。曲江池在长安城东南隅，隋改名为芙蓉园，唐玄宗时又加以扩大，并凿黄渠引浐水流入，成为长安城著名的风景区。

唐代长安城规模之宏大，规划布局之严谨，建筑艺术之精湛，科学水平之发达，在东方历史上首屈一指，堪与西欧罗马城相媲美。

长安的风水绝佳，长安自西周以来，八百年间历为诸朝政治中心。隋名大兴城，城东西长 9721 米，南北 8651 米，周围 36 公里，城内 8300 公顷。唐代在大兴城基础上扩建为长安城，成为当时世界上最大的城市。长安城北临渭水，南对终南山和子午谷，东为浐水及灞水，西为平原。东北部较高，为龙首原。史载，在规划建设大兴城时，完全依照《易经》八卦思想进行的。龙首原南侧有六个坡阜，视为乾卦的六爻。按"九一、

九二、九三、九四、九五、九六"的爻序布局。如九二爻谓"见龙在田，利见大人"，意为真龙现于大地，为君德居中之位，故将宫殿置于其上，为帝王之居。九三爻是"君子终日乾乾，夕惕若，厉，无咎"，含反省自励之意，故布置政府机构百司。九五之爻为"飞龙在天"，极尊之位，故布置寺观佛道神位。全城规划排列南北十三坊，象征一年有闰月。皇城南面设东西四坊，象征一年有四季。对向皇城的四个坊，一律不开北门，以不冲皇城之气，不与皇城争吉气。在风水理论上，严格尊崇。长安城路网平直如棋盘。唐代诗人白居易曾用"千百家围棋书"比喻城市网络。全城以朱雀大街为中轴，东西对称布局。全城南北大街十一条，其中贯穿南面三座城门和东西六座城门的六条大街为主干道，号称"六街"。东西南北二十五条大街划分出两市（东市、西市）一百零八坊。各坊周围环筑高墙，四面设门，晨钟暮鼓，朝开夕闭。但皇城以南的三十六个坊都只开东西门，不设南北门，以避免泄掉皇城的风水吉气。

长安城中轴线朱雀大街北端是皇城。皇城最北端一层小城——宫城，面积只有零点七平方公里。宫城由三部分组成，东宫和掖庭宫东西对峙，中间簇拥着太极宫。太极宫是宫城的主体部位，在长安城中轴线的最北端；象征皇帝的至高无上，"南面称王"。太极宫内的主要宫殿：太极殿（皇帝上朝之所）、两仪殿（内朝小会之所）。"太极"、"两仪"，即象征《易经》中的"太极生两仪"之义。

西安的风水是中原龙首、天下形胜，西安古称"长安"，位于渭河盆地，南有属于秦岭山脉的太白、终南、骊山、华山等峰峦支脉，北有北山，西有高大的陇山，黄河从东侧绕过，渭、泾、浐、灞、滈、涝、沣、镐诸水穿行其间。西安所在的关中地区，曾经是全国最富庶的地区。战国中期，苏秦以"连横"之计游说秦惠王时，即称关中平原"沃野千里"，是所谓"天府"之地。"故关中之地，于天下三分之一，而人众不过什三，然量其富则什居其六。"

西安是我国著名的古都。在历史上，先后有西周、秦、西汉、前赵、前秦、后秦、西魏、北周、隋、唐十个王朝，在西安一带建都，建都时间长达一千余年，是我国历史上建都时间最长的帝都。

西安宜作帝都的风水原因是：

第一，西安为中原之龙首，高屋建瓴，控扼天下。"关中者，天下之脊，中原之龙首也。"风水认为，中原的龙脉，皆由关中发脉，所以长安高居龙首，俯瞰中原。而且，长安在黄河上游，有"处上游以制六合"的地理优势。

把长安视为中原之龙首，并非风水独创，其传说由来已久。秦朝时有一条黑龙，从南山出，饮渭水，它走过的路迹后来都变成山脉，长六十余里，头临渭水，尾达樊川。汉朝时，萧何造未央宫，斩龙首山而营之，头高二十丈，尾部逐渐降为五六丈。由此可见，所谓龙首山，就在西安的未央宫。

西安未央宫

第二，长安依山挟水，据天下之形胜。长安之龙起广横山，绵亘八百余里，不生草木，但一入关中则大不相同了，原因是这里"依山挟水，号为天府之国"。

公元前 202 年，汉高祖平定天下后，认为洛阳有周室遗风，打算将

都城定在那里，有个名叫娄敬的齐国戍卒，通过齐虞将军求见刘邦，力劝入都关中。他说关中的形势是："且夫秦地被山带河，四塞以为固。卒然有急，百万之众可立具也。因秦之故，资甚膏腴之地，此所谓天府者也。陛下入关而都之，山东虽乱，秦之故地可全有也。夫与人斗，不揽其亢（咽喉），拊其背，未能全其胜也。今陛下入关而都，案秦之故也，此亦揽天下之亢而拊其背也。"

刘邦同群臣商量，群臣多"山东"人，都希望建都洛阳。理由是东周在洛阳建都数百年，秦在咸阳仅二世而亡。洛阳东有成皋，西有崤渑，背山面河，可以依仗。刘邦又征求谋士张良的意见，张良说："洛阳虽有此固，其中不过数百里。田地薄，四面受敌，此非用武之国也。夫关中，左崤函，右陇蜀，沃野千里，南有巴蜀之饶，北有胡苑之利，阻三面而守，独以一面东制诸侯。诸侯安定，河渭漕挽天下，西络京师；诸侯有变，顺流而下，足以委输，此所谓金城千里、天府之国也。娄敬说是也。"刘邦很高兴，赐娄敬姓刘．即日驾往西都关中。

第三，长安上合太微垣，这是仅次于紫微的星座，它与紫微一样，都有所谓的"帝星"，故宜作帝都。风水还认为，太微垣是最方正规范的星座，因而长安也被建得四四方方，成为我国古代城市规划的典范。

秦中自古为帝王州，谈到西安的风水：只因陕西省地形南部和北部高，中间是平原。北边是黄土覆盖的黄土高原。南边是秦巴山地。秦岭是长江流域和黄河流域的分水岭，也是中国地理南方和北方的一条分界线，大巴山绵延于陕西、四川、湖北边境。中部有八百里秦川的关中平原，它东起潼关，西至宝鸡，东西长约三百多公里，南北宽几十公里，渭、泾、洛河流经其间，土地肥沃，是大自然赐给人类的一块宝地。陕南的秦岭和大巴山之间有关中盆地，是重要的农业区，在这两个平原中，产生了历史悠久的西安市和汉中市。

西安位于关中平原中部，秦岭屏障于南，渭水环带于北，古代的秦国在九峻山之南、渭水之北修建了咸阳城，秦始皇统一六国，在咸阳建立了第一个封建王朝。

汉初，刘邦和他的臣僚都看中了西安这个地方。当时，萧何等人在

渭水南岸的龙首原修建了未央宫。龙首原地势高敞，是沣河与浐河、灞河之间的分水岭。

由于战乱，汉代古城残破，隋朝在龙首原以南兴修大兴城。于是选择了"山川秀丽，卉物滋阜、卜、食相土"的龙首原。宇文恺主持城建，规划严谨。长安新城南对终南山及子午谷，北临渭水，东有浐、灞二水，城西一片平原。宫殿在城中偏北，宫殿坐北朝南。

唐代改大兴城为长安，考虑到隋朝的宫殿地势偏低，便在东北龙首原高阜新修了大明宫，又在城内修建了兴庆宫。

长安城布局工整，它以南北御道——朱雀大街为中轴线，两边对称坊市。日本的京都和奈良都是仿照长安城兴建。

西安的外围有几个重要关口，华阴县以东有潼关，丹凤县东南有武关，古为秦楚之衿要，宝鸡县西南有散关，是秦蜀之咽喉。这几个关口实际是陕西的"气口"，历来为兵家必争之地。

西安在历史上先后十二次建都（西周、秦、西汉、新、西晋、前赵、前秦、后秦、西魏、北周、隋、唐），如果不是形胜极佳，怎么会吸引历代圣贤注目？可惜，中国的经济重心南移，西安在封建社会末期逐渐衰微。

长安城作为都城，有以下风水特点：

宫室与城市结构统一，互相配合。西汉亡国之初，先建长乐宫和未央宫，至惠帝才开始建筑周围城墙。武帝时又兴建了北宫、桂宫明光宫和外城的建章宫，宫室鳞次栉比，壮丽辉煌，有分有合，互相呼应。六重宫室，分布于长城西南部。东南西北，各有城门三座，共十二座，方位严整。城内布局为八街九陌，各长三十二里十八步。道两旁种植槐、杨、柏树，蔽日成荫。整个城市规划，不仅在两千年前的世界，即使从今天看，也是相当先进的。

引水入城，形成外网。汉代在建都城时，引北面的渭水从东西两面入长安，形成环护之势。东水由霸城门侧入长乐宫，又经寿宫、桂宫南侧，在章城门南侧与西水相汇；西水又从其南面入建章宫，通过太液池再入渭水。长乐宫和未央宫内，也各造酒池、沧池，北面城外则有藕池，

四池都与渭水相通。又在城西上林苑凿昆明池。这样，城内城外都有池、渠相通。街道两边有树，宫殿之间有水，地气冲盈，贯通流畅。

倚山、近水、面屏，处于关中平原。长安之北是以凤翔、铜川、韩城为界的陕北高原，长安正在关中最富庶的渭河平原，即"秦川八百里"之中。南以终南山为屏，倚高原、临渭水，山水围护，既险且固。以秦岭为界，以南为长江水系（嘉陵江、汉水、丹江的上游），以北为黄河水系（有渭河、泾河、洛河、延河、无定河等黄河支流）。被称为中华民族文化摇篮的这两条河流，上游在此汇聚，自然形成地气的锁钥。长安虽偏近西北，而终成为数朝古都，控制全国政治命脉。

# 第六节　文化古城——南京

"江南佳丽地，金陵帝王州"，南京拥有着6000多年文明史、近2600年建城史和近500年的建都史，是中国四大古都之一，有"六朝古都"、"十朝都会"之称，是中华文明的重要发祥地，历史上曾数次庇佑华夏之正朔，长期是中国南方的政治文化中心，拥有厚重的文化底蕴和丰富的历史遗存。

孙中山先生曾经这样评价过南京：南京为中国古都，在北京之前。其位置乃在一美善之地区。其地有高山，有深水，有平原。此三种天工钟毓一处，在世界之大都市诚难觅如此佳境也。

历史上南京既受益又罹祸于其得天独厚的地理位置和气度不凡的风水佳境，过去曾多次遭受兵燹之灾，但亦屡屡从瓦砾荒烟中重整繁华。且在中原被异族所占领，汉民族即将遭受灭顶之灾时，通常汉民族都会选择南京休养生息，立志北伐，恢复华夏。大明、民国二次北伐成功；东晋、萧梁、刘宋三番北伐功败垂成。南宋初立，群臣皆议以建康为都以显匡复中原之图，惜宋高宗无意北伐而定行在于杭州，但迫于舆论仍

定金陵为行都。即使太平天国以南京为都，亦以驱除异族统治为动员基础和合法性之一。所以南京被视为汉族的复兴之地，在中国历史上具有特殊地位和价值。故朱偰先生在比较了长安、洛阳、金陵、燕京四大古都后，言"此四都之中，文学之昌盛，人物之俊彦，山川之灵秀，气象之宏伟，以及与民族患难相共，休戚相关之密切，尤以金陵为最。"

古都南京

南京一带在 100 万年至 120 万年前就有古人类活动，35 万至 60 多万年前就有猿人在南京地域生活，汤山旧石器时代文化遗址出土了南京猿人化石，是截至 2010 年已发现最早的南京的人类生活遗迹。约 7000～8000 年前，出现了以北阴阳营文化为代表的新石器时代原始村落。在市中心的鼓楼岗北阴阳营、江宁区陶吴乡昝庙等地，发现 200 多处 6000 多年前新石器时代的遗址，出土大量的陶器和石、骨制成的生活用具。3000 年前，相当于中原的商周之际，秦淮河流域出现了密集的原始聚落，被称为湖熟文化。春秋战国时，在这些聚落的基础上形成了南京地区最

早的城邑。

3100 年前，南京是西周周章的封地。周灵王元年（公元前 571 年），楚国在今六合区已设有棠邑，置棠邑大夫，是南京有历史记载的最早的地方建置，也是南京建城的开始，距今已有 2585 年。春秋末年，吴王夫差在今朝天宫一带筑冶城，开办冶铸铜器的手工业作坊。周元王四年，越国灭吴后，范蠡在今中华门外的长干里筑越城。公元前 333 年，楚威王熊商于石头城筑金陵邑，金陵之名源于此。

公元 229 年，吴大帝孙权在此建都，改秣陵为建业（公元 282 年改建邺）。此后，东晋、南朝的宋、齐、梁、陈均相继在此建都，故南京有"六朝古都"之称，今南京图书馆保留有六朝建康城遗址。六朝时期的建康城是当时世界上最大的城市，人口达百万，是世界上第一个人口超过百万的城市，经济发达，文化繁盛，在江南保存了华夏文化之正朔。六朝南京城和罗马城并称为"世界古典文明两大中心"，以建康为代表的南朝文化，在人类历史上产生了极其深远的影响，故而南京在"四大古都"中具有鲜明的特色。

隋唐两代，南京受到北方刻意贬抑，但地理上的优势使这一地区的经济、文化不断发展强大。政区建制在唐代有 130 年降为润州属县，李白、刘禹锡、杜牧、李商隐等大诗人都在这里生活、游览过。

唐亡后，南唐定都金陵，并扩建城邑。北方中国战火不断，而自杨吴始，70 多年境内没有发生大的战争。秦淮河两岸集市兴隆，商贾云集。经济繁荣伴随着文化的发达，诗词、书画都开一代之风。

宋元时期的金陵依然保持南唐的城市规模，作为东南地区的经济重镇而闻名。著名的北宋政治家王安石曾 3 次以宰相之位担任江宁知府，并定居、终老在这里。1129 年，宋高宗赵构改江宁府为建康府，作为行都，为江南东路首府。绍兴八年定建康为留都。南宋名将岳飞曾在南郊的牛首山一带大败金兵，并有抗金故垒遗存。

元代时改为集庆路，城内设有东、西织染局，组织丝织品大量生产，专业工匠有 6000 多户，南京云锦也成为元代皇家御用品，逐渐成为江南地区纺织业中心。

金陵古城遗址

　　1356年，朱元璋攻占集庆，改为应天府。1368年朱元璋建立明朝，以应天为京师，南京成为中国的政治文化中心，迎来历史上的第二次高峰。明初京师总人口约70万人，是当时中国规模最大、人口最多的城市，也是全世界最大的城市，修造历时达27年的南京明城墙，是世界上第一大城垣。鸡笼山麓的国子监学生多达近万人，还有日本、朝鲜等国的留学生在此学习。

　　1402年，朱棣发动靖难之役夺建文帝帝位，19年后迁都北平，将南京改为留都，设南京六部等机构。明代中叶，南京城人口达120万，成为当时世界上最大的首都。终明一朝，南京一直是南方乃至全国的政治、经济、文化中心。

　　1645年满清入关，攻陷南京后遂即废除国都地位，改应天府为江宁府，成为江南省省府。南京成为统辖江苏（含上海）、安徽和江西三省军民政务的两江总督驻地。在经济方面南京具有相当的重要性，清廷在南京设立规模庞大的江宁织造府，生产供应皇家需求的丝织品。

　　1842年鸦片战争战败后，清政府于1842年在南京下关江面英国军

舰"康华丽"号上签订中国近代史上第一个不平等条约《南京条约》，拉开了中国近代史的帷幕。1853 年，太平军攻克南京，建立太平天国，改称天京，建都 11 年。

南京是龙蟠虎踞的名都，刘备派遣诸葛亮到南京，诸葛亮看到南京的形势惊叹："钟山龙盘，石头虎踞，此帝王之宅。"可见"龙盘虎踞"一词已为人们认同。世人便以"虎踞龙蟠"四个字来形容南京。

明太祖朱元璋及其臣属选定金陵（南京）为都，是经过二十多年漫长的讨论，以及结合各种实际情况，才下定决心的。当时位于关中险固之地的长安，便于四方朝贡的洛阳，漕运方便的开封．以及宫阙现成的元大都，都有人提议定为国都，最后朱元璋认为"财赋出于东南，而金陵为其会"，况且其地据有险要形势，具天堑长江及山峦耸峙之胜，即所谓虎踞龙蟠，因而定之为都。

朱元璋定都南京，由刘基等人相地，营建宫殿。朱元璋营建应天府城，直至洪武十九年（公元 1386 年）才完成，后来改称南京城，全长 33 公里的城垣，不仅是全国第一，也是世界之最。建都金陵后，朱元璋也不完全称心，在亲撰的《祭光福灶神》一文中，便表示了"本欲迁都，今朕年老精力已倦，又天下新定，不欲劳民"之意，这恐怕也促成后来明永乐帝终于迁都北京的决定。

钟山

覆舟山

"由钟山而右，近之为覆舟山，为鸡笼山，皆在宫城之后。又北为直渎山，大壮观山、四望山以达于西北，又西北为幙府、卢龙、马鞍诸山以达于西，是为石头城，亦止于江，此亮所谓虎踞之形也。

其左右群山，若散而实聚，若断而实续，世传秦所凿断之处，虽山形不联，而骨脉在地，隐然相属，犹可见也。

石头在其西，三山在其西南，两山可望而挹，大江之水横其前，秦淮自东而来，出两山之端，而注于江，此盖建邺之门户也。

覆舟山之南，聚宝山之北，中为宽平宏衍之区，包藏王气，以容众大，以宅壮丽，此建邺之堂奥也。

自临沂山以至三山，围绕于其左，自直渎山以至石头，湃江而上，屏蔽于其右，此建邺之城郭也。

玄武湖注其北，秦淮水绕其南，青溪萦其东，大江环其西，此又建邺天然之池也。形势若此，帝王之宅宜哉"！

南京居长江下游，扼秦淮河及长江之口。市区跨长江两岸，西接苏皖沿江平原。东以宁镇山脉与长江三角洲相连。市境多丘陵岗地，东北沿江有幕阜山、栖霞山，东郊有钟山，钟山最高海拔四百四十八米，市内的狮子山、清凉山、北极阁、九华山、五台山和南郊的雨花台，海拔都不足百米，是阶地被切割残留的岗丘。长江自西南横过市区北部向东北流去，沿江有广阔的冲积平原。秦淮河从南蜿蜒而下，流经城南、城西，到下关三汊河汇入长江。整个地形是三面环抱的形状，唯有西北向长江敞开，山环水绕形势雄伟，自古是长江下游南北、交通要津，有"龙蟠虎踞"之誉。

按照风水术的看法，长江是中国最大的浩荡水脉，它的流程越远，所挟带的地气也就越旺盛。南京的地理位置，正好处在长江和中国三大干龙之一的南方干龙尽头的交汇之处，因此"襟带长江而为天下都会"，历来关于南京的帝王之气的记载，史不绝书。

然而南京作为一大山水交汇的吉壤，它的神奇之处在于拥有形局开阔山势回环的蟠龙之势，形局非常完整，北临长江，城北有玄武湖、莫愁湖，四周群山环绕首尾相连，西面为象山、老虎山、狮子山、八字山、

清凉山，南面有牛首山、岩山、黄龙山，东面有钟山、灵山、青龙山，北面有乌龙山、燕子矶、幕阜山，使南京的地理形势极其罕见。

南京自古以来有许多关于风水的传说，战国时楚威王掘马鞍山（今挹江门处）以"断"王气，埋金于龙湾（今狮子山北）以"镇"王气，名钟山北溪为"锁金溪"以"锁"王气，秦始皇凿方山以"泄"王气。后人将六朝乃至南唐等王朝短命的原因，归咎为"断、镇、锁、泄"的结果。但是，现代南京的专家质疑秦始皇泄金陵王气的说法，认为古书上说的四个地点，其实都是指一条山冈，这条山冈中间有一个过水缺口，正对着过去六朝的城和皇宫，玄武湖水从缺口向南流入秦淮河，按照风水理论，"王气"就是从这个地方泄走的，这个缺口就是今天玄武湖处的武庙闸水道，这里才是真正的所谓"泄王气"的地点。

作为"六朝古都"、"十朝都会"，东吴、东晋、宋、齐、梁、陈南唐、明、太平天国和中华民国先后在南京定都。但奇怪的是，只要是在金陵定都的政权，无一例外的"短命"（明朝后迁都例外）。长期以来，解释这种现象并影响巨大的一个传说称，当年秦始皇东巡浙江经过此地，觉得金陵地形有王者之气，他怕后世有人来跟他的子孙争夺江山，便叫人掘断连冈，泄掉金陵王气。虽然只是传说，但这种说法在南京民间流传甚广。近日，南京古代史研究学者刘宗意表示，这个传说纯属讹传，南京的地形完全是天然形成的。

那么作为六朝都城的南京，如何破解"龙盘虎踞"、"四神"风水、"金陵王气"等新见解的呢？"龙盘虎踞"一词源于三国时期蜀汉政治家诸葛亮所说的"钟山龙盘，石头虎踞，此乃帝王之宅也"这句话。关于"龙盘虎踞"的含义，一般狭义的理解为"钟山像苍龙一样蟠曲城东，石头山像猛虎一样雄踞城西"；广义的理解为"以钟山为首的群山，像龙一般地蜿蜒蟠伏于东南；而以石头山为终点的西部诸山，又像猛虎似的雄踞在大江之滨"。"龙盘虎踞"来源于星象，"钟山龙盘，石头虎踞"是星象比喻，而并非诸葛亮所说的意思。当时，古人认为天上最主要的有两个星座：龙虎星座。龙星座就是由房、心、尾三宿组成，虎星座由参、觜、宿组成。龙虎两星座按古人所定的方位一东一西，形象醒

目，十分容易辨认，这便是"龙盘虎踞"的真正来源。"四神"守护南京城，目前南京的"四象"地形仍然保存完好。

玄武湖的名字是在刘宋元嘉二十三年（公元 446 年）才出现的。"玄武"在我国古代神话中通常是指北方之神，玄武湖实际上也就是北湖的意思。另外，南京城左有"钟山"龙盘，右有"石头城"虎踞，前有朱雀（秦淮河）镇守，形成四灵镇护的形势。今天南京的龙蟠路、龙蟠里、龙尾坡、龙脖子、虎踞路、虎踞关、玄武门、玄武湖等地名仍然留有深深的"四象"痕迹。

玄武湖

秦始皇统一中国后，当时民间盛传"东南有王气"，引起秦始皇的极度不安，为此，秦始皇多次出巡东南地区，开展一系列破坏"天子气"的活动。其中就包括在金陵凿断山冈以泄王气以及埋金金陵以镇王气。

南京的龙脉起止，若南京牛首之龙，自瓦屋山起，东庐山至溧水蒲里，生横山、云台山、吉山、祖堂山而起牛首，双峰特峙成天财土星。左分一枝，生吴山至西善桥止，复于肘后逆上，生大山、小山。右分一枝，生翠屏山，于烂石冈落，变作冈龙，至麻田止。中抽将军山，过黄泥冈，起祝禧寺，至安德门，生雨花台，前至架冈门上方门而止。

南龙有金陵，即今之南畿，我太祖高皇帝建都之地也。战国楚威王时，以其地有王气，埋金以镇之，故称金陵。汉改曰秣陵，吴曰建业，晋曰建康。其形势，前辈谓与洛阳同。廖氏云：建康形势洛阳同，王气古云钟。盖紫微垣局，南干之尽也。苏伯衡谓刘迪简云：金陵地脉自东南，溯长江而西数百里而止，其止也，蜿蜒磅礴，即翕复张，中脊而下降为平衍，所谓土中于是乎在。西为鸡笼、覆舟诸山，又西为石头城，而钟山峙其东，大江回抱，秦淮、玄武左右映带，两淮诸山合沓内向，若委玉帛而朝焉。

诸葛孔明谓：钟山龙蟠，石城虎踞，真帝王都。昔始皇见金陵有王气，东游以压之。其后三国吴都之，传四世，东晋又都之，传十一世，历百余年。南朝宋、齐、梁、陈、南唐皆都之，而年代不永。盖以其虽合垣局，而垣气多泄故尔。杨筠松云：长江环外有三结垣，前中水列垣中，已是帝王都，只是垣城气多泄是也。若以形胜论之，则江限南北，古今恃为天险。

明太祖朱元璋命刘基建南京城，打破明以前南京城的格局，拓建南京城，重新布局，于城东空旷之地规划建设皇城与宫城，以凸显中国传统王者之都的气象。

皇城与宫城的布局。

皇城、宫城位于南京都城的东部，是移山填土，新辟的地基，便于规划建设，虽有"前昂中洼"的缺点，却也大致平整。其选址是依中国传统，占卜决定的，史称："太祖将营宫殿于南京，命刘基相地。"其选在城东，因为东方是属于震卦的方位，帝居设在东方正合于《周易》："帝出乎震"之意。在这地基上，为使建筑群体布局秩序井然，安排对称，必须划定中轴线，把最重要尊重的宫殿门阙建中轴在线，将其他建

筑安置于中轴线两侧。南京皇城、宫城就是以正阳门、洪武门、承天门、端门、午门、奉天门、奉天殿、华盖殿、谨身殿、乾清宫、坤宁宫、玄武门、北安门联成的中轴线，依《周礼•考工记》和中国传统营建都城的理想，"象法天地，经纬阴阳"，参考元大都、明中都的规模而建设的。

宫城俗称紫禁城，呈正方形，面积约二里见方，即每边一点一公里，面积一点二一平方公里。其周围，东、北以古青溪，西、南阻新开御河沟渠为护城河。城门六门，按方位对称，等距地安排于中轴在线或两旁。正南曰午门，其左为左掖门，其右为右掖门，东曰东华门，西曰西华门，北曰玄武门，午门与玄武门南北对峙，在中轴在线；东华门与西华门则左右对称。由于西华门与武英殿、右顺门在一条在线，东华门与文华殿、左顺门在一条在线，而左、右顺门又在"奉天门外两庑之间"；则东、西华门在宫城东、西墙的南侧，与元大都宫城的东、西华门位在宫城东、西垣的中腰部不同。午门居中向阳，位当子午，因称午门，高大雄伟，威严壮观，"翼以两观"，是座阙门，共有五个门，中三门，东、西又各有一门，即左、右掖门。午门的建制，仿自元大都崇天门，崇天门也是宫城正南门，左右有两观，平面是凹形，左有星拱门，右有云从门。午门、崇天门门名虽不同，形制则近似。午门高大雄壮，门外是皇帝阅兵之地；而且由于午门象征天帝居所的南门，品级较高，只有公侯驸马并文官三品、武官四品以上，准许由其右掖门出入，而文官四品、武官五品以下，则不得出入，只能由左、右掖门出入。文华殿是东宫视事之所，武英殿则为皇帝斋戒时所居。

午门内为奉天门，门之左右为东、西角门楼，内为正殿，即奉天殿，是皇帝"受朝贺"的场所。殿之左右有门，左为中左门，右为中右门。两庑之门，左有文楼，右有武楼。奉天殿后为华盖殿，华盖殿后为谨身殿。二殿均是皇帝生日、元旦等重要庆典时，"大宴群臣"之地。奉天、华盖、谨身三殿，即所谓前朝，是皇帝处理朝政的场所，是宫城的核心，为前后左右各种宫、殿、门、楼所拱卫，象征皇权至高无上，为众所拱卫。等同于元大都的大明殿，清代北京的太和殿、中和殿、保和殿。

前三殿之后是另组建筑群体，坐落于中轴在线，即所谓后寝，为皇

帝后妃生活的后宫。后宫主要是由乾清宫、坤宁宫组成：乾清宫在南，是皇帝的寝宫，坤宁宫在北，是皇后居住的中宫。这个地区，相当于清代北京的后三殿。不同的是明南京的后宫只有乾清、坤宁二宫，二宫中间设有交泰殿。而且后宫只是帝、后生活区，不像清代以乾清宫前的乾清门为日常听政的场所。乾清宫门内之东有奉先殿，是仿宋朝在宫中建钦先孝思殿之意，"每日焚香，朔望荐新，节庆及生辰皆于此"，"以奉神御"，"祭祀用常馔，行家人礼"，这种"晨昏谒见"的祭拜祖先的场所，有别于"岁时致享"的太庙。更凸显后宫为皇帝私生活的功能。此外据《洪武京城图志》，尚有柔仪殿、春和殿，位置不详，似乎分布于中轴线两旁，东西对称。至于后宫正门与后门是否如明清北京称为乾清门、坤宁门，"谨身殿后为宫，前曰乾清宫，后曰坤宁宫，六宫以次序列。"则六宫是应该有的，"初营建北京，凡庙社郊祀坛场宫殿门阙规制，悉如南京"。似乎应该是有东西六宫。则后宫应南有乾清门，北有坤宁门，而东六宫：长阳、永安、长寿、咸阳、永宁、长宁分布于乾清、坤宁二宫之东，西六宫：寿昌、万安、长乐、寿安、长春、未央分布于乾清、坤宁二宫之西。

总之，宫城系位于皇城内圈的方型城。旁门午门、东华门、玄武门、西华门；主要建筑群体，列在玄式门、午门一线，北对龙广山的中轴在线，前朝有奉天、华盖、谨身三殿，"翼以廊庑"，两旁依左文右武的原则，列着文楼、武楼、文华殿、武英殿等建筑群，以拱卫凸显前朝作为宫城核心，象征皇权至尊的形象。后寝则以乾清、坤宁二宫为主轴，两侧辅以奉先殿、柔仪殿、春和殿与东西六宫，造成宫城后半段的另一高潮，另一核心。

皇城呈倒凸形，城门正门为洪武门，南与都城正阳门直对，北与承天门直对，承天门外两侧有东长安门、西长安门。皇城东墙有东安门，西墙有西安门，北墙有北安门，东安门与宫城东华门直对，西安门则与西华门、北安门与玄武门直对。至于东上门、东上南门、东上北门、西上门、西上南门、西上北门、北上门、北上东门、北上西门的具体位置，则至今不能确定。明清的记载于此相当混乱，不但位置不清楚，甚至门

数也不同，《明太祖实录》记载了这九门门官的位置，而《洪武京城图志》"宫阙"项下，仅列东上甫门、东上北门、西上南门、西上北门、北上东门、北上西门六门，而无东上门、西上门、北上门。

但既然东上门、西上门、北上门设有门官就应该有门，《实录》记载是可信的。参照北京皇城规制，这九门应在皇城与宫城之间，而非宫城城门。东华门外，护城河东，通东安门大道应有东上门，沿护城河河东道路，北有东上北门，南有东上南门。玄武门外，通北安门大道上，有北上门，沿宫城北墙大道，东有北上东门，西有北上西门。西华门外，通西安门大道上，有西上门，沿西护城河大道两旁，北有西上北门，南有西上南门。也就是由东华门、东上门、东上南门、东上北门构成一封闭的小广场，玄武门、北上门、北上东门、北上西门间构成一个小广场，西华门、西上门、西上北门、西上南门间构成一个小广场，这三个小广场一方面可呈现宫城城门的雄伟庄严，且这九门对宫城城门也有保护作用。

皇城南垣与洪武门正相对的是承天门，前为五龙桥，再往北又有一道门，是为端门，端门更向北，则是正对宫城南门的午门。这便是由洪武门、承天门、五龙桥、端门、午门，再经奉天、内五龙桥前三殿、后宫，到玄武门、北安门，连成一条皇城、宫城的中轴线。而位于午门至洪武门的这条轴在线，建了一条仿汉、元制度，分为三道的御道。御道两旁依北魏洛阳以来的都城规划传统，布列中央官署，"六卿居左，经纬以文；五府居西，镇静以武"。其中除刑部、大理寺、都察院三法司置于太平门之外玄武湖畔，文职官署在承天门外御街东，依宗人府、吏部、户部、礼部、兵部、工部的次序，从北向南排列；另外在五部这一列官署的东面，又建一列官署，从北往南，依次为銮驾库、翰林院、詹事府、太医院。武职官署，主要列在御街西，依中军、左军、右军、前军、后军都督府的次序，从北往南排列。另外部分文职官署也设在御街西，如太常寺设在后军都督府南，钦天监设在太常寺西，通政司、锦衣卫、旗手卫设在中军都督府西。根据《洪武京城图志》的《皇城图》，并参考中国社科院考古研究所绘制的《明北京城复原图》，在御街东的

官署一律坐东朝西并朝西开门，街西官署则一律坐西朝东，朝东开门，门均朝向御道，以示尊崇之意。整体来说，"殿廷皆南向"，合乎《易经》"南方为离，明之位，人君南面以听天下之治"；而五府六部则在宫城南，合乎"人臣则左文右武，北面而朝"的礼制意义。

此外承天门、东长安门、西长安门、洪武门之间，以皇城城墙围成一"T"字形的封闭广场，这一设计是继承唐长安宫廷广场的，不同的是其封闭性比唐长安还要强，唐长安宫廷广场与中央官署之间并不以皇墙隔开，而明南京据《洪武京城图志》，参考明北京城的规制，则应有墙与中央官署隔开，显示明代君主威权较唐代更高，尤其洪武十三年废除丞相制度后，改由六部分担政务，六部尚书地位远较丞相为低，更被摒除于皇城城墙之外；因此宫廷广场更少闲杂人等走动，使这个封闭的广场更加森严，衬托宫廷的伟大。这一设计后来由明、清北京城所继承。

总之，皇城为倒凸字形城，以连接午门、端门、承天门、洪武门的御街为中轴线，大体按左文右武的原则，将五府五部等中央官署对称地分布于两旁。只有三法司因司刑法，有杀气，不适合设置于皇城前，而改建于太平门外，玄武湖之东，钟山之南，象征天牢的贯城。

接着，又提到坛庙的布局：

自古都城不但是政治、军事中心，同时也是宗教中心，尤其国家祀典即以加强统治者之尊严，强化统治正统性为目的。明代主要的祀典有祭天地、社稷、祖宗、山川等。祭祀的坛庙，是极其尊贵的；因此主要分布于皇城，宫城的中轴线，甚至延伸至都城正阳门以南的中轴线之旁。

宗庙、社稷是与国家、朝廷意义上是等同的，明朝建国之前夕，便加以规划建设。最初太庙设在宫城东南，皆南向，社稷坛设在宫城西南，皆北向。洪武八年（公元1375年）至十年（公元1377年）改建皇城、宫城，朱元璋认为原来设计时，"愚昧无知"、"未尝有察"，以致使"地势少偏"，乃依中都之制，迁太庙于端门之左，社稷坛于端门之右，左右对称配置于宫城之前、御道两旁。这种配置方式，既不同于唐长安分置于皇城东南、西南隅，也不同于元大都置于皇城之外左、右，而是把祖社收拢在中轴线两侧，使中心御道更加明显突出。午门和皇城南面

承天门间的整个地段，纳入宫阙建筑的总体规划之中；整个布局因此更紧凑。这一仿自中都的设计，改变了唐代以来的规划，而为其后明、清北京城所沿袭，的确像朱元璋说的是"建为一代之典"，开创了一代的制度。

天地坛在正阳门外之左，自古天地向来以南北二郊分祭，明初仍之，"祭天于南郊之圜丘，祭地于北郊之方丘"。圜丘设在京城东南，正阳门外，钟山之阳，方丘设在太平门外，钟山之北。其后，朱元璋认为"王者父天母地，无异祭之礼，乃以天地合坛而祭，配以仁祖淳皇帝，严以殿宇，左右列坛，以日月星辰、岳镇海渎、风云雷雨、山川太岁、历代帝王、天下神祇及有城隍之神从祀"，于原圜丘地点，建天地坛与大祀殿。这一设计改变自古以来天地分祭的惯例，是明初都城设计的一大特色。嘉靖年间议礼才改依古制，在北京改建天坛于城南、地坛于城北，而南京似无另建地坛方丘之事。

山川坛在天地坛之西，左为旗纛庙，西南为先农坛。至于朝日坛与夕月坛的制度是洪武三年（公元 1370 年）定的，《实录》也有"上朝日于东郊"，"夕月于西郊"的记载，但由于《实录》没有建筑的记载，《洪武京城图志》也没有朝日、夕月二坛的记载，方位难以考定，只知一在东郊，一在西郊。可能是洪武十年改建天地合祭的天地坛时，迁建原来的日、月坛于其中，从祀天地，以致原址废弃，因而无从察考。

总之，坛庙在明初南京皇城、宫城规划方面，也扮演一重要角色，主要分配在中轴线两侧，尤其祖社位置，改变中国传统都城旧制，不但利用皇城、宫城间的空间，而且自皇城的两旁或宫城的城隅，迁至午门之前，紧靠中轴御道两旁，使中轴御道更加突显，而为后来明、清北京城所仿效。而天地坛、先农坛的位置，也为明、清北京城所承袭。

如此布局有其深刻的寓意，徐泓谈到南京城的布局特点及其象征意义：

皇城、宫城主要是帝王居住与治政之所，是全国军政的中心。不但在实际上提供一个生活和办理政务的空间，而且要显现其空间的象征意义，在使用空间的命名上，也尽量表现象征意义，以突出皇城、宫城的

帝王气象。

南京皇城、宫城形状方整，宫城在皇城之中。以城垣论，高大坚固而雄壮；以建筑而论，虽然朴素，但规模闳壮，例如午门、端门、承天门都有三个或五个门洞，上有重檐门楼。这正是"象天法地"，模仿宇宙的"大"，在可能的范围内将皇城、宫城及其中的建筑，造得尽可能的闳壮。

其次，在平面布局方面，由于强调中轴线的传统，使城门城楼、宫殿、坛庙、官署等建筑，对称安排，秩序井然。从洪武门经过两旁有千步廊、围墙夹道的御道，而御道外则为排列整齐对称的中央官署，大致依左文右武的原则，分布于御道代表的中轴线两旁。通过御道，迎面为十五门洞的承天门与门楼，门前为一封闭的宫廷大广场，过了承天门，御道收缩，另一座上有高大的门楼五门洞的端门便在眼前，而御道东、西两边墙外则为太庙、社稷坛，依"左祖右社"原则排列，使御道的中轴线更显得尊贵。接着又是一个巨大的建筑——午门，尤其高大双阙上正面三个门洞，两旁有左右掖门，共五个门洞，门上又有重檐五凤楼，造成视觉空间的高潮。穿过午门，进入开阔的宫城，在奉天门后，一座五条道路的五龙桥跨在金水河上，过了五龙桥便是一个大广场，广场中央有一组由奉天、华盖、谨身三大殿组成的建筑群，高大闳壮，成为皇城、宫城的核心，而为周围的文武楼、武英文华殿、奉天门、乾清门对称地拱卫着。过了谨身殿，进入后宫，则是以乾清宫、坤宁宫及东西六宫组成的另一建筑群。然后经玄武门，到皇城北门的北安门。从洪武门到北安门，其间建筑空间序列重重叠叠，高潮迭起，又秩序井然，即拜此一中轴线之赐，而且重要建筑布置于中轴在线，凸显其地位之威严。这条轴线不但造成对称平衡的布局，而且体现中国传统注重"中"的空间意识，即《周礼•大司徒》择"地中"建国，是天时、地利、人和最有利的位置。不仅择国土之中建王都，且择都城之中建王宫。"中央"是最尊贵的方位，是最有统治权威的象征。

皇城、宫城的设计除依《周礼》等体现王者气象外，又以取法天宫来增强其神圣性。宫城前为朝堂，后为寝宫，为皇帝治政与家居生活之

地，最为尊贵，不但利用建筑群如众星拱卫中轴在线的奉天、华盖、谨身、乾清、坤宁的朝、寝，而且模仿天宫为宫殿、宫门命名，以示宫城乃人间帝王的居所，犹如天帝之居天宫一般。天上紫微垣为天帝的居所，正处中天，而乾清宫，坤宁宫亦处于皇城之正中，相当于紫微垣。不但乾清、坤宁宫名，象征天地清明，东西六宫，合象十二辰，而且殿阁罗列，如拱卫北极天帝。天上太微垣为天帝的南宫，南宫的正门称为端门，南宫又有左、右掖门。于是南京皇城在午门与承天门之间，也设一门，取名端门，作为皇宫的前门，而午门两旁又设左、右掖门；这都表示端门，左右掖门内，以前三殿为主的皇宫，象似天帝的南宫。前三殿中，奉天殿的"奉天"一词，来自《书经·泰誓》："惟天惠民，惟辟奉天。"说明君王系奉天爱民者也。华盖殿的"华盖"，系天皇大帝上九星，所以覆盖大帝之座的，象征君王所在有如天上的天皇大帝之居止。谨身殿的"谨身"，本指"用天之道，分地之利，谨身节用，以养父母"。在此实指君王"效天法祖"，以获天佑，保其国祚之绵长，是明太祖立下的祖训。而宫城的北门称为玄武门，也是取象于天宫，因为玄武正是天之北宫。至于东华门与西华门之命名，则来自道教，因为东华、西华正是道教之仙宫；则皇帝居所不但是天宫，而且是仙宫。

除了皇宫与天宫相对应，天上宫阙，人间皇宫，崇显君王是天之子的正统性与神圣性外，皇城、宫城的布局、庙坛的位置与命名，又依阴阳学说设计，显示其配合自然天道的象征意义，如圜丘祭天，方丘祭地，天为阳，方位为南，地为阴，方位为北，故祭天于南郊，祭地于北郊。明初，圜丘置于正阳门外，钟山之阳，方丘置于太平门外，钟山之北；即明太祖说的"所以顺阴阳之位也"。如宫城南门有午门，南方为阳，午门取义于正午的太阳，光芒万丈，辉临四海，象征帝王至高无上，威严尊贵，如日中天。皇城正对着的是都城之南正阳门，"正阳"为众阳之正宗，为人君帝王之象，南面受朝也。前三殿为前朝，居于南，属阳，乾清、坤宁宫，为后寝，属阴。因此，外朝主殿布局，用奇数，将三殿之制。后寝主要宫殿，则用偶数，如两宫、六宫之制。阴阳学说还讲求阴阳相济，即阴中之阳，阳中之阴。如后寝相对前朝为阴，但后寝中的

乾清宫为帝王居所，乾者天也、阳也，以示君住于后寝的南部，坤宁宫为皇后居所，坤者地也、阴也，以示后住于后寝的北部；则后寝之阴中又有阴阳相济。且君天后地，又有男女之别、天地之分，进一步彰显天尊地卑、男尊女卑，乃乾坤正位的"天经地义"。至于皇城、宫城城址选在都城之东。正合于《周易•说卦》所云："帝出乎震"、"震东方也"，且震又象征龙；则东方是帝王的方位，皇城、宫城是以龙为象征的帝王居所，理应设置东方。至于三法司：大理寺、刑部、都察院之设在太平门外，玄武湖畔，也是依《易经》阴阳五行之说；因为三法司主刑杀，属阴，肃杀之气重，不适合置于皇城，遂迁建于城北太平门外玄武湖畔，摒之于都城之外，使肃杀之气远离。且北方为坎卦方位，坎为水，五行中水德情志主"恐"尚刑，正好适合设主刑法之三刑司。尤其三法司位于玄武湖畔，玄武为在天象中位置亦在北，则三法司位置又合乎天象。因此完全不考虑三法司与其他中央官署间之交通不便问题，而依《易经》鞫阳五行之说定位置。

至于其他中央官署，如五府五部等，设在宫城南前方，也是合于《周易》的。《周易•说卦》又云："离也者，明也……南方之卦也。圣人南面而听天下，向明而治，盖取譬此也。"朱元璋解释说："南方为离，明之位，人君南面以听天下之治；故殿廷皆南向，人臣左文右武，北面而朝，礼也。"因此，宫城内的宫殿皆面南，以示君主南面而王，而作为人臣办公处所的中央官署则置于宫殿南前方，并依左文右武的原则，整齐地排列，吏、户、礼、兵、工五部设于御道东方，五军督府置于西方，"北面而朝"。但另一方面，所有官署的方位，并不是坐南朝北，而是在东方（即左方）的五部坐东朝西，在西方（即右方）的五府则坐西朝东；即所有官署不论文武，皆朝向御道，即最尊贵的中轴线。官署建筑不能向南，因为南向是君王宫殿专有的朝向，也不能朝北，因为官署建筑朝北，向北开口，会冲煞皇宫的。帝王居住的宫城，乃人间天宫，天子的威严至尊，除以天宫附会，又经此阴阳、周易学说的阐释，其神圣性、正统性更是世无匹敌了。

总之，透过皇城、宫城的平面布局，显现的空间意义，及门阙宫殿

命名显现的象征符号，明初统治者在规划南京宫城、皇城时，相当成功地营造了一个既可供统治者使用的空间，又可彰显帝国伟大、君王至高无上象征意义的建筑规划语言。

从水流形势及山龙气势来论南京的风水：

## 一、以水流形势而言

此地北方有长江弯曲环抱，眷恋有情，从安徽省以下，即迂曲向东北方抱身而来，直到南京才转向镇江，斜曲东南至江阴，回顾向我，后迂回由崇明岛出海，适当黄海、东海之交。就天盘二十四山水法论之，为由坤申方来水，过壬子，出乙辰墓方，为标准的水局大地。"坤申"为水局之长生位，"壬子"为帝旺，"乙辰"为墓库，乃丙山壬向的帝旺之向。水为天地万物之本源，天一生水，水生万物，故有天子号令天下之格局。

大凡阳宅之地，喜有流水环抱。阔大开阳，气势宏敞，必为美地，尤其水流反复迂回，顾念有情，更是天下第一等大地。《天元歌》云："不争秀丽喜粗雄，大荡大江收气厚，涓流滴水不关风，若得乱流如织锦，不分元运也亨通。"意思是说阳宅只要有源长的大江环抱，必然收气雄厚，不必分论三元气运，仍能福泽深厚，绵延不绝。

## 二、以山龙气势而言

金陵地方，正当千里来龙结穴之处，向为东南之奥区，群山之总会。《地理天机会元》云："阳宅以龙气为本……干龙尽为州府，支龙尽作市村，气大亦大，气小亦小，龙气大则结都会省郡，龙气小则结县邑市村，久远不衰者，为龙气之长，财兴不废者，得水口之盈。"故由此可知，惟有龙气大而长，方可结为州府国都。金陵之地，正是如此。

地理学上论龙脉之长短，概以水源之长短辨之，水源若长，可知龙脉之发源亦长。南京市之水神为长江，它发源自昆仑南脉巴颜喀拉山，自中国大地脉之祖而下，绵延数千公里，到浙江境内之天目山、大茅山脉入境，南京城所倚之钟山，正是大茅山的主干，散布于南京、镇江之

间，周围六十里，高约四百五十五公尺。南京城即筑于钟山第三峰之南麓，俗称富贵山。由此富贵山开帐峡而下，蜿蜒磅礴，砂手环拱朝拜，如有官之朝拜，气势甚宏，是诸葛亮叹喟曰："钟阜龙蟠，石城虎踞，真帝王之宅。"其卓见正如国父当年建都南京时所言："南京有高山，有平原，有深水，三种天工，钟毓一处，在世界大都市中，诚难觅如此佳境。"

堪舆学者论南京地势，亦成表赞赏，其言曰："建康形势洛阳同，王气古云钟。"可见论者所言，皆不谋而合也。

南京以龙蟠虎踞之势名扬天下，亢亮、亢羽在《风水与城市》中，说明如下：

"明代的南京城，号称'十代帝王都，六朝金粉地'的南京，从三国孙权开始，历经东晋、刘宋、齐、梁、陈、南唐、明初、太平天国、中华民国，都在此为都。"

南京在地理上，三面环山，一面临水。其东部是宁镇山脉的最高峰钟山（紫金山）。钟山余脉西延为富贵山、覆舟山、鸡笼山、鼓楼冈、五台山、石头山。一路跌宕起伏，直楔入城，径抵江边。最高的紫金山海拔四百四十八米。突兀矗立，至今设有国家天文台。紫金山如巨龙伏于东南。石头山（今名清凉山）临江峭起，如虎踞江滨。诸葛亮初到东吴时惊见此势，谓"真乃龙蟠虎踞"！

历代中国都城皆方（"匠人营国，方九里"），宫城位于都城中轴在线偏北（皇帝南面为君）。而南京城却随地形而建。分为宫城、皇城、京城、廓城四层。核在中央。金城南北狭长，不规则，但宫城核心很规则，未越传统风水格局。

明太祖朱元璋要刘基对宫城风水选址。刘的师父铁冠道人指示刘，要建在燕雀湖上。因为南京风水外格大势属阴地，地处水南。而燕雀湖地处钟山之阳，在"蟠龙之头"，是风水穴位所在。填平湖水地，建成后，地面下沉倾斜，呈南高北低之势。朱元璋拟迁都，派太子朱标往关中另求佳地，途中病故。迁都未成。朱元璋下两京诏：北"京"为开封，南"都"为南京。出于城防计，经二十年犹豫，始定南京为主；南京地

接三楚，势控三江，进可攻，退可守，形胜江南，利于城防战略。

明代南京，皇城位于南京都城的东部，系移土填地的新地基，虽有"前昂后洼"的缺憾，但也属平坦。选址和布局全按中国风水学原理进行的。史载："太祖将营宫于南京，命刘基相地。"皇城因山城地势难于居中，而选在偏东位置，也是根据八卦的东方属震卦方位，帝居偏东合于《周易》的"帝出乎震"之意。震象征龙，合于帝居。建筑布局井然有序，对称布置。以皇宫为中轴线，把重要宫殿建在中轴在线，其建筑群体布在中轴线两侧。中轴线以正阳门、洪武门、承天门、端门、午门、奉天门、奉天殿、华盖殿、谨身殿、乾清宫、坤宁宫、玄武门、北安门为一南北纵轴。均依《周礼•考工记》和易学堪舆理论，"象法天地，经纬阴阳"，并参考元大都、金中都的规模法制而建。皇城呈倒凸字形，利于接南天之气。城之正门为洪武门，南与都城的正阳门相对，北与承天门相对。承天门外有东、西长安门。皇城东墙有东安门，西墙有西安门，北墙有北安门。东安门与宫城的东华门相对，西安门与西华门相对，北安门与玄武门相对。在东华门、东上门、东上南门、东上北门前形成一个封闭的东广场。在玄武门、北上门、北上东门、北上西门之间形成一个北广场。又在西华门、西上门、西上北门、西上南门之间形成一个西广场。东、西、北三个小广场既可显示城门群的雄伟，又可聚各方的风水之气。

宫城的皇城之中，自成方整平面。御道东、西二侧墙外为太庙、社稷坛，符合"左祖右社"的体制格局。中轴线清晰。正面承天门前布置一个封闭的宫廷大广场。接着是雄伟的端门和午门，均在同一轴在线。午门下三大门洞，又有两侧左右掖门，五个门洞，及加在其上的重檐五凤楼，形成轴在线的高潮。穿过午门凸显开阔的宫城内貌。过奉天门后可见五条道路上的五龙桥，过桥后便是宫城核心的奉天殿、华盖殿、谨身殿，三大殿高大雄壮。周围的文、武楼，文华殿、武英殿、奉天门、乾清门对称拱卫着。谨身殿后便是后宫：乾清宫、坤宁宫及东西六宫。前殿为皇帝活动之所，属阳居南；后宫为阴而居北。以象天地。在数理上，前殿用奇数，后宫用偶数，以别阴阳。后宫中的乾清宫为帝王居所，

属阳，在此则示阴中有阳，而五凤楼在阳区，又是阳中有阴。合太极之义。此外，皇宫与天宫对应，天上宫阙，人间皇宫。以示天子为天之骄子的神圣性。奉天殿的奉天，取自《书经·泰誓》的"性天惠民，惟辟奉天"，喻有奉天而爱民之意。华盖殿的华盖，象喻天上紫微垣天帝上的九星如华盖护座。谨身殿的谨身指"谨身节用，以养父母"，有效天法祖，严守祖训之意。在祭祀活动布置中，庙坛位置也遵守阴阳学说设计。用圆丘祭天，方丘祭地，合"天圆地方"观念。祭天圆丘置于南方的正阳门外，处于钟山之阳；祭地方丘置于北方太平门外，处于钟山之北的阴处。合于天：圆、南、阳；地：方、北、阴的风水阴阳观。完全是用建筑语言表达的宇宙图式和阴阳、八卦图式。

南京位于长江下游南岸，三面环山，一面临江，地势险要，易守难攻。南京的西面有象山、老虎山、狮子山、八字山、清凉山，南面有牛首山、岩山、黄龙山，东面有宁镇山脉的最高峰钟山、灵山、青龙山，北面沿江有乌龙山、燕子矶、幕府山。南京就坐落在这样一个群山环抱的盆地中。

南京除了有长江天堑、众山护卫的自然形胜以外，周围地区雨量充沛，土地肥沃，农业发达，是著名的谷仓。因此，自古以来受到帝王们的格外垂青。先后有孙吴、东晋、宋、齐、梁、陈、南唐、明、太平天国、民国十个王朝和政权在此建都。

最早在南京建都的是孙权。公元212年，孙权在楚国的多陵邑原址兴建了一座石头城，改名建业，取建功立业之意，作为水军的江防要塞。但孙权当时尚未称帝，也未下决心建都南京。公元220年，孙权称帝后把都城定在武昌。长史张纮劝孙权定都南京。据《三国志·张纮传》记载，张纮对孙权说：金陵为楚威王所建，当时叫做秣陵。此地势同阜连石头，据当地故志云，当年秦始皇东游会稽经过此处，随行的望气者告诉他金陵地形有王者都邑之气，故掘断连冈，改名秣陵。今故址仍在。地有其气，天之所命，直为都邑。孙权觉得张纮言之有理，但并没有采纳。后来刘备应邀到东吴做客，留宿秣陵。他在察看四周的地形后，也劝孙权迁都秣陵。孙权赞赏道："智者意同"。这样，公元229年，孙权便将

都城从武昌迁到南京。

　　孙吴在后主孙皓时，曾于公元 265 年又一次迁都武昌，遭到江东士族大家的反对。当时陆机上书说："武昌土地实皂险而堵确。且童谣言：'宁饮建业水，不食武昌鱼；宁还建业死，不就武昌居。'"加之武昌粮缺物贫，逆流供给，以为患害，孙皓不得不于第二年还都建业。

　　公元 280 年，孙吴被西晋灭亡，把建业改名为建邺，西晋末避晋愍帝司马邺之讳，改名建康。公元 316 年，西晋灭亡，晋室南迁，司马睿建立了东晋王朝，仍以建康为都；其后，南朝宋、齐、梁、陈相继在南京建都。到五八四年隋灭陈，前后约三百六十年，南京一直是南部中国的首都，所以唐朝称之为"六朝故都"。

　　公元 987 年，南唐在南京再次建都，但南唐的历史很短，只有 37年，到公元 975 年，被北宋所灭，南唐后主李煜也成为赵匡胤的阶下囚。李煜是著名诗人，留下不少与南京有关的怀旧诗。

　　公元 1356 年，朱元璋攻下了南京，改名为应天府。他看中了金陵的形势，曾叫儒士赋钟山诗，杨廉夫作了一首赞美金陵地理形胜的钟山诗，很得朱元璋的赞赏，诗云："钟山千仞楚天西，玉柱曾经御笔题。云拥金陵龙虎状，月明珠树凤凰楼。气吞江海三山水，势压乾坤五岳低。"据明人郎瑛的《七修类稿》，有个叫邓伯言的儒生，见朱元璋时，献了一首钟山诗，诗中有"鳌足立四极，钟山蟠一龙"二句，太祖连赞不已，一时兴起，拍案高诵之，邓伯言以为朱元璋发怒，吓得昏倒在台阶下，扶出东华门后才苏醒过来。

　　太平天国在定都问题上有两种意见，一派以下三娘、罗大纲为代表，主张定都河南。他们在太平军进入湖南后，想夺取河南，在中州建都，但这一主张被否决了。据《李秀成自述》载，有一位湖南水手禀告东王，力陈河南不利条件，劝其不要去河南。他说："河南河水小而无粮，敌困不能救解。尔今得江南，又有舟只万千，又何必往河南。南京乃帝王之家，城高池深，民富足余，上（尚）不在都，尔而往河南何也？"

　　另一派以洪秀全、杨秀清为代表，主张定都南京。他们发动 40 人撰写了《建天京于金陵论》一文，从不同的角度论证了建都金陵的必要性

和正确性。1853 年 3 月 19 日，太平军轰塌南京仪凤门，破城而入，占领了南京。3 月 29 日，洪秀全从水西门进入南京，改南京为天京，定为首都。

1911 年，辛亥革命胜利后，在定都问题上也有过争论。黎元洪利用武昌首义的优势地位，电邀各省代表到武昌商议组织临时政府，力争定都武昌，结果正当代表通过了建都武昌决议时，汉阳失陷，南京攻克。1912 年 1 月 1 日，孙中山在南京宣誓就任临时大总统，以南京为中华民国的首都。

明代金陵帝都的营建，是在风水指导下进行的。将风水的帝都理论直接付诸实践，这恐怕是绝无仅有的一次。南京城大抵视江流为曲折，以故广袤不相称，似非体国经野办方正位之意。大内又迫东城，且偏坡卑洼，太子、太孙宜皆不禄，江流去而不留，山形散而不聚，恐非帝王都也。以故孝陵（明太祖）欲徙大梁、关中，长陵（明成祖）竟迁北平。

南京作为大明王朝的都城，自明朝建立到明成祖迁都，历经洪武、建文、永乐三朝，计五十三年（公元 1368 年至 1420 年），自永乐十九年（公元 1421 年）正月以北京为都后，南京仍为留都，并建有五府、六部等军政机构，为时两百二十三年（公元 1421 年至 1644 年）。

明太祖朱元璋身后不久，燕王朱棣攻陷京师，奉天殿被大火焚毁。明成祖朱棣即位后，迁都北京，南京宫殿渐有损坏。清顺治二年（公元 1645 年），清兵南下，明故宫被改为八旗兵驻防城，又遭到毁坏。咸丰年间再次遭灾，由此南京明故宫变成了一片废墟。

解放以后，午门至奉天门间的部分明故宫遗址被辟为公园。二十世纪八十年代中期，随着明故宫路的开通，在原三大殿及后二宫的遗址上，建立了明故宫公园，对外开放。现在明故宫建筑仅存午门、西安门（俗称西华门）、东华门、外五龙桥、紫禁城壕等遗迹。

# 第七节 文化古城——北京

　　北京，简称京，中华人民共和国首都、直辖市、国家中心城市、超大城市，全国政治中心、文化中心、国际交往中心、科技创新中心，是中国共产党中央委员会、中华人民共和国中央人民政府和全国人民代表大会的办公所在地。

　　北京为元朝的大都，元大都城从元世祖至元十三年（公元 1276 年）开始兴建，到至元二十二年（公元 1285 年）基本建成，历时十八年之久，其中仅皇宫部分就建了四年。那时的大都城已成为世界上最为宏伟和繁华的城市。

　　早在西周初年，周武王即封召公于北京及附近地区，称燕，都城在今北京房山区的琉璃河镇，遗址尚存。又封尧之后人于蓟，在今北京西南。后燕国灭蓟国，迁都于蓟，统称为燕都或燕京。

燕都

秦代设北京为蓟县，为广阳郡郡治。

汉高祖五年，被划入燕国辖地。元凤元年复为广阳郡蓟县，属幽州。本始元年因有帝亲分封于此，故更为广阳国首府。

东汉光武改制时，置幽州刺史部于蓟县。永元八年复为广阳郡驻所。

西晋时，朝廷改广阳郡为燕国，而幽州迁至范阳。十六国后赵时，幽州驻所迁回蓟县，燕国改设为燕郡。历经前燕、前秦、后燕和北魏而不变。

隋开皇三年（公元583年）废除燕郡。大业三年（公元607年），隋朝改幽州为涿郡。

唐初武德年间，涿郡复称为幽州。贞观元年（公元627年），幽州划归河北道。后成为范阳节度使的驻地。安史之乱期间，安禄山在北京称帝，建国号为"大燕"。唐朝平乱后，复置幽州，归卢龙节度使节制。

五代初期，军阀刘仁恭在此建立地方政权，称燕王，后被后唐消灭。北宋初年宋太宗在高梁河（今北京海淀区）与辽战斗，北宋大败，对燕云十六州从此望眼欲穿；辽于会同元年（公元938年）起在北京地区建立了陪都，号南京幽都府，开泰元年改号析津府。

贞元元年（公元1153年），金朝皇帝海陵王完颜亮正式建都于北京，称为中都，在今北京市西南。

元代时，蒙古大汗国改名元朝。自元朝起，开始成为全中国的首都。元朝时的北京称为元大都。元大都成为全中国的交往中心，北到岭北行省，东到奴儿干都司（治所黑龙江下游），西到西藏地方，南到海南，都在此交流。成吉思汗麾下大将木华黎于嘉定八年（公元1215年）攻下北京，遂设置燕京路大兴府。元世祖至元元年（公元1264年）改称中都路大兴府。至元九年（公元1272年），中都大兴府正式改名为大都路（突厥语：Khanbalik，意为"汗城"，音译为汗八里、甘巴力克）。

明朝初年，以应天府（今南京）为京师，大都路于洪武元年（公元1368年）八月改称为北平府，同年十月应军事需要划归山东行省。洪武九年（公元1376年），改为北平承宣布政使司驻地。燕王朱棣经靖难之变后夺得皇位后，于永乐元年（公元1403年）改北平为北京，是为"行

在"（天子行銮驻跸的所在，就称"行在"）且常驻于此，如今的北京也从此得名。永乐十九年（公元1421年）正月，明朝中央政府正式迁都北京，以顺天府北京为京师，应天府则作为留都称南京，明仁宗、英宗的部分时期，北京还曾一度降为行在，京师复为南京应天府。

明清时设置顺天府管辖首都地区，地位与今日的北京市类似，但管辖面积不同。

清兵入关后即进驻北京，亦称北京为京师顺天府，属直隶省。

清咸丰十年（公元1860年），英法联军打进北京并签订《北京条约》。

清光绪二十六年（公元1900年），八国联军再次打进北京，大量文物被侵略军和坏民劫掠。北京上应北辰，以象天极，南面而听天下，天险地利，甲于关中。京师前挹九河，后拱万山，正中表宅，水随龙下，自辛而庚，环注皇城，绕巽而出，天造地设。北京青龙水为白河，出密云南流，至通州城。白虎水为玉河，出玉泉山，经大内出都城，注通惠河，与白河合。朱雀水为卢沟河，出大同、桑干入宛平界出卢沟桥。元武水为湿余、高梁、黄花镇川榆河，俱绕京师之北，而东与白河合。甸服西北，控御东南，若建瓯，然泰岳峙其南，华山环其右，前则三案重围，后则九河归宿，诚四塞之国矣，关塞诸山雄峙于西北，浑河诸水环绕于东南。

元末，明军攻破大都，为蠲除前朝"王气"，明太祖朱元璋派萧询等负责拆毁元朝的皇宫。萧询看到雄伟壮观的皇宫即将被毁的惨景，心里极为难过，悲痛中写下了《故宫遗录》一书。

明朝时，北京紫禁城有过三次大规模的改建、扩建和重建。

第一次是在明太祖朱元璋洪武元年（公元1368年）开始进行的，这次主要是改建。这次修建是在元皇城内的隆福宫基础上改建的。同年九月，奉天、华盖、谨身三殿以及左右楼（文楼、武楼）建成，随后寝宫也落成。后因朱元璋的宠臣鲍频竭力谏止，他才放弃了北迁的想法，仍以南京为国都。改建后的皇宫也就闲置。

第二次是扩建。洪武十三年（公元1380年），朱元璋的皇四子朱棣封为燕王来到北平。朱棣的燕王府就设在他父亲修而未用的皇宫内。

朱棣登基后，改北平为北京，决心迁都北京，并开始扩建北京城：永乐四年（公元1406年），朱棣亲自来北京主持扩建皇宫的奠基礼，扩建工程进行了八年，永乐十二年（公元1414年）八月，朱棣在新落成的奉天殿内接受了朝贺。

第三次是重建。在燕王府基础上扩建的北京新皇宫，落成后的第二年，午门竟被大火焚毁。接着，北京又遭受了一次大地震的袭击，致使扩建后的北京紫禁城几乎夷为平地。对此，朱棣极为恐惧，认为在元朝隆福宫基础上扩建皇宫有冲风水。永乐十四年，朱棣决心重建新皇宫。这次重建工程历时三年，到永乐十八年（公元1420年）六月全部完工，第二年正月，正式迁都北京。

现存的北京紫禁城，基本上保留了明朝第三次重建皇宫的体例和布局。

北京紫禁城

北京的西部、北部群山逶迤，北连蒙古高原，西邻黄土高原，东南部平畴沃野，与华北平原连成一体。自古以来就是连接蒙古高原、东北平原和华北平原的重要通道。

古代都城的兴建，是依照风水来选址、布局的。

古代城市的布局，常以八卦为纲。

北京城也是按八卦方位所建。《易》曰：艮者，东北之卦也，万物之所成终而成始也。离，万物皆相见，南方之卦也。圣人南面而听，天下向明而治。孔子曰："为政以德，譬如北辰，居其所而众星拱之。今之京师，居乎艮位，成始成终之地，介乎震坎之间。出乎震而劳乎坎。以受万物之所归。……自古建都之利，上得天时，下得地势，中得人心，未有过此者也。"

外城和内城的格局：外城在南，为乾为天为阳；内城在北，为坤为地为阴。乾坤照应，阴阳合德。外城东南角呈曲折突起状，内城西北角呈洼陷状；东南为兑为泽，西北为艮为山。天地定位，山泽通气。

主轴线：南起永定门，北至鼓楼，全长十五里，与洛书数十五相切合。

城门：外城七座门（永定门、左安门，右安门、广渠门、广安门、东便门、西便门），七为少阳之数，内城九座门（南有正阳门、左崇文门、右宣武门、北有东安定门、西德胜门、东有南朝阳门、北东直门、西有南阜成门、北西直门），九为老阳之数。天子居九五之尊，故内用九。内城之南用奇数，为阳。内城之北用偶数，为阴。

五坛：天坛在南边，天子祭天之处，南为天为乾为阳，天坛是圆形，象征着天圆。地坛在北边，天子祭地之处。北为地为坤为阴，地坛是方形，象征着地方。日坛居东，月坛居西，社稷坛居中央，这三坛都是方形。

元朝是中国历史上继汉、唐之后，又一个大一统的王朝。元大都是长安以外第二个规划整齐、呈棋盘格局的大都市，也是当时列入世界性都会的著名中国古城。大都城在太行山之东，沧海之西。"北枕居庸，西恃太行，东连山海，南俯中原，沃野千里，山川形胜，足以控四夷、制天下。"从整个格局讲，太行山脉延伸而来的西北，采东北——西南走向，平行排列为褶皱山地；北部由燕山山脉延伸而来的军都山，为夹有若干山间盆地的断块山地。两山并立，成为北面坚强的"靠山"。东

南部平原由永定河、潮白河冲积而成，此外还有多条河流，形成北方高地难得的条网状分布。倚高山面平原，确实是雄视全国。元、清以北方少数民族入主中国，以此为依托，面向东南（汉族祖地），形成"虎视"格局。元朝历九十七年，清朝历两百六十七年，除了其早期军事强大、统治机器牢固而外，政治、文化方面实无足称，不能不从风水方面找原因。

元、明、清三代在北京大兴土木，建筑宫殿。从元代开始，即在大都建外城、皇城、宫城。宫城即大内，是现在紫禁城的前身，位于皇城偏东。南北长、东西稍窄，四周绕有一百二十间周庑，形成长方形格局，正合风水家"身长、翼短"之义。再历明、清两代，对外罗城、内城（皇城）、宫城（紫禁城）不断增建，"棋盘"愈来愈大，却都尊重原来格局，使紫禁城处于都城之中。紫禁城内，有九千多间殿宇、楼阁。殿为朝会之所，宫为后妃之居，宫南左则为太庙（供奉皇帝祖先牌位），右侧为社稷坛，为皇帝祭祀土地神、五谷神的地方。皇城外又分别建天坛、地坛（山川坛）、朝日坛、夕月坛，以祭天、地、日、月，把宫殿格局与伦理结合，又正是"天人合一"学说的实现。

紫禁城北门，明代叫玄武门，清代改称神武门。大门正北有一座土山，传说是用挖紫禁城护城河的泥土堆积而成，名曰万寿山，俗称煤山，清代改称景山。主峰所在处，正是元朝延春阁旧址。明朝在这个故址上堆土积山，意在压胜前朝的风水。所以，这座万寿山亦称镇山。万寿山中峰的位置，既在全城的中轴在线，又处于内城南北两城墙之间的正中央，又是改建后的北京全城的中心。

元大都的方位选定极为慎重，是在风水思想的指导下进行的，元大都的设计规划是"井井有序"的。"至元四年，岁在丁卯，以正月丁未之吉，始城大都，立朝廷、宗庙、社稷、官府、库庾，以居兆民，辨方正位，井井有序，以为子孙万世帝王之业。"经过"辨正方位"而"井井有序"地进行建设的，其重点在于确定朝廷、宗庙、社稷、官府、库庾的方位，其中尤以朝廷宗庙最为重要。"命筑中都城（按即大都），始建宗庙宫室。""至元四年二月己丑，始于燕京东北隅，辨方位，设

邦建都，以为天下本。四月甲子，筑内皇城位置，公定方隅；始于新都凤池坊北立中书省。其地高爽，古木层荫，与公府相为樾荫，规模宏敞壮丽，奠安以新都之位，置居都堂于紫微垣。""至元四年世祖皇帝筑新城，命太保刘秉忠辨方位，得省基，在今凤池坊之北，以城制地，分纪于紫微垣之次。"更说："其内外城制，与宫室、公府，并系圣裁，与刘秉忠率按地理经纬，以王气为主。"所谓"内皇城"或"内城"，都是指大内或宫城。所说"筑内皇城位置"，就是确定北中书省的位置在后来划定为凤池坊以北地方。凤池坊近海子（即积水潭），在海子东北斜街以北，即今什刹海以北地方。北中书省在钟楼之东，鼓楼之北。宫城和北中书省是刘秉忠设计大都时最早确定的位置。所说"置居都堂于紫微垣"，"分纪于紫微垣之次"，就是把中书省比作紫微垣星，把中书省安置在紫微垣星的位置上。可知他首先把中书省和宫城的方位确定，有其特殊的重要用意。

与此同时，更重要的就是确定了全城中轴线的位置。"世祖建都之时，问于刘太保秉忠定大内方向，秉忠以今丽正门外第三桥南一树为向以对，上制可，遂封为独树将军，赐以金牌。每元会、圣节及元宵三夕，于树身挂诸色花灯于上，高低照耀，远望若火龙下降。树旁诸市人数，发卖诸般米甜食、饼链、枣面糕之属，酒肉茶汤无不精备，游人至此忘返。此景莫盛于武宗、仁宗之朝。"刘秉忠确定以丽正门外第三桥南一树，作大内南门（即崇天门）对准的方向，因而这棵大树被封独树将军，每逢盛大节日都要在这树上挂满诸色花灯。这样以大内南门对准外城南门外大树，就确定了全城中轴线的位置，也就使得宫城的中心位于全城的中轴线之上，从而突出大都以宫城为中心的格局。

在元大都设计规划中，最重要的就是中心台位置的选定。"中心台，在中心阁西十五步，其台方幅一亩，以墙缭绕，正南有石碑，刻曰中心之台，实都中东南西北四方之中也。在原庙之前。"就是后来元成宗所建的大天寿万宁寺。在都城的设计建设中，建立中心台作为全城中心点的标记，是元大都首创的。这个中心台所以要在正南建立的石碑上刻曰中心之台，因为这是全城南北向中轴线的终点。这块石碑所在之点正是

向南对准丽正门外第三桥南一树的一条南北向的直线，即贯通全城的中轴线。这条中轴线，从外城南门丽正门开始，经过萧墙南门灵星门、宫城南门崇天门，穿过宫城，出宫城北门厚载门，萧墙北门厚载红门，经万宁桥（即海子桥）而直到中心台。于是全城的重要建筑物都可以按照中心轴线来安排，有的安排在中轴线的左右，有的就安排在中轴线。

中心台位置的选定，不仅可以由此确定全城中轴线的方向和位置，而且可以由此确定对称的东西南北四面城墙的方位，还可以确定东西两面城墙正中城门（即东面崇仁门和西面和义门）的位置，又可以制定从中心台向东通到崇仁门的横街的位置，使得作为中轴线的南北向大街和这条横街成"丁"字形交叉。

元大都之所以要选定金代建有离宫（大宁宫）的湖泊地带作为全城的中心，选定宫城位置在太液池以东地区，选定中心台在太液池上游称为积水潭（今什刹海）的大湖的东北地方，不仅是为了取得丰沛的水源和解决漕运的困难，更重要的是为了适应都市经济发展的新形势，适应新兴日用商品行市发展的需要，适应众多都城居民日常生活必需品供应的需要。回顾一下北宋和南宋的情况。北宋汴京之所以能够成为商业发达、经济繁荣、人口众多的都城，就是由于疏通了东南汴河，加强了和南北大运河的联系，使水上运输事业得到大扩展。由此而形成了沿汴河和四周城门内外许多日用商品新行市的兴旺，沿河近桥和城中心新街市的发展，都城中各种日用物资的作坊的扩展，各种新行市之间协作以及都城中各种商业和全国各地联系的加强，以至全国性市场的形成。南宋临安之所以能够成为十分繁华的都城，同样是由于疏通了城中大河和城西北运河的联系，从而形成水上运输事业的进一步发展，各种新行市和新街市在沿河近桥、四周城门和城中心的进一步繁荣，全国性市场的进一步的扩大。金中都与之对比，就差得多，原因就在于没有为日用品新行市和新街市的发展创造有利条件。元大都的设计规划者是看到这点的。

大都的设计规划者从水源及都市经济发展的需要出发，把城中心选定在积水潭东北地方，把宫城选定在太液池以东地区，其结果就使大都形成坐南向北的，如同南宋临安一样的布局。大都西北的健德门是通向

北方的重要门户。健德门外十里建有接官亭，称为礼贤亭，用来迎送北来官员。皇帝每四五月间车驾幸上都，八九月间车驾还大都，都是由从西北健德门经过中心台以南，通向萧墙北门厚载红门的驰道（即中轴线）而进出宫城的。

以北京为都城始于西周燕国，距今已三千零三十五年，以后前燕、金、元、明、清各朝都定都北京。北京，是我们伟大祖国的首都，她代表着世界东方的文化风貌。古都北京是风水在城建史上的杰出典范。

北京，是举世闻名的历史文化名城。它悠久的历史，源自距今七十多万年前的周口店北京猿人，琉璃河商周遗址把这座城市的建城史上溯到三千多年前的西周初年。历史上的北京城，从西周的蓟丘，到西周末燕灭蓟成为燕都。到唐代幽州城、辽代南京城、金代中都城，两千多年里城址都在今北京城西南广安门一带。今日北京城，是元大都奠定的基础。使北京城享有盛誉的，是它那规划严整的城市，辉煌壮丽的宫阙，无处不深深地打上了风水的印记。

北京的风水被历代堪舆家称颂。分析北京风水条件的文字，始于唐代著名风水师杨益，他说："燕山最高，象天市，盖北干之正结。其龙发昆仑之中脉，绵亘数千里……以入中国为燕云，复东行数百里起天寿山，乃落平洋，方广千余里。辽东、辽西两枝，黄河前绕，鸭绿后缠，而阴山、恒山、太行山诸山与海中诸岛相应，近则滦河、潮河、桑干河、易水并诸无名小水，夹身数源，界限分明。以地理之法论之，其龙势之长，垣局之美，干龙大尽，山水大会，带黄河，天寿、鸭绿缠其后，碣石钥其门，最是合风水法度。以形胜论，燕蓟内跨中原，外控朔漠，真天下都会。形胜甲天下，山带海，有金汤之固。""冀都是正天地中间，好个大风水。山脉从云中发来，云中正高脊处，自脊以西之水，则西流入于龙门西河，自脊之东之水，则东流入于海。前面黄河环绕，右畔是华山，耸立为虎，自华山东至中原为嵩山，是为前案。遂过去为泰山，耸于左，是为龙。淮南诸山是第二重案，江南诸山及五岭又为第三、第四重案，正谓此也。""燕都地处雄要，北依山险，南压区夏，若坐堂隍，俯视庭宇。"蒙古贵族巴图鲁曾劝元世祖忽必烈定都北京，说幽燕

之地，龙蟠虎踞，形势雄伟，南控江淮，北连朔漠，且天子必居中以受四方朝觐。大王果欲营天下，定都非燕不可。

北京河山巩固，水甘土厚，民俗淳朴，物产丰富，诚天府之国，帝王之都也。北京北枕居庸，西峙太行，东连山海，南俯中原，沃野千里，山川形胜，诚帝王万世之都，北京是"视中原，居高负险，有建瓴之势"。

北京位于华北平原的北端，平原与山地交汇的要冲。这里也在东面沧海与西面太行山地的山麓丘陵顶端。在永定河与潮白河之间，又在玉泉、高梁、湿余等小河附近。北面太行山、军都山形成半圆形山湾，南面有大河，古代还有湖泊、沼泽。这样的地方，用风水术语来说，是"堪舆家所谓藏风聚气者兹地实有之"。

巍巍太行山山脉蜿蜒逶迤，由南向北奔腾而来，城北，浩浩燕山山脉罗列簇拥，拱卫着京师，两股山脉交会、聚结，形成风水上所谓"龙脉"。森林覆盖着山峦，山色苍茫，云气郁积。就在这青山之中，来自黄土高原的桑干河与来自蒙古高原的洋河会合为永定河。永定河汹涌澎湃，穿行于深山老林之间，到京西三家店，陡然冲出山谷，在北京小平原的西缘伸展流淌，造就了北京小平原形同蛛网的河水溪流，星罗棋布的湖海、淀泊。山川襟带之间，北京城温润丰饶，土肥人美，遂成天府，这符合风水上要求的"藏风聚气"，利于生态的最佳风水格局。这是北京城和紫禁城的宏观环境，即风水上所称"外局"。

宫城又称紫禁城，沿用元代大内旧址而稍南移，周围加砖砌护城河，即今筒子河。南面正门称"午门"，即元代皇城灵星门旧址。万岁山，明代又称煤山或镇山（清代改称景山），是元代延春阁旧址，明代堆土筑成。此山五峰耸峙，中峰在全城中轴在线，又当南北两城墙的正中，形成全城的制高点。它使得全城堂堂正正，庄严而匀称大方。帝王居住的主体大殿也在它巍峨实体的依托之中。它们是：外朝三大殿，即皇极殿（清改称太和殿）、中极殿（清改称中和殿）和建极殿（清改称保和殿）和内廷后三殿，即乾清宫、交泰殿和坤宁宫。它们在全城的中轴在线，占据了最重要的位置。

元朝忽必烈以太液池琼华岛为中心，构筑了大都城。明初攻占元大都，平毁了元宫殿，缩减了大都北城五里，并把元大内旧址向南移至北京城中心位置建造皇宫，以南京宫殿为蓝本，进行规模宏伟的修建，占地七十二万平方米，宫殿达九千余间，这就是有名的北京紫禁城，又名大内，现称故宫博物院。

紫禁城名称的由来，一方面，因为古人将天帝所居住的天宫称作紫宫，故皇宫也有紫宫之称；另一方面，明、清皇宫戒备森严，是不许人进入和靠近的禁地，所以明、清皇宫又名紫禁城。

紫禁城是明、清两代的皇宫，曾有二十四个封建皇帝盘居于此。明朝永乐四年（公元 1460 年）开始修建，永乐十八年（公元 1420 年）基本建成，至今已有五百六十多年的历史。

紫禁城是一座长方形城池，南北长 960 余米，东西宽 750 余米，周长 3428 米。城墙高十米，城墙下宽 8.62 米，上宽 6.66 米，城四隅各有一座结构精巧的角楼（通高 27.5 米），俗称九梁十八柱七十二条脊，成为我国古代建筑中特有的形式，城外有一条宽 52 米，长 3800 米的护城河环绕。

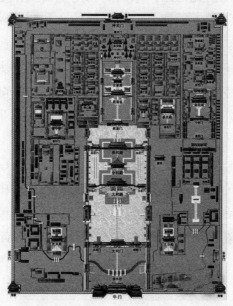

紫禁城地形图

　　紫禁城四面各有一门，正南是午门，再向南通过端门可达天安门，西面有西华门，东面有东华门，北面有玄武门（清朝改名神武门），对面是万岁山（清朝改称景山）。

　　紫禁城分为前朝与内廷两大部分组成，前朝以太和殿、中和殿、保和殿三大殿为中心，文华殿、武英殿为两翼，是皇帝发号施令、举行大典礼的地方。三大殿以北为内廷，有乾清宫、交泰殿、坤宁宫、御花园以及东、西六宫，是皇帝处理政务和后妃、皇子、公主居住的宫殿。东宫之东有皇极殿、宁寿宫、乐寿堂；西宫之西有慈宁宫、寿康宫，亦属内廷范围。

　　紫禁城的正门是午门，门上崇楼五座，俗称五凤楼，正楼是重檐庑殿顶，高 35.6 米，东西四座重檐四角尖式方形亭楼以廊庑联接，辅翼着正楼，形如雁翅，气势巍峨，体现了紫禁城的尊严。明、清两朝正楼设有宝座，左右设有钟鼓，皇帝大典时，钟鼓齐鸣。战争凯旋，则在午门举行受俘礼。午门共有五个门，中门是皇帝出入的，皇后大婚时由此门入，"传胪"时状元由此门出，东西两门是王公大臣走的。左右掖门是文武大臣走的。进午门以后便是空间开阔的太和门庭院，一条玉带形的金水河，逶迤婉转。自西向东流过，横跨五座雕栏玉砌石桥，与天安门外的金水桥互相呼应。金水桥正北是前朝的正门——太和门（明朝称奉天门、皇极门），明朝皇帝常在此"御门听政"；清朝皇帝曾在此受朝赐宴，顺治元年（公元 1644 年）十月朔（初一）福临皇帝在太和门颁诏称帝。

　　太和门以内是广阔开朗的太和殿广场，占地三万余平方米，两侧有崇楼高阁，崎立左右，金碧辉煌的太和殿巍然屹立在中央，坐落在 8.13 米高的"工"字形台基上，台基分三层，每层都绕以亭亭玉立的白石栏杆，在龙凤纹饰的望柱下面伸出排水用的浮雕白石螭首 1142 个，千龙吐水，蔚为奇观。

太和殿

太和殿，俗称"金銮殿"（明称奉天殿、皇极殿），面阔 11 间（63.96 米），进深五间（37.17 米），共有七十二根楠木柱的大宫殿，重檐四阿庑殿顶，彩画为双龙合玺大点金，是封建社会最尊贵的形式。大殿通高 37.44 米，比正阳门城楼还高 1 米多，是我国现存的最大木结构建筑物。

太和殿内有六根蟠龙金漆大柱，中间设有楠木金漆雕龙宝座，明、清两朝曾有二十四个皇帝在此登基，宣布即位诏书、元旦、冬至、万寿节、册立皇后、大婚、派将出征，皇帝都要在这里举行仪式接受文武百官朝贺。大典时设中和韶乐和丹陛大乐，从露台上摆设卤簿仪仗，南出午门直排列至天安门外。殿外炉鼎、仙鹤、铜龟都吐出袅袅香烟，缭绕宫殿，气象森严，以显示"真龙天子"的权威。

中和殿（明朝称华盖殿、中极殿），深广各五间（每间均长 24.15 米），是座单檐四角攒尖鎏金宝顶的方形殿宇。皇帝举行大典前，先在这里小憩，而后去太和殿，皇帝祭祀天坛、地坛、先农坛、社稷坛之前，在此殿闭视祝文。保和殿（明朝称谨身殿、建极殿），平面广九间（49.68 米）、深五间（24.97 米），重檐九脊歇山顶。皇帝赐文武群臣宴、公主下嫁纳采赐额驸宴、正月赐蒙古、新疆王公宴在都在此举行。清乾隆年

间"殿试"，由太和殿改在保和殿举行。

三大殿之后有东西横向的广场是为前朝与内廷的分界地带，正北有座华丽的乾清门是内廷大门，左右有琉璃照壁、门前金虹、金狮相对排列，清朝皇帝有时在此"御门听政"。乾清门内一条白石雕栏的高台通道直达后三宫，其格局与前朝相似。乾清宫是皇帝的寝宫和日常活动的场所，清朝雍正皇帝移居西宫养心殿，以后这里便成了举行内廷典礼、赐皇族家宴的地方。乾清宫两侧还有象征着政权的江山、社稷亭。

交泰殿，每年元旦、冬至、中秋三大节日，皇后在此殿受贺。清朝乾隆皇帝取《周易》"天数二十有五"之说，造定二十五方宝玺存放在交泰殿。

坤宁宫，明朝皇后居住的正宫，清朝顺治二年（公元1645年）按满族的习俗重新加以改建，成为祭神的地方，坤宁宫东暖阁是皇帝结婚时的洞房。过坤宁门是御花园，园中有苍松翠柏，奇花异石，楼阁亭榭，情意盎然。后三宫两侧还有东西六宫。这些就是人们所称的"三宫六院"。

紫禁城的前朝内廷六座大殿，坐落在北京全城的中轴在线。宫殿布局东西对称，左右衬托，重重殿宇，楼阁巍峨，千门万户，集中体现了我国古代建筑的优秀传统和独特风格，充分反映了我国古代劳动人民的高度智慧和创造才能。明、清两代五百余年间虽几经修建，但仍保持着明朝初建时的布局，为我国现存最大最完整的古建筑群。

紫禁城不但占据京城中心地位，而且还是全城风景优美的地区，在西北部有太液池、琼华岛，这阿辽、金时代的离宫，元代又利用这个自然景区修建了宫殿，成为宫苑。西面碧水郯郯的中南海。北倚万岁山，俗称煤山，明初曾堆过煤而得名，永乐年用挖护城河的泥土堆积成山，主峰高八十八点七米，周围二里余，成为紫禁城的一座天然屏障．形成风水靠山与紫禁城前面的金水河互相呼应，有山有水．阴阳交汇，体现并构成中国建筑前面有水、后面有山的传统格局。

外朝部分以太和殿、中和殿、保和殿三大殿为主，前面有太和门．左右两侧分列文华、武英两组宫殿。外朝是皇帝举行重大典礼和发布命令的地方。内廷以乾清官、坤宁宫为主体，后面有御花园。内廷东西两侧

翼有东六官和西六宫。内廷是皇帝后妃们居住的地方。在太和门的南面是紫禁城的正门——午门，战争胜利后的凯旋献俘仪式和皇帝颁布诏令仪式都在这里举行。午门至天安门之间是皇城的一部分，在御路两侧建有朝房。朝房外，东为太庙，西为社稷坛。

内廷宫寝为阴区，进中路乾清门，便是后三宫了。后三宫中，乾清宫和坤宁宫均为面宽九间，重檐庑殿顶，为内廷的正殿正寝，是皇帝、帝后的正式起居场所。在《周易》八卦中，乾即天、坤即地，乾清、坤宁两宫法天象地，于是"天地定位"，前者为"阴中之阳（厥阴）"，后者为"阴中之阴（太阴）"。

两宫之间的交泰殿则意指天地交泰，阴阳和平，是"中阴（少阴）"。这样命名的用意何在呢？原来皆与《周易》卦名卦义有关。

乾清宫出自乾卦，《彖传》说："大哉乾元，万物资始，乃统天。"《象传》说："天行健，君子以自强不息。"

坤宁宫出自坤卦，《彖传》说："至哉坤元，万物资生，乃顺承天。"《象传》说："地势坤，君子以厚德载物。"

交泰殿出自泰卦，泰卦是由乾卦和坤卦合成，乾下坤上，乾内坤外。《象传》曰："天地交泰，后以财成天地之道，辅相天地之宜，以左右民。"

天为阳，地为阴，天地之道即阴阳之道．天地交泰，阴阳和合，万物有序寓意其中。过午门、神武门一条南北中轴线，又将宫城分为东西阴阳二区。东方是太阳升起的地方，为阳，五行中属木，为春，在"生长化收藏"中属生，所以宫城的东部布置了与"阳"有关的建筑内容。如东部的某些宫殿为皇太子所居；文华殿原为太子讲学之处；乾隆年间所建的南三所，系皇太子的宫室。西方为阴，为金，为秋，在"生长化收藏"中属收，所以宫城的西部布置了与"阴"有关的建筑内容。如皇后、宫妃居住的寿安宫、寿康宫、慈宁宫等，都布置在西部。

明、清北京的紫禁城是皇权至高无上的表现，也是近五百余年来封建王朝最为壮观的皇权统治中心。为什么紫禁城用紫红颜色的墙？这是紫微星的颜色。天上的紫微皇是北极星，天空中亿万颗星星都在围绕着

它旋转，它是宇宙的中心。明、清北京城的中心是皇城，皇城的中心是宫城，宫城的中心是太和殿。太和殿的中心又是象征着宇宙中心的须弥山。其上有九层台阶的须弥座，上面坐着一个真命"天子"。他所在的宫殿托浮在一团团白云似的汉白玉基石之上。上朝之时，在肃穆、凝重、庄严的气氛之中，金鼓齐鸣、乐声回荡，使朝臣脑海中增添了"天上仙境"的虚幻之感！上坐一个珠光宝气满身、珠玉玲珑满头的"天子"。他位于一切设计、想象的中心。用物体的光彩、用声响的神秘，使他塑造成整座城市乃至整个宇宙的主宰者。这就是"君权神授"、"唯我独尊"的天子。

北京城及故宫，是完全在中国风水理论指导下规划建设的。大至选址、布局，小至细部装修，处处寓涵风水思想。可谓风水学的典型实物例证。

中国风水大势，是西起昆仑山系，向东延伸，形成各大山脉、小支脉。地势西高东低，北高南低。北京选址，就是与这一总系统的大势相合相顺的。北京西部的西山，为太行山脉；北部的军都山为燕山山脉，均属昆仑山系。两山脉在北京的南口会合（南口是兵家要地）形成向东南巽方展开的半圆形大山湾，山湾环抱的是北京平原。地势西北向东南微倾。河流又有桑干河、洋河等在此汇合成永定河。符合"山环水抱必有气"的风水格局。

在地理格局上，"东临辽碣，西依太行，北连朔漠，背扼军都，南控中原"，利于发展和控制的战略。

元朝建国，京城元大都堪选在此，是必然的。

元世祖忽必烈令规划家、天文家、水利家刘秉忠、郭守敬师徒二人，会集风水名家堪舆规划元大都。

山势既定，水是风水必选的要素。

堪选后决定，引地上、地下两条水脉入京城。地上水，引自号称"天下第一泉"的玉泉山泉水。人工引泉渠流经太平桥——甘水桥——周桥，直入南北河沿的通惠河。因水来自西方的八卦"金"位，故名"金水河"。

元大都地下脉，也是来自玉泉山。这是选址之初首先察明的。伏流

的通脉，在宫内至今尚存的御用"大庖井"可以证明。此井水甘甜，旱季水位也恒定。后来成为皇宫祭祀"龙泉井神"的圣地。

堪舆察明了水脉、龙脉（地势），随之可以确定子午轴线。水脉为东西横轴线，龙脉为南北纵轴线。

明代灭元，南京之后，建都北京，既要用此地理之气，又要废除元代的剩余王气。风水制法采用宫殿中轴东移，使大都宫殿原中轴落西，处于风水上的"白虎"位置，加以克煞前朝残余王气。同时凿掉原中轴在线的御道盘龙石，废掉周桥，建设人工景山，原有的玄武主山琼华岛（后名）成为北海一景而已。不再倚靠。这样，主山——宫穴——朝案山的风水格局重新形成。永定门外的大台山"燕墩"成为朝案山。小山墩之成为"燕京八景"中的"金台夕照"名景，在于山的地位是风水的朝案之山。

中国古代将天空中央分为太微、紫微、天帝三垣。紫微垣为中央之中，是天帝所居处。皇帝在人间，必居"紫微宫"，紫禁城之名由此而来。把紫禁城中的最大的奉天殿（后名太和殿）布置在中央，供皇帝所用。奉天殿、华盖殿（中和殿）、谨身殿（保和殿）象征天阙三垣。三大殿下设三层台阶，象征太微垣下的"三台"星。以上是"前廷"，属阳。以偶阴奇阳的数理，阳区有"前三殿"、"三朝五门"之制，阴区有"六宫六寝"格局。

"后寝"部分属阴。全按紫微垣布局。中央是乾清、坤宁、交泰三宫。左右是东、西六宫，总计是十五宫。合于紫微垣十五星之数。而乾清门至丹阶之间，两侧盘龙六个列柱，象征天上河神星至紫微宫之间的阁道六星。午门在前，上置五城楼又称"五凤楼"，为"阳中之阴"。内廷的乾清宫为皇帝寝宫，与皇后坤宁宫相对，在寝区中的乾阳，为"阴中之阳"。太和殿与乾清宫，虽同属阳，但地理有别。太和殿以三层汉白玉高台托起，前广场内明堂壮阔。而乾清宫的前庭院，台基别致，前半为白石勾栏须弥座，后半为青砖台基，形成独特的"阴阳合德"的和合。北京凸字形平面，外城为阳，设七个城门，为少阳之数。内城为阴，设九个城门，为老阳之数。内老外少，形成内主外从。按八卦易理，老

阳、老阴可形成变卦，而少阳、少阴不变。内用九数为"阴中之阳"。内城南墙属于阳，城门设三个，取象于天。北门则设二．属坤阴，取象于地。皇城中央序列中布置五个门，取象于人。天、地、人三才齐备。全城宛如宇宙缩影。城市形、数匹配，形同涵盖天地的八卦巨阵。

今天能看到的故宫内断虹桥（原周桥"三虹"之一）至旧鼓楼大街的直线，就是元大都时的中央子午线。在五百年前确定的由中央子午线和相应纬线构成的城市骨架，并由此划分出坊里，再由坊划出一定距离的胡同，这种井然有序的规划布局，使北京成为世界上最优秀的古城。

故宫中轴在线的建筑：永定门——箭楼——正阳门——端门——午门——内金水桥——太和门——太和殿——中和殿——保和殿——乾清门——乾清宫——交泰殿——坤宁宫——坤宁门——天一门——银安殿——承光门——顺贞门——神武门——景山门——万春亭——寿皇殿——地安门桥——鼓楼、钟楼。

建筑轴线十五里，是世界之最，也体现洛书的方位常数十五之数。

在色彩上，反映"五行"思想。宫墙、殿柱用红色，红属火，属光明正大。屋顶用黄色，黄属土，属中央，皇帝必居中（从黄帝时代起）。皇宫东部屋顶用绿色，属东方木绿，属春。皇子居东部。皇城北部的天一门，墙色用黑，北方属水，为黑。单体建筑，也因性质而选色，藏书的文渊阁用黑瓦、黑墙，黑为水，可克火，利于藏书。二层的文渊阁室内，上层为通间一大间，下层分隔为六间，体现"天一生水，地六成之"的《易经》思想。天安门至端门不栽树，意为南方属火，不宜加木，木生火在此不利于木结构的防灾。

建筑风水布局，还表现在名称上合于《易经》之理。南端的丽正门，合于离卦的卦辞"日月丽乎天"。顺承门、安贞门在北部后宫，合于坤卦"至哉坤元，万物滋生，乃顺承天"、"安贞之地、应地无疆"。皇帝的乾清宫，皇后的坤宁宫，合于乾、坤之义。

北京是文化悠久的古城。它位于河北省境内。河北有五分之二的山地，五分之三的平原。河北的北部是内蒙古高原和华北平原的过渡地区，山峰多在一千米以上，西北有燕山山脉，东北有山海关，西部有太行山

脉，南部有黄河，中间是河北平原。

北京北依山险，南控平原，处于北京小平原、南方大平原、北方山地之间。东面有渤海湾，山东半岛和辽东半岛环抱渤海，成为拱卫北京的屏障。漳水、卫水襟带于南，居庸关锁钥于北。

明代堪舆师缪希雍认为北京的风水很好，他在《葬经翼》云："冀州者，太行之正，中条之干也。燕都者，北龙之尽，鸭绿界其后，黄河挽其前，朝迎万派，拥护重复，北方一大会也。"万历年间修撰的《顺天府志》卷一，认为北京是治国之地，"燕环沧海以为池，拥太行以为险，枕居庸而居中以制外，襟河济而举重以驭轻，东西贡道来万国之朝宗，西北诸关壮九边之雉堞，万年强御，百世治安"。

元朝统一中国后，忽必烈打算选一个新都，但他在上都（今内蒙古正蓝旗东约二十里）、大都（北京）之间拿不定主意，于是，便问曾经主持修建过上都、大都的邢台人刘秉忠，何处更佳，刘秉忠答道："上都国祚短，民风淳，大都国祚长，民风淫。当然大都更宜为都。"蒙古贵族巴图鲁也力荐北京："幽燕之地，龙蟠虎踞，形势雄伟。南控江淮，北连朔漠，且天子必居中以受四方朝觐。大王果欲经营天下，驻跸之所，非燕不可。"这样，忽必烈便选择了北京作为他的都城。

明成祖在靖难之变中，将其侄子建文帝赶下皇位后，不愿到南京去即位，而属意其经营有年的封地燕京，当时的儒生众口一词地反对，主持萧信更是力谏朱棣，劝他不要定都北京。成祖是个很有战略眼光的人，深知要想有效地控制全国，北京是最为合适的地方，对儒生的反对意见不屑一顾。据明人郭子章《王比衣生集》记载，朱棣当时说了一句话："北平之迁，吾与大臣密计数月而后行。彼书生之意，岂足以达英雄之略哉！"公元 1420 年，成祖下了一道营建北京的诏令，阐述了他对北京形势的看法："眷兹北京，实为都会。地势雄伟，山川巩固，四方万国，道理适均。"

清代，顺治帝入关后，仍以北京为都。

首先，北京龙脉悠远，乃北干之龙正结之地。宋人朱熹说："冀都是正天地中间，好个风水，山脉从云中发来，云中正高脊之处，自脊以

西之水则西流入龙门西河，自脊以东之水则东流入于海。""燕山最高象天市，盖北平之正法，其龙发昆仑之中脉，绵亘数千里，经于阗，历瀚海，层曲又万余里，始至燕然山以入中国为燕云，复东行数百里，起天寿山乃落平洋，方广千余里。……以地理法论之，其龙势之长，垣局之美，干龙大尽，山水大会，带黄河宸天寿，鸭绿缠其后，碣石钥其门，最合风水法度。"

其次，北京上应天垣紫微，乃众星环绕，向明而治之地。紫微即北极星，根据星土分野说，北京对应的是紫微。"直北之地，上应天垣之紫微，其直对面之案，以地势度之，则泰岱万山之宗正当其前也。夫天之象以北为极，则地之势亦当以北为极。"风水认为，紫微是天上至尊之星，天之枢纽，受众星之所向，其对应的北京，也必然是万物所归，人心所向。而且，紫微是黎明之光，帝王在北京也是面南而治，意味着政治清明。

再次，北京被重重案山围绕，乃藏风聚气之地。北京的案山，有如下几重：嵩山为前案，淮南诸山为第二重案，江南诸山为第三、四重案。此外，北京左有华山为白虎，右有泰山为青龙。"重冈叠阜，鸾凤峙而蛟龙走，所以拥护而围绕之者，不知其几千万重也。形势全，风气密，堪舆家所谓藏风聚气者，兹地实有之。"

最后，北京前后皆有水环抱，乃千古帝王之家。"燕都者，北龙之尽，鸭绿界其后，黄河挽其前，朝迎万派，拥护重复，北方一大会也。"

北京的紫禁城是典型宇宙象征主义的代表作。它位于城市东西、南北交叉轴的中心。宫城用"紫微"颜色装饰，象征着世界的中心——北极星的光辉。整座城市的中心是皇城；皇城的中心是宫城；宫城的中心是太和殿；太和殿的中心又有着象征宇宙中心的须弥山，其上有须弥座。它的九层台阶，象征着九重天。这一个人间、天上的中心，也称"太极"。它必须是阴阳协调，藏风得水、生化万物的地方。为了把这一地方渲染上神圣的光辉，古代的建筑设计们用尽了一切可能，把它象征为宇宙的中心。

古都北京的主体建筑是紫禁城，它依托于人工堆筑、五峰并峙的镇

山（又称煤山）之下。其中峰在全城中轴在线，又当南、北两城墙的正中，形成全城的制高点。其正南方向

有金碧辉煌、檐牙飞舞的宫殿群。它们以外朝三大殿：皇极殿、中极殿和建极殿；内庭后三殿：乾清宫、交泰殿和坤宁宫为中心。这六大殿都布局在全城的中轴在线，占据了最重要的位置。

中轴线南起永定门，正南北方向穿越紫禁城的六个大殿及景山最高点，止于清初重建的鼓楼与钟楼，全长八公里。出入紫禁城的南北御道，正是沿此修建。从永定门御道北上，朝见天子，依次要经过的是天坛和先农坛空阔而且神奇的地段。这里景远地旷，建筑幽秘；走四公里到达高耸而巍峨的前门，然后进入正阳门、大明门（清改名为"大清门"、民国改名为"中华门"，现在是毛泽东纪念堂的位置）。随即进入"T"字形宫廷广场，名曰天街。太庙和社稷坛两组高大的建筑群对称于"T"字形宫廷广场的两端，东西两侧又有"长安左门"和"长安右门"，广场的南部收缩在单调的"千步廊"间，形成一条狭长的通道。广场北部，突然张开左、右两翼，使人豁然开朗。迎面耸立着雄伟的"天安门"（原名"承天门"）城楼。楼前有汉白玉石桥，桥下流着清澈如碧玉的河水。两旁耸立华表，使这里的空间，增加了立体感。

这里的色彩是蓝天白云与金碧辉煌交相呼应，使人有步入天上宫阙之感。步入天安门迎面是端门，中间距离较近，两旁是方形院落，高大的建筑与狭小的空间，使气氛顿然凝重。

过了端门之后，又展现出一狭长深远的空间，左右两旁环列着众多的朝房。前面就是午门，它形态宏伟，轮廓多变。从午门到太和门之间，院落大为开阔，在宽大的正方形庭院两侧，有崇楼高阁对峙，前面就是金光巍峨的太和殿，耸立在洁白如玉的巨大须弥座上。它造形雄伟、气势磅礴。

四周一排排亭亭玉立的栏杆，满布着精致的白云、龙凤浮雕，将殿堂装点得有如天上宫阙。遥想当年大臣们在此跪叩之间，只见蓝天里一团白云似的台阶，托浮着五彩金碧的宫阙，加上金鼓齐鸣，乐声回荡，在脑海中，油然而生"天上仙境"的虚幻之感，而坐在须弥座正中的便

自然是"天子"。在天子的身后交叉着巨大的五彩羽扇，头上有"正大光明"的匾额；在他前面左、右两侧燃烧着奇异的香料，云烟缭绕。

正是他，位于这一切设计与想象的中心。整座城市建筑的形体，用位置的布局，用几何的形状，用颜色、光彩、神话、历史、音响、命名的意识与神秘，把这里象征成宇宙的中心。这就是风水思想中的宇宙象征主义。

宫城居于全城的中心位置，其四周又修筑了天、地、日、月四坛，以示天子居于"宇宙中心"的至高无上的地位。宫城内采取了传统的"前朝后寝"的礼制。前部是皇帝临朝听政、处理国家大事的地方；后部则是帝后嫔妃们居住用的宫室和休憩游览的御花园。按照"左祖右社，面朝后市"的传统王城形制，宫城以南两侧，布置了太庙和社稷坛，在承天门（今天安门）以南集中布置了五府六部等官署；宫城北门外设置了为宫廷服务的内市和手工作坊。皇城内主要布置着各种为宫城服务的管理机构、作坊、仓库和工局。皇城外四周为居住区。商业区则大分散、小集中，遍布全城，如地安门大街、鼓楼大街、东四牌楼、正阳门外、骡马市大街、花市大街……

明、清北京城格局中最具特色的是自永定门起直到鼓楼、钟楼的一条全长八公里的中轴线，成为整个建筑布局结构中的脊梁。城内的一些重要建筑都沿着这条轴线对称布置。

设想当时来中国向皇帝进贡的外国使者，如要从永定门北上进宫，就得沿着两侧为天坛和山川坛（今先农坛）全长三公里的御道，穿过正阳门和大明门（清代改称大清门，民国时称中华门），进入"T"字形宫廷广场。广场两侧，左文右武，对称地排列着朝廷的主要官署，形成一条狭长的通道，称"千步廊"。到了广场北部，突然向东西张开两翼，令人感到豁然开朗。迎面耸立着巍峨雄伟的承天门城楼；城楼前为金水河（亦称玉带河），河上架起七座长虹玉桥，桥前装饰着石狮和华表，敛然是天朝皇城城阙，威严壮丽，金碧辉煌，气势非凡，形成了第一个高潮。

步入承天门从门洞内向前望去，前面就是端门，再透过端门门洞可

见御道不断前伸，深邃莫测。过了端门，两侧排列着一间间朝房，又形成一段狭长的空间，一直通过紫禁城的正门——午门，但见建筑雄伟，气氛凝重，形成一个小高潮。进了午门，穿过皇极门（今太和门），便是一个宽广开阔的正方形大广场。两侧楼阁峙立，正面在三层汉白玉须弥座台基上是一座宏伟庄严、气势磅礴的皇极殿（今太和殿）——皇帝临朝的金銮殿，又形成了一个高潮。在这里，空间宽阔，建筑宏大，气氛肃穆，戒备森严，任何外国使者来到这样一个环境里，都会感到自身的渺小而不得不向天朝的统治者俯首称臣。

沿着这条中轴线由皇极殿往北的建筑，按现在的名称依次是中和殿、保和殿，乾清门、乾清宫、交泰殿和坤宁宫。穿过御花园和正北方的玄武门（今神武门）就是万岁山（今景山），是全城的制高点。清代在山上对称地建有五亭，中间的万春亭正好坐落在中轴在线，可以在亭上俯览全城。再往北就是北安门（后改称地安门，已拆除），鼓楼和作为中轴线端点的钟楼。

非常有趣的是明、清北京城建筑布局的几何关系。据研究，北京城墙、城门和一些重要建筑物的位置相互之间都有一定的几何关系。比如，景山是全城的最高点，所以放在内城两条对角线的交点上，处于内城的中心；午门处于内外城四角的对角线交点上；天安门处于西直门与外城东南角、东直门与外城西南角的对角线交点上，也是阜城门与广渠门、朝阳门与广安门的对角线交点上；正阳门则处于阜城门与外城东南角、朝阳门与外城西南角的对角线交点上。还有其他一些建筑物也是这样确定的。这说明，当初北京城设计者的构思多么精巧。

北京的道路系统。明、清北京城是在元大都的基础上扩建的，所以如今长安街以北的街道系统，基本上是元代遗留下来的。北京内城俗称"东富西贵"，街道也比较整齐，其走向大多为正南北、正东西，呈"棋盘式"格局。劳动人民居住的外城，其道路系统大多沿用旧路或在废沟渠上修路，所以有不少斜街，道路弯曲不规整，其南部多为洼地、窑坑、苇塘和填地，很少有正规道路。在明、清时代，由于皇城居中，禁止平民通行，东西交通隔断，由西城到东城必须绕行地安门北的皇城根或正

阳门内的棋盘街。当时除外城广安门至广渠门之间可通行外，内城各城门之间都不能直通。城内胡同极多，有人说有三千四百多条，有人说有四千五百多条，大部分是东西向的。

北京的园林水系、规划布局与阴阳学说有关，深受国内外人士的称赞，张敬淦说："明北京城在紫禁城后部建有御花园。紫禁城以西的西苑是利用元大都时的太液池（今北海和中海）和琼华岛扩建而成。太液池上接高梁河水系的积水潭（今积水潭、什刹前海和后海），明初在太液池南端开凿南海。于是，在庄严整齐、红墙黄瓦的宫殿建筑之间。凿有迂回曲折的湖泊水系穿流其间，配置着以亭阁山石、奇花异树为点缀的园林绿化系统，构成全城完整和谐、宏伟秀丽的优美景色。清代的园林建设达到了高峰。著名的'三山五园'（香山、玉泉山、万寿山、静宜园、静明园、颐和园、畅春园和圆明园），集我国古典园林建设之大成，是世界上最大的皇家园林组群"。

北京的五坛即天坛、地坛、日坛、月坛和社稷坛，其配置和设计也是以《周易》乾坤、阴阳观念为基础的。天坛是天子祭天的地方，其位置在北京城的南端，外城的里侧；其建筑形状是圆形的，体现了南为天、为乾、为阳的思想。地坛是天子祭地的地方，其位置在北方，内城的外侧；其建筑形状为方形，体现了北为地、为坤、为阴的思想。日坛在东方，月坛在西方，都在城之外，社稷坛在内城的中央，日坛、月坛和社稷坛一样都是方形的。

乾清宫出自乾卦，《象传》："大哉乾元，万物资始，乃统天。"《象传>说："天行健，君子以自强不息。"坤宁宫出自坤卦，《象传》说："至哉坤元，万物资生，乃顺承天。"《象传》说："地势坤，君子以厚德载物。"

交泰殿出自泰卦，泰卦是由乾卦和坤卦合成，乾下坤上，乾内坤外。《象传》曰："泰，小往大来吉亨，则是天地交而万物通也，上下交而春志同也，内阳而外阴，内健而外顺。"《象传》曰："天地交泰，后以财成天地之道，辅相天地之宜，以左右民。"每年元旦、冬至、中秋三大节日皇后在交泰殿受贺。清朝乾隆皇帝取《同易》："天数二十有

五"之说，造定二十五方宝玺存放在交泰殿。

天为阳，地为阴，天地之道即阴阳之道，天地交泰，阴阳合和，万物有序寓意其中。明代赵献可在《医贯，玄元肤。论》中论及人体阴阳平衡时，竟也举紫禁城规划为例。他说："盍不观之朝廷乎，皇极殿（清太和殿）是王者向阳出治之所也；乾清宫是王者向晦晏息之所也。"

坤宁宫

坤宁宫为明朝皇后居住的正宫，坤宁宫东暖阁是皇帝结婚时的洞房。过坤宁门是御花园。园中有苍松翠柏，奇花异石，楼阁亭榭，情趣盎然。后三宫两侧还有东西六宫，即人们所称的"三宫六院"。紫禁城前朝内廷六座大殿坐落在北京城的中轴在线，宫殿布局东西对称，左右衬托，重重殿宇，楼阁巍峨，集中体现了我国古代建筑的优秀传统和独特风格。

与紫禁城配套的天坛，其丹阶桥北端矗立着祈谷坛，中心有祈年殿，是天坛建筑群中最为宏伟的建筑。祈谷坛状如圜丘坛，为三层圆形石台。上层直径 68.2 米，中层直径 79.6 米，下层 89.6 米。三层总高 5.56 米。三层坛面都有汉白玉石雕的护栏环于须弥座的坛座周围，如珠花玉环。

坛座之上高耸的"祈年殿"是体现这种天人相通的典型建筑。中间最大的四根柱子叫"龙井柱",象征一年有四季;中层十二根柱子叫"金柱",代表十二个月;外层十二根柱子表示子、丑、寅、卯、辰、巳、午、未、申、酉、戌、亥十二个时辰。三十六扇大窗象征一年三十六旬;七十二扇小窗代表一年七十二候。殿为圆形,顶为蓝天色。地为方形,代表地。第三重殿檐有二十八根巨大的楠木柱,代表二十八宿。整个天坛的环境沉浸在柏树密林之间,充满了上天的感应。

紫禁城是中华文化的集中体现,它所反映出的文化内涵是研究中华文化的活字典。我们只有不断地研究并读懂这本字典,才能更加了解我们的祖先所创造的独特文化,以及中华文明在世界文明中的地位。因此,了解《周易》与紫禁城建筑规划布局的关系,对研究中华文化具有十分重要的意义。

# 第八节　文化古城——阆中

四川盆地北缘的古城阆中,是中国历史文化名城。从阆中古城的风水格局,包括自然环境的生态、景观及城市选址规划等方面,阐释了有关风水理论的一些基本概念及由风水理论所构成的古城环境意象,同时概括说明了中国古代城市在风水方面的一般特征,指出了风水理论同中国古代城市建设体系基本思想和理论的传承发展关系,以及它在古城研究和保护工作方面的借鉴价值。

阆中,古称保宁,为四川省县级市,地处四川盆地东北部,位于嘉陵江中游,秦巴山南麓。山围四面,水绕三方。东靠巴中市、仪陇县,南连南部县,西邻剑阁县,北接苍溪县。两千多年来,为巴蜀要冲,军事重镇,有"阆苑仙境"、"阆中天下稀"之美誉。

四川阆中

阆中商属巴方，周属巴国。战国时期（约公元前330年），巴国从江州（即今重庆）迁都于阆中，公元前325年后称巴王。

周慎靓王姬定六年（前316年），秦国惠王嬴驷派张仪、张若、司马错率队走石牛道（即剑阁金牛道、剑阁道）灭蜀吞苴，不久灭巴。秦王设立郡、县、郊（乡）、亭、里五级制。置蜀郡、巴郡。宣告蜀、苴、巴三国灭亡。

公元前314年，秦灭巴，秦惠王设置阆中县，隶属于巴郡（治今重庆）。

公元201年（东汉献帝建安六年）至公元347年（成汉嘉宁二年），阆中为巴西郡治，辖阆中、安汉、垫江、宕渠、宣汉、汉昌、南充国、西充国8县。蜀汉名将张飞镇守阆中达7年之久。

公元347年（东晋永和三年）至公元508年（南朝梁天监七年），阆中为北巴西郡治，辖阆中、苍溪、安汉、南国、西国、平周等县。

公元509年（天监八年）至公元553年（承圣二年）阆中为南梁北巴州治及北巴西郡治，辖北巴西、白马义阳、南部、木兰、金迁、掌天

等郡。

公元 525 年（北魏孝昌元年）至公元 535 年（大统元年），为魏所据。

公元 554 年（西魏恭帝元年）至公元 583 年（隋开皇三年），阆中为隆州及盘龙郡治，辖盘龙、新安、南宕渠、金迁、白马、隆城 6 郡，盘龙郡辖阆中、汉昌、胡原 3 县。

隋改阆中为阆内，公元 583 年（开皇三年）至公元 607 年（大业三年），为隆州治，辖阆内、南部、苍溪、奉国、仪陇、大寅、西水、晋城、南充、相如 10 县。大业三年，改隆州为巴西郡，辖区未变。

唐仍名阆中，公元 618 年（武德元年）至公元 712 年（先天元年）为隆州治。公元 713 年（开元元年）避唐玄宗讳，改隆州为阆州，辖阆中、南部、苍溪、西水、新井、晋安、新政、奉国、歧坪 9 县。公元 742 年（天宝元年）至公元 758 年（乾元元年）曾改为阆中郡。唐高祖之子滕王元婴、鲁王灵夔都曾封治阆中。

五代及北宋南宋，阆中均为阆州治。公元 929 年（五代唐天成四年）于阆州置保宁军，北宋时置安德军。公元 1276 年（南宋景炎元年）至公元 1912 年，阆中一直为保宁府治。

明末清初四川设临时省会达 17 年之久，是历代川北政治、经济、军事、文化中心。

清顺治时，四川临时省会设在阆中 10 余年。

境内拥中国四大保存最完整的古镇之一的阆中古城，位于阆中新城的旁边、嘉陵江畔。古城阆中的建筑风格体现了我国古代的居住风水观，棋盘式的古城格局，融南北风格于一体的建筑群，形成"半珠式"、"品"字形、"多"字形等风格迥异的建筑群体，是中国古代建城选址"天人合一"完备的典型范例。古城建址是完全按照唐代天文风水理论的一座城市，被誉为风水古城。阆中，素有"阆苑仙境"、"巴蜀要冲"之誉，唐代诗人杜甫在这里留下了"阆州城南天下稀"的千古名句。

据考古发掘，阆中城发现有丰富的新石器时期遗物，说明很早就有先民在这土肥水美、气候适宜、物产丰富的地方生息，形成了聚落点以

至集镇。据文献载，阆中很早便发展成古代巴国的北部都邑。此后两千余年，阆中一名，历来相沿不辍。阆中也一直成为历代封建帝王统治西南的重镇，各时期所置之巴郡、巴西郡、巴州、隆州、阆州、安德军节度、利州路、东川路、保宁府，保宁路、川北道等等治所，皆在阆中城。

由于阆中向为川北政治中心，又位居沟通关中与巴蜀以及循水路下达江汉的地理要冲，地势险要，因此历来为兵家必争之地。阆中的地理位置及水陆辐辏，使之成为古代川北第一巨邑。由于交通便利，加之山川奥衍，景观秀丽，阆中也成为古代宗教活动和旅游胜地，素有阆苑仙境、嘉陵第一江山之誉。道教始祖东汉张道陵寓阆中修道授符箓处，东晋道教大师葛洪修道炼丹的天回观，唐朝吕洞宾修仙的吕祖殿、吕仙洞等胜迹遗于阆中，说明阆中乃道教圣地。而阆中诸多佛教建筑，如唐之观音寺、摩岩石窟及10米之大石佛，元代永安寺等遗存，以及清初麦加"西来上人"噶德勒耶教派大师祖华哲阿卜董那希墓地上营建的巴巴寺，至今为国内伊斯兰教著名圣地等等，也均可说明古阆中宗教文化之胜。至于历代文人墨客为阆中风物吸引，考察、观光、寓居，瞻恋于此者，则有文杰如杜甫、元稹、房琯、黄庭坚、司马光、苏轼、陆游、文同、杨慎等在阆中留下许多宝贵遗迹与不朽诗文，可为典型观照。东晋大画家顾恺之画阆中云台山并作记，唐代大画家吴道子画嘉陵江山三百里最重阆中山水，也可窥此一斑。

阆中山川钟灵毓秀，人文化成，代多闻达，科甲鼎盛，擅美全川。古史传说伏羲孕于阆中。秦汉之交，賨人领袖范目佐刘邦定三秦而封侯；三国时蜀汉能臣良将程畿、马忠等，亦皆出阆中。唐以来中进士、举人、副榜闻仁、武举等名录，为数更蔚为可观。至今阆中城遗存读书岩，将相堂，状元洞、状元街，三陈街及一元、二元、三元、四元街，状元坊，以及魁星楼，文风塔（白塔），书院，学馆，考棚等诸多旧名、余迹及古建文物，无不反映古代阆中"郁郁乎文哉"的风尚。

古代阆中的文化特色，引入注目之处还在它是汉唐时中国著名的民间天文研究中心。西汉武帝时，阆中人落下闳应诏入长安，创制《太初历》，为中国历史上记载完备的第一部著名历法。为制历而观天，落下

闳又创制浑天，为后世所谓浑仪之宗。西汉末阆中又有任文孙、任文公精研天文，成就卓著，载于史籍。由于阆中民间天文研究久负盛名，故有诸多行家被吸引来此。张道陵与弟子入川修道，即侨居阆中并于云台山、文成山观测天象。袁天纲在高宗时（公元650年）迁于阆中定居，并于蟠龙山顶筑观星台以测天象。袁天纲死后葬于阆中，有其子袁客师传父业声名不凡。大天文学家、数学家李淳风，因仰慕袁天纲而寻访其踪迹也来到阆中，定居于袁天纲茔穴近地，并继续天文数学等研究。李淳风死后亦葬于阆中。后人纪念袁天纲与李淳风，建有天宫院遗存尚好，二人灵爽凭依之地被取名淳风乡，沿称至今。

自汉及唐，风水堪舆之学盛行，袁天纲和李淳风更其如此，被宗为风水大师。在阆中，"袁天纲题锦屏山云：此山磨灭，英灵乃绝"。阆中城的典型风水格局，包括城市选址布局与自然山川有机和谐的结合，显现出浓郁的传统文化特色，也都和袁天纲、李淳风这样的风水大师及其活动和影响息息相关。

阆中因山水得名，是因山环拱之象，阆，门高也。从门，良声。是因水缠回之象，阆水纡曲，经其三面。县居其中，取以名之。阆中得名，寓象其山水格局，名实相副。其由大巴山脉、剑门山脉与嘉陵江水系交汇聚结，形成山水严密缠护的形胜之地。此地北距广元180公里，有栈道、朝天峡等天险，循古要道金牛道可通成都；东距通江、南江、巴中200余公里，有大巴山为屏障，循另一古道米仓道可出汉中；西北至剑阁120公里，有天下雄关剑门可守险；溯白龙江北上可通碧口，为川、甘孔道；南向，循金牛道、米仓道及绕城而过纵贯南北的嘉陵江，则可经层层关栏而通巴蜀腹地，以及江汉滇黔。阆中城处于这一沟通中原与巴蜀等地的水陆要冲，而城寰在所，大坝平衍，人物繁庶，又山围四面，水绕三方，兼有七关（南津、五吉、河溪、梁山、锯山、土地、滴水）合护，成金汤之固，且风光佳丽，所以两千多年来，其成为川北政治军事重镇，商贾辐辏和雅志山水的文人墨客荟萃胜地，并因此促进了经济和文化繁荣，人才辈出，契合于地灵人杰的传统观念，被世人视为风水宝地。

　　阆中城的选址及经营发展，典型地体现了中国古代城市建设的规划思想、理论、方法和实践，尤其包括风水理论，积淀了浓郁的传统文化色彩，也富含科学和美学成分。

　　古城阆中北倚蟠龙山由大巴山系来脉聚结形成的环境意象。蟠龙山，为阆城之镇山也，在县治北三里，蜿蜒磅礴，横阔十余里，西至西岩，东至东岩，皆其旁支。该山名为蟠龙，又称镇山，且地望上蟠龙左臂、右臂、盘龙爪诸名一应俱全。在阆中地理格局上，蟠龙山系对城市环境影响最大，它与同时来脉于大巴山脉的方山山系和龙山山系，共同形成了城市北部的层次深远而高大雄伟的天然屏障，阻挡着北部的寒风，迎纳着南部的阳光和暖湿气流，形成了良好小气候。其秀峰层集，景象、深远，气势磅礴，端崇尊贵，林木葱郁，霞披云锦，阳光返照，四时不同，光色变换，多彩多姿，使城市北部天际远景有悦目的收束，美不胜收。筑以观星台，与天地共吐纳，穷究天地奥秘于其上，以祈达于"天人合一"的至善境界。就阆中蟠龙山对城市环境在生态与景观上的巨大价值而言，不能不说风水理论的这些主张是合情合理的。

阆中地貌图

结合阆中城四面群山的种种意象，就地望而言，这些山称名有伞盖、玉台、锦屏或曰宝鞍、马鞍、印斗、金耳、黄华、飞凤、白塔、大像、钟山或曰赛锦屏、鼓楼等等，皆应风水喝形而来，不必言喻。其环抱有情，玄武垂头、朱雀翔舞、青龙蜿蜒—白虎驯俯诸种气象。剑门山脉而自西向东逶逦阆中城南、隔江相望的仙桂山山系而言，形成阆中风水格局中重重朝案与水口山诸多秀美壮丽观瞻。

阆中胜境锦屏山，马鞍岭。锦屏山，在嘉陵江南岸，濒江，石壁陡绝。其上蔓衍处横竖一脊，左平右突，中段微凹，端正峭蒨，斩削不能及，盖县治之案山也。每当斜阳倒射，暮霭欲生，自山北望之，诸峰环绕其后，交辉互射，秀绝寰区。锦屏山及山后印斗山、金耳山、眉山、赛锦屏、西偃山、黑松山等等，形成重重朝案，气象深远，层次丰富，峰峦竞秀，由城中南望，不可胜收。天造地设如此佳境，不惟为风水家惊讶，杜甫作"阆中胜事可断肠，阆州城南天下稀。三面江光抱城郭，四围山势锁烟霞，马鞍岭上浑如锦，伞盖门前半是花"。锦屏山作为阆中胜景，依风水格局建城，则以其为案山形成城市绝妙佳景，人文美与自然美交相融会，互为观照更形动人。城中飞阁连危亭，处处轩窗对锦屏。涉江亲到锦屏上，却望城郭如丹青，实为这一匠心的极佳写照。

锦屏山成为阆中象征，又称"阆中山"，寄托着人世间美好理想，阆中砂山格局胜处，尚有其水口山，即雄踞城市东南、隔江相望、冠表城南群山而周围诸山稠叠交节的塔山。锦屏山右，有黄华山，旧据风水建魁星楼在焉。盖黄华山与锦屏山间为南津关，古金牛道、米仓道必经此，为风水气口，故建楼以镇之并崇文风，实为崇观瞻尔。黄华山右为鳌峰，再右则塔山矣。塔山适当江水折处，高大峥嵘，形势岌岌，兀立于嘉陵江上。山南延为南岩，即台星岩。山右若与塔山合体，为大像山，依山凿大佛于山壁，建寺称大像寺，故山得名，又称之大像岩。登塔山而望，则大像崇冈，偃蹇对峙；若领若袖，四伏盘僻；西望锦屏，相为表里；俯而视之，大江回折、汤汤流去；而北岸郡城延袤数里，一片丹青，灭没于远烟高树间，融合于蟠龙叠翠中，询为极目丽瞩也。为镇水口，塔山绝顶建有白塔寺。白塔外九层。砖构而通体白色，故名；又若

笔立，亦名文笔塔。除白塔外，当此水口即地户处，大佛寺、龙脊观、梓潼宫在焉，契符水口间相宜建台立塔设佛祠之风水主张，成为极佳景观与观景建筑。

砂山格局中，居阆中城西北水来处即所谓天门处的玉台山，为蟠龙山左臂，与塔山相类又别有风光。阆州城北玉台碧；中天积翠玉台遥，上帝高居绛节朝；"人传有笙鹤，时过此山头"。山临江耸立，与西山隔江相望，对峙为城西北天然门户，且景观秀美。山上亦有玉台观、滕王阁、望水寺等景观与观景建筑，依风水择址而建，为山水增色而崇观瞻，从二游来阆中，必先睹之，如从下游溯江入阆，见其地户塔山诸景，有阆中城外部识别标志的作用。

以风水之"水法"而论阆中，长江一大支流嘉陵江迂曲于阆中而经其三面，正形成大聚结、"干水成垣"和"金城环抱"之势。嘉陵江水滋润着这里的肥沃土地，调节其气候，形成良好生态，阆中"隐然有大国之风"，水路交通使阆中获得"丝盐之利，舟楫之便，可以通四方商贾"。阆城当水路之冲，商贾列肆而居，杂致远方货物色色俱足。嘉陵江良好水质也予阆中日常饮用带来了便利。城中九井，城外九井，皆以"泉眼与江水相通"，其中"味淡而甘"，"知味者尤称焉"，中国名醋之一的阆中保宁醋。

处于"金城环抱"中的阆中古城，现址乃唐宋时格局，正与风水理论在此时期臻于成熟和体系化（其中包括袁天纲和李淳风的贡献）相合拍。自唐宋以来的古城选址，其科学性显而易见。为近水而利交通省沟防，也为取得城市最佳对景即以锦屏山为案山，该城市在凸岸即北岸滨水而偏西，故代有筑坝、建匮阁等以御洪、杀水势而息江患之举（见载旧志）。旧时城墙，也统筹考虑了防洪之用，故虽遇百年未有之大水，也仅淹及瓮城。

阆中水的景观及其审美，与风水诸说甚为契合自不必言，阆中胜事可断肠，阆州城南天下稀，"海内十年求识面，江边一见即论心……闻到南池梅最早，要君携手试同寻"，"暝漠轻烟罩郡城，渔舟灯火倒观星；寒山远水江村暮，自在妆成水墨屏"。城南水之美也为阆中百姓所

钟爱，逢端午龙舟竞渡在此，沿为民俗直至今日，而夏日纳凉消暑更兼观风赏景，这里也成大好去处。

古城阆中的建筑布局，是根据后倚蟠龙山，前照锦屏山，本着风水穴法中山向选择最重朝案，"必以近案有情为主"的意象而规划的。在权衡阆中四面山水而择定的城市中心，即北大街、西大街、东大街及南对锦屏山的双栅街的十字交结处，建有"中天楼"，其意象正应于风水"天心十道"之喻。城内其余街巷，殆皆由中天楼为核心，以十字形大街为主干，迭分东西展开。各街巷取向无论东西南北，多与远山朝对，或为蟠龙山，或为伞盖山，或为玉台山、西山、大像山、塔山等等，南向主街则多取锦屏山片段为底景。一些街道更以其所向取名，强调其风水主题，如蟠龙街、屏江街（锦屏街）、笔向街等。例如笔向街取名，盖街道东向塔山，沿街前行，则文笔塔（白塔）历历在目，意象甚明。

阆中古城设城墙四面环护，东南西北各有城门一道，除西门而外，其余三门尚皆建有瓮城各一，瓮城门与城门错位不相值；四座城门及三座瓮城，各建有轩昂门楼。阆中城唯西门无瓮城，该门外筑有石坝、石匦、石鱼翅，建有石匦阁、城隍庙、览胜山房、阆风亭，置有镇水铁犀、石犀等，改善了西门迎山接水之难，构成古阆中八景所在之一。

除西门外无街巷，阆中南、北、东城门外皆有街蔻，唯南门、东门外一庐舍毗连，烟火稠密，市肆喧阗，格外繁华。锦屏山与黄华山之间，两山对峙形成的气口，古米仓道与金牛道必经孔道，为南津关以扼守之；过关北渡，道路倚东城外而向北通往关中，加嘉陵江水路之利在此交汇，形成阆中城东南的水磑通衢、商贾辐辏之势和生旺之气。为镇守东南"生方"之气，不仅城东门南偏，南门东渐，城楼轩朗高昂；城外东南隅临江北岸古道上，正对江南气口南津关，建有雄伟华丽的华光楼，称镇江楼，又称南楼，形成阆中城一大胜景。

在古代城市建筑布局中，官治衙署作为一方行政中心，地位至关重要。唐宋以来，历代刺史署、知府署等，就相沿不辍地建置在阆中城内西大街张桓侯祠西的高地上。明弘治初年（约公元1490年），阆中为寿王封国藩府在所，阆州刺史署址建寿王府，寿王府迁去，则仍为府置。

潘良贵于万历乙亥（公元 1575 年）出守阆州为知府。在古代城市社会生活中，由于儒家学说的倡导，文治教化，十分注重教育和文人取仕，因而诸多文化建筑，如文庙、学宫、书院等，其选址布局，在城市规划建设中占有很重要的地位。在这方面，风水理论也倍加关注，并在世俗生活中产生了深刻影响，形成了中国建筑文化的特异意象，注重地理环境及景观对人文的影响，着意因借自然并裁成完善之，使人们得以寄托其理想追求，取得心理上的平衡调节。文峰塔、魁星楼、文昌阁之类文化景观建筑，遍及古代中国城乡，都是因为风水说的影响所成就。阆中城外东南方塔山上的文笔塔，黄华山上的魁星楼，成为阆中重要景观建筑，阆中城内学宫、书院一类建筑，为阆中城的规划建设重点并深受风水影响，也是相当典型的。

如阆中之学宫，"治世之大，莫先于正风俗；风俗之大，莫先于兴学校"，盖以圣人为师表万世，将使过其下者，皆有高山仰止、景行行止之思。学宫选址及建筑观瞻至于完善。"阆苑学宫，枕大江，倚名岩，形势佳胜，规模宏敞，昔称巨观。"不仅可于斯地一览阆中山水之美，悦情怡性，激励文思，而且，建筑观瞻的审美，也无不予人陶冶精神情操的教化作用："不见于宫阙之壮巍乎？道德之崇宏，品行之端严，视此也！不见乎泮水之洋洋乎？文思之流美，性情之渊涵，视此也！而礼门义路，可以肃视履；先哲名贤，可以动歌思；数仞宫墙，可以示范围；翠柏苍松，可以作气骨；履其地想见其车服礼器；宗庙百官之美富无在非学，即无在非教也。诗曰：高山仰止，景行行止，其在斯乎，其在斯乎！"

人文不焕，地脉不兴也。玉台之南，锦屏之北，登高四眺，有胜址焉。龙凤两山于兹接脉，南东之水于此澄源，雁塔巽昂，星台坎抱，其于山文为阆字耶？郁郁葱葱，佳哉勿失。群策群力迁神祠，辟池塘，建魁阁，创吟舫，营讲堂，侍花木，画栋连云，虹桥跨月，极讲室之大观焉。学子荟萃于此，顾视其景象，"赓积翠于中天，瞻伞盖岭头而豁目；觅赐绯于上苑，怀海堂溪畔以凝神"，"仁乐山而智乐水，泉流艮胍；云从龙而风从虎，巧夺乾宫"。"朝霞跃顶，奎光尽聚槛东；夜月披肩，

璧水风澄斗北。抚鼍梁之官窈，鸣声恰应鼍更；攀雁齿之巍峨，壮志从题雁塔"。"好对锦屏木离锦色，梦中可见紫鸾飞"。院内，"山光绕座水明楼，风院层栏花木稠。六七月间无暑气，清渠活泼识源头"。"第一清幽弦诵处，鹿鹅未必胜蓬壶"。在这样的读书环境中，风花雪月的雅兴，或是修齐治平之大志，靡莫"多才雅得江山助"，全可得很好的寄托和激励，及至"二三更里有书声"的囊萤苦读，进而科甲鼎盛，应验"凤龙秀脉从今振"的地灵人杰观念，也是情理中事。

在城市社会生活中，还有其他很多公共建筑，其布局处理，风水说也有颇多讲究。"府州县城，内立衙署、仓库、文昌阁、魁星楼、城隍庙、关帝庙、诸祠外建社稷坛、里计、历坛于北，风、云、雷、雨、山川坛、旗霞庙于南。"古城阆中诸多此类建筑如社稷坛、历坛、先蚕坛、先农坛、八腊庙、火神祠、水神祠、龙王庙、雷祖殿等等，各所布局，亦多应风水此说。这类布局处理，结合古代民俗，而以当代城市规划理论来分析，如使城市行政、居住建筑与世俗活动频仍而纷杂喧嚣的诸多公共建筑保持合适的距离之类，是有其合理性的，不必在此一一详细诠解。

对于城市中最为大量的居住建筑，即宅院，风水理论的影响最为显著，并广为人知，近人研究民居，多有阐述，不乏明见，无须赘述。风水理论注重宅居，明显包含了社会居住定向与认同的意义。观照"修身、齐家、治国、平天下"的传统社会定向观念，风水理论强调"宅者，人之本。人以宅为家，居若安，即家代昌吉"。"正家，而天下定矣"的取向，遂有宅居风水模式的普适性："坟墓川岗并同兹说，上之军国，次及州郡县邑，乃至山居，但人所处，皆其例焉。"中国传统建筑文化中最大特色之一，即各类建筑均表现出与宅居模式同构的现象，其原因所在，或可由此得到认识。传统的社会定向观念强调"礼，序也"，"礼别异，卑尊有分，上下有等，谓之礼"，并观"宫室，礼之具也"。观照于此，风水理论中遂有论门庭、比屋、截路分房、穿宅之法、三要六事及造屋次第诸说，具体而微地将社会居住秩序、礼制伦常观念同建筑实践结合起来，因而形成了中国传统民居浓郁的礼制伦理色彩。至于城

居、乡居聚落中社会邻里关系的制约平衡，风水理论观照"非宅是卜，唯邻是卜"的传统观念，也有相当缜密的考虑与处理，既涉及宅居的私密性、识别性，也以忌背众，以及"阳宅外形"论诸如座向、门户、墙垣、屋角、放水等细腻讲究，有效调节了居住聚落建筑空间环境的和谐性。风水理论强调"治宅极宜壮实"，"位次重叠，深远浓厚"；又讲究适形而止，充实为美，清静为美；也大量采用了为世俗心理认可和欢迎的许多象征、隐喻及至禁忌艺术形式，很多工匠民俗也融会其中。创造出遍及中国城乡、饱浸着乡风民俗，新鲜活泼，丰富多彩，而历来为世人喜闻乐见的民居艺术，成为中国传统建筑文化中的重要构成。

古城阆中遗存至今的大量古代民居和街巷，形成了古城风貌的基色或基调，是阆中历史文化的重要载体于其中，风水理论有关宅居的种种意象，都不难经过实地考察与分析研究而得到充分的理解。

风水理论及其实践，十分注重因地制宜，审慎周密地考察分析和规划利用自然条件，因其自然之性，并假以人工裁成，"趋全避缺，增高益下"，"务全其自然之性，以期无违环护之妙尔"，创造良好的居住环境，俾使"人因宅而立，宅因人得存，人宅相扶，感通天地"，达到天人合一的至善境界。讲究"一邦有一邦之仰止，一邑有一邑之观瞻"，"通显一邦，延袤一邦之仰止，丰饶一邑，彰扬一邑之观瞻"，即强调具体环境场所的创造，应倡导因地制宜而各显其独特风貌，而不是千篇一律、千人一面的生搬硬套。受风水影响，古城阆中的环境风貌，同其他古城比较，别有千秋，不备详说。

古城阆中的风水格局及其意象，清楚看到中国古代有关居住环境构成，包括城市及其他建筑选址、规划和设计的一种传统理论，形成了体系。其观念与基本模式，不仅对古城阆中，而且既普遍又深刻地影响了各地古城建设及其他各种建筑活动，为中国传统建筑文化的一种具有同构特征的历史现象。在观照风水理论的基本模式方面，呈现出普遍性。古城阆中的风水探析，就中国古代城市建设史或古都学研究而言，或具有参考性的一般性意义。

对于古城保护与开发问题，从古阆中的风水格局及其沿革可知，地

理环境的封闭性，曾使古城风貌得到天然保护，即使现代交通如公路、铁路，往往也受到这种风水或地理格局的限制，使古城环境免受这方面的建设性破坏。

阆中古城明堂的纵轴线，后对凤凰、玉台山，傍小蟠龙山，前向锦屏山，左崇右实，虚实相称，前后左右顺应天时地利，中有中天楼，左有东岳庙、观音庙、文昌宫，右有张飞庙、城隍庙，乾位建道台衙门，合乎左宗庙右社稷的理念。东西向和南北向均是九条街，九纵九横组成81个小方块，九街为九水，九道墙为九重山。

阆中城的选址和营造，融山、水、城于一体，充分体现了人与自然和谐、"天人合一"的思想，是我国古代城市建设的规划思想、理论（尤其是风水理论）和实践的经典实例，积淀了浓郁的传统文化，也富含科学和美学的成分。这在古城遗迹罕见的今天，更具有典型性、唯一性。阆中城的山水配置和营造，最简单又最完美、最准确地体现了风水理论的龙、砂、水、穴意象。

阆中古城立于山环水绕的穴场吉地，其建筑布局，包括坐向方位、四至关系、中心所在、格局大小等等基本要素，也严格遵循风水穴法规划布局。就是后倚蟠龙山，前照锦屏山，山向选择最重朝案，城之正南面向萃集灵秀之气的锦屏山。城中建筑前朝后市，左宗庙，右社稷，无不井井有条。

权衡阆中山环水绕而择定的城市中心，即北街、双栅子街和内东街、西街这纵横两条主干道的十字交结处，建有中天楼，以应风水"天心十道"之喻。城内其余街巷，均以中天楼为核心，以十字大街为主干，层层展开，布若棋局。各街巷取向无论东西、南北，多与远山朝对，或为蟠龙山、伞盖山，或为大像山、东山，南向街巷则多取锦屏山片段为底景。蟠龙街、锦屏街、笔向街等街道更以其所向而取名，强调风水主题。

阆中古城中最为大量的民居宅院，受风水理论的影响最为显著，形成了古城风貌的基色或基调，至今仍焕发着特色民居的人文光彩。阆中民居本着风水理论强调的"宅者，人之本。人以宅为家，居若安，则家代昌吉"和"正家，则天下定矣"的取向，把社会居住秩序、传统道德伦常观念同建筑布局结合起来，注重建筑空间环境的和谐与审美关照，更将乡风民俗有机地融合其中，构成了阆中历史文化的重要载体。风水理论关于宅居的种种意象，在古城宅院中随处可以看到丰富的例证，不难实地观察理解。

阆中古城民居

现存的阆中古城民居，有一级保护院落 10 处，二级保护院落 36 处，一般院落上千座，主要为明清建筑，歇山单檐式木质穿斗结构，四合院栉次鳞比，青瓦粉墙，雕花门窗。院落方位因势利导，多有讲究，或坐北朝南，坐东朝西，以纳光避寒；或靠山面水，接水迎山，以藏风聚气。院落布局因地制宜，形式多样：长方形（长命富贵）、串珠式（珠玉满堂）、品字形（官高一品）、多字形（多子多福），还有"一颗印"、"倒开门"等等，多有风水意象和文化寓意。大门多偏于东南，取"东南主吉"，吸纳生气财气。大街门内有中门（内门）和侧门，平时从侧门出入，节庆和贵客来临时才打开中门。门内多设照壁，以避煞阻邪。中轴线上有的还设牌门、过厅，大天井后便是"正穴"堂屋，神龛壁道后连后天井或后花园。轴线两侧厢房、耳房之后，则依地势灵活布置，

大院套小院，天井连天井，构成多重院落。古院门窗样式繁多，雕花精美，多为传统纹饰和风水吉祥图案，或花鸟虫鱼，或琴棋书画，或珍禽异兽，或福禄寿禧字样，各类花色式样上千种，被誉为中国古建筑的一大奇观，宛如一部古代民间风情的百科全书。院中天井种树栽花，厅堂置古董书画，古雅幽深，宁静自然，文风浓郁，饶有园林风韵，也各有风水意象。

"人之居处，宜以大地山河为主。其来脉气势最大……阳宅来龙原无异，居处须用宽平势。明堂须当容万马……或从山居或平原，前后有水环抱贯，左右有路亦如然……更须水口收拾紧，不宜太迫成小器，星辰近案明堂宽，案近明堂非窄势。"要求北面有蜿蜒而来的群山峻岭，南面有远近呼应的低山小丘，左右两侧则护山环抱，重重护卫。中间部分堂局分明，地势宽敞，且有曲曲流水环抱。整个风水区构成一个后有靠山。左右有屏障护卫，前方略显开幽勺相对封闭的小环境。

"玄武垂头，朱雀翔舞，青龙蜿蜒，白虎驯俯"，这样的山势环境才是好环境。风水宝地应该是一个："靠山起伏，高低错落，曲曲如活，中心出脉，穴位突起，龙砂虎砂，重重环抱，外山外水，层层护卫的发福发贵之地。"是藏风得水的理想模式，"气乘风则散，界水侧止"。生气论是风水思想的核心，"天地间只有一个气"、"万物皆成于气"，大地像人体一样，是一个充满生气的有机体，各部分之间是相互联系、相互协调的。正像人体有经络穴位一样，大地也有经络穴位，有经络穴位的地方是生气连贯和生气出露的地方。"行止气蓄，化生万物，为上地也"。"藏风"是为了达到"聚气"的目的。

水是生命之本，人类的生产生活离不开水，优美的自然环境的组成离不开水，水在风水中占有极为重要的地位，"风水之法，得水为上，藏风次之"。

"风水宝地"应该是一定地域综合自然地理要求相互协调的表现。每一地域都有它特定的岩性、构造、气候、土质、植被及水文状况．这些要求的综合便构成该地域生态系统的生成环境，或称为生态系统的处境、处境的好坏常常左右着生态系统的好坏。只有当一定地域内各种综

合自然地理要素相互协调时，才会有好的生态环境，才会使环境内的"气"得以顺畅，从而造就理想的"风水宝地"。

在上古时期，先民滨水住居生息，选择良好的环境，风水就是先民长期择址的经验总结，长时期的积累择优而形成的传统文化。交通之利促进了城市繁荣。"阆中隐然有大国之风。"水路交通使阆中获得"丝盐之利，舟楫之便，可以通四方商贾"。嘉陵江良好的水质也给阆中百姓饮用带来了便利。土厚水深，居之不疾，移人形体情性之说。

方圆意识也就是天圆地方意识。"圆"，象征天上万象变幻不定，故称之为"圆而神"；"方"，象征地上万物各有定形，称之为结果有定；圆既天，纯阳之"乾"就是刚健；方即地，纯阴之"坤"就是柔顺。"方圆"就成为"天地"、"乾坤"、"阴阳"、"刚柔"、"动静"的象征。

大地具有多种记忆功能，与风水有着某种密切的关系。"斗柄东指，天下皆春。斗柄南指，天下皆夏。斗柄西指，天下皆秋。斗柄北指，天下皆冬。斗柄运于上，事立于下；斗柄指一方，四塞俱成。此道之用法也。"左为贵，左为上，左为前；右为贵，右为上，右为前；吉事以左为上，凶事以右为上。左文右武就成了文东武西。

宏观与微观并重，静态与动态共存，内向与发散互补、人工与自然交融、对立与调和交织、实体与意象兼备等，在阆中古城建筑群中，都充满着阴阳互补、对立、变化、统一辩证关系，达到了空间环境的多层次性，使单纯的街道及建筑构成具有丰富的魅力、强化了街道及建筑的表现，出现了千姿百态的构成形式，给人身心以美育的熏陶。

宏观与微观并重，内部以间为单位，外部以院为元件，根据建筑的规模、性质与构成，组成为单栋建筑、组群以及群体。微观上对于构成单体的元件。无论是一椽一木，一石一墩，用材的处理，细部的安排，文样的刻画，都有一定的章法和则例，其精雕细刻，组织严谨，处理的细腻程度，令人叹为观止。采取多重封闭空间的传统。四合院宅就是一个围合的封闭空间，多进庭院住宅又加强了封闭的层次。里坊又用围墙把许多庭院住宅封闭起来。从古城中央的衙署院（即道台衙门）到内城

再到廊城，也是环环相套的多重封闭空间。

街道及建筑与动态共存：阆中古城建筑空间环境，反映那种超然、脱俗、世外桃源的气质，且具有禅宗的含义。内向与发散互补：阆中古城街道建筑间环境，无论是院子、庭院，大多的空间围合手法来加强建筑的内向性。人工与自然交融：阆中古城街道建筑空间环境，以崇高自然作为理想，对于阳光、绿化、水面、山石的处理，对于空间环境，对于地形地貌、生态环境、街道建筑，都能提到高度的重视。对立与调和交织：阆中古城街道及建筑空间环境趋向于统一、协调，中庸之道，这是它的秩序性与组织性在外壳上的表露。意象与实体兼备：实体与意象是两种不同的观念，在空间环境中反映更为突出。阆中古城街道及建筑空间环境中的山石，水体、林木、花架、椽篱、路径等，都是实体构成的要素，借助于它构成美好的景色，是最为经济的途径。

天宫院

天宫院龙脉源远流长，与阆中风水古都一样源于昆仑山。由西向东延绵数千里，穿群山，过黄河，经四川东北的大巴山脉、剑阁山系大罗山经厚子铺入思依境，绕至请雨山、棋盘山南下木兰至天宫院，天宫院

风水来龙案砂、明堂、水口、立向，合规合矩，堪称风水术中的活教材，是标准的风水宝地。天宫院四象俱全，山水重叠，观稼山为天宫之镇山，其下8峰分别从东南西八个方位拱护，捍卫着穴场，更为贵中之贵。站在天宫院后山观龙台上，举目四顾，玄武厚而圆润，垂头下顾，朱雀含情脉脉，来朝歌舞。青龙山势起伏连绵，白虎山形卧俯柔顺。案山朝山有主有宾，主宾相映应辉。近案明堂周密朝山略盖近案，近案盟堂，低不过脐、高不过眉，有朝有案。（伸手能摸几重案，家财千万贯）这里四方天神宾主有情，层次分明，排列对称，近者九龙捧圣，远者众仙跪迎，群山峻岭，滔滔远流，如万马奔腾。"靠山起伏，高低错落，曲曲如河，中心出脉，穴位突起，龙砂、虎砂，重重环抱，外山外水层层护卫为发福之地"，这就是实实在在的天宫。

天宫院水格之富，天下无双。天宫院河流纵横，外有西河，从江油五指山赶来，内有邓家河、罗家河分别从左右流出。"洋朝汪汪、水格之富、弯环曲折，水格之贵也。水见三弯、福寿安闲，曲折来朝、荣华富饶"。河水之弯曲乃龙气之聚也。天宫院左右有河，清澈见底，薄如蝉翼，在天宫院前500米处汇入一起，造势出九曲太极水相，缓慢汇入西河，紧紧锁住水口，来不见源，去不见踪，实为圣水也。把水格之贵活生生展示在世人面前。

道家的行事原则、行为规范的核心就是"清静"、"无为"和"自然"。老子认为"清静可以天下正"，意即清静是天下最高的法则，心清神静，就可以处理好天下之事；"无为"就是不断调整心态到大自然中去让内心宁静，躯体得到充分体息，使体内细胞保持正常的新陈代谢、休养生息，就会身强体壮，延年益寿。道家主张"我命在我，不在天"，即人的生命由自己控制掌握。一方面是道德修养，一方面是养生。住在风水客栈，享受着近乎原生态的清静和自然，清晨站立西河岸边，尽情吸纳来自太极之水的负氧离子，吐故纳新，一天精神。

"众山俱大取其小"。"白虎若遇生旺反助人福。""白虎落于坐旺之宫，则获福无量。"

亥为天皇，为福德武曲金。

# 第九节　文化古城——天津

天津，简称津，中华人民共和国直辖市、国家中心城市、环渤海地区经济中心，全国先进制造研发基地、北方国际航运核心区、金融创新运营示范区、改革开放先行区，中国中医药研发中心、亚太区域海洋仪器检测评价中心。天津也是六座超大城市之一。

天津自古因漕运而兴起，明永乐二年十一月二十一日（1404 年 12 月 23 日）正式筑城，是中国古代唯一有确切建城时间记录的城市。历经 6 百多年，造就了天津中西合璧、古今兼容的独特城市风貌。

天津位于华北平原海河五大支流汇流处，东临渤海，北依燕山，海河在城中蜿蜒而过，海河是天津的母亲河。天津滨海新区被誉为"中国经济第三增长极"。天津是夏季达沃斯论坛常驻举办城市。天津在 4 千多年前露出海底，成为退海之地。战国和秦始皇时期，这里已经出现较为密集的村落，西汉开始，天津辖管泉州（今武清）、东平舒（今黄骅）、章武（今静海）等地。

四千多年前，天津所在的地方慢慢露出海底，形成冲积平原。天津处于的位置原来是海洋，黄河改道前泥沙冲积形成，古黄河曾三次改道，在天津附近入海，3 千年前在宁河县附近入海，西汉时期在黄骅县附近入海，北宋时在天津南郊入海。金朝时黄河南移，夺淮入海，天津海岸线固定。汉武帝在武清设置盐官。

隋朝修建京杭运河后，在南运河和北运河的交汇处（今金刚桥三岔河口），史称三汇海口，是天津最早的发祥地。

唐朝在芦台开辟了盐场，在宝坻设置盐仓。辽朝在武清设立了"榷盐院"，管理盐务。南宋金国贞佑二年（公元 1214 年），在三岔口设直沽寨，在今天后宫附近已形成街道。是为天津最早的名称。元朝改直沽

寨为海津镇，这里成为漕粮运输的转运中心。设立大直沽盐运使司，管理盐的产销。

明建文二年（公元 1400 年），燕王朱棣在此渡过大运河南下争夺皇位。朱棣成为皇帝后，为纪念由此起兵"靖难之役"，在永乐二年十一月二十一日将此地改名为天津，即天子经过的渡口之意。作为军事要地，在三岔河口西南的小直沽一带，天津开始筑城设卫，称天津卫，揭开了天津城市发展新的一页。后又增设天津左卫和天津右卫。

清顺治九年（公元 1652 年），天津卫、天津左卫和天津右卫三卫合并为天津卫，设立民政、盐运和税收、军事等建置。雍正三年（公元 1725 年）升天津卫为天津州。雍正九年（公元 1731 年）升天津州为天津府，辖六县一州。

清末时期，天津作为直隶总督的驻地，也成为李鸿章和袁世凯兴办洋务和发展北洋势力的主要基地。1860 年，英、法联军占领天津，天津被迫开放，列强先后在天津设立租界。1900 年 7 月，八国联军攻打天津，天津沦陷。1901 年，由八国联军组成的天津都统衙门下令拆除城墙。1918 年，在当时的北洋政府支持下，三岔河口截弯取直工程启动。截弯后，去掉了侯家后大湾，这样南运河与北运河在金钢桥处，与海河干流交汇，形成了今日之新三岔河口。

三岔河口

三岔河口是天津城的发祥地，几百年来它川流不息，见证了天津城的发展，对这座有着六百年历史的名城有着巨大的意义。

一直以来，三岔河口都被作为天津重要的政治中心。

从金代的直沽寨，元代的海津镇，明代的天津卫，到清代的天津府，其衙署都落在三岔河口。特别是明、清以来，凡中央直属的机构，或重要的军事设施，都设在三岔河口一带。其中，荣禄为慈禧太后和光绪皇帝来天津阅兵临时修建的行宫，即"天津行宫"，即坐落于此。

1870 年，三口通商大臣衙门改建为天津的直隶总督府，时称"督宪行馆"。后李鸿章对"督宪行馆"再次进行了大规模的改扩建。光绪二十八年（1920 年）新任的直隶总督袁世凯从八国联军手中接收了天津，并将省城由保定正式迁到了天津。并将位于窑洼浮桥北端的"天津行宫"作为直隶总督衙门。

辛亥革命以后，由天津行宫改建的直隶总督衙门又成了直隶（河北）省政府、天津市政府的所在地，窑洼浮桥早已被金钢桥所取代。发出无数政令的直隶总督行馆和直隶总督衙门也都变成了昔日的历史遗址。

三岔河口在天津的经济发展史上，也占据着相当重要的地位。

通惠河开通之后，三岔河口变成了南北漕运的中转枢纽，随着北方人口增长和边防驻军的增多，元代每年从南方调运进京的粮米达三百万石。明、清两代，每年漕运粮米增加到四百万石。明成祖朱棣用十五年时间兴建紫禁城，其工程所需巨木、金銮殿地上铺的"金砖"以及与人民生活息息相关的丝绸、茶叶、糖、竹、木、漆器、瓷器等物资都是趁丰水期经大运河源源不断运到北京。"三岔口停船口，南北运河海河口，货船拉着盐粮来，货船拉着金银走，九河下梢天津卫，风水都在船上头。"这首歌谣只有六行，却真实地反映了三岔河口漕运的繁忙景象。由于漕运逐渐兴盛发达，南来北往和海运的船只交汇于三岔河口，使三岔河口完成了从乡村聚落向城镇市集功能的转变。

明、清以来，随着天津漕运和制盐业的不断发展，三岔河口迅速发展为天津最早的商品集散地和航运中心。大批船只来来往往，熙熙攘攘，商贾云集，车水马龙。货栈、银号、店铺交易火爆、买卖兴旺，形成商

业中心。

康熙年间，清政府在北门外南运河北岸的甘露寺设立了钞关，这样大大方便了往来的漕船、商船验关纳税，南来北往的货船必须在此通关后才能上岸交易或放行，逐渐规范了天津的航运秩序。与此同时，外地客商也陆续看好这块风水宝地前来投资经营，这一带因此而形成了诸如"同生和"、"德华馨"、"谦祥益"、"瑞蚨祥"、"正兴德"等众多的老字号，并使三岔河口在天津商界一直保持着重要的地位。

三岔河口地区也是天津近代教育的发祥地。清朝末年，以严修为代表的一批教育家，热心乡里办学，在三岔河口一带开创了早期的教育事业。中小学的不断涌现，其数量众多，历史悠久。例如，位于锅店街的北门东中学、三条石中学等多所官立、私立学校，真是不胜枚举。其中从北大关针市街的梅氏家族中，就曾走出了前清华大学校长、著名教育家梅贻琦。浓厚的历史人文氛围，使三岔河口地区的教育事业蓬勃发展。

历史上，繁忙的漕运将四面八方的特产聚集到三岔河口，极大地促进了天津饮食文化的发展。天津菜便受益于海河水系，受益于三岔河口的特产，银鱼、刀鱼、梭鱼、鲤鱼、鲫鱼、青虾等河海两鲜给津门厨师提供了用武之地，使津菜有了长足发展。

康熙元年（公元1662年），在"八大成"之首的"聚庆成"饭庄的带动下，其他七家带"成"字号的大饭庄先后在南运河岸开张纳客。"八大成"所经营的菜品是纯正的天津风味菜品，酒席成龙配套，小吃一应俱全，各种席面完备，使天津菜达到顶峰。"八大成"饭庄在三岔河口的南运河边，聚集开张应市，如此大规模的饭庄在全国并不多见。三岔河口的饮食风俗是天津饮食文化的重要组成部分，对于华北大部分地区都有着深远的影响。

三岔河口地区历史悠久、人文荟萃，并非简单几句可以概述。寻访故里，往事如烟，连樯万艘、"龙飞"、"渡跸"的繁华场面仿佛浮现眼前……

天津是因水抱聚气而发展的城市，调查印证证明，不仅建筑选址优选在山环，山湾中的风水效应好，利于城市发展，而且在临水地域也体

现出选在水"抱"的地理位置利于发展。相反，在水反弓的地理位置多难于发展。例如，天津海河入海口的河段，呈"S"形水弯，现场调查印证证明，在"水抱"的地域三槐路一带经济发展良好，形成了商业中心。另一"水抱"的地域蓝鲸岛则是集群的企业、事业、石油公司、船厂、冷冻厂、医院、研究院等，兴旺发达。而在河水反弓的岸外地域则明显荒落：有大沽船坞遗址等。村屯也稀疏异常，成为无言的鉴定。

天津古城，位于华北平原的河海要冲。风水外局，远依燕山山脉的盘山，近临海河、运河、子牙河的交汇点，西可通京畿，东可出渤海，大运河可南下江浙。"天子之津渡"而名天津。城市选址可谓得地，是选在风水"穴"上的。风水内局，城市方形，以中心鼓楼引出东西、南北十字大街。以天后宫为水陆接转点，形成艮部依托，引导水、陆交通从东部"震门"入城。在文昌位布置孔庙，在城市中心点上立鼓楼，楼下纵横贯通，不压穴点。城周四门，街衢方整布局，风水秩序井然。然而天津经过英法联军入侵，八国联军入侵，日本帝国主义入侵，使原来面貌皆非。特别是八国租界地的瓜分，天津故城被迫拆城，在城外割地建立各自为政的市区，各租界街不对路，管线不联，建筑风格各异，成为"世界建筑博览会"。城市向震、巽方向扩展，从地学和经济地理上分析虽不为错，但从风水学上分析，城市格局紊乱，斜道、角房、弯路、洋房，与天津故城毫无共性，使天津城市发祥地的故城变为"向隅而泣"的孤岛，使古城气势日渐式微。这种枝荣本不固的建设，是对风水原理的典型破毁。

一幅天津现在最老的地图，图上，按主河道曲线画出的三个太极图清晰可见。他介绍，这张地图的底图是制于清乾隆四年（1739年）《天津县志》中的天津县境图。由于清乾隆年间华北水利总督设在天津县城内，因此，该图的水系分布位置应该比较准确。他将这三个太极称为"三岔河口太极"、"南运河太极"和"海河太极"，三个太极图形直径相等，两极均呈正南北分布，似以逆时针之势转动。

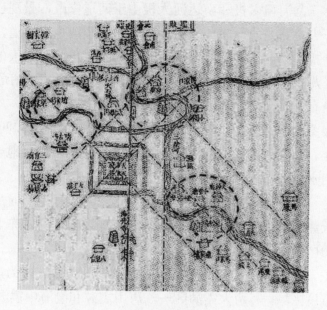

天津县镜图

　　太极图是宇宙万物运化的全息稳态模式。也是中国的哲学精华，生动地表示了宇宙万物的结构及其运动规律。有与无，动与静，天与地，昼与夜，夏与冬，南与北，左与右，正与负，合与分，进与退，盛与衰，生与死等，都可以从中找到解释。从图中可以看出，天津卫城选址明显受到三太极图的轴线（过大圆圆心和两个内切小圆圆心的直线）、切线（平行于轴线）和鱼眼线（分别过两个内切小圆圆心的直线）控制，直线的交点很好地表达了天津卫中心（鼓楼位置）、城墙对角线，护城河角等特征点，说明自然河道的三个太极图与天津卫城选址具有密切关系。因为纵观全图，只有两处河段方向规整，即图中呈南北向的一段，大致是今天北安桥（南）—东北角长途汽车站（北）一段；呈东西向的一段，大致是今天东马路—大丰路一段。李大华解释说，天津卫城选址在此，四堵城墙分别与上述两段河段平行，既背有河水依托，又被三个太极圈

环抱其中，是全城唯一的完美点。

目前，三岔河口太极和南运河太极由于河道修改，景观已不存在，而东马路——大丰路一段原来与北城墙平行的南运河也已改道，在今天的天津地图上找不到当年的模样，唯有海河太极，也就是今天的天津站一带，虽略有人工修整痕迹，但基本形状未变。据考证，国内所有大城市，唯有天津具有天然河道形成的太极图，而且处于市中心区。

由太极图推演开去，天津的四方（东、南、西、北）和四隅（东南、西南、东北、西北）同样寓意分明，而天津建卫前后所在地点均符合八卦理论。明永乐时建天津卫，选址与后天八卦相契。即西北为天，天子在北京，是直沽三太极的主轴向。西南为地，是天津卫当时受地方管辖的方向，天津卫各级上司分别为静海县、青州、河间府。东北为山，这一方向为山区。东南为风，天津一年中以东南风为主，与海河河道形成以东南为主、受风蚀、河道易行风等有着密切的关系。东为震，在正东所辖四十五度区域，有两大震源区——唐山震源和渤海中震源。南为火，这是自然的。西为泽，与西边的大片湿地有关. 可与白洋淀等水域联系起来得到解释。北为水，这一方向以三岔河口为标志。

建卫前的天津卫所在地又符合先天八卦，即南为天（天子所在方向）、北为地（蓟县等地方长官所在地）、东为水（有海河）、西为火（西照强）、东北为山（解释同前）、东南为风（解释同前）、西北为震（山河——平谷大震源）、西南为泽（南运河水域相关联的大片湿地）。天津城能较好地用原位的后天八卦和先天八卦解释。即便是最新的天津地图，也能清楚地辨认出老城明显的四方四隅，由于市内海河两岸建筑顺河而建，在"海河太极（直沽太极）"处表现出特有的旋律。因此，从三岔河口到大直沽的河道曲线最能体现天津城市特色，含有非常丰富的民族、经济和文化内涵。

##  第十节　文化古城——成都

成都位于四川盆地西部，成都平原腹地，成都东与德阳、资阳毗邻，西与雅安、阿坝接壤，南与眉山相连。

前5世纪中叶的古蜀国开明王朝九世时将都城从广都樊乡（双流）迁往成都，构筑城池；但依据现实挖掘的金沙遗址看来，成都建城史可以追溯到3200年前。

关于成都一名的来历，据《太平寰宇记》记载，是借用西周建都的历史经过，取周王迁岐"一年而所居成聚，二年成邑，三年成都"而得名蜀都。蜀语"成都"二字的读音就是蜀都。"'成'者'毕也''终也'"，成都的含义"就是蜀国'终了的都邑'，或者说'最后的都邑'"。建于公元前256年，使用至今的都江堰水利工程。

公元前316年，秦国先后吞并蜀国、巴国。秦张仪、司马错筑太城（府南城、龟城），次年，张仪在太城以西筑少城（府西城）。公元前256年，蜀郡太守李冰造石人作测量都江堰水则，是中国最早水尺。公元前141年，蜀郡太守文翁在成都建立了中国最早的地方官办学堂"文翁石室"。

公元前106年。秦末、汉初成都取代中原而称"天府"。西汉元封五年（公元前106年），汉武帝分天下为十三州，置益州。王莽改益州为庸部，蜀郡为导江，治临邛。新朝地皇五年（公元24年），公孙述称帝，定成都为"成家"。又改益州为司隶，蜀郡为成都尹。东汉时仍为蜀郡。东汉末年，刘焉做"益州牧"，从原广汉郡雒县移治于成都，用成都作为州、郡、县治地。西汉时期，成都的织锦业已十分发达，设有"锦官"，故有"锦官城"即"锦城"之称；秦汉成都的商业发达，秦时成都即已成为全国大都市，西汉时成都人口达到7.6万户，近40万人。

汉代成都是世界漆器工艺的中心和中国茶文化的诞生地。

成都在三国时期为蜀汉国都，东汉末年、天下扰乱、群雄逐鹿，汉室宗亲刘备在军阀混战中崛起。延康元年（公元220年），曹操之子曹丕篡汉，次年（公元221年），刘备以汉室宗亲的身份在蜀地蜀都称帝，延续了汉朝大统。蜀汉始于昭烈帝刘备，终于汉怀帝刘禅，历二帝，共四十三年，鼎盛时期占据荆州、益州，国力强盛，但是经过关羽失荆州、刘备败夷陵后元气大伤，后来诸葛亮治国，恢复生产，使得能与魏吴抗衡。

晋武帝改蜀郡为成都国，不久恢复称呼。公元304年，李雄在成都建国"大成"，史称"成汉"。公元347年，成汉被东晋桓温所灭，历5主，共43年。

南朝宋、齐以后，益州及蜀郡的治地址都是成都，益州刺史治太城，成都内史治少城。公元348年至354年，东晋常璩编纂了中国现存最早的地方志书《华阳国志》。后周置益州总管府。隋朝开皇二年（公元582年），改为西南道行台。次年，复置总管府。大业初年（公元605年），府废，隋炀帝复改益州为蜀郡。

唐朝复为益州，武德初年（公元618年），置总管府。武德三年（公元620年），改为西南道行台。武德九年（公元626年），又改为都督府。龙朔二年（公元662年），升大都督府。天宝初年（公元742年），复为蜀郡。至德二年（公元757年），唐玄宗幸蜀驻跸，升成都府，作为南京，改成都守为尹。时又分剑南为东西两川，成都为西川节度使的治地。上元初年（公元760年），罢京，而成都府依然不变。

唐朝时期，成都经济发达，文化繁荣，佛教盛行。成都成为全国四大城市之一（长安、洛阳、扬州、成都），农业、丝绸业、手工业、商业发达，造纸、印刷术发展很快。唐代成都文学家云集，大诗人李白、杜甫、王勃、卢照邻、高适、岑参、薛涛、李商隐、雍陶、康术等短期旅居成都。唐代成都开发了开摩诃池、百花潭等旅游胜地，贞观年间在城北修建了建元寺，唐朝大中年间改名为昭觉寺，称"川西第一丛林"。唐代成都有世界上最早发明和使用的雕版印刷术文物，成都的卞家《陀

罗尼经咒》、西川过姓金刚经残页、成都樊赏家历残页为世界现存最早的一批印刷品。

公元 907 年朱温灭唐，建立"后梁"政权，中国历史进入五代时期。王建割据"三川"，在成都称帝，国号蜀，史称"前蜀"。王建励精图治，使蜀中经济文化恢复了往日的繁荣。晚年渐为昏庸。幼子王衍即位仅 7 年，公元 925 年后唐庄宗派郭崇韬伐蜀，前蜀后主王衍投降，前蜀亡。后唐任命孟知祥为西川节度副使，后唐衰败后，934 年正月孟知祥在成都称帝，国号蜀，史称"后蜀"。同年秋病死，其三子孟昶 16 岁袭位，颇有作为，统治 30 年，后好大喜功，盲目出兵关中，增加百姓负担，导致国力衰微，公元 965 年为宋所灭。孟上表请降，当年暴卒于开封。

后蜀后主孟昶亲笔书写了中国第一幅春联"丰年纳余庆，嘉节号长春"。成都画家黄筌开创了中国工笔花鸟画派先河，雅好丹青的后蜀后主孟昶特创"翰林图画院"，成为中国最早的皇家画院。后蜀赵崇祚编辑了中国文学史上的第一部词集《花间集》。

宋太平兴国六年（公元 981 年），成都府降为益州。端拱初年（公元 988 年），复曰成都府，成都为西川节度使、成都府路的治地。淳化五年（公元 994 年），降为益州。嘉佑五年（公元 1053 年），复为成都府。

宋朝时期，成都经济异常发达，是全国首屈一指的大都市。以锦绣为例，花样由唐时的 10 多种发展到宋朝时期的 40 多种，能织出天马、流水飞鱼、百花孔雀、如意牡丹等新花样，占全国各地上交总数的 70% 以上。唐宋之时，成都城东西南北都设有专门的蚕市、药市、花市灯会。由于商业发达，成都出现了世界上最早的纸币"交子"，官府在成都设立了世界最早的管理储蓄银行"交子务"。

公元 1082 年前后，北宋名医唐慎微撰写了中国现存最早的药典《经史证类备急本草》。北宋仁宗时，在益州（即成都）设官办交子业务，由官府公开印刷，发行"交子"。南宋宝佑五年（公元 1257 年），蒙元军攻占成都。蒙元至元二十三年（公元 1286 年），设成都路，属四川行省。元至正二十年（公元 1360 年），明玉珍建立大夏国，改曰成都刺史

府。

明洪武四年（公元 1371 年），明军攻灭明玉珍所建的大夏国政权，在成都设四川承宣布政司，其中成都为首府。明太祖朱元璋封第十一子朱椿为蜀王，王府设在成都，今人称其为"皇城"。明崇祯十七年（公元 1644 年），张献忠率军攻入成都，自立为帝，国号大西，称成都为西京。清军入川，四川汉人极力抵抗，战乱多年，人口大减。满清康熙年间，满清朝廷实施"湖广填四川"大移民，成都逐渐恢复生气，省会也又迁回成都。清沿明制，设四川布政使司于成都。皇帝另简派四川总督、成都将军驻成都。清同治二年（公元 1863 年），太平天国将领翼王石达开率兵入川，攻成都失败，清军诱俘之，在成都城内科甲巷将其凌迟处死。两千年来成都城市的布局与兴革。秦灭巴蜀后，对成都的城市建设，先分为东、西两部分东为大城，西为少城，先筑大城，后筑少城，陆续完成。

## 一、兴筑大城

秦代大城南北广，东西窄，呈不规则长方形。当时河道流泻，成都卑湿，故屡筑屡颓，传说"忽有大龟浮于江，至东子城东南隅而毙，仪以问巫。巫曰：'依龟筑之，便就。'故名龟化城"。这一传说为我们提供了成都建城时的地形选择情况。多次版筑的失败，促使人们适应地形改筑，立基于高亢之处。故城的南北走向方位不正，大约首尾由西南斜向东北，非方非圆，曲缩如龟，故习称为龟城。龟为古之灵物，故有神龟示迹之说。大城北近武担山，南至秦人新建的赤里（今上南大街）。大城未筑前，蜀侯国治及郡治，当在赤里一带。因里有墙垣，可资防卫。秦城东有千秋池。城北有龙坝地，城西有柳池，西北有天井池。其间津流径通，冬夏不竭。诸池均为筑城取土时堀成，后来成为秦城东、西、北三面天然屏障。龙堤池大约在今青龙街北侧，为大城北垣与武担山间一个据点。千秋池是否清代城池图中的东北庆云塘，无考。柳池湮没已久，早已无存。

《华阳国志·蜀志》说：秦惠王二十七年，张仪与张若筑成都城。据近人考证，是年成都有陈壮杀蜀侯之乱，似不可能有筑城之事，且当时张仪在燕，说燕王归秦，回秦途中惠王卒，武王立。武王不悦张仪，仪惧而归魏。武王元年（前310年），张仪死于魏。因此，张仪不可能在成都筑城。后世谓成都秦城为"张仪城"，言张仪循龟迹筑城，都是后人附会，不足为信。主持兴筑成都城者应当为蜀守张若。张若任蜀守三十七年，他有充裕时间致力于成都，郫邑和临邛的城市建设。

据有关史籍记载：秦代成都大城周长12里，约当现代4.94公里，这应是大城与少城的全部周长，远非今日成都规模可比。城高七丈，约当现代17.1公尺。秦城外郭有"下仓"，《后汉书·公孙述传》："成都郭外有秦时仓"，公孙述更名"白帝仓"，"使人宣言白帝仓暴出米巨万"。《太平后览》卷一九〇引《益州记》："今成都县东有颓城毁垣，土人云白帝仓也。"可见秦城"下仓"为城垣的一部分，下空阔，可储物。秦城"上皆有屋，而置观楼射阑"。观楼即城楼，可以放眼远眺。"射阑"为射箭场，有栏杆，故名。城门至少有四，可考者惟咸阳门（北门）。

## 二、营造少城

张若筑大城，目的在政治军事需要。由于成都为西南造少城。少城位于大城之西，左思《蜀城赋》："亚以少城，接乎其西。"刘逵注："少城，小城也，在大城西，市在其中也。"

筑少城时，传说仍取土于城北十里的学射山，因地势低湿，版筑艰难，与大城同。少城规模，史无记载，但小于大城无疑。其形状也是东西狭窄，南北稍长，与大城相依傍，"惟西南北三壁，东即大城之西墉"。

少城分南北两区，北区为官署区，大兴土木，营造府舍。成都县治原在大城赤里，少城建成后，张若将其徙置少城内。为管理日益发展的盐铁交易，还置盐铁市官并长丞。南区为商业区。在修建北区的同时，还"修整里阓，市张列肆，与咸阳同制"。"里"为有墙垣的居民区，

"阓"为商业市场的门栏，"肆"为商店、货行。可见秦时少城已辟有居民区和商业市场，开放商店和市场，有专官管理，有条不紊。

## 三、修筑郫城、临邛城

张若在建筑成都大城、少城前后，对与成都经济发展密切相关的郫邑、临邛城市建设也十分重视。经他规划，"郫城周回七里，高六丈"，秦代郫邑城垣周长约当今日二点五公里，城垣高度约当今日十五公尺。"临邛城周回六里，高五丈。"秦代临邛城垣周长约当今日二点五公里，城垣高度约当今日十五公尺。"临邛城周回六里，高五丈。"秦代临邛城垣周长约当今日二点一公里，城垣高度约当今日十点五公尺。郫城仍在杜宇建都的"杜鹃城"，在今郫县城北；临邛城在今邛崃县城偏西北。两城与成都同在纵横两百里间，构成品字形，有鼎足之势，互为犄角，为成都平原繁华富饶之区。郫城与临邛的建成，有力地促进了成都城市经济的繁荣。

至西汉时期，成都城市面貌已有很大改观：

西汉至蜀汉时期，成都城市面貌有很大改观，城市分为两个主要市区，"州治太城，郡治少城"，城西南两江（检江、经济重心，为繁荣成都商业贸易，张若继兴筑大城后，又营郭江）有七桥：冲抬桥、市桥、江桥、万里桥、夷里桥（笮桥）、长升桥、永平桥。西汉文翁任蜀守时，立文学精舍、讲堂，并在城南作石室。

元鼎二年（公元前 115 年），"立成都郭，十八门，于是郡县多城观矣！"蒙文通先生认为，所谓十八门，"应大城、少城共有九门，而郭亦九门，是为十八门。少城为繁荣之区，其西独三门，事亦宜然"。建立外城和修筑城门后，成都城市初步定型。据今人考证，汉代十八门中有迹可循者当存阳城门、宣明门、市桥门、直西门、成门（咸阳门）、朔门、江桥门等。

由于城市商业繁荣和与各地贸易的发展，货物集散，人口增加，城市商业区开始向少城之南郫江对岸发展，故城南门称"市桥门"，桥称

"市桥"，桥南则为南市。南市与少城隔江相望，成为南北两个商业区，宋人张咏引图经说，"分筑南北二少城以处商贾"，似指此而言。

此外，由于蜀锦生产和销售的兴盛，在成都检江夷里桥（笮桥）南岸形成蜀锦生产交易区，名曰"锦里"，亦为"锦官"所在地。成都与西南民族地区贸易交流的频繁，车道运输量日益增加，遂设置"车官城"，《华阳国志·蜀志》说："（锦里）西又有车官城，其城东西南北皆有军营垒城。"

成都城市到蜀汉时期，已巍然可观，左思《蜀都赋》描绘其风貌说："于是乎金城石郭，兼匝中区，既丽且崇，实号成都。辟二九之通门，画方轨之广涂。营新宫于爽垲，拟承明而起庐。结阳城之延阁，飞观榭乎云中。开高轩以临山，列绮窗而瞰江。内则议殿爵堂，武义虎威，宣化之闼，崇礼之闱；华阙双邈，重门洞开，金铺交映，玉题相辉。外则轨躅八达，里闬对出，比屋连甍，千庑万屋。"这一时期的成都城市，不仅具有完整的结构，而且宫室房舍大多富丽堂皇，给人美丽而壮观的感受。

隋、唐时期，成都已趋于兴盛，与扬州并驾齐驱。

## 一、隋代展筑城垣

隋初，成都人口日增，百业发达，经战乱破坏后的旧城已不能适应，扩展城垣实属必要。隋文帝子杨秀镇蜀时，"筑广子城"。高骈在《请筑罗城表》中明确说："隋杨秀守藩之日，亦更增修。"杨秀展筑城垣的年代应为开皇十二年（公元592年）至仁寿二年（公元602年）间。他对成都城垣的修筑情况，宋人张咏在《益州重修公宇记》中有明确的记述："隋文帝封次子秀为蜀王，因附张仪旧城，增筑南西二隅，通广十里。今之官署（宋代成都府衙，方位在今正府街），即蜀王秀所筑之城中（之）北也。"

由此可知，杨秀展构成都城垣，又称"子广城"，是以秦代张仪所筑旧城垣为基础，恢复重建并扩建了南城垣（应在西南方）和西城垣（应

在西北方），城垣连属，方圆十里。宋代成都衙即位于杨秀所筑"子广城"北垣。

## 二、唐代扩筑罗城

唐代中叶以后，南诏势力强盛，对西川地区构成威胁。太和元年（公元 827 年）、咸通四至六年（公元 863 年至 865 年）、乾符二年（公元 875 年）屡次深入蜀中，进围成都。成都城垣狭小，虽民避居城内，窘困万状。《资治通鉴·唐纪》记载成通十一年（公元 870 年）南诏围攻成都实况说："西川之民，闻蛮寇将至，争走入成都。时成都但有子城（即秦大城），亦无壕。人所占地，各不过一席许。雨则戴箕盎以自庇；又乏水，取摩诃池泥汁，澄而饮之。"

这种情况迫使成都藩守对成都城垣进行增修、扩建。成通十一年（公元 870 年），颜庆夏令蜀人筑雍门城，这次筑城，主要是加固旧城，并非新筑。乾符二年（公元 875 年），高骈接任西川节度使，次年（公元 876 年）六月，上表请广筑罗城："臣当道山河虽险，城垒未宁。秦张仪拔蜀之时，已曾版筑。隋杨秀守藩之日，亦更增修。坚牢虽壮于一日，周匝不过八里。自成通十年（公元 869 年）以后，两遭蛮寇攻围，数万户人，填咽共处，池泉皆竭，热气相蒸，其苦可畏，斯敌可恤。……臣今欲与民防患，为国远图，广筑罗城，以示雄阃。将谋永逸，岂惮暂劳。"

当年六月，僖宗批准了高骈的筑城计划，高骈令僧景仙规度工程，立即开工。十一月，工程告竣。

高骈扩筑罗城的整个情况是：

首先，这一工程得到皇帝特许，是作为巩固"藩维"，决定一方"安危"的军国大事而进行的。因此，高骈征调十县民工赴役，每日动用十万夫，分筑全部城垣。还抽调八州将校，分段负责筑城工作。整个工程共计用工九百六十万个，耗资一百五十万贯，工程之浩巨可想而知。

其次，筑城工地劳动场面十分壮观，十余万民工往来运负土囊，分持杵、畚箕、铁锸，紧张工作。督工将校奔走施工现场，还有庞大的后

勤队伍，负责民工生活。工程进展神速，在百万人次的民工辛勤努力下，五千堵高大巍峨的城墙拔地而起，成为成都城市的有力壁垒，坚不可摧。环城而开凿的护城河，更使成都固若金汤。

再次，新筑罗城的形制是，城垣周长二十五里，还设置拥门八里，作防御攻城之用。城垣高二丈六尺，下垣宽二丈六尺，上垣一丈余，陴高四尺，大城外围砌砖甓，上建楼橹廊庑五千六百零八间，全城垣划分为五千堵城墙，分段施工而后将每堵互相连接，"城角曲收"。城垣设置瓮门，"甓门直截"，可以容纳大量守城兵将。城垣上沿里侧设置栏杆。以便观察城外动静。城外护城河按城门方位架设七星桥，以利行人进出。从高骈所建罗城看，随代都城垣工程规模形制、完备程度均超过前代，它奠定了成都城垣建设的基础。前、后蜀时期成都城又续有扩建，至宋朝时又有培修:

## 一、前、后蜀宫城的兴建

前蜀武成元年（公元 908 年），王建称帝于成都，改子城为皇城，以节度使署为王府，后改皇宫，并扩建城垣，原在子城的成都府署，"移在子城外"，并改蜀王府大衙门为宣德门，狮子门为神兽门，大厅为会同殿，球场门为神武门，球场厅为神武殿，蜀王殿为承乾殿。清风楼为寿光阁，西亭子厅为成宜殿、九鼎堂为承乾殿、会先楼为龙飞阁，西亭门为东上阁门，亭子西门为西上阁门，节堂南门为日华门，行库阁门为月华门。旧宅为昭寿宫，堂为金华殿，摩诃池为龙跃池，设厅为韶光殿，新西宅为天启宫，堂为玉华殿。

对罗城和子城城门也作了更改。改罗城万里桥门为光华门，笮桥门为神德门，大东门为万春门，小东门为瑞鼎门，大西门为干政门，小西门为延秋门，北门依旧为太玄门。改子城（皇城）南门为崇礼门，中隔为神雀门，东门为神政门，西门为兴义堂，鼓角楼为大定门，北门为大安门，中隔为玄武门。王建国势巩固后，又展筑子城西南，并建得贤门，一日五门，上起五凤楼，或日得贤楼。

前蜀永平五年（公元 915 年），皇宫失火，宫殿宝货焚烧殆尽。王建在旧宫之北营造新宫，建夹城，规模超过原节署牙城，与罗城、子城、牙城为内外四城。王衍继位，于乾德元年（公元 919 年）改龙跃池为宣华苑，并在池畔广建重楼华宇，三年（公元 921 年）苑成，延袤十里，奢丽无比。后蜀依旧。宋平后蜀，夹城尚存，宋将王全斌杀蜀降卒三万于此。太宗淳化间（公元 990 年～公元 994 年），李顺据成都，宋军攻城败李顺后，宫城焚毁，危楼破屋，比比相望。张咏守蜀后，拆除了所有旧建筑，重修官署。

## 二、后蜀新建羊马城

孟知祥建立后蜀后，为防范南诏、西羌等外敌入侵成都，于后唐天成二年（公元 927 年）在罗城外增筑羊马城，作为成都城垣外郭，自天成二年底开工，到天成三年（公元 928 年）正月竣工，工期大约三十天，羊马城周长四十二里，城垣高一丈七尺，下阔二丈二尺，上阔一丈七尺，凿濠一重，建门楼九所，白露舍四九五七闻，并在罗城四角增筑敌楼。筑城征发民工 20 万人，共享工 398 万个，费钱 12 万贯。新筑羊马城的建筑特点是：

建筑规模较罗城庞大。它地处罗城外围，比罗城周长多十七里，在用工方面，比罗城 960 万个工减少大半，耗资比罗城 150 万贯减少十分之二。建筑工期，罗城花去五个月，羊马城仅用一个月。羊马城实属省工省钱省时的重大工程。

此外，由于羊马城是成都外郭，在建筑构造方面自然比罗城逊色。从现有史料中，尚未发现羊马城用砖的记载，从"杵声雷震，版级云排"和"掘大壕以连延，增长堤而固护"的描述看，羊马城城垣主要是版筑土城，筑墙用泥取自掘大壕挖出之土，就地取材，因此工料两省，城垣和壕沟也就同时竣工了。

再者，羊马城上所建白露舍 4957 间，比罗城所建楼橹廊庑 5608 间数量少 6 百余间。有学者据此提出疑问，羊马城比罗城长 17 里，城上房

舍比罗城少，大段土城得不到保护，岂不受霖雨破坏？因此怀疑羊马城是否有 42 里之广。笔者认为，羊马城既为罗城外郭，自然比内城周长要大，这不应成为问题。至于城上建筑，罗城所建楼橹廊庑形制考究、工艺水平高，羊马城白露舍不过是随城所需构建的简陋房舍而已，罗城楼橹廊庑当然不能与具有随意性的羊马城白露舍相比。

宋朝时，罗城与子城又续有培修：

宋代四川除王小波、李顺起义外，战乱较少，一百余年间，社会安定，经济文化繁荣，部分守牧对成都城市建设有不少建树。

宋初，守蜀者不治城堞，任其废坏。皇祐右五年（公元 1053 年），程戡任益州知州，对成都罗城进行重修，并对城濠加以疏浚，"缮完壁垒，经度沟池"，使旧城恢复了原貌。

建炎元年（公元 1127 年），成都知府卢法原又对罗城全线进行培修，"周二十五里三百步，费九县市易常平钱八万缗有奇"。

绍兴中，李缪为四川安抚制置使，因成都旧城多有毁圮，"首命修筑，大水至，民赖以安"。

绍兴二十九年（公元 1159 年），成都守将鄱阳人王刚中复修罗城城垣，共四千六百丈有奇。这次修建工程主要调动地方兵卒充当劳务大军，"三百卒为党，备糗粮，具畚锸，以受兵司分掌其役"。耗资十二万缗，为时一年又六月，"城堞庄严，沟池深阻，气象环合，顿成雄奥"。

乾道中（公元 1165 年～公元 1173 年），范成大守蜀，增修马面敌楼，同时修葺了罗城的部分城垣，还对子城废堕部分进行修复。子城工程尚未完成，范成大调京．新任制置使胡元质陆续告竣。

经过宋代守牧多次修建罗城和子城，成都城垣已趋完善。罗城城门也已定型，南门即万里桥门，又名小南门；东门有三：大东门、小东门、朝天门；西门有二：大西门、小西门；北为清远门，亦称北门；西北有洛阳门、章城门；西南有锦官门，亦曰笮桥门。子城门有四：城西为西门，城北为大安门，城南为南门，城东为五门。

上述罗城、子城和皇宫的建设，都是统治者根据当时的政治、军事形势和骄奢极欲的需要而大兴土木、陆续建成的。反映了成都城市作为

封建政治中心的本质特征。

元、明、清时期，成都曾遭两次毁灭性的破坏，但破坏之后，都再恢复和重建。蒙古军对成都市的毁灭，详情如下：

南宋建都临安（今杭州），疆域仅存江南半壁，四川成为支撑南宋政权的财赋之区，四川赋税，每年"入户部三司者五百余万缗。入四总领所者，两千五百余万缗，金银绫锦之类不预焉"。南宋抗金、抗元物资军需"皆唯淮蜀是赖"。因此，金、元统治者将江淮、四川视为攻宋要图。金攻宋，首先攻取江淮；元灭宋，先攻取四川。蒙古大军从陕西、甘肃南攻四川，其饷糈转运，无不仰给于成都。但是，自宝庆三年（公元1227年），丧失甘、陕屏障，四川成为蒙古军直接目标后，连年攻战到端平三年（公元1236年），"蜀地残破，所存州县无几，国用益窘。十六年间，凡授宣抚使者三，制置使者九人，副使四人。或老，或暂，或庸，或贪，或惨刻谬戾，或遥领而不至，或生隙而罕谋。两川民不聊生。监司戍将，各专号令，蜀曰益坏"。南宋君臣对蜀中情形深为忧虑，他们认识到，"若上流不固，则吴楚有冲决之势"。因此，重建蒙古军攻战破坏的成都城垣，加强成都防务，是他们赖以挽救蜀地颓局的最后一招。淳祐元年（公元1241年），独中守将陈隆之"因成都城故基增筑"，但因"功力苟且，议者逆知其难守"。守将失去守城信心，问其御敌方略，"但云誓与城共存亡而已"。

蒙古军三次攻打成都，千年古城，全被毁败。第一次是端平二年（公元1235年），蒙古军入蜀，初犯成都。虽未破城，防务已陷入困境，"师老财殚，兵分力薄"，已有力不能支之势。第二次是端平三年十月（公元1236年11月），"蒙古军安笃（《元史》作刘禄）招徕吐蕃诸部族，赐以银符，略定龙州，遂与库端（《元史》作阔端）合兵攻破成都。会闻皇太子库春薨，库端旋弃成都而去"。这次破城，成都破坏惨重，史称"郡城焚荡"。第三次是宝祐六年二月（公元1258年3月），蒙单耨埒（《元史》作纽怜）率领前军攻成都，四川制置使蒲择御敌守兵溃逃，城中乏食，乱军杀主将投降蒙古军。成都城市遂遭空前毁败。元朝统治四川后，成都城市残破、人口凋零，故家文物，荡然无存，地方官虽对

城市间有兴作，亦属修葺性质，无法恢复旧貌。元至正十七年（公元1357年），明玉珍占据重庆，分兵攻取成都，二十二年（公元1362年）称帝，号大夏，成都设制使府。明玉珍父子据蜀十年，亦未增筑城垣。

明朝初年，大夏降于明，由于社会安定，经济逐步恢复发展，因此对成都大加建设，其实况如下：

## 一、兴筑大城

明代大城称府城，或曰省会。洪武四年（公元1371年），平蜀后，明太祖派李文忠入蜀安抚，并规划蜀地建设。在此期间，李文忠首先增筑新城，高垒深池，形制略备。稍后，都指挥赵清继续完成府城的建设，"因宋元旧城而增修之，包砌砖石，基广二丈五尺，高三丈四尺，复修堤岸以为固。内江之水，环城南而下。外江之水，环城北而东至濯锦桥南而合"。

对府城的城门、月城、敌楼均作了细心规划和施工重建。府城辟五门，各有楼，楼皆五间，门外又筑月城，月城两旁辟门。复有楼一间，东西相向。城周回建敌楼125所。其西南角及东北角建二亭于上，俗传像龟之首尾。城东门龙泉路曰迎晖，南门双流路曰中和，西门郫路曰清远，北门新都路曰大安。其小西门曰延秋者，洪武二十九年（公元1396年）塞之。

洪武二十二年（公元1389年），蓝玉在成都练兵，督修城池。

宣德四年（公元1429年），总兵官左都督陈怀镇压了松迭少数民族反抗后，认为成都是关系全川安定的"根本之地"，又加固城池，并在四门月城各建城隍庙宇一座。崇祯年间（公元1628年~公元1644年），刘汉儒又培修府城一次。

综上所述，明代洪武至崇祯间共修筑大城五次。《蜀中广记·名胜记》认为，明代大城大致恢复到唐宋子城旧貌："今之东西南北四门，颇为近古。西门者，古之宣明门也。南门者，古之江桥门也。东门者，古之阳城门也。"

这种说法，在明代地方志中找不到佐证。天启元年（公元 1621 年）绘制的《三衢九陌宫室图》，只有大城及蜀王府，与唐宋子城实无关系。由此可以表明，明代修筑的大城，是在废墟上重建的，旧有的子城已被蒙古军彻底破坏，湮没无存。

## 二、兴建蜀王府

蜀王府

明代蜀王府的建设，是朱氏皇族在成都建立藩王特权的标志。洪武十一年（公元 1378 年），朱元璋封其十一子椿为蜀王，由于朱椿年幼和成都残破，受封七年之久，朱椿仅仅是名义上的蜀王，并没有到成都就藩。洪武十八年（公元 1385 年），父皇见他长大成人，可以离开京城自立了，于是命他暂驻凤阳老家，同时命地方官兴建蜀王府。谕旨说：蜀地为西南邦国之首，羌戎等族众望所归，如不新建雄伟壮丽的王府就不能显示王权威严。

景川侯曹震奉旨兴工，建设蜀王府。王府基地选择在大城中央，位于五担山之南，显然仍在前代王宫废址。明代蜀王府形势森严，府邸周围，环以砖城，周围五里，高三丈九尺；城下蓄水为壕；外设萧墙，周

围九里，高一丈五尺，于是形成三道屏障：内城、护城壕和外城。真所谓宫墙万仞，咫尺天涯。嘉靖二十年（公元1541年），又复增修。

蜀王府外城萧墙之南有棂星门，门的东面有过门，南临金水河，河上建金水桥，为三桥九洞沟通南北，桥南设石兽、石表柱各二尊，气势雄伟、壮丽。

蜀王府内部结构复杂、紧凑，廊庑众多，殿阁重叠。据正德《四川志·藩封·蜀府》记载说：内城砖墙四门：东门体仁、西门遵义、南门端礼、北门广智。端礼门在外城棂星门内，门左右列顺门二道，直房各四间。端礼门内为王府承运门，门左右为东西角门。门前有东、西庑和顺门。承运门内为承运殿，殿前有左右庑，东西殿左右有东西府。东西偏（屋宇）为斋寝凉殿，后为圆殿。圆殿后有养心殿，又后为宫门，红墙四周外，左右顺门相向。门内为正宫，鳞次五重。山川坛在萧墙内西南隅。山川坛之西为社稷坛，又西为旗纛庙。承奉司在遵义门左。其他长史、仪卫司、典宝、典膳、典服、典仪、良医、工正、奉祠、审理八所，广备仓库、左护卫均错居萧墙内外。

嘉靖《四川总志·藩封·蜀府》对蜀王府的环境作了细致描述。关于殿内的房屋结构情况是：殿前有东西殿庑，左顺门入内为东府，前为斋寝；右顺门入内为西府，前有凉殿，均南向。端礼门前的环境状况是：前有水横流如带，耸月池、砌洞桥，桥上铺平石，端礼门左右有过门，东西列直房，南临金水河，并设三桥，桥洞各三。桥南设石狮、，石表柱各二，再往南有平旷池，中设甬道，旁列，有东西向街衢四道。正南建忠孝贤良坊，外设石屏，以便往来。又在四街衢建坊，东南坊名益懋厥德，东北坊名永慎终誉，西南坊名江汉朝宗，西北坊名井参拱极。萧墙内有菊井，为成都八景之一，号称"菊井秋香"。

明大城和蜀王府在明末清初先后遭到灾难性破坏，使这些具有重要历史文物价值的古建筑荡然无存。蜀王府的败落在前，万历四十一年（公元1613年）五月，蜀王府遭到一场大火灾，重要的门坊殿阁全部化为灰烬。万历末，曹学佺任四川左参政、按察使，奉命调查蜀王府损失情况和修复的可能性，估算修复工程需白银七十万两，大大超出了明王朝对

宗藩的财政补贴数额。因此，终明之世，蜀王府没有得到重建。明崇祯十七年（公元1644年），张献忠建立大西政权于成都，以蜀王府为皇宫，改承运门为承天门，承运殿为承天殿。因蜀王府半为瓦砾废墟，不宜居住，不久，张献忠移居城外中园（今华西坝）。顺治三年（公元1646年），清肃王自陕甘入川，南明势力地主武装也对成都构成军事威胁，张献忠不得不放弃成都，率大西军离开成都。撤离成都时，他命令部下纵火焚烧成都宫室庐舍，夷平城垣垛堞，一时全城火起，公府私宅、楼台亭阁，全部陷入火海。使成都继元末之后再次遭受毁灭性破坏，在这场空前浩劫中，明大城和蜀王府基本上化为尘埃飞灰，成都人口又先后遭受战乱肆虐、杀戮、饥毙，百存一二，基本上处于人烟灭绝状态。

成都自子城在元代湮没后，仅有罗城被作大城。明代建筑蜀王府，俗称皇城。从此，蜀王府为内城，大城为外城。

由于清代的大力建设，成都展现新貌。至此，现代成都市区主要街道已基本完成。近年来由于开发大西北的契机，更使成都有了腾飞之势。

成都为水抱的城市，二江抱城绕城三面，形成独特的格局。府河和南河是成都的母亲河，前身是成都地区古老的自然河道。李冰治水时，将其疏浚治理，成为岷江的内江下游在成都城下的主要河流，是都江堰工程的一个组成部分，当时叫郫江和检江，这就是《史记》中所说的李冰"穿二江成都之中"。郫江和检江，就是今天府河和南河的前身。

李冰时代的二江都从城南流过的格局，到唐代有了很大的变化：

唐末时期，为使全城居民免受吐蕃和南诏的侵犯，成都最高军政长官高骈决定将城墙的范围扩大。为便于守城，他又决定将原来由西北向南再向东流的郫江改道，让郫江不再流向南边，而是从西北角直接向西流再转向南流，到合江亭地区与检江河汇合。这样，成都的北面和东面有郫江，南面有检江，三面都有了大江。西面则利用原来郫江的故道，使成都城外四面都有流水，形成天然的护城河。

从此之后，成都的二江也就从"双过郡下"变成了"二江抱城"，绕城三面。这种格局一直保持到今天。

府河和南河这两个名称是在清代出现的。府河最早的名称叫郫江，

得名于"低湿之地"。南河最早的名称叫检江，可能得名于经过了较大的治理。南河之称很容易理解，就是城南边的大河。府河一称则来自宋代的府江，就是流经成都府的意思。在清代，南河也可称为府河。府河在五代时期也曾被称为京江，后来又被称为成都江，成都江也可以简称为都江。都江堰的"都江"二字，就由此而来。亢亮、亢羽在《风水与城市》中，分析成都的风水如下：成都，位于川西盆地中心，背靠昆仑山系的九顶山、邛莱山，面向嘉陵江、涪江、沱江、岷江，背山面向盆地平原水系，风水外局优异。秦惠王时，令张仪仿秦咸阳城制建设。李冰父子修建著名的水利工程都江堰，致使物阜民丰，农商发达，而有"天府之国"的美称。尔后，历代多次成为封建小王朝的都城。东汉时的公孙述，蜀汉时的刘备，前蜀的王建，后蜀的孟知祥等，均先后在此立都。唐代安史之乱，玄宗曾到此避乱，而把成都定为"南京"。人烟稠密，雉堞崇宏，百货云集，在唐代成都城市人口已达六十万人。秦初（约在公元前310年）张仪建城时，皆用土筑城，周围十二里。城北移山取土处，成为万顷地。时至汉武帝，改建为九个城门。后来唐宋时代，均有扩建。至明代改为砖石城墙。城周扩为二十四里。由于锦江在城市巽方（东南）流过，城巾顺随地形，街衢皆为东北、西南向。城中央为明代藩王宫城，东西宽一里，南北长一点二里略呈长方形。砖城开四门，有护城河。宫城严守南北向，与周围街区迥异。

# 第十一节　文化古城——苏州

苏州是一个古老的城市，早在两千五百多年前的春秋战国时期，吴王阖闾建都于苏州，大夫伍子胥帮其建城，法天象地，周围城墙开有八座陆门，以象天之八风，八座水门，以法地之八卦。

苏州

　　苏州，古称吴，简称为苏，又称姑苏、平江等，位于江苏省东南部，长江三角洲中部，东临上海，南接嘉兴，西抱太湖，北依长江。至今苏州城仍坐落在当时的原址上，而且依然保持着"水陆并行，河街相邻"的双棋盘格局，以及"小桥、流水、人家"的古雅风貌，城中众多的历史古迹和文化遗迹，向世人展示古城苏州沉淀了两千五百余年的吴文化。

　　苏州发现了许多远古文化遗址，尤其是新石器时代晚期的良渚文化最为丰富，著名的有赵陵山遗址、少卿山遗址、绰墩遗址、草鞋山遗址、罗墩遗址等，其中赵陵山遗址在 1992 年被列为全国十大考古遗址重大发现之一。

　　先秦

　　商末，我国西北地区姬姓周氏族首领古公亶父之子泰伯、仲雍，避位让贤，从陕西歧山下的周原，千里南奔，来到长江下游南岸的梅里（今江苏梅村），与当地土著居民结合，建立了带有部落性质的"勾吴之国"。这是苏州一带称吴的最早记载。

　　公元前 11 世纪中叶，周灭商，实行分封制。周武王寻得已在吴地为

君主的泰伯、仲雍五世孙周章，封其为诸侯。"勾吴"遂成为诸侯国，正式纳入西周版图。

周简王元年（公元前585年），寿梦继位称王，吴国始有确切纪年。从寿梦起，吴国国势日盛，并开始与中原各国交往，跻身大国争霸的行列。

周灵王12年（公元前560年），吴国君位传至二十世孙诸樊，国都南迁至今苏州城址。周敬王6年（公元前514年）阖闾继位，命大臣伍子胥在诸樊所筑城邑的基础上扩建大城，周长四十七里二百一十步二尺（约合今制23.9公里），名阖闾城。

周元王3年（公元前473年），越灭吴，吴地悉归越国所有。显王35年（公元前334年），楚灭越，吴、越之地尽属楚。楚考烈王元年（公元前262年），楚相春申君黄歇被封于江东，吴地遂成为春申君封地。

战国末年，秦国在其辖境行郡县制，随着占领区的扩大，郡县制进一步推行。秦始皇24年（公元前223年），秦将王翦俘楚王负刍，以长江以北楚国之地建楚郡。次年，王翦逐次攻取楚国在长江以南之地，遂将楚郡分为九江、障、会稽三郡。26年（公元前221年），秦统一中国，正式在全国推行郡县制，分天下为三十六郡，吴地属会稽郡。郡治在吴国故都（即今苏州城址）。并以郡治所在地设吴县，为所辖二十六县之首邑，吴县之得名自此始。秦二世元年（公元前209年），项梁、项羽在吴县起兵反秦。秦亡后，楚汉相争中项羽自立为西楚霸王，领梁、楚等九郡，会稽郡亦属楚。

汉高祖5年（公元前202年），刘邦攻灭项羽，汉将灌婴乘胜过江，攻破吴县，略定会稽。同年，刘邦封韩信为楚王，会稽等郡属楚王封地。次年刘邦降韩信为淮阴侯，分其封地东部会稽等三郡五十二城改建荆国，以其从兄刘贾为荆王，领会稽郡，都吴。11年（公元前196年）英布反汉，杀刘贾占领荆国封地。次年平定英布之叛，废荆国仍复为会稽郡。同年刘邦封刘濞为吴王，会稽郡遂属吴国封地。文帝前元9年（公元前171年），故鄣郡并入会稽郡，郡治一度由吴县移至故鄣（今浙江安吉县与长兴县之间），7年后复治吴县。景帝3年（公元前154年），刘

濞谋叛伏诛，废吴国，复为会稽郡，领县二十四，吴县仍为首邑。

元封 5 年（公元前 106 年），汉武帝为加强对地方的控制，分全国为十三州部，每州设刺史一人。会稽郡属杨州刺史。其时之州尚不属正式行政建置。

公元 9 年，王莽篡位建新朝，改吴县为泰德县。王莽新朝复灭后，东汉光武帝于建武元年（公元 25 年）复改泰德县为吴县。顺帝时因会稽郡幅员辽阔，不便管理，遂于永建四年（公元 129 年）析郡地东北部另置吴郡，西南部仍为会稽郡。新置之吴郡领县十三，吴县为首邑，郡治在吴县，而会稽郡治则徙往山阴。

东汉末年军阀混战，兴平 2 年（公元 195 年），孙策部将朱治攻占吴郡，入城领太守事，自此吴地一直属三国孙吴政权。领县十五，吴县为首邑。孙皓宝鼎元年（公元 266 年），从吴郡中划出阳羡、余杭等五县与丹阳郡的数县另置吴兴郡。至西晋时，吴、丹阳、吴兴三郡号称"三吴"。

晋至隋朝

太康元年（公元 280 年），西晋灭吴统一全国，分天下为十九州，吴郡属扬州刺史。四年（公元 283 年）分吴县之虞乡置海虞县。东晋咸和元年（公元 326 年），成帝封其弟司马岳为吴王，改吴郡为吴国，置内史行太守事。其后司马岳虽徙封琅琊王，但吴国之名却一直延续到东晋末。

南朝刘宋武帝永初 2 年（公元 421 年），废吴国之名复称吴郡。南朝政府曾在南方广置侨州侨郡，宋孝武帝大明 7 年（公元 463 年），以吴郡属侨置南徐州。次年仍隶扬州。萧梁天监 6 年（公元 507 年），析吴郡地置信义郡。大同年间（公元 535 年~公元 545 年）置昆山县，隶信义郡，大同 6 年（公元 540 年）改海虞县为常熟县，从此昆山、常熟二县得名。太清 3 年（公元 549 年），侯景作乱攻陷郡城，改吴郡为吴州。次年又恢复原置。陈武帝永定 2 年（公元 558 年）割吴郡所属海盐、盐官、前京三县置海宁郡；后又割钱唐、富阳、新城等县置钱塘郡；割建德、寿昌、桐庐等县属新安郡。吴郡辖地骤减，仅领吴、昆山、常熟、

嘉兴四县。祯明元年（公元587年），析扬州地增置吴州，以原属扬州的吴郡、钱塘郡等改隶吴州，于是吴州、吴郡、吴县三级治所同驻一城。

隋朝建立后，变州、郡、县三级制为州、县两级。开皇9年（公元589年）灭陈后废吴郡建置，以城西有姑苏山之故，易吴州为苏州，这是苏州得名之始。下辖吴、昆山、常熟、乌程、长城五县。11年（公元591年），因反叛骚乱频繁，危及苏城安全，故杨素于苏城西南横山（七子山）与黄山之间另筑城廓，州、县治悉移新廓，至今该处地名仍称新郭。大业元年（公元605年），复苏州为吴州，3年（公元607年）又改州县制为郡县制，吴州复称吴郡。

唐宋元明

唐武德4年（公元621年）复吴郡为苏州。7年（公元624年）将隋代迁出的州、县治迁回原址。贞观元年（公元627年）分全国为十道，苏州属江南道。开元21年（公元733年）分江南道为江南东、西二道，苏州属江南东道。天宝元年（公元742年）改苏州为吴郡，乾元元年（公元758年）复称苏州，并改隶浙西道，节度使署也驻苏城。大历13年（公元778年）苏州被升为江南地区唯一的雄州。

光化元年（公元898年），苏州成为吴越国的领地，改称中吴府。后梁开平3年（公元909年），吴越王钱缪分吴县南部地另置吴江县，吴江建县自此始。后唐同光2年（公元924年），钱缪又奏请升中吴府为中吴军，设节度使，领常、润等州，直至宋初未有变易。

宋太祖开宝8年（公元975年），吴越王钱俶改中吴军为平江军，隶江南道。太平兴国3年（公元978年）吴越纳土归宋，恢复苏州建置，转属两浙路转运使。政和3年（公元1113年）敕升苏州为平江府，属江南道浙西路，于是苏州又有平江之称。宣和5年（公元1123年）置浙西提举司，建炎4年（公元1130年）置浙西提点刑狱司，治所均在平江城。

元代始行行省制。至元12年（公元1275年）设江淮行省，置浙西路军民宣抚司，次年即改宣抚司为平江路，属江淮行省。18年（公元1281年）升平江路为达鲁花赤（蒙语长官之意）总管府。至元28年（1291年）划江而治，江南设江浙等处行中书省，苏州属之。元贞元年（1295

年）升昆山、常熟、吴江、嘉定四县为州。元末至正 16 年（公元 1356 年）张士诚入据平江，建大周政权，一度改称隆平府，次年张士诚接受元朝封册，复改为平江路。

明太祖吴元年（公元 1367 年），改平江路为苏州府，隶江南行中二书省。永乐 19 年（公元 1421 年）迁都北京，南京成为陪都，以江南为南直隶省，苏州府属之。

吴城以乾亥山为主，阳山是也。山在城西北，屹然独高，为众山祖，杰立三十里之外。其余冈阜累累，如群马南驰，皆其支陇。城居陇前，平夷如掌。所谓势来形止，全气之地也。如只自城中观之，则城中之地，亦惟西北最高，是乾亥无疑。乾为天亥，则紫微帝座所次，是谓贵龙。此城既主是山，法当用金局，乾亥于大五行属金故也。山如此，水则当与山相应。此邦水势，自东南贪狼，西南及正西武曲，以至西北巨门等位来，其来皆聚于太湖。由正北廉贞，及正东、东北禄存而去，以入于江，而归之海。其来去无一，不合金局之法。故自古常为大郡国，今为行都藩辅。而吴中人物繁伙，冠盖峥嵘，所以当甲于东南。

在中国古代传统地理的观念里，城市是一个有城墙、城壕所围合确定了的生命活体。城市之中有大脑指挥系统、神经中枢系统、血液循环系统，有日夜川流不息的新陈代谢活动。因此，城市也是一个有体形气质、有灵魂个性的活体。城市的灵魂个性是城市文化的集中体现。城市的灵魂，也是这座城市所处的天文位置、地理位置、自然环境、人文历史和城市的经济实力、生产技术条件等，在错综复杂的作用下，形成的一个完整活体。城市的灵魂（文化气质）与他所处的地理山川的灵气感应相通。这也就是自然环境、历史文化、天时地利人和的统一。这形成了中国古代每一座城市独特的灵魂个性，也就是各个地方文化所表现出来的"精"、"气"、"神"。而每一座城市从中表现出来的主体灵气和地方某种生物的形象性质相像。于是，古人用"取象比类"的方法，模仿此种生物的形态建城，赋予这座城市此种生物的灵气。这样，则出现了"仿生学"的城市与乡村选址、规划和布局。

所谓"仿生"，就是把城市"取象"于某种生物的形象与灵气，取

之于当地特有的山水灵气，形成这一城市区别于其它城市的独特个性。这"取象"的理论基础是建立在：城市是一个从不间断地进行新陈代谢，每日每时都在吐故纳新，进行生命活动的活体。这个活体像某一种生物。所以中国古代认为，人体是个小天地，天地是个大活体。城市、乡村、住宅都是人和天地自然相联系的一个中介场所。人居环境处于"人"与"自然天地"，这两大不同生命活体的层次之间，沟通其间气场也是另一个活体。城市、乡村、住宅的文化历史特色，就是它的灵气结合体。这灵气一方面取之于当地的自然环境，另一方面也取之于当地的历史文化环境，是这两者交融作用的结果。

那么，如何来建造国都呢？伍子胥提出"相土尝水，法天象地"的原则。"相土尝水"就是对城市土质和水质的选择。城市基址的土壤最好是五色土或黄豆粉那样细腻的土壤。污水、卵石或粗砂土则不良。城市的水源，无论是地上的河水、湖水或地下泉水的水质，必须甘甜清洁，不能苦涩有异味。"法天象地"就是要把城市的形态结构和城市的文化生态的主题，与城市所处位置的地理形势、天文星相以及天地灵气相感相通。也就是："其尊卑以天地为法象，其交媾以阴阳相配合。"把新营造的国都城市，其尊卑地位、结构形态、方向位置都与地理、气象、天文星相感应相通；把城市营造成一个阴阳互补互助互动的活体。

在水网密布的长江三角洲、太湖平原，水道交叉纵横，水网间有一个个高出水面的墩，水网和其间土墩的交错就像龟背上的纹路。伍子胥因天时、就地利，把营建的国都取象于湖沼水网上的"龟"，于是这个城就成为中国历史上赫赫有名的"龟城"了。总之，当时城市的选址、规划、布局，应用仿生学的原理，充分实地考察，观察土壤的性状，水源的质量，又将城市的位置、结构、朝向与天象相配合，"阴阳调和、四序顺理，雨阳以时、寒暑应气"。设"陆门八，以应天象之八风，水门八，以法地之八卦"。"八风"就是八个方位的天。它们随季节的不同而风向变换。城墙四周，每边各开二座门。《史记·律书》中说："阊、阖风居西方。"因此而在西边立阊、阖二门，向西开此二门以象天门，引阊风入城以通天上。东为娄、匠二门，南为盘、蛇二门，北为齐、平

二门。吴欲并吞越,用十二生肖的方位,来行生、克、制、化之道。吴国的方位在龙位,其方向在辰,越国的方位在蛇位,其方向为巳。龙克蛇,吴必胜越。龙以盘为稳,故名"盘门"。北面的"齐"、"平"二门也有扫平齐国的意思。楚国在西北方,又将西北的阊门改名为"破楚门"。其城的形态为"龟"以象自然资质,三千余年长寿未衰,传承着吴文化。因其兴城建都的目的意欲振兴自强,称霸中原,其主题思想十分明确。

吴国在伍子胥的谋划之下,终于灭越、破楚、平齐而称霸海内。但这却违背了中国古代选址布局追求的目标协调与平衡人与环境的关系,也即使人与自然环境、人与周围的社会环境,力图达到和谐共处,互补互助的关系。而是选用"斗争"的手段压夺邻邦,最终四面受敌而国亡。但其城市选址布局,深得天时地利,用"法天象地,尝水相土"的办法,使城址与城市环境优越、位置良好,真是一块风水宝地,几千年来一直相沿不变。到宋代,这里叫做平江城,留下了著名的石刻古地图。城内城外互相沟通的河道水网,并通达太湖,形成举世闻名的城内运河体系。河网与街道相交,又形或众多的桥梁,直到清代还留下三百多座城内古桥。苏城也成为一个非常有特色的"东方威尼斯"。此城"智者创于前,能者踵于后",对中国古都文化,留下了极为宝贵的遗产。

由于伍子胥曾经在苏州相过城,历史上的相城镇的名字由此而来,2001年吴县市撤市建区,相城区也因此得名。然而据考证,阖闾城位于今无锡与武进的交界处,城用泥土堆筑,弧形,仅筑东南西三面。该城北依阊江(今直湖江),紧靠胥山、濮射山、虾笼山,东西及正南为太湖,进可攻,退可守。

苏州是我国首批公布的历史文化名城,它位于江苏省东南,太湖之滨,长江三角洲冲积平原,地势靠山濒湖,西部较高而平坦,河流纵横;西南丘陵较多,靠太湖有邓尉、穿隆诸山;东部地势低洼,多湖泊,有金鸡湖、独墅湖、黄天荡、沙湖,东北部有阳澄湖,南部有石湖、沧台湖等,是典型的水乡泽国,河网交错,湖泊星罗棋布。它不仅是我国历史上第一座水城(比闻名遐迩的威尼斯水城早一千余年),而且还是一

座著名的"园林之城"，有"江南园林甲天下，苏州园林冠江南"之美誉。

苏州园林

　　苏州是我国古代南方地区府城的典型代表，尤其是详细而准确地记载其南宋时期城市现状的地图《平江图》保存至今，为我们研究古代苏州提供了宝贵的资料。

　　根据文献记载，并对照《平江图》分析，古代苏州城市建设的特点主要体现在以下方面：第一，因地制宜的水城格局。针对"水乡泽国"的特殊地理环境，早在吴大城的规划建设中就因地制宜，以水系作为城市脉络，形成了"三横四直"、"前街后河"、"水陆兼备"、"支川曲渠，吐纳交贯，舟楫旁通"的城市内部交通系统，并分置水、陆各八门与外部取得交通联系，河渠纵横、规划周密，创立了水城建设的样板。水系成为城市的脉络，正如《管子·水地》所云："水者，地之血气，如筋脉之流通者也。"发达的水系具有供水、交通运输、灌溉、水产养殖、军事防御、调蓄洪水、改善城市环境以及稳定城市格局等诸多功效。

从吴大城直至宋平江府乃至整个古代时期的苏州城，其城市格局历经两千五百余年而基本得以保存，很关键一个因素就是因为水城的骨架是河道。城市建筑物虽然屡毁于兵火，但河道基础还在，稍加整修又可使用，带来城市的复兴。

第二，庇护城民的防灾措施。苏州城的规划建设，综合考虑了各种因素，对于庇护城民采取了有效的防灾、减灾措施，确保了城市的长治久安。从选址方面看，虽然位于太湖水系东部，地势低下，但与太湖之间隔着一群小山。因此城址选择很好地利用了这一群小山，使城池北近长江，西依太湖，地处自低丘陵向平原过渡地带的地形较高处，城区地势略高于周围地区，且避开太湖洪水的直接冲击，"故虽号泽国而未尝有垫溺之患"。从城市建设本身看，古代苏州城有高大坚固城墙，子城高四丈七尺（约合十点八五七米），大城据推测约七丈高，城外有宽阔的壕池环绕，城池成为军事防御和防洪工程的统一体，既利于防敌也利于防洪；城内有纵横交错的城市水网系统，可以起到调洪、泄洪的作用；城墙在东北角和西北角做切角处理，在西南角作外凸形处理，都是依据地形、地势，为了更好地满足防洪、御敌的需要而设计建造。

第三，山灵水秀的古典园林。苏州园林起始于春秋时代，吴王阖闾"笼西山以为囿，度五湖以为池"，兴建了规模浩大的姑苏台，穿池凿地，建亭营桥，多植花木，充分利用自然山水，并尽量加以雕凿，使其展现奇异光彩。至晋时辟疆兴建了以自然山水为主体的辟疆园，开启了私家园林建设之风，随着佛教的兴盛，佛寺丛林也有了新的发展。隋唐以来，文人墨客荟萃苏州，使苏州园林艺术又有了新的发展，从自然山水园向写意山水园过渡。五代时期，苏州园林建造出现了一个高潮，宋代更盛，明、清两代达到顶峰。据《苏州府志》统计，明代苏州有第宅园林七十一处，密度约为每平方公里十三处；清代有一百三十处，密度每平方公里近二十四处。苏州园林一般占地狭小，但是屈曲生动，以小见大，迭岊尺山石，成千岩万壑，以有限的空间，构无限的意境，使人"不出城郭，而能获山林之怡"。

# 第十二节 文化古城——济南

　　济南位于山东省中部，南依泰山，北临黄河，市区有小清河通渤海。市境位于鲁中南低山丘陵和华北平原的接触地带，地势南高北低，南部峰峦起伏，群山连绵，北部为低平的黄河冲积平原，属华北平原。

济南

　　济南因地处古四渎之一"济水"（故道为今黄河所据）之南而得名。远在九千年前的新石器时代早期已有先民在此繁衍生息。距今四五千年前以磨光黑陶为牲的"龙山文化"，便是 1928 年首次发现于济南东郊龙山镇城子崖而被命名。

　　济南历史悠久，是史前文化"龙山文化"的发祥地，区域内新石器时代的遗址城子崖，有先于秦长城的齐长城，有被誉为"海内第一名塑"

的灵岩寺宋代彩塑罗汉、隋代大佛（位于历城区大佛村，凿山而成，建于隋代，为山东第一大佛）。中国首部诗歌总集《诗经》中有谭人所作讽刺诗《大东》，是现存最早的有关济南的文献。1986 年 12 月被国务院公布为国家历史文化名城。

舜（约公元前 22 世纪）曾"渔于雷泽，躬耕于历山"。历山即济南市历下区南部的千佛山。所以市内还散落有各种以舜命名的地名，如"舜井"、"舜耕路"、"舜华路"、"舜耕山"等。

进入奴隶社会的商代，社会生产力高度发达。在城子崖一带，建立了谭国。商代末期帝乙、帝辛（纣）克东夷时甲骨文卜辞中的"泺"字即代表今日的趵突泉，从而把济南泉水有文字记载的历史上溯至 3552 年前（即公元前 1542 年）。

西周建国后，行分封制，济南地区属齐国。此时，谭国仍继续存在。中国首部诗歌总集《诗经》中，收有谭国一位大夫所作的讽刺诗《大东》，是现存最早的一篇有关济南的文献。

春秋战国时期，社会发生巨大变革，奴隶社会开始向封建社会过渡。济南属齐国，济南为齐国之泺邑。随后，齐国又把泺邑改为历下，其时著名的齐晋之战，即发生在今济南市南部马鞍山一带。

秦:秦始皇统一天下后，建立郡县制。今济南市区地属济北郡，称历下邑。

2100 多年前的汉代改称济南（《史记》）。因地处古四渎之一"济水"（故道为今黄河所据）之南而得名。设立济南郡，此为"济南"一名出现之始。济南郡治设于东平陵（今章丘市平陵城）。西汉文帝十六年（公元前 164 年）以济南郡置济南国，辖境约当今山东省济南历下区、市中区、天桥区、槐荫区、历城区、长清区、章丘、济阳以及滨州市邹平县等市县。景帝三年（公元前 155 年）济南王刘辟光谋反被诛，国除为郡。西晋永嘉中，移治历城县（今济南市区）。

东汉，为济南国。灵帝时，曹操任济南相，政绩颇著。

魏晋南北朝时期，济南多处于战乱之中。晋永嘉（公元 307 年～公元 312 年）年间，济南郡治由东平陵移至历城。自此，历城便成为济南

地区的政治中心。

南朝宋元嘉九年（公元 432 年）于济南郡侨治冀州，北魏皇兴元年（公元 467 年）复名齐郡。

隋朝开皇三年废郡，改济南郡为齐州，辖历城等 10 县，治所仍在历城。大业初复置齐郡。唐武德元年（公元 618 年）改齐郡为齐州，次年置总管府。贞观元年（公元 627 年）撤总管府，贞观七年又置总督府。天宝年间先后改称临淄郡、济南郡，乾元元年（公元 758 年）复为齐州。

宋代至道三年（公元 997 年），分中国为 15 路，济南属京东路，为齐州（《宋史》）。徽宋政和六年（公元 1116 年），齐州升为济南府，辖历城、禹城、章丘、长清、临邑 5 县，治所设历城，为府治之始。被称为"文学之国"（济南二安）、"富饶之地"，为中国赋税最多的地区之一。

金仍置济南府，属山东东路，领历城、临邑、齐河、章丘、禹城、长清、济阳 7 县。此时，在城北开凿了小清河，直通至海，使济南成为重要的盐运集散地，对后世本地经济的发展产生了重大影响。

元初改为济南路，属元王朝的"腹里"地区，直隶于中书省，领历城、章丘、邹平、济阳 4 县及棣、滨 2 州，棣州治厌次（今惠民县），辖厌次、商河、阳信、无棣 4 县；滨州治渤海（今滨州市），辖渤海、利津、沾化 3 县。

金元之际，济南仍是文化繁荣之乡。文学家元好问曾写下"羡煞济南山水好"、"有心常做济南人"等颂扬之词。

明初仍为济南府，属山东布政使司（简称行省），洪武九年（1376 年）省治由青州移治济南，济南遂成为山东首府，是山东布政使司、都指挥使司及按察使司驻地。

清仍置济南府，雍正二年（公元 1724 年）由济南府析出泰安、武定、滨州 3 州升为直隶州，新泰、莱芜、长清，阳信、海丰、乐陵，商河、利津、沾化、蒲台 10 县分属 3 州。光绪年间，济南府仍辖有历城、章丘、邹平、淄川、长山、新城、齐河、齐东、济阳、禹城、临邑、长清、陵县、德平、平原 15 个县及德州。明清以来，济南府一直为山东的治所所

在地。

济南府

　　1840 年鸦片战争后，中国沦为半殖民地半封建社会，帝国主义列强纷纷涌入中国，宰割掠夺，济南亦未幸免。1904 年，济南自开商埠。

　　城市区域随之扩大，工商各业有长足发展。1911 年末，津浦铁路黄河大桥建成通车，济南成为南北交通枢纽。 济南不仅山美，水更美。城西南的趵突泉，是古泺水（今小清河）的发源地，系"岱阴之水，伏流至城西南发为此泉"。趵突泉之东，又有水纹一丝，横分泉面为二，终不相混，厥色独黄的金线泉；还有泉沫纷翻，如絮飞舞的柳絮泉等等，合之称为趵突泉群。由此流出的水，北入护城河，东会"南城壕崖下"之黑虎泉群，西会西门外之五龙潭泉群，分别沿护城河北流，谓之东西泺水，由黄台桥和五柳闸汇入小清河。济南城内，则有平地涌出、错落如珠的珍珠泉，以及舜泉、散水泉、濯缨泉、云楼泉、香泉、槛泉、杜康泉、孝感泉、芙蓉泉等，其水皆汇入大明湖，再由北水门流出注入小清河。于钦的《齐乘》引金代"名泉碑"列济南有七十二名泉，形成了家家有泉，处处流水的景象，故宋代诗人黄庭坚有"济南潇洒似江南"

的诗句。而清人王苹觉得这样描写还不够，而又有"七十二泉春涨暖，可怜只说似江南"、"春山泉响隔邻分，市口浮岚压帽群"的诗句，极言济南家家有泉，彼此为邻，漫山泉响，处处流水。所以只说"似江南"还不足以写出济南泉水之形胜。

众泉汇成的大明湖，在城的西北隅占了全城约三分之一的面积。大明湖水北注会波桥，远通华不注，冬泛冰天，夏挹菏浪，秋容芦雪，春色扬烟，被称为"江北之胜地"。经过历代修建，大明湖和各泉边建起了数十座楼台亭阁和众多景点，成为历代文人墨客游览赋诗之地，如唐代的李白、杜甫，宋代的曾巩、王安石、苏轼，金代的元好问，元代的赵孟俯、张养浩、于钦，明代的边贡、李攀龙、王世贞，清代的顾炎武、施闰章、朱彝、王士祯、蒲松龄、孔尚任等等，都对济南的山水进行了热情歌颂，留下了许多佳诗名篇。

除了泉水，济南还以"一城山色，半城湖"出名。山是以千佛山为主，湖就是大明湖。千佛山在济南之南，林木葱茏，环境清幽。大明湖在今济南市偏东北位置。古代的大明湖，据说湖面曾一度扩展到四周山地边缘，北至黄河北岸的鹊山脚下，西南与趵突泉相接，乘船向东北方向行，更可远至华山。

## 济南市的风水布局：

济南位于泰山以南，黄河以北，黄河改道前济南之北有济水流经，济南因位于济水之南而得名。从清光绪年间的济南地图上可以看到，济南南有千佛山为主山，再南有泰山为祖山。城北有一大湖——大明湖，再北有黄河。千佛山为主山，东有砚池山为白虎，西有马鞍山为青龙，两山左右拱卫。水北有华山为案山。南有山，北有水，济南地势平垣且有一定坡度，符合风水选址的原则。济南内城略呈圆形，设四个城门。东门曰齐川门，西门曰泺源门，南门曰历山门，北门曰汇波门（北门为水门，可行舟）。东西南北四门的设立，似取《周易》"太极生两仪，两仪生四象"之意。济南外城设七个围门，正南曰岱安门，东南曰永固门，东北曰永靖门，西南曰永绥门，西北曰永镇门，西北角曰济安门，

东北角曰海晏门。济南外城围门为何设七门？因为一三五七九为阳数，九为阳数之极。济南当时为济南府，不敢用九之数，只有降而求其七，只设七个门。从门的数目设置上，也看到了天尊地卑，上下有序的《周易》哲理。

从千佛山主峰向北作一中轴线，济南府的政治中心抚署，及大明湖中的历下亭均在中轴在线。而内城及外城的街道、建筑，基本上以中轴线为中，均衡分布。

济南外围城墙上，除了七个门以外，还设立有十个瞭望台，它们分别称为：震字台、卯字台、巽字台、巳字台、午字台、未字台、坤字台（两个）、兑字台、酉字台。其中震字台、卯字台在围城正东，巽字台在围城东南，巳字台、午字台、未字台在围城正南，两个坤字台在围城西南，兑字台、酉字台在围城西面。十个外城围墙上的瞭望台用了四个八卦之名：震、巽、坤、兑，用了五个地支称谓：卯、巳、午、未、酉。瞭望台的方向与名称所属的方位关系完全一致。可见此台的命名体现了八卦与阴阳五行的在风水中的应用。

清朝以前，济南府建筑布局是按照风水原理安排的。

济南地势形貌为东南高西北低，背山面水，山环水绕，以水为主，因地制宜，以反势风水为正，设置城区，不取中轴，反布经纬，坐东南向西北，是济南的一大风水特点。济南背依以东岳泰山1545米（泰山极顶石碑所刻高度）为主峰，汇祖徕山1027米，鲁山1108米，沂山1032米，龟蒙顶山1156米，尼山344米，凤凰山648米等脉而形成的鲁南山地为靠，坐落于泰山北麓，直取反绕山势，再借长清、济阳两县城为耳，面向平野广阔、祥水缠绕的鲁西北大平原，堂局阔展，藏风得水，气大龙旺，脉远穴广，气势不凡。加之黄河自左前方环绕呈"眠弓水"，怀抱济南，实为有情聚气，汭、屈曲的河右吉位。更加地下水脉旺盛，聚汇众水而成百泉，四季竞涌。泉水色碧、味甘、气香、冬暖夏凉，四时不涸不溢，真佳泉贵地。彰显出母（气）足子（水）旺之象，难怪素有"泉城"之美誉（近些年来，由于自然现象及一些人为因素的影响，黄河频频断流，泉水枯涸不涌，一度出现了破水散气的不利因素）。

济南历来就是地灵人杰，富足繁荣的督藩大府，随着历史的发展，济南的辖域也在不断的变化，现辖：市中、历下、天桥、槐荫、历城五区，长清、平阴、济阳、商河四县和章丘市，整个辖域边缘形同蝙蝠欲飞之势。假若，今后能跨黄河向齐河县城区发展，使缩头蝙蝠引颈而出，定可振翼腾飞无疑矣！

# 第十三节　文化古城——江陵

江陵，又名荆州城。位于湖北省中部偏南，地处长江中游，江汉平原西部，南临长江，北依汉水，西控巴蜀，南通湘粤，古称"七省通衢"。

荆州城

江陵的城市前身为楚国国都"郢"，从春秋战国到五代十国，先后有 34 代帝王在此建都，历时 515 年。至汉朝起，江陵城长期作为荆州的治所而存在，故常以"荆州"专称江陵。

在 1600 余年间，江陵的建都有楚，南北朝和五代三段高潮。楚原建都于丹阳，据《史记·楚世家》记载，在公元前 689 年楚文王继位后"始都郢"，建城于纪山之南，故名纪南；楚人习惯性称都城为"郢"，故又名纪郢。经过 300 余年的发展，此时楚已稳固地控制江汉平原，成为大国和强国，江陵一开始就是大国都城，是当时南方最大的都会。春秋中期楚国北上争霸，争得中原许多小国的追随，灭国达 50 余个之多差不多将汉水以北的姬姓小国吞并殆尽，故史书说："汉阳诸姬，楚实尽之"。周顷王六年（公元前 613 年）楚庄王继位，楚国进入全盛时期，庄王率师北伐陆浑之戎，"观兵周郊"，还敢于向周王"问鼎之轻重"；大败晋师于必；包围宋都五个月等，成为"春秋五霸"之一。春秋晚期，楚国长期内乱，楚平王杀大臣伍奢，其子伍子胥奔吴，说（shuì）吴伐楚。楚昭王十年（公元前 506 年）吴军攻入郢都，迫楚昭王逃至云梦泽并向秦求救，次年；秦楚军击败吴军，昭王还都纪郢，但因惧吴进攻旋迁都鄢郢；又说是迁都，直到昭王二十五年（公元前 491 年）才回到纪郢。春秋末到战国初，楚国势力向今渝，黔，鲁，皖扩展。楚王用吴起变法，楚国重新崛起成为"战国七雄"之一。

战国后期在秦国日益富强的同时，楚国却走向衰落。秦昭王二十九年（公元前 278 年），秦将白起先后攻入鄢郢与纪郢，尽毁都城，史称"白起拔郢"，楚顷襄王只得北逃城阳，楚在纪南城建都历二十王近 400 年，西汉初曾在此封有两代临江王，但为时不长。江陵建都的第二个高潮始自东晋，终于南北朝，先后有晋安帝。齐和帝，梁孝元帝短期移都于此，这几个朝代领域广大，江陵成为当时中国南方仅次于建康（今南京）的第二政治中心。恭帝元年（公元 554 年），西魏破江陵城，梁孝元帝自焚，江陵遭受一次浩劫。

西魏人走后扶植一个萧梁宗室建立后的小朝廷，存在 33 年。隋末唐初又有萧铣重建的梁国，则存在仅 3 年。唐代设江陵县为荆州治，是当

时中国南方重镇，唐肃宗时在公元760年及公元762年曾两度设为南都江陵府，是唐代五都之一。江陵建都的最后高潮在五代，五代十国中的荆南（南平）国就在江陵。唐哀宗天佑三年（公元906年）朱温以高季兴为荆南节度使，高氏从此占有荆州。后来后梁曾封季兴为渤海王，后唐封之为南平王。荆南地域狭小，但经济颇为繁荣，是诸大国间的缓冲国。北宋建隆四年（公元963年），宋师南下，荆南末主高继冲仓皇出迎，兵未血刃即纳地归降，共历五主57年。宋设江陵府。明清置荆州府。建文帝曾迁封辽王于此，历八王180年。

古代长江中游政治、经济中心多在江陵，近代平汉及粤汉铁路（今京广线）通车，武汉取代了江陵的地位，但江陵仍属富庶之区。公元1949年沙市镇划出成立沙市市，沙市轻工业发达，在八十年代迅速崛起，号称"三楚明星城市"，当时省内影响力仅次于武汉。公元1994年合江陵与沙市为荆沙市。公元1996年更名为荆州市。

## 一、楚都郢

早在周夷王时，楚王熊渠曾封其长子康为旬王都江陵。因惧周讨伐，至周厉王时乃取消王号。周庄王八年（公元前689年），楚文王熊赀自丹阳迁都郢。《史记》、《汉书》等指明即今江陵城北五公里之纪南城，习称"纪郢"。嗣后，楚整军励武，辛勤经营，先后并国五六，开地五千里，名列春秋五霸，跻身战国七雄，几乎统一了中国整个南方。

楚都纪南城，是当时中国南方最大的都市。城南沿江建有官船码头，城内设有许多金属冶炼及制陶等手工作坊；商业繁盛，出现了分行业经营的"列肆"，中国最早的金币——郢爰在这里诞生流通。东汉桓谭《新论》称："楚之郢都，车毂击，民肩摩，市路相排突，号为朝衣鲜而暮衣蔽。"

战国晚期，由于楚怀王、顷襄王昏庸腐败，周赧王二十七年（前288年），郢为秦兵攻破，楚都被迫东迁。楚都郢期间，历二十一代王，长达411年，这是楚王立国800年中的鼎盛阶段。

## 二、临江国都

汉王元年（公元前206年），项羽自立为西楚霸王，分封天下诸王将。立沛公为汉王，都南郑；怀王柱国共敖为临江王，都江陵。三年秋，敖卒，子尉嗣立。五年，共尉拒降，被汉将卢绾、刘贾击败，成了俘虏，临江国立国五年而亡，都亦废。

## 三、晋安帝都

东晋安帝司马德宗于元兴二年（公元403年）被桓玄废为平固王。翌年，桓玄挟持安帝西上，夏四月至江陵，《晋书·帝纪·安帝》载：五月"壬午，督护冯迁斩玄于貊盘洲，乘舆反正于江陵"、"诏天下，奉神主入于太庙"。闰五月，安帝又被桓振劫持。义熙元年（公元405年）"春正月，帝在江陵，辛卯，振武将军刘道规击桓谦，走之，乘舆反正，常与琅琊王幸道规舟，戊戌。诏曰：幸天祚社稷，义旗载捷，狡徒沮溃，朕获反正"。并宣布大赦，改元，"赐百官爵二级，鳏寡孤独谷人五斛，大脯五日。二月，留台备乘舆法驾迎帝于江陵"。这段文字清楚载明，安帝两度复位于江陵，并在此行使其皇权，此间故都建康已成为设有留台的留都。安帝都江陵历经两年。

## 四、齐和帝都

南齐和帝高宝融原为南康王，荆州刺史，驻江陵，永元二年（公元500年），宣德太后令其"纂承皇祚"，于是"王受命，大赦，建牙于城南，立宗庙及南北郊"。中兴元年（公元501年）三月即皇帝位于江陵，又大赦，改元，文武赐位二等。次年三月，和帝离江陵，车驾东归姑苏。丙辰，逊位于梁。和帝都江陵为二年。

## 五、梁元帝都

梁元帝萧绎原为荆州刺史，治江陵，承圣元年（公元552年）冬十一月即皇帝位于江陵，改元，三年（公元554年）十一月辛亥，据《梁书·本纪·元帝》称："魏大攻，反者斩西门关以纳魏师，城陷于西魏，世祖见执。"极富丽的园林"湘东苑"和收藏古今图籍达十四万余卷的皇家书馆"东阁竹殿"皆付之一炬，梁铜晷表、宋浑天仪及径四尺的大玉等均被魏兵虏去长安，十二月萧绎被杀，梁都江陵三年而国除。

## 六、后梁帝都

萧察围攻江陵并虏杀萧绎，被西魏封为梁王，拥有江陵一州之地，居东城，西魏兵驻江陵西城监视。《周书·萧𬤇传》载，西魏恭帝二年（公元555年），"察乃称皇帝其国，年号大定"。史称后梁。察在位八年，于保定三年（公元563年），子岿嗣位，年号天保，在位二十三年，隋开皇五年（公元585年）卒，隋文帝乃命其太子萧琮继位，年号广达，翌年，隋文帝征琮入长安，废梁国，后都江陵达三十三年。

萧察曾孙萧铣，初为罗川令，隋恭帝义宁元年（公元617年）自称梁王，建元鸣凤，次年称帝，迁都江陵，是为隋后梁，立国四年后，唐王孝恭、李靖率巴蜀兵于武德四年（公元621年）破江陵，因铣送往长安，诏斩于都市，隋后梁灭。

## 七、唐南都

唐肃宗上元元年（公元760年），将南京由成都改设江陵，即《旧唐书·地理志》所谓："以荆州为江陵府，长史为尹，观察制置一准两京，以旧相吕湮为尹，充荆南节度使"、"增置万人军，以永平名"。第二年九月，曾停四京名号，但第三年，即宝应元年（公元762年）五月，此时代宗已即位，又恢复五都制，以京兆府为上都，河南府为东都，凤翔

府为西都，江陵府为南都，太原府为北都。至此江陵以南都名号行于天下已三年。此后何时又罢南都，史籍欠详，从江陵作为南都的规制，包括机构、官制、军制等设置来看，显然持续了较三年要长得多的一段时间。

## 八、荆南国都

五代十国时，高季兴于梁开平元年（公元907年）由荆南节度使观察留后拜荆南节度使，始据有荆南。同光二年（公元924年）后唐封为南平（荆南）国王，都江陵，相继嗣位的有高从诲、高保融、高保最、高继冲。宋乾德元年（公元963年）九月，高继冲率将吏宗族五百余入朝于京师，拜武宁军节度使以终。南平（荆南）国传袭四世五帅而亡。高氏政权初以江陵一城之地，渐得荆、归、峡州，号之国四十年，新旧《五代史》、《宋史》、《十春秋》皆从习惯，以高氏立国江陵长达五十七年计。

江陵古都

以上所列，历代统一王朝和实际上独立的地区性政权共有三十七代帝王以江陵为都，历时五百零五年。廓清江陵建都时间，可以得之，一个王朝持续一地建都的时间，江陵位居全国第三，中国古都建都时间长短，江陵居四。此外，历史上，江陵尚有十七次被藩封为"王国"。

关于古都江陵形成的因素及其文化成就，在杨宏烈、刘辉杰主编的《名城美的创造》一书中，有精辟的分析：

"在形成古都诸因素中，自然环境、交通、经济、军事等各居有一定的重要位置。江陵古都的形成因素主要有如下几点：

## 一、物产丰富

三国时代的东吴名将鲁肃，曾盛赞荆州"水流北顺，外带江、汉，内阻江陵，有金城之固。沃野万里，士民殷富。若据而有之，此帝王之资也"。春秋时期，江陵为长江中游的枢纽，遥控着南方富集的铜矿和铁矿，拥有规模较大的生产基本，推动了我国青铜器时代和铁器时代的发展，促使楚人在此建都四百年而达鼎盛。

## 二、交通地位重要

先秦时，联结黄河中游和长江中游的交通干线，北起洛阳和新郑，中经南阳和襄阳，南抵江陵。《汉书地理志》说到楚国时指出："江陵，故郢都，西通巫、巴，东有云梦之饶. 亦一都会也。"杜甫诗云："即从巴峡穿巫峡，便下襄阳向洛阳。"《尚书·禹贡》指出："荆及衡阳惟荆州"，足见荆州对南方的重要性。北上渡汉水，出方城，可吞食诸夏；南下过洞庭，至苍梧，可鲸吞百越。古称"七省通衢"，这种"通衢"不完全仰赖天工，与人工开发不无关系，"江陵南北道，常有远来人"（苏轼诗）与"千里江陵"、"下扬州"恰巧是两条垂直的坐标轴，其中心是古都江陵。

## 三、商业发达

楚时乃为市场繁荣的都会。西汉为全国十大商业中心之一，名列南方五郡之冠。南北朝时，为"长江中游第一城"，与下游的著名商场扬州齐名，史称"江左大镇，莫过荆扬"。中唐，很快恢复了由于西魏的攻拔毁于一旦的城市，并"井邑十倍其初"，被定为"陪都"，与长安、洛阳并称。

## 四、军事地位重要

诸葛亮曾对刘备面授机宜，"荆州北据汉沔，利尽南海，东连吴会，西通巴蜀，此用武之国也"。南朝时期，宋开国皇帝刘裕说："荆州居上流之重，地广兵强，资实兵甲居朝廷之半，故……诸子居之。"江陵常为聚集水师，督造战舰之所，自两晋至明清，历代王朝无不派重臣驻守江陵。清初三藩之首的吴三桂反叛，引军出滇，康熙十万火急诏旨固守江陵。不出所料，吴三桂连克沅陵、常德，直指江陵，然而屡攻不故，逡巡于岳阳一带，终至败亡。可见，江陵是长江中游的锁钥。自古兵家重荆州。战争带来了破坏，也带来区域及民族文化的交流和军工技术的进步。如唐时江陵所造战舰装脚踏木轮作推动机，船速快若彝马。江陵出土文物连发弩，使用精巧灵活。

## 五、自然环境应是形成都城的首要因素

不具备自然环境诸条件，是难于成为都城的。宋代盛宏之《荆州记》载："此地临江，近州无高山，所有皆陵阜，故称之为江陵。"这是不利于军事防守的，但荆州地处江湖之会，是连接南北东西水陆交通枢纽，东南港汉纵横，每遇战事，可进可退。尤其先秦楚人出师百越，开发了广大的南方疆土，发展了与少数民族的关系。在历代江陵战役中也证明了这一点。

## 六、文化昌盛

在我国文化发展史上，江陵有着一定的影响。从远古时代起，这里就是音乐、舞蹈之邦。是世界文化名人《楚辞》代表作家屈原和大词赋家宋玉的孕育地，是楚文化的中心。"惟楚有才"，人才辈出，能为统治者源源培养和输送文臣武士。唐代著名边塞诗人岑参和晚唐诗人崔道融、戎昱、宋代"小万卷"朱昂，都是人们熟知的江陵才子。担任宰相重职的有唐代刘洎、段文昌和"一门三相"的岑文本祖孙三代，明代张居正等。这里人文荟萃，胜迹遍布。

文献记载，江陵城为楚成王（公元前650年）清渚宫（临水别墅）故址，楚幽王九年（公元前237年）已在原渚宫所在地建立城郭。这说明古城发祥极早，该城位于江（长江）湖（云梦古泽）汇合处。河湖港汊交错，依河就势，随水而筑，突破了古代《考工记》关于城市规划沿袭而下的几何格局。

南北朝时，荆州乃"长江中游第一城"，史称"江左大镇，莫过荆扬"。公元552年南朝梁元帝萧绎在江陵即帝位，将荆州城作为国都而加以扩建，营建规格悉效建康故都；大城共设城门十二座，"皆名以建康旧名"，城上立战楼几十处，城外四周设七十多里长的木栅，作为外城。城内人口上万余，规模不小。可惜不久惨遭兵燹。

中唐，"井邑十倍其初"，又发展成为十分繁华的大城市，被定为"陪都"。五代十国时，荆南节度使高季兴在此建立南平国，于公元912年开始筑砖城。当时出动十数万人修筑，"将校宾友皆负土相助，郭外五十里冢墓多发掘取砖"，用来筑城。这次所筑砖城，规模相当可观。

宋代经"靖康之乱"，雉堞圮毁，池隍亦多淤塞。公元1185年南宋荆州安抚使赵雄，奏准重建砖城，历时11个月完工。城墙周长10.5公里，营造战楼兵室千余间，并浚疏了城壕。公元1276年，元世祖忽必烈下令拆毁襄汉荆湖诸城，荆州城亦被拆毁。明太祖朱元璋即位后，于公元1374年依旧基复修，城墙周长缩短为九点五公里，城高八点八三米，设城门六个。明崇祯十六年（公元1643年），张献忠攻占荆州城称西方，

转移四川时下令拆毁城墙。清顺治三年（公元 1646 年），依明代城基再次修复，清政府后多次拨银维修，这就是留存至今的荆州古城墙。

荆州城经过历代营建，至清时已日臻完善。根据 1876 年《江陵县志》所附《清代荆州府城隍图》，以及江陵有关部门根据考证绘制的《清代荆州城平面想象图》，可以反映当年荆州城的整体面貌。时至今日，城垣仍保持完好，当年风采依然可鉴。

荆州城的砖垣周长 11.3 公里，城内面积 4.47 平方公里，其空间布局形态主要特点如下：

1. 水城、砖城、土城相互环抱，城垣高耸宏伟，反映了军事防卫的需要。由于荆州城南濒长江，三面环水，其防御的重点是北面中原地域，因而城北人工开挖的水面最为宽阔，北面城垣防御设施最为完善，其风貌尤显壮观。

2. 顺应湖河港汊交错的水乡环境，依河就势，随"水"而宜. 非对称式几何布局，没有轴线，空间形态极为自由舒展。

3. 城内功能分区以政治建构为原则，分为府治区和县治区。府、县所属机构及其相应设施分别依附府署、县署布置，功能分区明确。

4. 引流入城。水上交通通过水门直抵城内各区，城内车马与舟楫交通并存，同时便河与荆沙河、太湖港相通，可乘船出入长江和汉水。便河亦作府治、县治两个分区的天然分隔带，以水系为主的自然生态系统环绕各分区。

5. 城内水面众多，便于汛期调蓄，且可改善环境小气候。

不难看出，荆州城空间布局形态与纪南城一脉相承，规划手法毫无二致，水乡特色较之纪南城更为突出，反映了同一文化渊源。

江陵，南临长江，北依汉水，由于县境内无高山，所有皆陵阜之属，故名江陵。湖泊纵横，水网密布，是风水福地。

唐朝风水宗师杨筠松，在其传世名作《撼龙经》中，谈到种种寻龙选址之法，讲究的除了山脉地气外，还要探求水源，其中《统论篇》说："昆仑山是天地骨，中镇天地为巨物；如人背脊与项梁，生出四肢龙突兀。四肢分出四世界，南北东西为四派；西北崆峒数万程，东入三韩隔

杳冥。惟有南龙入中国，胎宗孕祖来奇特。黄河九曲为大肠，川江屈曲为膀胱。分枝劈脉纵横去，气脉钩连逢水住。大为都邑帝王州，小为郡县君公侯。其次偏方小市镇，亦有富贵居其地。

莫道高山方有龙，却来平地失真踪。平地龙从高岭发，高起星峰低落穴。高山既认星峰位，平地两旁寻水势。两水夹起是真龙，枝叶周回中者是。莫令山反枝叶散，山若反兮水散漫。外山百里作罗城，此是平洋龙局段。星峰顿伏落平去，外山隔水来相顾。平中仰掌似鸡窠，隐隐微微立丘阜。便从丘阜觅回窠，或有勾夹如旋螺。勾夹是案螺是穴，水注明堂聚气多。四旁绕护如城郭，水绕山环聚一窝。

霜降水涸寻不见，春夏水交龙脊现；此是平洋看龙法，过处如丝或如线。高水一寸即是山，低土一寸水回环。水缠便是山缠样，缠得真龙如仰掌。窠心掌里或乳头，端然有穴明天象。山缠水绕在平坡，远有山冈近有河；只爱山来抱身体，不爱水反去从他。水抱应知山来拘，水不抱兮山不到。莫道高山龙易识，行到平洋失踪迹。藕断丝连正好寻，退卸愈多愈有力。高龙多下低处藏，四没神机便寻得。祖宗父母数程遥，误得时师皆不识。凡到平洋莫问踪，只观水烧是真龙；念得龙经无眼力，万卷胸藏也是空"。

江陵水网密布，是典型的水乡泽国，鱼米之乡。风水师称赞此种地理为"水龙"的风水宝地。

江陵正是"大荡大江收气厚"、"若得乱流如织锦"，难怪"不分元运也亨通"，两千六百多年来长盛不衰。

# 第十四节　文化古城——台北

台北，简称"北"，又称北市，是中国台湾省的省会。台北市位于台湾岛北部的台北盆地，被新北市环绕，西界淡水河及其支流新店溪，

东至南港附近，南至木栅以南丘陵区，北包大屯山东南麓。

台北历史悠久，历史遗迹众多，于旧石器时代晚期即有人类居住，1875年（清光绪元年）钦差大臣沈葆桢在此建立台北府，意为台湾之北从此有"台北"之名，统管台湾军民政务，从此逐渐成为台湾的政治中心。

台北

在远古时期，台北盆地还是一个湖泊地形，经过了千万年的冲积，才逐渐形成盆地。三百多年前的台北，仍只是一个满布沼泽与丛莽的洼地，只有土著平埔族山胞划着独木舟往来其间，后来汉人因渔捞、商贾而至，但未见入垦，仅在淡水河畔从事渔猎而已！

当初择址兴筑台北城，是经过精心规划布局而成的。台北实在是山环水抱的好风水地。

台湾之龙，即发自仙霞岭，经武夷山，而邵武、永安、漳平、龙溪，渡海峡至厦门，而金门、澎湖，朋山共水而来，至玉山起顶，高三千余公尺，龙楼宝殿，气势轩昂，为台省祖宗山。中央山脉亘南北各地，龙东趋者，至花莲、台东。南行者至高雄、屏东。西驰者至云林、嘉义、台南。西北奔者至南投、彰化、台中。而日月潭适居全省中央，碧水青

山，风景天然，又为养荫龙池，足征气盛，具天然与人为之功，亦造化之妙也。

中央山脉西北行龙，在南投、台中、彰化，结下上乘龙穴，地灵甚重，雾峰林家、台中吴鸾旗、彰化辜府之富贵，及林洋港、谢东闵、邱创焕、施启扬，皆此龙之所荫育者也。

北行之脉，蜿蜒合欢山、永高山之间，由此西趋者至苗栗、新竹，东行者至宜兰，北奔者由雪山冉起祖分出四脉，左片一脉入桃园及台北县境之林口、五股、泰山、新庄、三重市等。中左一脉入台北县之板桥林本源祖祠为尽结。中右一脉至台北市为尽结，右脉经瑞芳而基隆、八堵过峡，至七星山复起少祖，亦为龙楼宝殿形势，山势雄厚，高耸云霄，为台北第一高峰，气慨仅次雪山，结有公侯圣贤之地，穴尚隐幸，留待有德。李登辉祖坟，即此龙结穴。板桥林家阳基之龙为大科崁溪与新店溪夹行，过峡处仓库山罗列，故荫林本源氏财富为台湾第一富豪，台北市之龙，为大科嵌溪汇合新店溪为淡水河与基隆河夹送，至台北市尽结，成紫微垣局，四山罗列如城垣，左右河水绕抱，深澄平缓，二水交流出口处，则两岸关夹锁如葫芦喉，内局宽广，外关紧固，水口截流之山，得观音山及大屯山高耸入云，外气益固，内气益盛，如此山水大聚大会，乃发为至贵之在，是故有王者之气象也。

　　台北的祖山雪山系，为台湾北部最高大之山峰，雄伟耸拔，上出重霄，山巅连生数十个尖峰，争奇斗秀，呈祥献瑞，形成龙楼之格，一龙中出，体分八字，脉成个字，辞楼下殿，星峰磊落，起伏顿跌，踊跃奔腾，千山耸秀，万岭巍峨，有猛虎出林之象，神龙奔海之势，过峡处蜂腰鹤膝，患珠束气，散帐处剥龙换骨。有迎有送，前呼后拥，护卫拥送，情同贵人出游，浩浩荡荡，威风凛凛，森严肃穆，镇慑人心，旗鼓圭笏峰，日月剑印山，仓库天马峰，罗列峡中，为护为卫，迨至结穴，降落平洋，左右护龙，百里绕抱，左枝随从，则夹大岽崁溪流于观音山耸起高峰，插戈护垣，以收拾山水灵气，右枝从龙，则夹基隆河于七星山耸起大山，高出云霄，以为北障，再由七星山生出山脉，形如军旗，山尾直伸八淡水河，与隔岸之狮子头，成为狮象捍门，两山交结极为有力，锁如芦喉．外关紧固，内屙宽平，四山环抱，四水归堂，山明水秀，气象万千，吉气郁郁，灵气融融，天趴太乙二山拱照明堂，上将上相护捍垣上，似此地理，形局岂小哉！是乃王者之穴也，以此用之开国建都，必成强国，而王天下，地理仙师杨公筠松曰："北辰一星天中尊，上将上相居四垣，天阻太乙照明堂，华盖三台相后先。此星万中不得一，此龙不许时人识，识得之时不用藏，留与圣人镇家国。"台北之地，便是此等垣局，既然地理天生此等垣局，自然可王天下也。

　　台湾之龙祖，发自于太平山，乃台湾北部最高的山峰。其雄伟耸拔之势冲出云霄，形成龙楼之格。太平山体分八字，起伏顿跌，有如猛虎出林之威，神龙奔海之势，行龙之中，前呼后拥，护卫重重，形同天子出游威风八面。降落平洋后，左右护龙百里绕抱，左枝随从则夹大岽崁溪于观音山耸起高峰，插戈护垣。右枝从龙则夹基隆河于七星山再耸龙势，冲出重霄以为北障。再由七星山伸出龙脉，形如军旗，西南脉出阳明山、纱帽山、山仔后、天母，熬酒桶山、下竹林山。西脉先由西北方起观音山西峰后起大屯山，出菜公炕山、烘炉山、小观音山、枕头山、面天山、向天山及小坪顶山，其主龙则伸入淡水河与隔岸之狮子头形成"狮象捍门"，两山交结极为有力。

　　台湾全岛极似"鲲鱼"，然而盆地印位于鱼眼之部分，乃全岛精、

气、神所聚，其眼眶四周之山脉河川亦呈山环水抱之势。

台北山脉之护龙水系分布情形亦颇为清晰具体。左下方是林口台地与观音山，中下方为台北盆地，中上部分乃大屯火山群及五指山山脉，淡水河由左下蜿蜒入海，出海口右岸是大屯山脉延伸入海为象形，左岸之观音山一脉则形成伏狮状逆卧于淡水河与九曲弯转的基隆河交叉口，成回龙顾祖之格，此两岸交锁亦成为大台北盆地的地户，称之"狮象锁水口"，使真气不至扩散，其间结作甚多。

关渡以上的淡水河有个大弯抱，左下为芦洲、三重和新庄，右岸即是台北市区。于关渡平原附近，基隆河自右方成之玄屈曲状，流过五指山脉尾端的圆山，此脉亦由大屯山而落，形成佳穴。可惜当局将基隆河截弯取直后，龙局已不复往日雄风。

依据辖内的芝山岩遗址所得到的最新考古研究，台北市于旧石器时代晚期即有人类居住。也就是，当史前时代，台北仍为一个大湖泊时；仅有诸如圆山，芝山岩等高地浮现当时，就有其人类活动。他们食后所弃乌蚬壳、蚝壳、钟螺壳及川蜷螺等半碱水性和海栖性贝壳类成为贝冢，除此，亦有陶器、石器、骨器等遗迹。

根据记载，台北最早为原住民中凯达格兰人（属于平埔族）的生活地，明代初期开始有汉人来到此地。从 17 世纪初西班牙人占领台湾北海岸开始，历经荷治时期与郑氏王朝，到清代初期以前，此地均荒芜而未有大规模开拓，被统治者视为化外之地。1709 年，泉州人陈天章、陈逢春、赖和永、陈宪伯、戴天枢合股立陈赖章垦号，向台湾府诸罗县申请开垦大佳腊地方，成为台北盆地开垦活动的开端。"大佳腊"之后多写作"大加蚋堡"，源自平埔族语。

19 世纪中叶，淡水河流域的物产贸易（特别是茶叶）买买茶兴起，先是艋舺（今万华）成为重要贸易据点，然后是大稻埕后来居上，台湾经济重心逐渐北移，此后官方决定在艋舺与大稻埕间的田野地，兴建台北府城作为行政中心。

公元 1875 年（清光绪元年），钦差大臣沈葆桢在此建立了台北府，统管台湾行政，从此就有"台北"之名。1884 年，台北府城城墙及 5 个

城门正式落成。1885 年台湾建省，省会位於桥孜图，但是实际上是在台北。刘铭传担任台湾省首任巡抚，开始建设大稻埕至基隆与新竹的铁路，加强邮电、道路等基础建设，并将台湾巡抚衙门及布政使司衙门设置于城内（现址为中山堂），台北市的雏形至此已初步建立。1894 年，继任巡抚邵友濂正式将省会由桥孜图（今台中市）移至台北，从此逐渐成为台湾的政治中心。

1895 年，台湾因马关条约被割让给日本。

1900 年起，日本人逐步拆除台北府城城墙及西门，以原台北城范围内的区域（日本人称为"城内"）作为官方厅舍集中地以及来台日人的商业活动地带。并利用拆除后的城墙原址辟筑 4 条 3 线道路，兴建自来水及下水道系统，并分阶段进行"市街改正"计划，街道的建筑风貌略为西化；另外也新设公园绿地及新建其他公共建筑，台北市逐渐具有现代都市的形态。日本殖民统治初期，仍以原有的两座衙门作为台湾总督府，成为日本统治台湾的政治中心，直到 1919 年台湾总督府新厅舍落成为止。

此地四山环抱，山川交汇，创建府治于此，实足收山川之灵秀，蔚为大观。……而沪尾、鸡笼二口，实为通商之海岸，与福建省相距不过三百余里，较之安平、旗后，尤有远近安危之异。十年后，日新月异，枭道亦将移节于此。时势所趋，圣贤君相，亦不能遏。

林达泉实在是高瞻远瞩，慧眼独具，但是林达泉仅在竹堑（新竹衙门）办公，并未驻在台北。他在台当官仅有两百多天，而且到过台北可能没有几天，却对台北择址布局作出了贡献。

台北正式筑城动工不久，即由台湾道刘璈接任，刘璈素精堪舆之学，曾有兴筑恒春城的经验，他以风水专业来兴筑台北城。

清代建立的台北城是一座依据风水建立的石造城池。光绪五年（公元 1879 年）由台北知府陈星聚在大稻埕与艋舺之间建设正南北向的街道，并种植竹子以培养适合建城的土地。光绪七年（公元 1881 年）福建巡抚岑毓英勘查划定台北城的基址。不久岑毓英调任云贵总督，建城的事务便交由台湾道刘璈办理。刘璈的风水观不同，不同意之前的规划，

所以把城基转向东北，轴线对准大屯火山群第一高峰七星山（1120米），因此造成城内街道与城墙不平行的情况。最后台北城在光绪十年（公元1884年）完工。

最早为台北建城做规划的是岑毓英，他的风水观是以恒常不动的北极星作为建城工程的基准点，使南北轴线有所依据，因而形成方形城池、城开四门、十字形街道，重要轴向为南北向的建城腹案。他在任期间，完成部分公共建筑及主要街道，但城墙尚未动工。

后来接手主事的是台湾道刘璈。他是属于"峦头学派"的风水观拥护者，以山势的走向作为建城的参考。他认为岑毓英的规划，台北城后无祖山可凭，一路空虚，相书属"凶"，因此更改城墙的方向，使北城墙后方有七星山可以倚靠，而城内已有建设则保留，如此，便决定了台北城后来的变貌，周径改成一千五百余丈。

台北城基本上系以大屯山为背，淡水河为水的风水观而设计的。因为城郭东北有高山主凶，整座城郭乃向东旋十三度，用以避凶。东、西两墙延伸相交于七星山，而城府的中轴，仍不偏不倚地对准北极星。

台北城的建筑与七星山有关，相关应于天上的北斗七星，西门对纱帽山，东门对七星山主峰山尖，及北斗七星之天枢、天玑二星，内府对北极星。以城门对北斗七星，街道对北极，完全符合中国城市法天象地的风水思想。

台北盆地山水大会，外关内锁，山环水抱，藏风聚气，确是风水大地。因此三百年来，大陆移民至此大大发迹。

台北有双重水口，一在基隆河经圆山桥地点，圆山饭店是小龙的头，圆山动物园旧址是龟形小丘，龟蛇镇水口，是一大格局。而基隆河自汐止以下，蜿蜒逶迤，呈九曲朝堂之势，忠烈祠是全盘收，因此，台湾可以成为亚洲四小龙，累积的外汇存底排名全球第二。

新店溪自屈尺以下，也是一路弯环屈曲，与大嵙崁溪（大汉溪）交汇于华江大桥，众水汇聚，成为先天的富局。

第二重水口在关渡大桥，因为大屯山像一只象头，长鼻伸入淡水河汲水。另一方面，观音山像一只伏地金狮，辞楼下殿至关渡来镇守，形

成狮象守水口。

双重水口的大格局，外关内锁，留住财气，使台北的财富累积迅速，致富者如过江之鲫。

但是基隆河截弯取直后，与大自然争地，减少了水的容蓄量，结果导致资金外流，股市下跌，财富减少。改变山水自然之势，破坏了风水格局，使九曲朝堂成为冲射之箭，虽然让财团享受土地增值利益，却使基隆河水患加剧，更使台湾内部纷争不断，经济发展停滞，真是得不偿失。

台北因风水格局蒙利，却也因风水破坏受害，值得我们三思。

台北盆地原有上好风水，却因为过度开发，破坏风水，将一条九曲水的富贵风，截弯取直，成为一条直射的箭水，破坏了台北的大好格局，造成水灾频仍、资金外流、人才留不住、外汇存底降低、股市下跌，真是遗祸子孙。

台北的风水格局，造就台北市成为一个既出人才又累积财富的都市，但是好风水被破坏后，就大不如前了。

基隆河

　　基隆河沿着台北盆地周围的山脉，蜿蜒了九弯十八拐之后，流入了台湾海峡，这条河在堪舆风水上，是最好的九曲朝堂的风水格局，为台北市带来了无比的财富，但在一次次的水利工程中遭到严重破坏，失去了九曲水的有利条件。

　　蒋中正时代，美国陆军工程师团用炸药炸开了基隆河关渡口；李登辉时代，黄大洲截去了台北市由基隆河的两个大弯道；而尤清则是在台北县长任内，和汐止镇长廖学广上下同心发出大批建照，把基隆河沿岸的竹林，全都变成了高楼大厦水泥丛林。而这一次看似对治水或是繁荣地方有利的工程，就是破坏基隆河风水的元凶。

　　以风水格局而言，基隆河的确是一条难得的好河流，从地图上，大家可以很清楚地看到从平溪乡石底村发源的它，由西向东而下，按照地理而言，它原本应该流入太平洋，但它却转了一百八十度的大弯，弯进了台北县，流经汐止，再由松山附近注入台北盆地，在关渡口和淡水河交汇后，注入台湾海峡，而它所经之地，弯曲绵延，远远望去，就如一条盘踞在大台北地区的美丽水龙。

　　"在风水堪舆上，直来直往的东西都代表冲煞，'曲则有情'是不变的大自然原理。"刘瀚平说，基隆河这种多弯曲的河道，绝对是一条难得的好河流，它不但可以聚气、聚财，而且可以产生十分丰富的水文资源。

　　蒋中正时代，为了怕双溪的水无法排出，造成士林官邸淹水，美军工程部的技术人员，用炸药炸开了关渡口对岸的狮子口上的那块巨岩，当时就有很多传言指出，此举爆发了台北城和基隆河的龙唇。

　　爆开了狮子口上的岩石，的确对基隆河有些影响，但对淡水河的影响更大，狮子口这块岩石，表面上让淡水河变小，但它却有自然调节海水的功能，以前就算河水流不出去，但海水也不致漫进来，自从炸开后，只要涨潮，海水就会漫进来，水不会转弯，所以就直直朝淡水河淹过去，五股、芦洲一带，因此成了淹水区。

　　"台北市的'截弯取直'和汐止镇的过度开发，绝对是造成基隆河变成一条凶狠水龙的元凶。"刘瀚平说。其实早期金瓜石的金煤矿开采

作业，就对基隆河的上游造成了小小的伤害，但这些伤害都没有台北和汐止的开发来得大。

李登辉、黄大洲截去了基隆河的大弯，本有情的曲水，变成了直直的"箭水"，刚好穿到台北的镇城之山"圆山"。彭素华接着说："基隆河在台北大直地区，转了三个明显的大弯，但在截弯取直的工程下，这些弯都不见了，原木是条有情的曲水，却在工程下，变成了直直的"箭水"，而"箭水穿心"刚好穿到台北的镇城之山"圆山"，镇城之山变成万箭穿心，台北城的居民如何能安心过日子。

而汐止镇的开发，更是严重破坏风水的例子，原本安静的山区纵谷小镇，高速公路从中呼啸而过，高楼大厦在基隆河沿岸的河滩地盖了起来，两岸的自然坡堤，变成了不透水的水泥块。原本是一条河最有力的腰身部分，却被破坏得不成龙形。

汐止的"滩音"一带是汐止的心脏地带，古时候从基隆河漫上来的湖水，就是停在滩音这个地方，每到涨潮时，潮水就有节奏地敲打着岸边的岩洞，发出有韵律的叩叩声。

这声音就是汐止的心音！但现在根本听不到了。而且这个地方还被高架道路穿过！难怪这里会淹水淹成这样，连在这里世居了六代的望族，都住得不安宁。龙腰受伤成这个样子，它还如何摆动身躯！或许很多人会认为风水堪舆是无稽迷信，但它其实是十分科学的，古代的《易经》里所谈的阴阳调和，就是指大自然各种正负能量的平衡，而对人类好的风水，自然就是指能够让这些能量对人类产生最好的影响。

海水从关渡口漫进来让五股地区淹水，它就不是好风水，基隆河截弯取直后，来自上游的水没办法因为弯曲河道的缓冲而蛊直地冲向圆山，它就不是好风水；汐止的过度开发，让土地完全没办法自然涵养水分，那更不会是好风水。

台北县长尤清、汐止镇长廖学广滥发建照，高楼大厦在基隆河滩地一幢幢盖了起来，原本是一条河最有力的腰身部分，却被破坏龙身残破，人类过度和水争地的结果，它也会以它的方式向人类把地要回去。因为我们不留水道让它过，它就淹进我们家！

从下游溯源而上，看到基隆河史无前例地在台北县市疯狂肆虐，所经之处，岂是一句满目疮痍足以形容！大水退去，挟杂着大量泥沙的基隆河，徒具河川之名，充其量只剩下大水沟的排水功能。

大自然风水改变后是变不回来的，现在只能再用加倍的金钱去补救，但如何补呢？

要人类把地还出来，那是不可能的啦！现在瑞芳地区的圆山子分洪计划，是要把平溪流到瑞芳之前的上游水量，直接引入太平洋，这样的确可以舒缓中下游的基隆河水量。但这样会不会再造成另一次的"风水破坏"？

自然是有破坏，但这却是没办法中的办法！除了上游分洪外，中游要浚洪，下游要蓄洪，这样三管齐下才有用。台北地区可以把圆山对面松山机场，靠近基隆河的河滨公园变成蓄洪区，而汐止地区则是挖深河道。

"基隆河真的是奄奄一息了！现在让基隆河还存在一丝气息的就是关渡平原的那颗'龙珠'，这条'基龙'尽管龙头被炸伤，龙脉被斩断，龙腰被重戮，但因为还有一颗'龙珠'让它追着跑，所以还不致气绝。但如果连那龙珠都没了，那这条龙必死无疑。"所以刘瀚平表示，关渡平原的开发案，绝对要特别小心谨慎。

九曲水在风水地理上，是主发富的上好风水格局，但基隆河在截弯取直后，直直地出去，成了一条一去不回头的无情水，所以造成种种不利的后果，包括资金外流、外汇存底减少、人才也留不住，真是后患无穷。

基隆河截弯取直后，河水直冲圆山，台北城的镇城之山受到箭水穿心，不过坊间更有传言指出，台北盆地不但有九曲水基隆河流经其中，更有观音山、大屯山环抱，形成"狮象捍门"的首都格局，但在1967年那次爆破中，台北的'首都'格局已经惨遭破坏。

台北盆地是个四周环山的低洼地区，左右两边各有一座高山捍卫着，刘瀚平教授指出，台北盆地的东北方也就是风水格局上最容易招进不祥之气的"鬼方"，正好被大屯山紧密地保护住，而淡水河、基隆河又从

中而过，正好形成了护城河，所以"'首都'格局"之说，的确不无道理。

基隆河截弯取直后，首当其冲的就是圆山这块山头，圆山在日本殖民时代，曾被日本人选为兴建神社的宝地，最主要的就是要镇住山脚下，沿着淡水河由南向北发展的台北城。

而圆山这座山头，也的确是台北城的镇城之山，当时的日本神社就在现在圆山饭店的正后方，站在圆山饭店上，可以清楚地鸟瞰基隆河在圆山饭店前绕了个大弯，形成一个风水案头，圆山饭店的前堂又十分开阔，后面又有圆山可当靠山，是一个绝佳的好风水，不过当高速公路从前面的案头呼啸而过后，圆山的好风水就破坏了。

# 第十五节　文化古城——上海

上海地区，春秋属吴。战国先后属吴、越、楚。

秦汉以后分属海盐、由拳、娄县诸县。

唐天宝十载（公元 751 年），吴郡太守奏准设立华亭县，上海地区始有相对独立的行政区划。华亭县辖境约今上海地区吴淞江故道以南，川沙—惠南—大团一线以西地区。

北宋时期，上海大陆地区分属华亭县和昆山县，崇明地区属海门县。

南宋嘉定十年十二月初九（公元 1218 年 1 月 7 日）立嘉定县，上海地区始有两个独立行政区划。

元朝至元十四年（公元 1277 年），华亭县升府，次年改称松江府，仍置华亭县隶之。至元二十九年（公元 1292 年）上海县立，也辖于松江府。元代后期，上海地区有松江府和嘉定、崇明 2 州及华亭、上海 2 县。

明末，有松江府及所属华亭、上海、青浦 3 县，苏州府所属嘉定、崇明 2 县，金山卫。

清雍正四年（公元 1726 年），有松江府华亭、上海、青浦、娄、奉贤、福泉、金山、南汇 8 县，太仓州嘉定、宝山 2 县。到嘉庆十年（1805 年），上海地区基本形成 10 县 1 厅的格局，有松江府华亭、上海、青浦、娄、奉贤、金山、南汇 7 县及川沙抚民厅，太仓州嘉定、崇明、宝山 3 县。

上海

上海市地处东经 120°52′～122°12′，北纬 30°40′～31°53′之间，位于太平洋西岸，亚洲大陆东沿，中国南北海岸中心点，长江和黄浦江入海汇合处。北界长江，东濒东海，南临杭州湾，西接江苏和浙江两省。是长江三角洲冲积平原的一部分，平均高度为海拔 4 米左右。西部有天马山、薛山、凤凰山等残丘，天马山为上海陆上最高点，海拔高度 99.8 米，立有石碑"佘山之巅"。海域上有大金山、小金山、浮山（乌龟山）、佘山岛、小洋山岛等岩岛。在上海北面的长江入海处，有崇明岛、长兴岛、横沙岛 3 个岛屿。崇明岛为中国第三大岛，由长江挟带下来的泥沙冲积而成，面积为 1041.21 平方公里，海拔 3.5 米～4.5 米。长兴岛面积 88.54 平方公里，横沙岛面积 55.74 平方公里。

上海市地处长江入海口、太湖流域东缘，境内河道（湖泊）纵横，

面积约 500 多平方公里。主要河道有黄浦江及其支流苏州河（吴淞江）、蕴藻浜、川杨河、淀浦河、大治河、斜塘、园泄泾和大洀港等，与黄浦江主干交织成黄浦江水系。黄浦江干流全长 82.5 公里，河宽 300 米至 700 米，上游在松江区米市渡处承接太湖、阳澄淀泖地区和杭嘉湖平原来水，贯穿上海市至吴淞口汇入长江。苏州河发源于太湖瓜泾口，在市区外白渡桥附近汇入黄浦江，全长 125 公里，上海境内 54 公里，为黄浦江主要支流。上海的湖泊集中在与苏、浙交界的西部洼地，最大的湖泊为淀山湖，面积约为 62 平方公里。

境内除西南部有少数丘陵山脉外，全为坦荡低平的平原，黄浦江及苏州河（吴淞江）贯穿市区。黄浦江将上海分为浦东和浦西。殿浦河衔接淀山湖与黄浦江。大治衔接黄浦江于长江出海口。

大约在六千年前，上海地区的海岸线是在现在嘉定外冈、青浦徐泾、上海马桥、奉贤邬桥，直达金山曹泾一线附近，现称"古冈身"的地方，冈身以西在海浸海退过程中，逐渐淤积成陆，于是有了最早的居民。冈身以东成陆也有两千年之久。春秋时属吴国东境，战国时属楚国，曾经是楚国春申君黄歇的封邑，故上海别称为"申"。

公元四五世纪时的晋朝，松江（现名苏州河）和滨海一带的居民多以捕鱼为生，他们创造了一种竹编的捕鱼工具叫"扈"，又因为当时江流入海处称"渎"，因此，松江下游一带被称为"扈渎"，以后又改"扈"为"沪"。"上海"因位于松江（吴淞江）下游支流"上海浦"而得名。

上海得名源于河港，上海的市徽图案中有船和螺旋桨，上海的历史就是一部港口发展史。

上海其实是先有港后有城。最早于唐末宋初，在现在的松江和青浦境内，出现了最古老的两大港：华亭镇、青龙镇。南宋末年，上海港已是"人烟浩穰，海舶辐辏"，此对始有"上海镇"。所以严格说来，上海"港"的历史渊源比"城"更久。"江海之汇，南北之中"就是上海的地利。

至今，人们还习惯地把上海称之为"上海滩"，意指这片土地是从昔日海滩逐渐演化而来的，这不啻是个恰当的比喻。

　　上海成陆之后，在唐玄宗天宝之前的一千多年，"上海大陆是经常不设一县的滨海斥卤之地"。唐玄宗开元初年，上海地区第一条捍海大堤旧捍海塘建成。大堤建成，土地开垦，农业兴旺，促使上海地区第一个县华亭县建立。明代的徐阶有文记载："按志，塘筑于开元元年，县创于天宝十年，先筑塘后建县。"

　　此后，随着上海陆地的不断往东扩张，继旧捍海塘之后，又修建了两条海塘，粗略估算，三条海堤起码给上海地区提供了约四百多万亩可开垦的土地。在农业文明中，土地开发的直接效应便是农业发展，人丁兴旺，随之而来的自然是行政区的设立。自上海政区形成的第一块里程碑华亭县设置之后，南宋咸淳三年（公元 1267 年），上海镇设立镇治，派镇将驻守，并兴建官署，学校、佛庙、店馆等。那时，上海镇成为华亭县最大的市镇。元至元二十九年（公元 1292 年），上海正式设县，范围包括今上海市区和上海、青浦、南汇、川沙四县，当时归松江府管辖，此为上海建城之始。如果没有海运与开放，上海城也永远只是古老中华帝国的一个东海边陲市镇而已。

　　上海地区最初的航运中心是华亭港，到了宋代，代之而起的是青龙镇港。青龙镇在吴淞江畔，是古上海地区自海口进入内陆的咽喉要地，地理位置优于华亭。但到宋末，因吴淞江航道被泥沙淤塞，再加上海岸线东移，终使其失去了"岛夷蛮越交广之途，海商辐辏之所"的地理优势，而让位于当时新兴的上海镇了。鉴于上海镇有距离淞江出海口近、水道深阔等方面的优势，海舶往来不断增多，港口日益繁荣。在宋度宗咸淳三年（公元 1267 年），便有镇台设立，到元代，便正式设县了。

　　古港华亭、青龙镇（华亭位于今松江县，宋时有顾会浦连接吴淞江海口；青龙镇位于今青浦县旧青浦镇，南有顾会浦与华亭相通，溯吴淞江而上可达苏州，为当时华亭、苏州的外港和通海门户）及其经济腹地与外地的物资交流亦加速发展。北宋庆历至嘉裙年间，华亭港和青龙镇港已先后成为航海贸易要地。南宋时上海镇正式建镇，并设置市舶提举分司。"迨宋末，该地人烟浩穰，海泊辐辏，即其地立市舶提举司及榷货场为上海镇。"元至元十四年（公元 1277 年），元政府在上海设立市

舶司。

上海港历史悠久，隋文帝开皇元年（公元 581 年）华亭港（今吴淞江支流顾会浦内）随着华亭镇的设置，发展成为上海地区第一个内河港口。唐天宝五年（公元 746 年），在吴淞江及其支流青龙江交汇处形成了青龙镇港（今青浦县城东北的青浦故镇处），它是华亭港的外港，是上海地区最早的通海口门。北宋真宗大中祥符年间（公元 1008 年～公元 1016 年）青龙镇港已是"海舶辐辏，岛夷为市"。南宋高宗绍兴二年（公元 1132 年），两浙路提举市舶司从杭州移驻华亭县城长达三十四年。随着吴淞江下游泥沙淤积，河道日浅，至南宋景定、成淳年间（公元 1260 年～公元 1247 年）青龙镇港衰落，港址一度移至吴淞江近海口处的江湾镇和长江口的黄窑镇。南宋咸淳三年（公元 1267 年）在上海浦西设立市舶司，上海从此由一个渔村逐渐成为"人烟浩瀚"的上海镇。元至元十四年（公元 1277 年）设市舶司于今上海南市区小东门一带（即十六铺地段）。明成祖永乐二年（公元 1404 年）开掘范家滨，整治黄浦江。永乐十年，在老宝山城（今高桥附近）"筑土为山，立堠表识"，建"方百丈，高三十余丈"的土山，白天烧烟，晚上点火，作为航行的标志，便利船舶进出。明孝宗弘治年间（公元 1488 年～公元 1505 年）上海成为"海运要津，东南通闽越，西北距河淮"。清康熙二十五年（公元 1686 年）设置四大海关，上海港亦为其中之一，港区集中于今南码头至十六铺地段，全长两三里。清嘉庆年间（公元 1796 年～公元 1820 年）聚集在上海港的沙船有 3500 艘～3600 艘，大号沙船可载 3000 石，故上海曾有"沙船之乡"的称号。清道光二十二年（公元 1842 年）《南京条约》签订，上海的有关海关、引水、检疫等主权丧失。自此上海开放通商。

清朝嘉庆、道光年间，上海终因其南北方和海内外贸易的关键地位而迅速成为颇具规模的通商城市，被称为"江海之涌津，东南之都会"了。与上海处于同一历史时点上的苏州，因其仅具内海商港的功能而与经济和金融中心的地位绝缘；杭州，又深藏于杭州湾内．因众多的沙洲和钱塘江的狭窄而难以供远洋货船通行；南京，离海岸远达三百多公里，滚滚江流、泥沙沉积等造成航运的诸多不便，又使它难以成为交通枢纽。唯上海，此时占尽了地利天时。自清同治四年（公元 1865 年）起，上海在国内外贸易上的首要地位已牢固确立，直到民国二十六年（公元 1937

年）抗战爆发，它从未受到严重威胁。

上海本为松江、华亭之地，松江本是东海滩上的大潮沟，随太湖形成而成为泄水河道，并在汉朝时以恢弘气势得名。南宋范成大著《吴郡志》（公元1229年刊行）卷十八载南宋初年程俱撰《松江赋》："三江之凑，实为五湖。地脉四达，衍为松江。汹汹浑浑，溶溶洋洋。五湖之中，大曰包山……由江而下，二百余里……乘云气，御飞龙。指包山于遗砾，揽五湖于一钟。松江之胜，又安能芥蒂于胸中乎！"

明、清时松江府，辖有华亭、娄县、上海、青浦、金山、奉贤、南汇七县和川沙厅。辖境约当今上海市吴淞江以南地区。

吴淞江以北于南宋嘉定十年十二月初九日（公元1217年1月7日）设嘉定县，后又析出宝山县。

整个华亭县境在受纳长江、松江、钱塘江和大海负载的泥沙后，向东全面推进。且推进趋势在多样性的自然环境中，赓续不断。这样，唐玄宗天宝十年（公元751年）析嘉兴东境、昆山南境、海盐北境始设置的华亭县（松江府前身），在自然环境自身运动和人类经济活动交互作用下，面积与日俱增。不仅如此，随着华亭县陆地扩张，行政设置也顺理成章趋向繁复。

道光二十三年（公元1843年）上海开埠，道光二十五年上海县洋泾浜以北一带划为洋人居留地，后形成英租界。道光二十八年以虹口一带划为美租界。道光二十九年以上海县城以北、英租界以南一带为法租界。同治二年（公元1863年），英、美租界合并为英美公共租界，光绪二十五年（公元1899年）又改称为上海国际公共租界。此后，租界多次扩大。1943年7月30日和8月1日，汪伪政府宣布"收回"公共租界和法租界。1945年11月24日，国民政府外交部宣布接收上海公共租界、法租界，历时百年的上海租界结束。

上海历经七百年风霜，从一个边陲小县跃居中国最繁华富庶的国际大都会，得利于得天独厚的风水。

清嘉庆二十二年（公元1817年）刊本，江苏省《松江府志》卷二《疆域志·形胜》记载："南干分龙，沧溟独尽，枝龙结秀，突乳称奇。

松郡自南龙分派，以天目少祖，连冈迭阜之势，断落平畴，遇海而止。从浙入者，循海塘起北簳山，从吴闾入者渡湖水起淀山，累累数峰，孤秀清立，人文甲于中原，有出然矣！

后宸九峰，前襟黄浦，大海环其东南，长泖绕乎西北。

川流绣错，则壤称腴。

水出震泽，道经松江，东北入海，地富秋，民素饶渔盐之利。

东南濒海，无崇山叠嶂，坦然如砥，数百里间水光接天，仙禽唳野。

三江之凑，实为五湖。地脉四达，衍为松江。

川原沃衍，有陆海之饶，珍异所聚，商贾并凑。

水淖而清，山孺而净。

负海枕江，平筹沃野。

松江水国之胜，东江绕其南，吴松附其北，合流跄口以入海，实七郡之关键。雄襟大海，险厄三江，引闽越之梯航，控江淮之关键。盖风帆出入瞬息千里，而钱塘灌输于南，长淮扬子灌输于北，与松江之口皆辐列海滨，互为形援，津涂不越数百里间，而利害所关且半天下，然则郡岂无事之地哉！且居嘉、湖之肘腋，为吴郡之指臂。往者倭寇出没境内，而浙西数郡皆燎原，是虞谓郡僻处东南，惟以赋财渊薮称雄郡者，非笃论也。

郡以泽国著称，大海环于东南，泖淀萦于西北，黄浦亘于中，吴淞绕于后，川港交错，脉络皆通，有舟楫桥梁之利，无崇关复岭之险，此大较也。其南则自金山卫海塘迤东，折而北，达于吴淞口，北自吴淞迤南至跄口，折而西，达于苏州之昆山，西自淀河东南行径泖，趋黄浦，又迤东，折北与吴淞河流入于海。故吴淞口为全郡咽喉，黄浦为腹中关键，泖淀为苏淞枢纽，金山卫为江浙门户。然则郡虽僻处东南，而实为海疆控要之区，不特以财赋见称矣！

考郡有海防，盖自晋时，沪渎筑垒始着史册，自是以降，记在所存略而勿详。泊于有明倭寇内犯，南自海塘，北由吴淞，中及黄浦，西趋泖淀，扰扰者数年，于是沿海沿边并设营堡戍守。

国朝以来海波不扬，民安于业，逮咸丰季年粤匪下窜，北越吴淞江，

而郡西北并遭蹂躏矣！南陷金山卫，而浦东南以次不守矣！然官军驻于泖湖，而淀山之贼不能东，兵船扼于黄浦，而两岸之贼不得渡，其后大军自海道济沪，克平大憝，亦即由此数道焉！此已事之可征者也。然而时有不同，即势有所异，因时度势，何能执一！及今而论，郡为通商重地，吴淞口独当其冲，关津之所由，财货之所集，殊方异域之所往来，形势便利无过此者。"

上海为长江出海口冲积平原，其风水特色正如明初周景一著《山洋指迷》记载："沿海新涨沙地，虽坍涨不常，然民居于此，未尝不发富贵人丁。法则有三：首于涨起之地，如行龙眷势，分合有情者谓之。次砂环水绕，俱在天然，气聚风藏属之。三为新涨海滩，种植林木，开河泄水，取土培基，或修无情，虽无龙虎，亦有界水，虽无生气，自得水神谓也。上述为海滨有富贵者，类多如此。"

上海风水之局，乃是《水龙经》上的特殊格局，名为曲水单缠格。

明末清初出生于松江府华亭县张泽镇的蒋大鸿，是三元玄空风水大师，他在《秘本水龙经》写到："凡曲水朝堂，须得三横四折，如之如玄，折折抱过穴场，其转折处不至冲射。若来水虽见屈曲，东牵西拽，固不可用。若曲形如缠索，穴前虽见湾抱，而前面一路殊非秀丽，亦不为吉。如此形体，局中虽割成势，而穴之终难发福，即不冲不破者，仅可小康。若有冲击，或左右前后略见分泄，必至破坏矣！远水如草之字，或如展索，而穴前湾抱，盖得穴过，望之不见前面冲射，亦主三四十年发福。及水步行至之日，即退衰矣！不可不细辨。此图外局既全，内气复固，爵尊福厚，丁旺力长，美不可言！"

另外，蒋大鸿在明桂王永历十三年（清顺治十六年，公元1659年），在他的传世名著《天元五歌•阳宅篇》中说：

阳居择地水龙同，不见此篇议论重。
但比阴基宜阔大，不争秀丽喜粗雄。
大荡大江收气厚，涓流滴水亦关风。
若得乱流如织锦，不分元运也亨通。

水乡泽国"乱流如织锦"，正是上海的风水独特格局。

上海地处长江下游冲积平原，地势平坦，是风水师心目中的风水宝地。风水师认为，发源深山峻岭的龙脉，最后，其主干龙脉必"止息"于海滨，"势止气蓄"的结果，就会在该地形成生气十足、适于万物生长的"大龙穴"。

《地理大全》记载："海之为水，渎之所聚也；水势既聚，则龙势大止……故凡大干龙，多止于海滨，而其融结处或产王侯，或生富贵。"

此种地形除了"聚集生气"外，主要还是海水"逆潮"所致，这是风水"五大水局"中的"朝水局"。古书云："海水逆潮多富贵，潮来之时步青云。"即是此类型。

晋朝郭璞《葬经》说："气，乘风则散，界水则止。"

大海中的海水，也能"藏风"、"界气"、"聚气"，收集生气。上海为风水宝地，此地居民无论经商或学文，历来人才辈出。

松江府华亭县另一个风水大师姚廷銮，在清乾隆十三年（公元1748年）编著《阳宅集成》，至今习风水者人手一册，卷一《看龙法》，对研究上海风水也能供参考：

"阳基之龙，喜其阔大开阳，气势宏敞。而阳基看法，乡村、城市尤各有别。乡村之地必须有龙，若无龙脉，只就局势，得元乘运，亦可发福；倘一失元，随即休囚。至若都省府州县邑，必有旺龙远脉，铺张广布。其民居廛舍，依附分列，亦得承接余气，与都邑同兴废。然其间亦有盛衰不一，兴替无常。此又关乎局宅之得运与否，与夫内外六事之得失何如，不可一概而论也，观者其细察焉！"

《玄机》："阳宅以龙气为本，次观砂水为用，气局两全，才为福地。有局而元气者，人丁不旺；有气而无局者，财禄不丰。

干龙尽为州府，支龙尽作市村，气大亦大，气小亦小。

龙气大则结都会省郡，龙气小则结县邑市村。

久远不衰者，为龙气之长；财兴不废者，得水口之盈。一兴一废，龙脉之流行；一衰一旺，水神之反复。"

赵玉沙说："阳基之地，龙必欲其长，穴必欲其阔，水必欲其大合

聚、大弯曲，砂必欲其大交结、远朝拱。盖阳基力量大于阴地。"

《宅谱》："山地观脉，脉气重于水，平地观水，水神旺于弥。脉大势大而气大者，千年之祚，一砂一水而气小者，一纪之祚。

脉向合局，水口得位。弗招异姓同居。枝脚布分，上下钩搭，多属各家传舍。"

《雪心赋》："最要地势宽平，不宜堂局逼窄，若居山谷，且要藏风，如在平阳，先须得水。"

古云：凡龙到头手脚开，此是阳地休疑猜。

阴地求一线，阳地求一片。

《天元歌》："阳居择地水龙同，不用此篇议论重。但比阴基宜阔大，不争秀丽喜粗雄。大荡大江收气厚，涓流滴水不关风。若得乱流如织锦，不分元运也亨通。"

《紫囊》："平洋之地，一望无际，要必以尺寸高低为山水，或十数里间，忽起突阜，或一二石骨，又复隐藏，此正所谓龙行地中，毛脊微露前去，或临巨浸之湖，或临大江大河大溪，必有隔河之龙交会，此处必结大基址，则其水必异常。"

# 附：中国历史文化名城

至今中国已公布了103座国家历史文化名城。

1982年2月8日，经国务院批准的首批历史文化名城有24个：北京、承德、大同、南京、苏州、扬州、杭州、绍兴、泉州、景德镇、曲阜、洛阳、开封、江陵、长沙、广州、桂林、成都、遵义、昆明、大理、拉萨、西安、延安。

1986年12月8日，经国务院批准的第二批历史文化名城有38个：上海、天津、沈阳、武汉、南昌、重庆、保定、平遥、呼和浩特、镇江、常熟、徐州、淮安、宁波、歙县、寿县、亳州、福州、漳州、济南、安阳、南阳、商丘、襄樊、潮州、阆中、宜宾、自贡、镇远、丽江、日喀则、韩城、榆林、武威、张掖、敦煌、银川、喀什。

1994年1月4日，经国务院批准的第三批历史文化名城有37个：正定、邯郸、新绛、代县、祁县、哈尔滨、吉林、集安、衢州、临海、长汀、赣州、青岛、聊城、邹城、临淄、郑州、浚县、随州、钟祥、岳阳、肇庆、佛山、梅州、海康、柳州、琼山、乐山、都江堰、泸州、建水、巍山、江孜、咸阳、汉中、天水、同仁。

2001年8月10日，经国务院批准的历史文化名城共一处：山海关区（秦皇岛）。

2001年12月17日，经国务院批准的历史文化名城共一处：凤凰。

2004年10月1日，经国务院批准的历史文化名城共一处：濮阳。

2005年4月14日，经国务院批准的历史文化名城共一处：安庆。

国家历史文化名城由中华人民共和国国务院确定并公布。是1982年根据北京大学侯仁之、建设部郑孝燮和故宫博物院单士元三位先生提议，而建立的一种文物保护机制。被列入名单的均为保存文物特别丰

富．具有重大历史价值或者纪念意义，且正在延续使用的城市。中国的历史文化名城，按照各个城市的特点，主要分为七类：

一、古都型：以都城时代的历史遗存物、古都的风貌为特点，如北京、西安。

二、传统风貌型：保留一个或几个历史时期积淀的有完整建筑群的城市，如平遥、韩城。

三、风景名胜型：由建筑与山水环境的叠加而显示出鲜明个性特征的城市，如桂林、苏州。

四、地方及民族特色型：由地域特色或独自的个性特征、民族风情、地方文化构成城市风貌主体的城市，如丽江、拉萨。

五、近现代史迹型：反映历史上某一事件或某个阶段的建筑物或建筑群为其显著特色的城市，如上海、遵义。

六、特殊职能型：城市中的某种职能在历史上占有极突出的地位，如"盐城"自贡、"瓷都"景德镇。

七、一般史迹型：以分散在全城各处的文物古迹为历史传统体现主要方式的城市，如长沙、济南。

第二章

# 文化名镇在中国

　　数千年来中国人在华夏大地上建造了数万个城镇，许多城镇都是经由风水师精心地选址布局，而后规划兴建的，这在各地的地方志中记载甚详。

　　中国古代为适应农耕文化时期人们生产、生活需要，在村镇规划选址过程中，创立了一套完整严格的理论体系。认为山体是大地的骨架，山体来脉高昂，一个地方才有气势；水域是万物生机的源泉'没有水人类就不能生存和发展。只有山环水抱才是"藏风聚气"的风水宝地。传统城镇规划选址的理想模式是"枕山、环水、面屏、向阳"。古人对市镇进行规划选址布局时就是按这些思想进行。城镇背靠高昂起伏的山作为祖山，左面有山作为左护，右面有山作为右护，水口按山环水抱的要求有缺口，显得不完整，古人又建塔弥补。城镇有河流环绕，在镇上看不到河水流去的地方，是天然的紧锁水口。同时，选址时城镇前面是开阔水域，达到了面水的要求。市镇处在一个四面环山的盆地里，周围巍峨起伏的山峦合围着万顷良田，山麓或田野之间，分布着大大小小的村落民居，成了一个山环水绕、自成体系的完整环境格局，这就是按风水

理论选址进行布局的典型。

从建筑格局、文物遗存等物质形态来看，古镇充满了深厚的人文内涵，它们寓意深刻，从中可以领略中国传统文化的博大精深，感受到天人合一的建筑思想和理念。除了在选址上讲究风水诸要义必须尽量齐全外，内部街道、场镇围合、宫观寺庙、会馆民居等，也必须遵循一定的格局形制。不少古镇建筑物在选址、形态、结构、造型、色彩、命名等方面，体现了中国传统文化中的儒家道德、五行等观念规范，也体现了传统的价值观、审美观与各地的经济文化地域特色。

世代经验传承下来的结果，城镇如果依照风水选址布局往往最适合人类居住。

中国保存着许多风貌古朴、个性鲜明的古镇，这些古镇是传统文化的载体和珍贵的历史文化遗产，有着极高的文化、历史、地理、美学、建筑、艺术、旅游等学术价值。近年来，许多学者从不同的角度开展了古镇研究：彭一刚论述了自然社会因素对聚落形态的影响，系统分析了传统村镇聚落景观。朱光亚论述了古村落保护与发展问题，陈志华、阮仪三等分别对楠溪江古村落和江南水乡城镇的特色、价值及保护问题进行了研究。刘沛林系统论述了古村落空间意象与文化景观，提出了古村落研究的基本框架，引入"意象"的概念，借助感觉形式研究聚落空间形象的方法，对古村落景观的多维空间立体图像作了初步研究。这些研究使我们对古镇有了更深入的认识。

古镇风水透露着人与自然的关系。风水中包含着人们在适应自然的过程中积累下来的生活经验，也寄托了在神秘的自然力之中，人们面对命运叵测时，生出的由衷的祈福。

风水的思维和传统在古镇生活中处处落下了痕迹。这些痕迹经过岁月的洗涤之后，一些依然闪烁着智能的光芒，一些流传成为令人们体味旧时生活的生动的历史故事。

无论哪一种，都能帮助我们比较容易地以整体的眼光来观察古镇与周边环境的关系、古镇人在此环境中形成的基本生活理念。所以，走进古镇，我们从古镇的风水说起。

中国现有一万七千八百个镇、两万九千三百个乡，共有四万七千一百个乡镇。本书所述仅及千分之一。书中所举名镇实例，时代涵盖古今，地域遍及中国，印证风水学术实在是人类生存智慧的成果。

# 第一节　中国文化名镇概述

相地之法，大约起源于原始聚落的营运。在原始社会的早期，氏族部落生活以渔猎、采集食物为主，他们逐水草而居，过着动荡不定的游牧生活。到距今约六七千年前的仰韶文化时期，此时的母系氏族社会，已进入了以农耕为主的经济，于是开始了稳定的定居生活，由此而导致了择地的需求。仰韶文化的氏族村落，都分布在河流两岸的黄土台地上。河流转弯或两河交汇的地方，更是当时人们喜居的地方。这不仅可以避免洪水的侵袭和方便汲水，而且还是适于农业、畜牧、狩猎和捕鱼等生产活动的好地方。著名的西安半坡村仰韶文化村落遗址，就坐落在一块面临泸河的凸地上，南依白鹿原，再向南横亘着雄伟的秦岭山脉。白鹿原上生长着茂密的树木，浐河里流着清澈的河水。人们在这里劳动生产，安居乐业，过着原始氏族公社的生活。这个遗址总面积有一万多平方米，由居住区、制陶作坊和公共墓地三部分组成。从发掘资料看，当时的建筑技术已经有了相当的水平。这说明当时人们已较重视聚落的选址。

风水先生选址，通常都要通过觅龙、察砂、观水等步骤。觅龙就是寻找龙脉，观察山脉的来龙去脉以及盛衰吉凶，以求能得阴阳之气和合之地，才能平安顺利，得享安乐，人丁兴旺，人文兴盛等。大凡山脉起伏曲折而草木茂盛者为有生气。草木茂盛表示有水源，泉水充盈，才能滋养万物，草木茂盛则能保护不受凶风恶雨的侵袭。察砂即观察主体山脉四周的小山和护山，来风的一边称上砂，要求高大，才能挡住凶风恶暴；与上砂相对的就是下砂，它要求低矮，因为其功能是回风护气。观

水，此指观察水源与河川的走向。观水要"开天门，闭地户"，来水处称天门，天门要开敞，也就是入水口可以多支流汇聚，此象征财源广进；去水处称地户，以不见水去，缓出或潜流暗出为佳，也就是出水口忌多头，此象征财源可以留住，不会漏财。凡是背靠的山脉郁郁葱葱，草木繁盛，宅基负阴抱阳，而又能坐北朝南，依山临水，背后有坚实可靠的屏障；上砂高耸，下砂低伏，左右有山坡护卫，顾盼有情；天门开敞，来水明显，地户幽闭，见不到去水；前方开敞，远处有层峦叠翠的屏山罗列，可以面对独峰挺翠的笔架山或笔峰山，这样的宅基址是最好的地点。

通过觅龙、察砂、观水而后确定的选址，通常以其肖形某种动物作为比喻。

利用水的自然环境所营造的村域风水，最明显的要属位于万峦乡的五沟水小区。

风水理论对阳宅选址、布局和意象有过明确要求，"阳宅来龙原无异，居处须用宽平势。明堂须当容万物……前后有水环抱贵。……倘有卓笔及牙旗，耸在外阳方无忌。更须水口收拾紧，不宜太迫成小器。星辰近案明堂宽，案近明堂非窄势"。

这里对阳宅堂局的基本要求是：住基地势宽敞平坦，周围有山水环抱，前方有案山横搁，出水口紧缩有情，外阳方有秀峰耸立。"凡京都府县，其基阔大"，"凡城市地基贵高"，"凡乡村大屋要河港盘旋，沙头捧揖"，"凡宅左有河流，谓之青龙；右有长道，谓之白虎；前有水池，谓之朱雀；后有丘陵，谓之玄武。为最贵地。"

后有靠山，前有流水（或水池），左右有砂山护卫，都是一种相对封闭的聚落环境。宅址是村址的复写，宅址、村址与城址之间是一种全息互显的关系，这一点正是风水的特有空间结构使然。

阳宅在前，阴宅在后；或阳宅与阴宅分别在相距不很远的地方。

坐北朝南，这是符合我国"东南低西北高，夏季盛行东南风，冬季盛行西北风"的地势和气候特征的。"安灶面西子孙食，向南烧火元祸殃，面东贫穷无吉利，务要推求仔细详。"

"龙要生旺，又要起伏，脉要细，穴要藏。来龙要真，局要紧，堂要明，又要平。砂要明，水要凝。山要环，水要绕，龙要眠，虎要缠，龙要高，虎要低。案要近，水要静，前要宫，后要神，又要枕乐，两边夹照。水口要开关，穴要藏风，又要聚气。八国不要缺，罗城不要泻。山要无凹，水要不返跳。堂局要周正，山要高起。"

背山面水或一面临水：建筑沿河道发展，建筑与河道之间为沿河流而筑的街道。建筑沿街道的一侧，大多为商业店铺，并临水设码头，使水路交通相互联系，这就是沿河村镇的基本模式。村镇背山，村镇会向后退一些，避免河道涨水时淹没村庄。村庄会选在山的南侧，夏天有南风吹拂，冬天有充足日照，可以避免北来的寒风袭击。

两面临水：如河道拐一个九十度的弯，或呈"丁"字形，或为十字交叉时，村镇会选在河道拐角处，可两面临河，一方面方便用水，另一方面便于利用河道交通。村镇恰好具有三面临水的条件，被三面河道包围，或是村镇类似半岛深入湖中，自然形成三面临水的村镇。

围绕水道的交叉点：城镇集中在河流汇集的三叉或十字交叉河口，人们便设置一些桥梁，联系被河道隔开的区域。桥头一带是陆路过往交通最繁忙的地区，这里的商业建筑的密度也最高。河道相当于现在的街道，水路交通的枢纽地带，自然成为最繁华的城镇中心。河岸与城镇的接触面长，城镇又相对集中。

在江南城镇乡村中，水路是主要运输方式，水路的安排相当重要。水路减轻了陆路运输和交通的负荷量，使陆路可以相对减少，节省了村镇的用地。有时河道与临河建筑之间，设一条廊式或骑楼式的步行道，在道路上行走，一边是河景，一边是店面，河岸两侧互为对景，商业店铺一字展开，布局十分合理。

选址定位是大事，被称做相地。相地就是选择地段，进行环境设计，使房屋在优美的自然环境中落位。"人法地，地法天，天法道，道法自然。"堪舆学主要利用阴阳五行八卦的道理解释自然。相地之美在于巧，是相地灵活性与环境适应性的结合。一般村镇多选址在大路河道的附近或傍山近水，朝向良好，避风防洪，地势干爽的平原或山岗缓坡、台地

等处。

沿河村镇基本形式是一面临水或背山面水，建筑沿河道伸展。临水设码头联系水路交通。建筑多在河流北岸。

徽派建筑非常注意与天地山水的关系，以及人对自然环境的利用与改造。无论是水口建筑的楼台亭阁或是村落街镇的民居商肆，都充分体现了徽派建筑布局整体性这一重要特点。

在选址布局上因地就势，或依山而建，或沿水而筑，房屋群落与周围环境巧妙结合，形成了优美的村镇风貌。村镇建设非常注意水、街道交通、公共场所、村头街口和绿化等规划布局。如黟县的西递、屏山夹溪筑屋，街巷贯连，村中流水，一桥相通。特别是宏村拦河筑坝，引溪水穿村入室，村中建有月沼、南湖，湖光山色，构成村庄的优美景色。

村镇布局非常重视村头组景，在村郊结合部利用不同的山势、岗峦、溪流、湖塘配置以牌楼、亭榭、宝塔、桥梁，形成优美的风水园林景观，当地人称之为"水口"。也是他们利用自然、改造环境，又寄托于自然，希望村落繁荣、人丁兴旺发达的象征。

古代村落选址十分讲究风水地理环境，在丘陵地带大多是"枕高冈，面流水，一望无际"；在山区则多"处于群山环抱之中而又围而不死"。一般村落均依山傍水，沿溪水建屋形成带状结构，随着人口的增长逐渐发展成为团状结构的村落。村中的溪流往往构成网状水系，同血脉一样连着一串串的民居。无论村落选址或民居建造，溪水往往发挥着导向作用。古代城镇大多沿江河设置，那是为了保证水路交通，便于集散。

选址的基本原则，首先是满足自给自足的自然经济之下的农业生产和生活。影响生产和生活的主要元素是土地、水源和山林。楠溪江人对生存环境的认识是全面而综合性的。围绕着数百家，沿缘者七八里，凤山矗其西，雷峰峙其东。南有屿山，而其外有大溪环之。中穿一渠，可以灌田。其北则层峦迭翠，不一其状。有径可通四处。田高下横遂，布列如画挂然。"泉流涓涓，声与耳谋。地僻非僻，山贫不贫，有樵可采，有秫可种，有美可茹，有鲜可食。桑麻蔽野，禾稼连畦。"说到了种粮、采薪、牧羊、养鱼和桑麻。渠口村土地平旷而广袤。水源充足、交通便

利。背靠山岭可以挡住冬季凛冽的北风，前面的大溪就是小楠溪，夏季的东南风可以逆溪而上，带来充足的雨量，渠口村的小气候因此四季宜人。渠口村，是楠溪江中游最富庶的村落之一。

楠溪江中游村落的选址大致都是这样，中游最大、最肥沃的盆地里村落最密集。岩头、芙蓉、张大屋、溪南四村，相距不过一里左右。方巷、港头、周宅、渡头，已经连接成带状，而苍坡、霞美两村距方巷大约也只一里有余。坦下和塘湾，豫章和珠岸，虽然不在中心盆地，却也是隔小楠溪相望。

楠溪江到雨季常常爆发山洪，江水骤长数米，摧毁力很强。村址要有相当的高程之外，应该位于弯弯曲曲的河流的沉积岸一侧而避开冲刷岸，村落应在"腰带水"一侧而不能对"反弓水"。楠溪江中漪的村落，凡沿江的，大多在"腰带水"的环绕中，如东皋、鹤阳、塘湾、枫林、花坦、廊下、西岸等村。村子呈"腰带形"，正对大溪弓背冲刷的是坚硬的岩石。为了更加"可靠"，在岩石岸上还造了一座关帝庙镇水保民。

村落选址就要注意小气候。鹤阳村，位于一个三面被溪水环绕的高地上，兰玉台山在它的东北，冬季从晨到暮都可照到阳光，正是"三阳高照"，"积雪先融"。"三阳，旦为朝阳，午为正阳，西为夕阳，故曰三阳。"

渠口村的东、西、北三面都有山环抱，冬季不受寒风侵袭，南面有不高的作为案山的屿山，决然独立，在盆地的东南角和西南角形成两个豁口。夏季，季候风循河谷北上，在坦下村折向西北，正好吹进东南豁口。渠口村向西发展，迎着来风。村东侧则多植树木，东面的雷峰挡住了季候风，西坡大片裸露的岩石强烈反射太阳的辐射热。浓郁的山水情怀和人文气质，使楠溪江人在为村落选址的时候很重视周围自然风光的优美。因芙蓉峰而定居的，至少还有芙蓉、溪南、下园、屿根几个村子。"楠溪形局，惟蓬川最奇。迎逆流四十余里，过堂萦回荡漾，潴而后泄。守永口者，则有若狮、象、龟、鱼，突怒峭竖，险恶畏人。有文笔峰撑寿星岩，镇屏山对列赢屿。横临诸如观音坐莲、美女梳妆、鹰捕蛇、狮捉象、仰天湖、瀑布泉、将军、仙人、牛鼻、虎头、燕巢、鸡冠等胜，

亦皆秀异可观。"蓬溪村在一个袋形的盆地里，北面的袋口正好被鹤盛溪的一个反弯封住，悬崖上的栈道是进村唯一的咽喉。村偏在盆地西侧，东侧是一个山水汇注的大湖，湖中央有凤凰屿，树木茂盛。盆地四周层层叠叠的山峰，千姿百态，人、兽、鹰、燕，可以任意想象。关帝庙前一棵几百年的大樟树，枝叶蔽天。蓬溪的风景确实奇而且美。

又如豫章村。"永嘉山水，秀丽无出楠溪大小二箬，岩耸挺，空兀崆峒，历有仙灵凭居托迹。下此而称名胜，莫如豫章。文峰砚沼钟其奇，玉笏幞头着其异。其间降岳发祥，代多伟烈，居其下者，则有胡氏。"豫章村的风景也确实很美。村在小楠溪西岸，大路却在东岸的山麓。一条小路斜出，穿过密密的滩林，来到砂石滩，小楠溪上没有桥梁，一只舴艋舟静静地横在岸边。上船使篙，登西岸，又要穿过密密的滩林。出林之后，田畴平阔，远处重峦叠嶂之间白云出没，山脚下参差一带房舍，便是豫章村。村北村南，小楠溪转弯处，回旋成碧绿的深潭。回头东望，江对岸狮子山松柏如浪。

楠溪江流域虽然东西两面有雁荡、括苍山脉为屏障，南面又隔以瓯江，历来比较平靖，但仍不能完全逃离兵祸。珍川就是花坦、廊下。这里是狭窄的河谷地，十分幽深。坦下和塘湾，都位于圆椅形的山凹里，三面陡峭不能通入，只在一面筑城寨便可守御。鹤阳、廊下、白岩、东皋等村，则三面环水，背后重山屏护，只有踏过石才能进村。东皋村的碇步长达二百一十石。

村落的选址，着眼于土地、水源、山林，着眼于小气候、安全、防灾。堪舆风水便是一种自然力崇拜的产物。山川形胜被看成人事兴衰的原因。在楠溪江流域村落选址中，他们最主要关心的两点：首先是环境要有领域感，领域感能引起村民的归属感和安全感，以利于培养宗族的凝聚力、向心力。村落背后有祖山、少祖山，前面有案山、朝山，左右有大小连绵的几层山，叫护砂或左辅右弼。是一个闭合的环境。"腰带水"也能造成领域感。村址四周的山岭不仅要闭合，而且要大体有中轴，景观要近于对称，要有层次，这是中国人传统的审美习惯，希望子孙能当官。选村址的第二个着眼点便是最好附近有圆锥形的山峰，希望在村

子的东南方，即巽方。有整齐的一排三个或五个这样的山峰，叫"笔架山"，能主文运。岩头、蓬溪、豫章、埭头等村都有文笔峰。苍坡则有笔架山。

如果环境不很理想，可以用人工补救。用庙补阙，用塔代文笔峰之类。凡有文笔峰的村子，必在村前面对文笔峰有一口天然的或人工的池塘，叫砚池，使文笔峰投影于其中，叫做"文笔蘸墨"。岩头、蓬溪，豫章都有砚池，"文笔峰倒映如笔尖之蘸水，秀气所钟，可使仕宦迭出，科第连登，文笔代不乏人"。埭头村建在很陡的山坡上，仍然费很大的工程造了个砚池。风水堪舆本来还有很重要的一个关怀，就是宗族的蕃衍。

芙蓉村在南宋时候出过十八位高级京官，村人至今仍归因于芙蓉村的好风水，"前横腰带水，后枕纱帽崖，三龙捧珠，四水归心"。"地枕三崖崖吐名花明昭万古；门临象水水生秀气荣荫千秋。""山自东来，雁岩钟其灵秀；水由西去，蜃江接其澄泓。飞凤天马呈其奇，金钟玉屏挺其异。皇矣十景，弘彼千英，五代肇基，万年卜宅，巍科显仕，珠贯蝉联，隐德鸿儒，星罗棋布。"

村落选址往往要求有良好的小气候，安全、防灾、土地、水源、山林等。最主要着眼于两点：首先环境要有领域感，如渠口村，北靠霁山，西为雷峰山，东为凤凰山，形成三面环抱之势。"腰带水"也能造成领域感，东皋、枫林、塘湾、西岸等村，村址四周山岭不仅闭合，而且大体中轴对称，有层次感。着眼于附近要有圆锥形山峰，且往往在村子东南方向，这个尖尖的山峰就是文笔峰，再往村子前面对义笔峰凿一口池塘，使文笔峰投影于其中，意为"文笔蘸墨"，苍坡、豫章等村都有此类沼池。使村子的东、西、北三面都有山环抱，冬季不受寒风侵袭，夏季季风循河谷北上。"腰带水"使村子位于弯弯曲曲河流的沉积而避开冲刷岸，解决了村落的防洪问题。

泰顺乡土建筑受堪舆风水说中形势宗的影响很明显。选址的主要考虑的是农业生产及日常生活。最基本的元素就是水、地、山。

第一个要考虑的是要有足够的可耕地。土层肥沃，水源丰沛，交通

便利，有利于农业生产，两侧的山坡又可以种植各种经济林木。这些地方村落数量最多，历史最长，规模也最大。如莒江平原上的下村、夏宅村，三魁盆地里的张宅村、林家厝以及薛宅村、刘宅村，新山涤头的包宅村、吴宅村，筱村河谷之上的徐岙村、竹园村，司前的里光村，泗溪的白粉墙村，下洪的大溪源村，都是泰顺人文最发达的村落。

在宽阔的平原之上，村落大多占用平地，形态集中而且规整，如莒江的下村，夏宅村，司前的里光村，泗溪的白粉墙村；狭窄的河谷平川里，村落大多依着山坡建造，规模不大，以便让出宝贵的耕地，如下洪的大漠源村。

第二个要考虑的是避水害，抗洪排涝，同时还要考虑整个村落的饮用水问题。泰顺地区年年夏季都有台风暴雨。每逢雨季，山洪暴发，奔腾呼啸，破坏力极强。为了防洪，除了选择离河道较高的地势外，弯弯曲曲的河道两岸，村落大都选在沉积岸一侧而避开冲刷岸。

泰顺古村落大都坐落在理想的水形地理环境中。村落附近没有溪流，乡民们则自己动手，对自然环境进行人工改造。村落坐落于沉积岸一侧，除了可以减弱洪水对地基的冲刷之外，河道还能成为一个村落的自然边界，形成领域感。领域感会增强村落居民的内聚倾向，有自然边界则有利于减少邻村之间的纠纷。

选址第三个重要因素是安全。泰顺许多村落的始迁祖是为避难而来。为的就是寻求一方净土遁世深隐，休养生息，选择闭塞的环境，易守难攻的地方聚族而居。

良好的小气候也很重要。泰顺山势多变，地形复杂，各地的小气候差别较大。生气自然，草木充塞，又自人为。好的小气候有利于草木生长，草木生长又能改善小气候，当然更有利于农业生产和居民的日常生活。如此形成良性循环。因此村落的选址是比较注重选择有利的小气候。

风景自然是要考虑的因素。泰顺本来就是一个多山多水的地方，兼之林木茂盛，处处风物处处景。"山川秀丽，土厚泉甘。后有三台迭翠，前有文笔桂峰，左有联尖舞凤，右有山边飞龙。虽非名山圣地之美，实有水石烟霞之景，幽然可居也。"

大凡山水佳丽之处。总留下来美丽动人的传说。

泗溪镇地势东北高，西南低。境内群山环抱，峰峦重叠。南有将军山耸翠俯峙，北有狮子山醒卧欲跃。南北两山相对，一俯一跃，古称"将军逗狮"。东有石亭湖，四季明澈，俨似明镜印天。西有飞帘瀑布，形似五龙散珠。从邻乡入境的东西南北四大溪流汇聚于下桥村，古有"四水洄澜"之美称，故名泗溪。这里青山绿水，环境幽雅，腹地开阔，气候宜人，为毓秀钟灵之地，哺育着数代风流人物。林氏一脉就是当地望族，声名显赫，连仁宗皇帝也御题"忠孝"二字及诗两首，"长林派出下邳先，移至闽邦远更延。忠孝有声天地老，古今无数子孙贤。故家乔木蟠根大，深谷猗兰奕叶鲜。上下相承同记载，二千年后万千年。"

在泰顺，大规模的村落整体布局或单独院落式的住宅建造，必须请风水先生来。最好的住宅最应"左有流水（谓青龙），右有长道（谓白虎），前有水池（谓朱雀），后有丘陵（谓玄武）"。"水"象征着财源和吉利，有水之地，要讲究水口开口的大小，认为壬癸收藏积万金；"长道"应在右边，有白虎守护之意。如大门前开有大道，则用大石一块，上书"泰山石敢当"或"泰山在此"镇之，达到趋吉避凶的目的；"塘之蓄水，足以荫地脉，养其气。"民宅的选择一般都按风水术中"背山面水"的选址原则。正房的朝向以依山背坡，面水向阳为准则。民宅朝向则往往依山脉河流的走向，而不强求坐北朝南。正房的朝向不一定朝南，但宅院的大门朝向却很有讲究。在泰顺，宅院大门常常不在整座建筑的纵轴线上，而是偏在一旁。

广东民居的村镇布局也是山环水抱，讲究藏风聚气。它的布局方式是：村前有半圆形池塘，这是排水、养鱼、灌溉、洗衣等所用的水源。村后和东、西两侧则种植果树和竹林，形成绿篱地带。池塘边有平地一块，称为前庭，也是村前的广场。沿着前庭的正中央，布置有全村的宗族祠堂，祠堂旁有家塾。环绕祠堂就是住宅，住宅由竹筒屋、明字屋、三间两廊等基本单元所组成。坐北向南，沿塘而建，布局严谨，道路规整。这种布局方式有利于生产和生活，又解决日照、通风、防热和排水等问题。

气候条件是村镇布局形成的主要因素之一。梳式布局的平面，由于巷道与夏季风向平行，当有风时，南风可沿巷道和屋面直接吹入室内。当晌午气候高热时，天井和屋面的温度不断上升，整个村落上空笼罩着热空气，密集毗连的建筑物所产生的阴影区和檐下通廊，由于阳光少而形成的冷空气，就不断向天井补充，造成上下对流，产生微小气候的调节。在炎热气候下，不论有风无风，都能使村镇住宅通风良好。

在冬季时，寒风来临，因有果树林带和绿篱，可以起道屏挡的作用。

村镇选址布局讲究藏风聚气，又以得水为上。古代风水术中，对于村落或居处水流进出的水口，寄予了很高的重视，又有入水之口为天门，出水之口为地户，天门要开，地户要闭的说法。"天门开"，就是水从山上或高处临流而下，抱朝有情，从而形成开敞接纳之势。"地户闭"，是说水从一村流出，去口当掩映闭锁，最怕直去无收。"水口"，"自一里至六、七十里，或二三十里，而山和水有情，朝拱在内，必结大地；若收十余里者，亦为大地；收五六里，七八里者，为中地；若收一二里地者，不过一山一水人财地耳。"天门开，地户闭，上通好国之德，下是泄漏之机。天门、地户界定了整个村落的外部区域，再补以四村的龟、蛇、狮、象几座山，极为强烈地烘托出村落的安全感。扼住地户以留住财气，地户若要无山砂掩映，周密交结，往往植树围堤，建桥建亭，加以救应。最佳的选址就是水绕山环、依山傍水、藏气之地。

依山傍水是风水学最基本的原则之一。山体是大地的骨架，水域是万物生机之源泉，没有水，人就不能生存。依山的形势有两类，一类是"土包屋"，即三面群山环绕，坳中有旷，南面敞开，房屋隐于万树丛中。张谷英村就处于这样的地形，五百里幕阜山脉绵延至此，在东、北、西三方突起三座大峰，如三大花瓣拥成一朵莲花。

依山另一种形式是"屋包山"，成片的房屋覆盖着山坡，从山脚一直到山腰，背枕山坡，拾级而上，气宇轩昂。

中国古代民居或村镇或城市的择址、环境的优选、生态景观的塑造，都必须选择充满"生气"或所谓藏风聚气之地。

风水有一套美的格局，称为美格。美格最起码的要求是气蓄，气蓄

又要山水环抱，形成封闭式的环境。封闭要求严密，不出现缺口，这样就需要山水多次环抱，形成层次。外层为外罗城，中层为龙虎砂，内层为护穴砂。中国古代建筑的基本形式是由三面或四面的建筑物围成庭院，用墙及回廊联接形成封闭的空间，既有隔声、挡风及遮阳作用，又可在院内栽植花草树木、安设山石盆景，造成宁静的居住环境。这种格式一层套一层，风水称为大聚、小聚。最大的国都都要求山水大聚；其次是城市，要求山水中聚；民宅最小，也要求山水小聚。庭院建筑就是仿照小聚的格式设计的。

凡看山，到山场先问水。知道了水的来去，也就知道了龙的来去，进而知道了生气的来去，水和龙（即山脉）是相伴而行的，生气又是借助于水来传送的，看山先看水。水是生气的体现，水随山而止，山界水而止……聚其气而旋耳。水无山则气散而不附，山无水则气寒而不理。……山为实气，水为虚气。土愈高，其气愈厚。水愈深，其气愈大。

气随土而起，故脉行必有脊。气随水向比，故送脉必有水。水与气脉是密切相关的。通过水来看气的大小。自然水法君须记，无非屈曲有情意。来不欲冲去不直，横须绕抱及弯环。水见三弯，福寿安闲。屈曲来朝，荣华富饶，对水流的要求是要"弯环绕抱"，讲究"曲则有情"。以曲水为吉，而且以河曲之内为吉，"水抱边可寻地""欲水之有情，喜其回环朝穴。水乃龙之接脉，忌乎冲射反弓"。

中国大部分地区位处北半球，且季风气候占主导地位，村落和民居多选择在背山面阳、背山面水之地，背后的靠山，可以有效地抵挡冬季北方吹来的寒风；面朝流水，有利于迎接夏日掠过水面南来的凉风，享有舟楫、灌溉、养殖之利；朝阳之地，有充分的日照，又有紫外线可杀菌；在山坡地上建造房屋，不但不受洪水为患，又有广阔的视野；屋后的茂林，不但有薪柴可用，还有利于水土保持，并调节了小气候。山环水抱必有气。

宇宙螺旋气场源于天地，体现于人和动植物身上。在宇宙气旋的支配下，天地万物得到了气的统一。符合得完美的，无论动植物还是人都会繁荣昌盛。山环水抱是蓄气场，必是环状的。毛泽东的故居，后有环

状丘陵，前有人造池塘，且屋形也是环形，是个山环水抱的好气场。孙中山的故居，广东中山县翠亨村更是山环水抱的风水宝地；山是郁郁葱葱的青山，水是珠江入海口。

中华大地，山环水抱的风水宝地不胜枚举。"山环水抱必有气"的定律，不仅被我国六大古都和名人故居所证实，也被名山大寺甚至著名的帝王陵墓（俗称阴宅）所验证。

山西五台山金阁寺坐落在典型的山环中。相传唐代一位高僧行至此地，忽见金光耀眼，气势不凡，立即画下地形，呈报唐王，于是兴建了此庙并命名金阁寺。清代的西陵选在河北易县山环水抱的风水宝地，乃是活人望尘莫及的吉地。

"水抱"很重要，占了风水学的大半个内容。"龙落平阳如展席，一片茫茫难捉摸，平阳只以水为龙．水绕便是龙神泊，故凡寻龙，须看水来回绕处求之。""气为水之母，水为气之子，气行则水随，水止则气蓄。"气蓄需水止，二者是因果关系。水流到拐弯处，近乎止的地方，气就有所储蓄。"水见三弯，福寿安闲。屈曲来朝，荣华富饶。"水连续出现三个"S"形，则是好气场。"曲则有情"。

现代物理化学证实：宇宙辐射对物体产生作用大小，不仅取决于辐射的频率（波长）和强度，而且取决于物体本身的性质，大小、形状、材料及电学特性。极性分子，是具有一个或多个连接不同原子的偶极子，水的电荷分布是不对称的。宇宙辐射造成的振荡电场，可以旋转、扭转、拉长或扭弯等方式引起分子的搅动。大荡大江收气厚，涓流点滴不关风。若得乱流如织锦，不分元运也亨通。水能吸收聚气。"气"，包含了宇宙辐射，具有"波粒两重性"。水面越大，聚气越厚。人是由百分之七十的水构成的，人也吸收宇宙辐射。人与气场有关。

龙、砂、穴、水、向是中国风水学为达到"聚气"而概括性的总结。水是吸收各种波动能的极性分子。宇宙间所有的射线（声、噪音、电磁波、微波、光、辐射）都具有"波粒两重性"。"水飞走则生气散，水融注则内气聚"。环转回顾之处．方是龙脉止聚。"河曲则以水流三面环绕缠护为吉，谓之"金城环抱"。

水流到拐弯处，近乎水止的地方，气就有所储蓄。"水见三弯，福寿安闲。屈曲来朝，荣华富饶。"对于人体来说，天地气场为外气，人体气血气场为内气。当天地人三个气场流速相合时，对人体有利。大江大河旁适于建大都市，因为大城市建筑物多、高大、墙垣多等，可遮挡或吸收旷渺之气；而江河支流，适于建小村镇、民居等。

对于不适宜居住的用地，提出十种不适宜居住的恶地：一、雷霹地；二、水中沟坎地；三、穷山独峰，四面深陷之地；四、八风交吹，四兽不附之地；五、明堂狭窄，不容人立之地；六、受死地，堂中浊水，四时湿烂之地；七、天囚地，明堂深陷之地；八、天隔地，地深一尺见石，案山高逼，龙虎更高之地；九、天都地，土质焦枯，草木不生之地；十、天魔地，地深一尺见泥，土黑烂不干之地。

对于水的选择，八种不宜居住的用地；一曰穿，穿胸破堂水之地；二曰割，断脉割脚水之地；三曰至，天心直出，希动土牛水之地；四曰射，来水如箭直射之地；五曰反，水流反弓之地；六曰直，水来去直走无情之地；七曰斜，水斜飞而去之地；八曰冲，大水冲胁之地。

有的将不利之地比为箭害。一曰风箭，峰巅岭脊，陵首陇背，土囊之口，山口激风，直当风门，激风如激矢之地；二曰水箭，峻溪急流，悬泉泻瀑，冲沙走石，声如雷动之地；三曰土箭，坚刚烁烁，斥卤沙碛，不泽水泉，不生草木之地；四曰石箭，峻壁巉岩，锐峰峭岫，耸齿露骨之地；五曰木箭，长林古木，翳天蔽日，垂萝蔓藤，阴森如墓墟之地。

上述各种地貌形势，均是被风水学否定的。应当明确肯定的居住用地，结合现代观点，可归纳为下列优选原则：

**一、优选上风位，上水位，无污染地域**

上水位，一般从地面水流向和地下水潜流方向中加以判断。在水文数据中也可以获取。居住区用地，在理论上应避开南、北，向东、西发展布局。选择无污染地段、地域，包括大气污染、水质污染、噪声污染、化学污染等。

**二、居住区周边干道在风水向法上应选吉向**

向法是风水理气派的主要内容。强调人与天地之间的和合关系。人

们优选南北向房屋，传统称南北房为正房，东西房为厢房、偏房。正子午向是不利于一般居民的。要微偏一点，中国南方多选壬山丙向（南偏东十五度左右），北方选癸山丁向（南偏西十五度左右），前者以通风为主，后者以取暖为主。中国北方热轴不在子午而在丁向（南偏西十五度左右）。

### 三、用地完整，交通顺畅

居住区，自成一个太极体系，应有完整的功能项目用地。

居住区又不是静止的，孤立的。必须与城市的各项用地有方便的交通联系。在交通上应有顺畅的道路，使之联系城市各项功能用地。在风水上，道路视为流水。高速干道、过境公路、铁路等对外交通，一般不宜穿过居住区。居住区既有自己完整的太极体系，同时又是城市总体的大太极的一个组成部分。城市干道弯转的反弓一侧，不宜选作居住区。

居住区的宅基地，以下几项须注意：

### 一、竖向规划，以向阳坡向为优选

以北高南低为宜。注意："北高南低"，的原则为宜。1、地块最高点宜尽量偏向地块北部选定，以减少北坡向的地块面。2、在北坡向的地块内尽量布置非居住建筑。

### 二、宅基地力求方整

宅基地也是一个具有独自系统的小太极。应力求方整，不缺角，不断边，八卦方位齐全为最理想。风水学认为宅基地缺损部位，对应着太极八卦的信息。宅基地缺艮位的边角，不利男孩的成长。缺乾位的边角，不利男主人。缺坤位边角，不利老母或女主人。

### 三、宅基地的用地历史

宅基地的既往用地历史，应有考察。

### 四、宅基地的用地地脉

勘验地脉在于寻"龙"察"砂"。"寻龙觅砂"，皆指寻辨主山和护卫主山的砂山。龙潜入地下的始端往往土肥水厚，背后有"来龙"的护靠坐山，最宜建设，称为"穴"位。也是龙脉的关节所在。

### 五、宅基地的用地避忌

1. 宅基地不宜地段破碎、零散、孤独，宜成片有规模地布置建筑。

2. 避忌"路剪房，见伤亡"之说。处在"剪刀口"的建筑，多灾害。

3. 避忌"反弓路"。反弓段时时"冲刷"本地段，人畜不安，事业不顺。

4. 避忌"路冲"。在直路的尽端或弯路中的直线段所指向的地段，属于路冲地段，不宜宅居。

5. 避忌煞物。高大的烟囱、铁塔、矗立的电柱、变压器、笔直的屋脊、墙壁、屋角所向、尖锐的房屋山墙、塔尖所指、近山可见的墓碑、寒林、病怪杂树、断壁陡崖、面前横卧的桥梁、音光可及的教堂、寺庙、高大反光的玻璃幕墙建筑等，均视为可导引煞气之物，统称煞物。

### 六、避忌不净

不净，泛指环境、土质、水质、历史信息、地理场气的不净。曾用作屠宰场、庙宇、停尸房、古战场、事故多发地段、怪坡、古墓地、火化场、压苗地、压林地、古道、古河道、监狱、刑场等地，均应视为不净之地。山脊无穴可言。在居住上，在施工中均有不利反应。地理风水越好之地点，土地价格也相对越高。

风水学讲究藏风聚气，城市的房屋建筑确能起到类似山峦的藏风聚气之作用，尤其是那些高楼大厦。风水学重视"导气"、"界气"，所谓气之来有水以导之，气之止有水以界之。车水马龙的街道必然有"导气"之功能，无人居住宽阔马路则有"界气"之作用，城市的街道自然起着类似"水"的作用。

城市的高楼大厦有山峦一样的形状，街道有水流一样的特征，它们就有山、水的内涵，起着类似的作用。城市建筑畏忌街道直冲；城市建筑畏忌天斩煞；城市建筑畏忌笔直僵硬。

人们越来越向往"小桥流水"如诗如画般的生活环境，向往"碧波荡漾，鱼鸟成群"的自然美景。水景是现代人对古代风水之说的延伸。

水景楼盘，第一引进境外开发理念。利用天然的海岸、水景来营造新的理念推广物业；第二营造全新的环境理念。第三实现概念化销售。

1．树木忌立于门、窗前。滋养人居环境的宇宙能量，以微波形态不断作用于房宅。门窗是主要纳气之口。庭荫树立于庭院中心，呈阴压阳地。庭院是一个太极，庭心是太极的"天心"，是穴位，是崇阳的，不可长期阴压。

2．行道树、绿篱走向忌冲向房宅。造成煞气冲向的信息引导，不利于居住。

3．忌大树遮门窗。不利于通风采光。树荫属阴。

4．忌大树下建小屋。"屋在大树下，灾病常到家。"

5．意象不吉形态的树，忌在门、窗视野常见处。臃肿怪树，朽枯空心树，藤缠"缢颈树"，歪头倾斜树等。

风水强调龙、穴、砂、水、向，讲究坡上，坡上告诉你什么是有阳光的地方，什么是背阴的地方；向阳的地方是能够长什么植物的，背阴的地方是能够长什么植物的，地表的水流，地表的径流的分析，下完雨以后地表的水是怎么流的，如何合理地排水。下完雨以后水景是如何做的，这是植被现状，这是节点穴位的分析，点穴就是指出这个场地哪个穴位是最好的。如果一个设计师、一开发商连这块地哪个地方重要都不知道，那真是糟蹋了这块土地。开发商要认识到这一点，千万不能只追求容积率或是平整到三通一平了，就以为可以卖好价钱了，也许恰恰是浪费了这块地。设计师第一步就是要把你的场地的价值挖掘出来。场地是有这样的规律的，世代的人们总结了这个东西，你要掌握它，这叫土地的适宜性。根据土地的适宜性程度来布置你的建筑，布置你的植被，然后进行总体的功能结构的分析。比如这是黄色的别墅区、娱乐休闲区，根据这个来确立场地使用会变得非常合理，道路都是根据地形来设计的。这是总体布局，有高档别墅、低档别墅，绕着这个穴位，每家每户都有靠山，这些别墅就值钱了。

不要以为别墅布局都很简单，千万不可以随便去弄，它可以挖掘体现土地的价值，不要认为别墅横平竖直容积率就提高了，一个地方如果通过设计能提高20%的利润是很不简单的，设计给你带来价值至少是20%，一个好设计和一个坏设计，一个好环境和一个坏环境，差别不止

这些，有些会是几倍。

"天有时，地有气，工有巧，材有美，如何选择"天有时"及"地有气"，是风水师的专业，"工有巧"及"材有美"是建筑师的专业，两者配合，相得益彰。先是天有时、地有气，然后工有巧、材有美，如此才可以为良。先由风水师选址布局，再由建筑师规划设计，一个好的开发方案就完成了。

# 第二节　文化名镇——昆山甪直镇

甪直，古称"甫里"，是苏州东部一个有二千五百年历史的小镇，原属江苏吴县。据甪直地区史前出土文物考证，大约在 6000 年前这里就有先民聚居。

秦王政二十六年（公元前 221 年），设立吴县，境域隶吴县。

唐武则天万岁通天元年（公元 696 年），吴县分置长洲县，境域属长洲县。

北宋元丰年间（公元 1078 年～公元 1085 年），境域分属依仁乡、吴宫乡、苏台乡。

明洪武十四年（公元 1381 年）后，境内分属依仁乡（仁义里）、吴宫乡（宝座里）、苏台乡（贞丰里）。

明万历三十五年（公元 1607 年），六直（今甪直）富昌桥西南设巡检司署，移驻六直。

清雍正二年（公元 1724 年），析长洲县地置元和县，境域分属元和县依仁乡仁义里东 19 都，吴宫乡宝座里上、中、下 20 都，苏台乡贞丰里北 26 都。

清乾隆二十六年（公元 1761 年），设元和县丞分防厅。

甪直镇被费孝通誉为"神州水乡第一镇"，因唐代诗人陆龟蒙号甫

里先生隐居于此，古称淞江甫里。明代村落聚镇改名甪直，传将古代独角怪兽"甪端"用于此地，意可辟邪镇风。

甪直镇

据《甫里志》记载："甪直镇，当从六字。"又"镇东有直港，可通六处，因有是名"。镇容呈"上"字形，占地约一平方公里，保护区面积为四平方公里，地理位置优越，北襟吴淞江，南临澄湖，东与昆山市接壤，西通苏州，素有"五湖之汀"（澄湖、万千湖、金湖、独墅湖、阳澄湖）、"六泽之冲"（吴淞江、清水江、南塘江、界浦江、东塘江、大直江）之称。如今镇郊湖、潭、池星罗棋布，镇内河网交错，碧水环绕，桥桥相望，景色美好。

因镇区周围由六条河流环抱，将甫里称为"六泽"、"六直"。到晚清时期，才改称为今天的"甪直"。

当人们来到甪直，都会发出疑问，究竟"甪"是什么？为何叫"甪直"？据《甫里志》记载：甪直原名为甫里，因镇西有甫里塘而得名，后因镇东有育港，通向六处，水流形有酷如"甪"字，故改名"甪直"。

又传古代独角神兽"角端"巡察神州大地，路经此地，见这里是一块风水宝地，因此就长期镇守在此。

角直地处太湖流域，是水分水析、水系水萦、水抱水环的泽国典型。弯弯的河道似玉带环绕着古镇，碧波荡漾的河道两旁是精美而形态各异的缆船、石雕、驳岸，可谓是古镇辉煌历史的写照。

著名的"甫里八景"："鸭沼清风"、"分署清泉"、"吴淞雪浪"、"海芷钟声"、"浮图夕照"、"渔莲灯阜"、"西汇晓市"等。

角直镇"水巷小桥多，人家尽枕河"，不仅水秀美，桥更美，历来有"桥梁之乡"的美称。5.6公里的河道上，横架着闻名远近的江南小桥，令人惊叹。最多时达七十二座半，人称"五步一桥"，现存四十一座，这里是桥的世界，古代建桥艺术荟萃于此：多孔的大石桥、独孔的小石桥、宽敞的拱形桥、狭窄的平顶桥、独成一景的双桥、平铺直叙的赤膊桥、左右相邻的姊妹桥、架在小溪上的半步桥……角直镇被河道环抱着，桥梁伸向四方，形成了水乡独有的风格及景色。

古镇以街河并列为格式布局，房屋临水而建，铺面丰富，多姿多彩，呈现一派既严整又活泼的水巷风貌。

角直古镇区现有九条主街，五十八条巷子，街坊临河而筑，有黛瓦粉墙，木门木窗、青砖翘脊的民宅矗立街边，多为明清时期的建筑，古镇内河港交叉，临水成街，因水成路，依水筑屋，风格各异的石拱桥将水、路、桥融为一体。镇内房屋依河而筑，鳞次栉比的传统建筑簇拥在水巷两岸，毗连的过街骑楼、临河水阁、河渠廊坊、驳岸石栏、墙门踏渡疏密有致，构成了独具特色的水乡古镇景色。

角直为鱼米之乡，万盛恒米行可为明证。万盛恒米行位于角直镇南端殷家祠堂南。此米行始创于民国初期，由镇上的沈、范两家富商合伙经营，属于"前店后场"式格局。店前的河埠头，为装卸谷米的水路码头。每到新谷登场时节，角直便舟船会集，呈现一派水乡米市的热闹场面。该行规模宏大，有存放粮食的廒间近百，是当时吴东地区首屈一指的大米行，成为角直及其周围十多个乡镇的粮食集散中心之一。著名文学家、教育家叶圣陶先生于1917年到角直执教五年，他的名作《多收了

三五斗》就是以万盛米行为背景，该文后被选进中学教科书，万盛恒米行也随之名闻海内外。1998年角直镇人民政府斥资恢复万盛米行原貌，再现民国年间江南米市风貌，同时增加江南历代农具陈列，现今的万盛米行，位于角直南市下塘街的南侧，门面为三开间朝西店铺，对面即古桥下的河埠，成为一处具有独特水乡风味的新景观。

角直水网密布，乱流如织锦，正是风水师的首选之地。

# 第三节　文化名镇——昆山周庄镇

周庄位于苏州城东南，昆山的西南处，古称贞丰里，春秋战国时期，周庄境内为吴王少子摇的封地，号摇城。北宋元祐元年（公元1086年）周迪功郎舍宅两百余亩捐于当地全福寺为寺，始称周庄。元代中期，沈万三利用周庄镇北白蚬江水运之便，通番贸易，周庄因此成为其粮食、丝绸、陶瓷、手工艺品的集散地，遂为江南巨镇。至清康熙初年正式定名为周庄镇。

江南俗谚："人生不到周庄游，一辈子懊恼遗憾。"

古镇周庄，秀丽水乡，景致旖旎，处处可画，时时有诗，以九百年悠久历史的文化，名闻遐迩，号称中国第一水乡，名不虚传。

周庄镇因河成街，呈现一派古朴、明洁的幽静，古镇区内河道呈井字形，居民依河筑屋，依水成街，河道上横跨十四座建于元、明、清代的古桥梁，吴冠中撰文说："黄山集中国山川之美，周庄集中国水乡之美"，海外报刊称周庄为"中国第一水乡"。

小桥流水人家是水乡的特色，在水乡几乎家家都有自家的码头。周庄还有一景就是"轿从前门进，船从家中过"。"船从家中过"是指张厅的院落中间有一条小河"箸泾"流过，在张厅的院子里有一个一丈见方的水池，可以在那里会船和卸货。

周庄镇

周庄水网密布，围绕全镇有澄湖、白蚬湖、淀山湖、南湖，和三十多条大小河流，镇上有四条主河道，因此，周庄自古有"水乡泽国"之称，圆圆小镇，宛如漂在水面上的一片荷叶。周庄四面环水，咫尺往来，全赖舟楫，无崇山峻岭的气势，但充满了曲折柔美。

江南水乡城镇内，水街相依，水巷和街巷是江南水乡城镇整个空间系统的骨架，是人们组织生活、交通的主要脉络。水巷既是作为水上交通的要道，是城镇与四邻农村、城市联系的纽带，是货物运输的主要通道，也是人们日常生活中洗衣、洗菜、洗物、聚集、交流的主要场所。街市则是江南水乡富庶和繁盛的表现，在主要街市两侧，商店毗邻，货物满目，人流来往，很是繁华。由于是步行的交通体系，因而街市的尺度便显得狭窄而随意，更兼两侧的店铺常常将活动领域扩展到街道上，使整个街市热闹祥和。水路与陆路决定舟行与步行两种交通方式，互不干扰，而这两种交通方式的交会点便是桥梁与河埠以及因之而产生的桥头广场与河埠广场。这些节点往往园地处水陆交叉处，是货物集散交易

的地方，因而往往也是人们活动密度最高的地方而成为水乡城镇中最为活跃的场所。

江南水乡城镇建筑布局和风格则是中国传统的天人合一思想和经济作用的完美结合：布局随意精练，造型轻巧简洁，色彩淡雅宜人，轮廓柔和优美。在经济因素作用下，建筑尽量占据沿河沿街面，并形成了"下店上宅"、"前店后宅"、"前店后坊"的集商业、居住、生产为一体的建筑形式。但是建筑一般尺度不高，天井、长窗形成了室内室外空间相通，建筑刻意亲水，前街后河，临水构屋，有水墙门、水桥头、水廊棚、水阁、水榭楼台，甚至水巷穿宅而过，形成了人与自然和谐的居住环境。

周庄，四面环水，犹如泊在湖面上的一片落叶，南北市河、后港河、油车漾河、中市河、四条井字形河道将古镇分割，形成八条长街。粉墙漏窗的房屋傍水而筑，如今，全镇千户民居中，明清和民国时期的建筑保存在百分之六十以上，其中有近百座大宅院第及六十个砖雕门楼，还有部分过街骑墙楼和水城门。

周庄自开发旅游以来，论周庄镇名之来历时，都是沿用历代镇志的资料，将周庄与周迪功郎连在一起告知世人。其实，周迪功郎只不过是一位乡村小官，"迪功郎"的官职在历代官职表中均无记载，连《辞海》中亦无注释。但伴随周庄知名度的日益提高，周迪功郎也颇受各方人士的关注。

周庄之名由来于北宋，北宋元祐元年（公元1086年）迪功郎周君舍宅修建的全福寺，亦为周庄最早的古刹。关于迪功郎的名字，新、旧镇志皆称佚其名。北宋元祐元年宋迪功郎周应熙因信奉佛法，舍宅修建镇上最早的古刹全福寺。百姓感其恩德，以其姓而将此水乡泽国之镇名为周庄。

周应熙乳名应喜，与浙江绍兴周谨为同一人。还证实，曾任周庄迪功郎的周应熙不但是周恩来的二十八世祖先，而且是鲁迅的二十七世祖先。这一惊喜的发现无疑提出了周庄历史文化的内涵，两位伟人的先祖曾为周庄的发展作过奉献，并垂于周庄史册，周庄将借助名人之灵气日

益兴旺。

　　周庄古镇区面积 24 公顷，四面环水，以水为依托，古镇以四条河道为骨架，依水形成八条长街，河街平行，前街后河，河路相间。自然而巧妙地把水、路、桥、房连成一体，河、桥、街、店、宅、楼、埠布局得宜。桥头是水路交会处，桥楼夹街而设，茶楼酒店，尽得地利人气，凭栏闲情，水乡美景尽收眼底。临街的前店后坊、前店后宅、下店上宅各式格局的商业建筑密布，狭窄的街巷中，古朴典雅的沈厅、张厅等深宅大院规模宏大、装修精良。镇上人家濒水而居，七处过街骑楼，四处临河水阁，5100 米长的石栏驳岸上 36 处造型各异的缆船石与驳岸相映生辉，201 座河埠踏渡，为人们日常生活提供了方便，处处充满了浓郁的水乡生活气息。

周庄水乡

　　周庄水乡城镇建筑布局和风格则是中国传统的天人合一思想和经济作用的完美结合：布局随意精练，造型轻巧简专，色彩淡雅宜人，轮廓柔和优美。在经济因素作用下，建筑尽量占据沿河沿街面，并形成了"下店上宅"、"前店后宅"、"前店后坊"的集商业、居住、生产为一体

的建筑形式。但是建筑一般尺度不高，天井、长窗形成了室内室外空间相通，建筑刻意亲水，前街后河，临水构屋有水墙门、水桥头、水榭楼台，甚至水巷穿宅而过，形成了人与自然和谐的居住环境。

周庄古镇透射着一种美。这种美在于它深厚的历史厚重感。它的形式是千百年来人们生活而逐步形成的。它的背后映射着一种历史沧桑感。每一块石头都在向人们讲述着数百年前人们的真实生活。古镇凝聚了神秘的古代文化。

（一）古镇的宁静美。古镇的氛围是非常闲适的，那里的生活是非常安宁的平淡的。与现代都市的竞争压抑形成了鲜明的对比。这里可以得到一种心理上的放松和解脱。现代过度地发展经济，带来的是一时的表面繁荣。很多古镇的人性化设计被抛弃了。取而代之的是一些非常不人性的人造环境，造成了许多交流、休闲的缺乏，人都成为了金钱驱动的机器，但人们似乎还没有清醒过来。"孤僻"虽冠以独立的美名，"金钱"成了成功的象征，中国经历了千锤百炼的老祖宗留下的设计瑰宝都丢弃，古镇的人性化美正在于它的合理性，经过长期发展，长期否定、肯定发展起来。

（二）古镇的艺术美。古镇的美来源于它的客观形式美，可谓风景如画，色调的同一性，它一般以灰色为主，色彩的明度不高，和谐而淡雅，建筑的安排变化而统一，没有刻意去营造的设计，是自然的形成了。

（三）古镇的形式美

1. 单纯统一这是最简单的形式美。在单纯中见不到明显的差异和对立因素，如古镇的苍劲古老的大树与苍老斑驳的墙壁、岁月磨平的石板路宁静平和与世无争的生活状态等，这种单纯能使人产生一种顿悟平和的感受。

2. 齐是一种整齐的美。一块块砖迭累的墙，一条条石板铺成的路面，街边的一间间店铺，河边一间间小屋，它们成平行相连或保持一定的距离，这些也表现出一种自然下的整齐美。很多古镇的装饰纹样上采用二方连续的纹样，这是一种反复，也属于整齐的范畴。

3. 对称均衡。对称指以一条线为中轴，左右两侧均等，沈厅、张厅

对称具有安静、稳定、庄重的感觉，使整个大院风格一致，浑然一体。均衡的特点是两侧的形体不必等同，量上也是大体相当，均衡较对称有变化，较自由，均衡是对称的变体，在静中倾向动，街道两旁错落有致。

4. 调和对比。调和是把两个相近的东西相并列，调和使人感到融合、协调。对比是把两种不同的东西并列在一起，使人感到鲜明、醒目、振奋、活跃。

5. 节奏韵律。指运动过程中的有序连续，古镇蜿蜒曲折的街道，错落有致的老房子，都给人一种运动的秩序感。

6. 多样统一。美表现在不同的细节中。古镇的一草一木、一砖一瓦都是经自然和人的多年塑造而成的。它们极富细节，千姿百态，非人短期刻意所能臆造。同时这些极富细节的东西都相互和谐的统一在一起。古镇的美正是在于整体的多样性。

周庄环湖而居的环境，亦即将聚落建于湖潭中的小岛上，让住宅四周围绕着湖水，形成一种很特殊的建地风水，这是黄帝时期人类的生存智慧。

黄帝将宫室建于四面环湖的岛屿，或沙丘上，西南方则作一木桥，以便人员、物资的进出。这种地形，就像杭州西湖上面的小瀛州岛、湖心亭，台湾日月潭的光华岛一样，相当奇特。

这种安全、适于人类定居的湖中岛屿，是风水师眼中的"龙穴宝地"，明末清初蒋大鸿的风水名著《水龙经》，将此"龙穴"形势，归类为"湖荡聚砂"格：

"湖荡数千顷，中间突起二三片者，大者数百亩，小者五六十亩之格局；若能聚其生气，垣局周密，将可富贵绵远，出宰辅英雄，且富堪敌国！"

有风水师称此种格局为"水巧之穴"，认为是万里龙脉，结穴于"湖畔之中"的象征，《地理大全》记载：

"临于深渊大泽，忽然隐脉水底，而结穴水中；其四畔皆水，后于水中突出山阜，再于山阜上结穴；而四周环绕周匝，皆汪洋巨浸，即是穴在水中，为水巧之穴！"

这类风水宝地，不仅发源于黄帝时期，历来也颇多引用，称其为"真龙穴"的一种，例如《隋炀帝海上记》，在描述洛阳西苑的设施时，就清楚显示，其位于"湖荡聚砂"格的地形：

"每湖四方十里……湖中积土石为山，构亭殿，屈曲环绕澄水碧波，皆穷极人间华丽。"

明朝浙江余姚县周氏祖地，因位于"湖荡聚砂"格的环境，以致后世富贵不休，并出了一位周都宁，《地理大全》：

"该地位浙江余姚县，地名文家堰，其龙甚美……平地穿湖，湖中顿起太阳金星，而结并窝之格，四面皆湖水、汪洋……

穴石突出水中，甚为奇特……之后五十年，科第十余人，至今富贵未艾……"

明洪武年间，福州林姓祖地，因位于"湖荡聚砂"格，而造成后世子孙五世封侯，《地理大全》：

"福州东林祖地，土名林浦，其龙来自南乾……结穴处，即自西峡江边涌起大石入江，石脉跳跃入江，自江中顿起一山，名甘泉山，并作穴面……之后，生子元美，登进士，官抚州郡守；孙瀚，进士，官兵部尚书；曾孙庭昂，进士，官太子太保、大司空；庭机，进士，官大宗伯；玄孙镰，进士，官大宗伯，烃任宪副，诸贤济济，福社方隆。"

这种"湖荡聚砂"格地形，成了日后风水师竞相追逐的风水宝地。

周庄就是这种"湖荡聚砂"格，山管人丁水管财，由于风水好，因此出了一个江南首富沈万三。他富得让明太祖朱元璋都垂涎，他个人出资修了南京城墙的三分之一。沈万三在各地都有许多产业，但是他始终把周庄作为他的根基。

# 第四节　文化名镇——嘉善西塘镇

塘镇隶属浙江嘉善县，地处嘉善县北部。古名斜塘，平川，为江南六大古镇之一。

西塘历史悠久，是古代吴越文化的发祥地之一。早在春秋战国时期就是吴越两国的相交之地，故有"吴根越角"和"越角人家"之称。

嘉善县西塘镇地处杭嘉湖平原于苏、浙、沪交界处，古称胥塘、斜塘，又名平川，是独具特色的江南水乡古镇。西塘历史悠久，在距今四千余年的新石器时代晚期，已有人类活动的遗迹。早在春秋战国时期就是吴、越两国的相交之地，故有"吴根越角"之称。到元代初步形成市集，至明代时已是颇具规模的市集了。明代，在这里已设西塘镇，名称沿用至今。

西塘镇

西塘地势平坦，河流密布，自然环境十分幽静。有九条河道在镇区交汇，把镇区分划成八个板块，而众多的桥梁又把水乡连成一体。古称"九龙捧珠"、"八面来风"。古镇布局依水而缘，因水成街，因水成路，因水成市，因水成园，家家临水，户户舟楫，桃红柳绿，小桥流水人家，一派水乡风光。西塘的水，巧妙地将河桥、街路、宅园融汇成景。镇上街河并行，桥路相接，通幽有径，有"绿意红情，春风夜月；小桥流水，琴韵书声"的意境。

河网交错，湖光水色，水虾鱼菱构筑成多情多姿的水乡风情。远眺水乡，白墙墨顶，舟影波光，在薄雾的晕染下恰如一幅淡彩的宣纸画；走进古镇，廊棚苍老，弄堂幽深，似乎进入了久远的历史……西塘，河流纵横，绿波荡漾，晨间，小桥流水，薄雾似纱；傍晚，夕阳斜照，渔舟扁扁，是典型的江南水乡的写照。

在古镇西塘石皮弄弄口停留，总会让人感觉再等一会儿就会有位婀娜的水乡女子身穿旗袍，手撑油布伞从石皮弄里缓缓走来，怪不得有那么多人在弄口滞留。

西塘有三大特色：桥多、弄多、廊棚多。弄堂挂不同的习途来分类，大致有三类：街弄、陪弄和水弄。连通两条平行街道的称为街弄；前通街后通河的称为水弄；大宅内设在厅堂侧面的称为陪弄。而弄的名称一般都以弄中居住的大姓家族而命名，如王家弄、叶家弄、苏家弄。弄堂的名称是怎么来的呢？以前弄堂的堂可不是这个堂，而唐朝的唐。古人称：屋下小巷为弄，庙中之路为唐。人们后来将街路的支巷或屋边的小路都称为弄堂。

走在西塘的街弄里，往往可以看到这里前通新区后通老宅，穿过它就像穿过历史隧道，街弄维系着两个不同的时代。水弄连着河埠，往往是附近不临水人家下河的通道。

与街弄和水弄不同的是：陪弄完全在室内。有墙和邻居相隔，没有采光系统，所以许多陪弄的墙上挖有灯孔，就是为了放油盏灯照明用的。久居陪弄的人家闭上眼睛就能来去自如，不熟悉地形的外来客就得像打太极拳那样慢手慢脚探路而行。

古镇大户人家的大门平常是关闭着的，一般只有等家中贵客临门或逢上喜庆节日时大门才敞开。但妇女与佣人们走的永远是陪弄，所以说它是中国封建思想留下的纪念品，陪弄本来是属于大户人家私人的，经过解放后的土改运动和房屋改革，这些大宅现在都住进了许多户人家，这些陪弄也就成为各家出入的公共通道了。

西塘的弄一般宽仅 2 米，并排可同时行走二人，但西塘镇最宽的弄，可并排走五人，位于烧香巷北李宅的宅弄。而最窄的弄，有人说是李家的小弄，宽度只限一个人侧身而过，而位于环秀桥西的一条野猫弄，确实也很窄，最多 30 厘米宽，它是两幢房子中间的一条缝。西塘镇最短的就是余庆堂内的宅弄，全长不过 3 米，最长的弄是位于北栅街的四贤祠弄，全长 236 米。

西塘最具特色的莫过于人尽皆知的石皮弄了，此弄位于下西街，全长 68 米，由 216 块厚度仅三毫米的石板铺就而成，是王家尊闻堂与种福堂之间的过道。上面是一条狭长的天空，所以又有"一线天"的称法。据考证，弄内的石板路下是一条使全弄雨天不积水的下水道，薄如皮的石板作为下水道的表皮故称石皮弄。它最宽处 1.1 米，最窄处只有零点八米，如果有两个胖子在弄内交会，没准擦墙贴肚皮也不一定能轻易通过。

石皮弄因为太有特色，已成为拍电影、电视剧的理想场景，多部电影电视剧都曾在这里取景，如：《天一生水》、《钱塘人家》、《画魂》、《像雾像雨又像风》、《和你在一起》、《情牵一线天》等。是西塘人生活在电影里，还是电影入迷上了西塘？仁者见仁啦！

西塘地势平坦，河流纵横，环境幽静，保存着完好的明、清古建筑，古镇中临河的街道都有廊棚，廊棚沿河而建，连为一体，绵延不断，总长近千米，类似北京颐和园的长廊。九条水道在镇中纵横交织，二十七座石桥架于其上。在春夏秋冬阴晴雨雪等不同时节呈现出不断变幻的水乡风情。

西塘的廊棚是众多江南水乡中独一无二的建筑，也是古镇中一道最独特的风景线。所谓廊棚，其实就是带屋顶的街。西塘的廊棚有的临河，

有的居中，有的在沿河一侧还设有靠背长凳，供人歇息。廊棚的顶有"一落水"、有"二落水"，也有过街楼形成廊棚的屋顶。廊棚里侧是商店和民宅，行人来往无雨淋日晒之苦。古镇的廊棚长达一千多米。

西塘地势平坦，河流纵横自然环境十分幽雅。古镇内鳞次栉比的明清建筑与纵横交错的市河相映成趣，街衢多依河而建，民居临水而筑，并以桥多、弄多、廊棚多而著称。古镇处处绿波荡漾，家家临水人影。晨间，小桥流水，薄雾似纱；傍晚，夕阳斜照，渔舟扁扁，犹如一幅丹青，触目所见，如诗如画。

西塘是中国首批十大历史文化名镇之一，已被联合国教科文组织列入世界文化遗产保护预备清单。老镇区内至今保存完好的25万平方米明清建筑群，规模之大和保存之完好是江南少有的。古老的江南水乡风貌形成了西塘丰富的自然景观资源，街衢依河而建，民居临水而筑，1平方公里的老镇区内有27座石桥、122条古弄和千余米长的廊棚，拥有西园、种福堂、石皮弄、根雕馆、纽扣博物馆、圣堂、七老爷庙、倪天增祖居等景点近20处。古镇延续着街衢依河而建、民居临河而筑的风格，九条河流把古镇分割成八个板块，古桥、古弄、廊棚、古宅有机地融合在一起，充分体现出"小桥、流水、人家"的江南水乡古镇风貌。

西塘镇的风水格局，在风水师眼中是平洋水龙。

# 第五节  文化名镇——象山石浦镇

浙江象山县石浦镇位于浙江沿海中部、象山半岛南端，北接新桥镇、定塘镇等乡镇；西扼三门湾；南与鹤浦镇、高塘镇隔港相望；东临大目洋、猫头洋，素有"浙洋中路重镇"之称。

石浦历史悠久，始建年代无参考，因先民聚落于大金山麓峡谷中，三面环山，以"溪流入海处山岩直逼海中"而得名石浦。

石浦在唐代以前为鄞县属地；《汉书·地理志》已有内容涉及先民在此耕海牧渔，生息繁衍。

唐神龙二年（公元706年），象山立县，石浦即为所属村落。

宋改东门寨，属归仁乡后门保，元设东门巡检司；明属归仁乡三都。

明洪武二年（公元1369年），置石浦巡司，隶东门寨巡检司。

明洪武二十年（公元1387年），徙昌国卫于东门山。石浦巡司迁往青山头，调昌国之前、后二所于石浦，筑城，"城东南面海，西北依山，高二丈，广六丈，周六百零七丈，辟西、南、北三门"，为浙东抗倭右翼，有"浙洋重镇"之称。

明末清初，石浦将军张名振以石浦为基地，建立抗清大本营，后张苍水也以此为抗清基地，直至被捕。

清顺治十八年（公元1661年）为扼杀抗清力量，强令沿海居民内迁，石浦所城毁，现尚残存城垣700余米。

清康熙二十三年（公元1684年）修复，属归仁乡二十一都。

清康熙三十三年（公元1694年）城重修，置昌石营，千总防守。

清雍正年间（公元1723年～公元1735年），驻昌石水师营。

清道光五年（公元1826年），设宁波府海防同知署。

清宣统二年（公元1910年），石浦隶昌石镇。

象山石浦镇

石浦地理位置：东控日本，北接登莱，南亘瓯闽，西通吴会。

石浦港为天然渔、军良港，可通五千吨级货轮，停泊万艘渔船。早在唐之前石浦就辟为商埠，元时曾设东门巡检司，明洪武二十年（公元1387年）始筑城，为浙东抗倭右翼。石浦城区建筑依山面海，鳞次栉比，沿港长达数里，具有独特的渔港古镇传统风貌。

石浦港旧称酒吸港，又名荔港，呈东北西南走向，由东门、对面山、南田、高塘诸岛围列成天然屏障，形成四岛屏罗、五门环列的月牙状封闭型港湾。

石浦是依山而建的老城，三面环水，街巷曲折跌宕，石板老街如一条飘带，在古城中间舞动。石浦镇由四条总长1670米、保留完整的街道（碗行街、福建街、中街、后街）组成了古朴的石浦老街。以木板筑墙为特色的街道铺面房，与小巷里砖瓦石库居民相映成趣，独具江南海滨水镇风韵。

街口有一江心寺，为古城主入口，从这里进去就可以感受到从海水踏进陆地的安全感。那美丽的名字是因为寺庙建在海边岩石上，形成相对独立海中之势，所以称其为江心。

石浦有一条老街又叫中街，始建于明代，清代得以发展。直到二十世纪三四十年代，石浦中街还是一条相当繁荣的商贸街。据说当时中街两侧的商家店号有绸布庄、鞋店、铜店、药店等等一百多家。这条老街非常有意思地保留了下来。

石浦中街东段200多米两侧，基本上较好地保留了明、清建筑的风貌，虽然比较陈旧，但还是具有一定的观赏及研究价值。特别值得一提的是，这里有条巡司弄，巡司弄有幢明代石浦巡司衙门旧址，这在别处已难以见到了。其次，这段老街上每隔五十米左右就有一座跨街而筑的封火门，一共有五座。另外，尽管经过时代变迁，中街两侧的旧店号，有的还仍稀可见，封火墙上的牌文，有的也完好地保留下来。

这个弯月形的海港被大陆、东门岛、对面山岛、南田岛、高塘岛所环抱，构成一个多口的封闭型港湾。"里港看不到外海"是它的显著特色。港内虽然封闭，五门水路却畅通无阻。这五道水门便是：铜瓦门、

东门、小湾门、林门和三门。

蜃雨腥风骇浪前，高低曲折一城圆。人家住在潮烟里，万里涛声到枕边。

石浦老城历史文化街（俗称老街）主要包括中街、城隍庙、城隍弄及后街、后山路。其都为历史悠久的商业街，是石浦历史文化名镇的精华，大多建于清末民初，基本保存完好，空间特色明显，其中中街长243米，宽3米，两侧建筑多为二层木结构楼房，基本维持旧貌，街道空间封闭，高低曲折变化，以石板台阶连接，在老弄分段处以封火墙分隔，呈现独特的古镇风貌。

石浦镇背山面海，大海来潮，是风水师心目中的风水宝地。风水师认为，发源深山峻岭的龙脉，最后，其主干龙脉必"止息"于海滨，"势止气蓄"的结果，就会在该地形成生气十足、适于万物生长的"大龙穴"。

明朝徐善继、徐善述著《地理人子须知》谈到海潮水："海之为水，四滨之所聚也；水势既聚，则龙势大止，故凡大干龙多止于海滨，而其融结，或产王侯，或生富贵。至于潮水之来，亦有验其吉凶，潮头高而色白者为吉。古歌云：'海水逆潮人爱惜，两浙英雄由此出，十五不潮人叹息。'又云：'江左秀气在潮水，潮白时人多富贵。'如昆山县近数十年前，海潮抵其邑者三，状元亦三应之。又，泉州沙塞潮河，近年开通，潮水抵城，而人才盛冠八闽。仙游古潮抵县，故多显贵。宋初，莆田因筑木兰陂，潮止陂下，而贵萃莆阳。"

此种地形除了"聚集生气"外，主要还是海水"逆潮"所致，这是风水"五大水局"中的"朝水局"。古书云："海水逆潮多富贵，潮来之时步青云。"即是此类型。

"环山面海"的海滨，三面环山一面向海，山环海抱、生趣盎然，这类风水吉地，所聚集的兴旺之气，适合人类居住。

"三面环山"的海湾，其标准地形，后面通常为青葱翠绿的山陵；前方则面向大海，整体视野广阔、环境优美，历代很多功成名就的人士，其幼年祖宅或现在住家，就是属于这种环境，如孙中山先生故居广东省中山市翠亨村，"后有青山，门前远眺珠江"，即为标准"环山面海"

的宝地。这种好气场，风水又称"背山向水"；对于其成因，自古以来风水家都认为，该地"三面环山"，则有"藏风"之效；而"开口向海"，促使藏于山脉中的生气，"遇水则止"，于是造成大量生气凝聚于滨海之处，形成"风水宝地"。

# 第六节　文化名镇——德清武康镇

武康历史悠久，早在4100多年前，便是防风古国所在地。三国吴黄武元年（公元222年）开始建县，名叫永安县。晋太康三年（公元282年），县境内有一座武康山，又改名武康县，在1958年武康并入德清县之前，一直是武康县城所在地。1983年10月12日，千秋人民公社恢复千秋乡建制，1985年4月15日撤销千秋乡并入武康镇，1992年扩镇并乡，对河口并入武康镇。1999年，区域调整，撤销上柏、三桥、秋山、武康四个乡镇，组建新的武康，并被确定为我县的中心城镇；2003年11月，原龙山乡从洛舍镇划出，并入武康镇。2007年6月，龙山村、龙胜村、王母山村、郭肇村、狮山村、秋山村、秋北村、兴山村共8个村从武康镇管辖中划出，由县开发区管委会代管。

德清武康镇

德清县城自搬迁武康至今已十年有余，新县城以她巨大的发展步伐，如今已经成为省会杭州北郊崛起的一座新城。然而，人们没有忘记武康是一座有着1700多年建置史的古老县城，于是以"永安"名街，"余英"名坊，以及"千秋广场"、"春晖公园"……以此来追寻历史，刻录对这座古老县城的记忆。永安古城遗址的发现，弥补了武康历史物质文化不足的缺憾，以文物的角度实现了新城与古城历史的续接，而对永安古城的保护和利用定能提升武康的城市文化品位，为新县城增色添彩。

隋至宋，永安古城经历多次变易。原在余英溪北，隋时迁于溪南，百余年后因兵燹复迁溪北，南宋初再次重建。永安古城虽然屡毁屡建，但地望基本不变。在重建后即刻达到原初的繁盛。

元末明初，由于张士诚的短暂割据，承安古城又一次经历了兵毁和重建。

永安古城以其山水环绕的得天独厚，民物阜安。清道光《武康县志》载："武康为六朝名邑，金石之富，甲于诸县。"从北宋县令毛滂的《东堂记》中，我们可知县舍"尽心堂"的华丽程度甚至超过了湖州刺史府："以'生远'名楼，'画舫'名斋，'潜玉'名庵，'寒秀'、'阳春'名亭、'花'名坞，'蝶'名径，而迭石为鱼矶，编竹为鹤巢，皆在此池上。独'阳春'西窗，高山最多。"这些精巧奇秀的名称，让我们不难想象当时亭阁错落，曲径通幽的江南园林景致。

从史料中，我们同样可以初步推断永安古城的地望。

永安古城的考古调查与发现：

对史料记载的初步梳理后，进行实地的调查考证更有其必要性。史料关于永安古城的描述提供了线索和依据，而寻访古城遗址无疑能印证史料是否确切，同时也是我们更强烈的需求。

我们在武康城西进行了大范围的考古调查，今年春天曾发现沈中坞一带符合永安古城遗址的某些特征，但因缺乏更有力的证据而作罢。后来我们注意到史料涉及的一个称为"后署"的地名。清道光《武康县志》"后署"条目载："在永安山下，俗名'后市'。即永安旧署，今成村落。"后署所在即永安古城所在，这为寻访古城遗址大有裨益。

经过再次寻访，在今武康镇城西村后署里终于发现了永安古城遗址。这里从今千秋街清代武康县治旧址向西至永安山脚下，距离恰为旧制五里。永安山成东南至西北向错落排列，永安古城遗址在其东南向阳的台地上，连绵的丘陵成合抱之势。前溪原流向也从山侧经过。现因为城防工程使水系改道，原地貌已不可复见。登永安山远望，地势开阔，方向正对东南方今武康镇。从堪舆的角度来看永安山是古城的屏障"祖山"，前左右各有一小丘，为"青龙"、"白虎"，成关门之势，远处云岫诸山为"案山"。地形符合古人在城址选择上的堪舆学原理，是人和自然相与为一的风水宝地。

古城内在草木茂盛中几处异常的隆起相当惹眼。扯去上面的藤蔓，我们发现其下生土以上的土丘为熟土，似有人工夯筑痕迹。这几段土墙残长近百米，残高约六米，下宽约五米，上宽近二米，剖面成梯形，转角整齐，成直角。但由于近代砖瓦厂取土，地貌改变较大，除去砖厂取土地表下降的高度，这段残墙也有二米多高。但历代方志未见永安古城有筑城墙的记载，而是园地制宜地用类似于护城河的"濠"作防护。清道光《武康县志》记载："铜岘山之水三面环绕，浚为濠堑。"因此，对这段古墙还得作进一步的调查后确认。而城外侧的水沟也有近乎直角的转向，似与史料记载的永安古城"浚为壕堑"的护城河隐隐暗合。根据史料记载和永安古城的调查初步推断，永安古城遗址的地点可以确认，遗址的上限年代为三国吴，下限当在元、明之际。至于该古城遗址深层的未知问题，则有待于作进一步考证。

从史料、古地名到实物，如此统一，可以初步确定：永安古城即在永安山脚下的今城西村后署里自然村的开阔地带，包括东南方的城防工程和德清职高一带，原先都应该属于古城的范围，南北长约五百米，东西宽约二百米。站在永安山顶远眺，永安古城向今武康新城自西而东发展的脉络一览无余，展现武康发展的历史一脉相承。

武康镇地处丘陵地带，境内有狮山、塔山、城山、大紫山等。余英溪自筏头经对河口，西东向穿境而过，注入东苕溪，真是山环水篁

从堪舆的角度来看永安山是古城的屏障"祖山"，前左右各有一小

丘，为"青龙"、"白虎"，成关门之势，远处云岫诸山为"案山"。地形符合古人在城址选择上的堪舆学原理。是人和自然相与为一的风水宝地。

武康镇风水格局称为"四兽"，或称为"四神"。是以四种动物，来称呼"前后左右"的形势。即左边称"青龙"，右边称"白虎"，后面叫"玄武"，前面为"朱雀"，合称为四兽。

说的就是此种地形。《地理大全》则讲得更具体："地理以前山为朱雀，后山为玄武，左山为青龙，右山为白虎，姑借四宿之名，以别四方之山。"

风水师认为，居住环境或城镇左右两边，有山峦、小丘围绕，呈现"环抱状"，就如两个护卫再左右保护。

"青龙"、"白虎"在字面上，即有"警戒"、"守卫"之意。在风水上的功用，则是要借助左右的地势，以达到"藏风聚气"之效。

在现代的风水理论中，龙虎已成了穴场左右二边的"山脉"或"地势"的代名词。

有四兽格局的地形，被风水师认为是上吉之地。

凡宅左有流水谓之青龙，右有长道谓之白虎，前有污池谓之朱雀，后有丘陵谓之玄武，为最贵地。

左边的青龙方，最好是河流或池塘；右边的白虎方，则最好为长道或低伏的山冈；前面朱雀可为草原或池塘，但尽量要保持地形的平坦与开阔；而后面的玄武方，仍旧要地势稍高，并有山脉峙立在后，作为屏障。这些地形条件，就是汉朝以来最佳的择居环境。

《后汉书•仲长统传》记录："使居有良田广宅，背山临流，沟池环匝，竹木周布，场圃筑前。"

可见这种理想的风水宝地，在中国已流传了两千年。

这种挑选四兽地形的法则，在古人挑选城邑、乡镇、村庄、聚落等，较大景点的住地时最常用。

德清武康镇选址布局：

马头高拥其南，乌回盘旋于北，石城西峙，黄陇东蹲，余英溪襟带

于前后，风渚湖荡映于上下。

符合这种四兽格局，因此历千年不衰。

# 第七节　文化名镇——泰顺泗溪镇

浙江泰顺县泗溪镇东界松洋、九峰，紧邻苍南，南连雅阳、柳峰，毗福建福鼎，西北接东溪、凤洋，是浙南边陲的一个山区小镇。境内有自邻乡入境的东、南、西、北四溪汇于下桥，有"泗水洄澜"之称。在古代，这片迷人的山光水色吸引了大批文人骚客达官隐士到此游赏。其中亦有不少人落脚此处，伴聚秀溪山一片，读诗书，耕农田，过起世外桃源般的生活。

宋太祖建隆二年（公元961年），林建见泗溪山水形胜，"逢荒不饥，逢兵不乱；山可樵，水可渔"。从泰顺筱村迁泗溪，成为当地林氏始祖。

泗溪镇

　　宋代是泰顺地区文化最发达的时期，"自宋以后，生齿日繁，文物渐盛，科甲肇兴，人才辈出"。泗溪的林氏更是支派繁衍，文士辈出，成为泰顺文风最盛的三大家族之一。自北宋熙宁三年（公元 1070 年）至南宋成淳四年（公元 1268 年）的一百九十八年中，林氏家族中文、武进士者达四十三人。其中具有学士衔者十八人，时称"十八学士"，或兄弟同榜及第，或父子同甲登科，甚至祖孙三、四、五代连续金榜题名。仅正奉大夫林永年脉下，就有进士二十九人，济济一堂，簪缨相继。

　　泗溪还有陈、包、曾、王、汤等姓氏。陈氏最早迁入泰顺的支派是在唐代宗大历四年（公元 769 年），先世陈新已定居今松蚌乡陈阳，祖籍及始徙时间失考，后裔散居今南溪企石、泗溪南山、积库吾坪。包氏始祖包贵山，祖籍平阳竹楼，宋朝德祐元年（公元 1275 年），迁居今泗溪玉岩。曾氏远祖系出赣之会昌，辗转徙居瑞安；后裔曾秉，于宋时迁居今本境东溪；宋末后裔曾隆七，从东溪分徙今泗溪白粉墙。汤氏则于清康熙年间由平阳迁入泰顺，始祖汤文魁。

　　在迁居泗溪的几个姓氏中，玉岩包氏有一个颇具传奇的故事。包氏世居平阳，九代单传，而迁居玉岩后便生了七子，这不禁让人们兴奋起来。大赞此地是风水宝地。话说回来，玉岩确也是风光绮丽的所在，溪山环峙，秀峰迭翠，一个小小的村庄，竟也有八景诗赞。村子的东南有一池，形如半月，名为"半月笼烟"，池水静而清，四时各呈异色，烟锁其上时，有云蒸霞蔚相为掩映之致，为村中一道"至美"胜景。

　　古村后池与下桥村相隔，是林建从筱村改迁泗溪的栖居处，除林氏外，还有汤氏家族居此。村落面积不大，但山环水绕，景致非常优美。林、汤两大家族发展史就如村前的溪流，生生不息，酝酿出一段深厚的乡土往事。仍存于世的宗祠和宗谱无疑是这两大家族在宗法社会中的最深印记。

　　古代村落中有居住中心、礼制中心等区域的划分。后池村头是整个村落的礼制中心，分别建有汤氏宗祠和林氏宗祠。汤氏宗祠的规模要比林氏宗祠大得多，而且做工也要细。说起汤氏的源流以及汤氏宗祠的营建，其中还有一个耐人寻味的故事。汤文魁年轻时入行伍，后擢升为将

领，康熙年间携子率兵入驻泰顺泗溪镇守营盘。由于当时未修有宗谱，以至几世后，汤氏族人竟无从得知派衍何处。族人汤国修赴考时，因说不清祖籍而被主考官拒之考场之外。恰巧，另有一位主考官也姓汤，乐清人，便嘱咐汤国修先回乡修宗谱，谱头祖系可以续在乐清汤氏之下。当汤国修返乡编修宗谱参加第二年考试时，主考官又问其宗祠建在何处。当时汤氏未建有祠堂，主考官说未建祠堂，中式了官报无处可送，再次拒绝他进入考场。汤国修只好再次返乡主持建造宗祠。有志者事竟成，汤国修后来终于中式成为贡生，并在宗祠外立旗杆石，时为清同治五年（公元 1866 年）的事。第三年泰顺县太爷又亲笔题写"明经"匾赠与汤国修，悬挂在宗祠中。

在宗祠的第三进中，有一块新立的《文魁公碑志》："始祖泽公，字谱济。系河南省光州府固始县朱皋镇人，唐大历中进士。至贞元德宗官封太师。游官到闽转浙江省平阳县。直至二十七世祖文魁公，于大清康熙廿五年服军旅，身为主将，率子建佐公进驻泰顺泗溪镇守北涧桥营盘，事后定居泗溪为汤氏始祖。"碑文明确地阐述了汤氏的祖脉。但是，当年汤国修赴考时，不是因为报不出派衍何处，而被主考官笑称为"野汤"吗？怎么这里又是说自平阳呢？原来事有凑巧，前几年有族人与平阳汤氏人一起担柴卖，言谈中说起各自祖上的事，平阳人说其祖上有一位叫汤文魁的，入行伍后即失去音信。后池汤氏族人一听，自己祖上不就是叫汤文魁吗？经两地族人验对后，果然彼此族中的"汤文魁"同系一人。几百年后，后池汤氏才得以认祖归宗，合族欢悦之际议修宗谱，时在 1997 年。

**泗溪镇的风水：**

风水是古人选择环境的一套理论体系，其中心是"乘风则散，界水则止"的"气"。泗溪山环水涧，形成一个相对封闭的单元环境，这在风水选址中是基本的要求，只有此种环境才能留住"气"。风水家的理由是："山水翕集，四势团近有情，而真穴必居包裹拥从之中，所谓藏风聚气者也。"运用风水理论选址在中国历史上一直长盛不衰，而风水也因此成为中国人环境意识形态的体现。古人认为，只有在风水好也就

是"地灵"的前提下，才能出人才，家族才能兴旺发达。泗溪《林氏族谱》中有这样一段记载，多少也反映出这方面的思想："其地文笔插天、双峰映日、龙蛇凤虎排闼卓立。其土沃，其泉甘，诚天然之气脉，以故孝子忠臣、骚人墨客，世不乏人。……天地山川秀气知人杰，必本乎地灵也！……南宋以来，或以忠显，或以孝旌，辉煌腾越，附凤攀龙。于是乎，称为泗溪，则又若地灵因人杰而著焉！"这段话将风水的重要性渲染的是淋漓尽致，孝子忠臣、骚人墨客代不乏人，兼是托"气脉"的福！

在"风水"中水占去一半，具有举足轻重的地位。因此风水先生认为，凡入一局之中，未看山，先看水。水是龙的血脉，两水之中必有山，故水会即龙尽，水交则龙止。水飞走即生气散，水融注则内气聚。水深处民多富，水浅处民多贫。水聚处民多稠，水散处民多离。如此等等，均充分说明了水在择址中的重要性。风水认为有两条水交汇，一般来说即为上者。而泗溪竟有四条溪流之多，且迂回曲折，这是很少见的地理环境，自然成为古人择居的首选之地。这四条溪流是这样流经分布的：从西地流出的溪流，经石门、南山下和上洋，在上桥附近与从国岭流出经南溪村的一条溪流汇合。这两条溪流汇合流到下桥后，又与从横坑流出经溪源的溪流汇合，至此三条溪汇合成一条溪流，最后在泗溪水尾与从下村洋流出经泗溪头、半溪的一条溪流进行大融合，泗溪汇聚，流向境外的东溪、雪溪方向。

"泗水洄澜"指的是水流的形态，泗溪下桥村的一些老人对风水颇有研究，他们认为，这四条溪流眷恋回环、屈曲绕抱、悠扬澄凝，是水之上者。水的形态在堪舆书《山洋指迷》中被列为八项："一曰眷，去而回顾；二曰恋，深聚留恋；三曰回，回环曲引；四曰环，绕抱有情；五曰交，两水交汇；六曰锁，湾曲紧密；七曰织，云意如织；八曰结，众水会潴。"这八种水也正是符合了风水秀、吉、变、情的要求。如此秀丽的山川，独特的"泗水回澜"之胜地自然会被当地乡民们引以为豪。

泰顺解放后重新划分乡镇时，泗溪下桥村与白粉墙村曾有争议，下桥人认为泗溪乡中心应在下桥，白粉墙人又认为泗溪中心不应在下桥村。

下桥村人的理由是，"四溪"顾名思义就有境内有四条溪，白粉墙范围内只有一条溪，哪能称"四溪"？官方为了兼顾左右，最后划分白粉墙为上泗溪乡，划下桥村为下泗溪乡。但白粉墙后来居上，逐渐发展成为泗溪境内的集市交易之地，强过了下桥村。

两山之间必有水，两水之间必有山。雁荡山脉自东北向西延伸，大刀阔斧削就天台、南北雁荡等胜景，但延至泰顺境内已成强弩之末，不过还是在泗溪一带留下了漂亮的句号——四溪、五岩、四十二峰构成了一个十分难得的"风水"。

泗溪山古名西山，共四十座山峰，壁立千仞，横亘十里（陈圣格《赤岩山漫记》）。山在风水中被称为龙，是借龙的名称来代表山脉的走向、起伏、转折、变化。因为龙善变化，能大能小，能屈能伸，能隐能现，能飞能潜。山势就像龙一样变化多端。故以龙称呼。但"龙"并不一定是山的代称，在山脉少见的平原地区，便视"水"为"龙"。现年76岁乡民林诒永说，泗溪的山脉中最好看的一条龙是从福建寿宁跑过来，一直跑到现在上桥边上的临水夫人宫那才停下来。林诒永祖屋的后山也是一条龙，祖上一年收租最多时曾收到两千多担，他认为这是风水好的缘故。

泗溪乡民们认为，境内有四条龙脉，分别是后池岗、洋心岗、半洋岗和大力岗，故而有"四蛇相会"的说法，而且这四座山脉的尽处均有水流，所以又称为"四蛇饮水"。

在选定村落环境后，营建屋宇也有许多繁杂的讲究。林氏族人林直钱颇懂得风水之法，他说水共有长生、沐浴、官带、临官、帝旺、衰、病、死、墓、绝、胎、养十二类，其中前五类属上者，为佳水，胎和养为一般之水，不好也不坏，其余均为下等水，民居的收水绝不能朝向那些水，否则家中将大灾小难接连不断。但是这些水法并也不是一成不变的，而是按照八卦的排列产生变化的。比如后池汤家火墙底门楼的朝向并不是向前，而是偏向一边，在建筑上这叫做"歪门正厅"。在风水来讲，这座门楼其实是朝向从上桥流出的那条溪，对于火墙底这座民居来讲，那条水便是水之上者，属于长生水。后池林氏有一座民居门楼也是

偏于一边，与正房并不同方向，面临远山流出的长生水。但是那条对林氏民居来讲是长生水的山涧，对汤氏的火墙底却是黄泉水，属下等水，火墙底曾遭白蚁侵蚀，跟黄泉水打来的煞气有关系。后来，汤氏在煞口建了一座小房子挡住煞气，才得以安居。

水被看作是"财源"的象征，所以村落水口的营造也同样被古人所看重。风水中对水之入口处的形势要求不严格，但对水之出口处的形势非常看重，水口必须关锁，为的是不让财源流失。水口的环境是自然生成的，但如果不符合风水的要求，则采取补救的方法，如建宫、塔等进行改造，以关锁内气。泗溪下桥村很多水口的出处均建有津梁宫庙，或植树荫护。现北涧桥两旁原来都有大树，拱卫着水口。可惜后来东边的一株大树被洪水冲倒。在四条溪汇合后的水口处，则建宫进行镇煞。

"盛衰相推，否泰反类，迄今历世已久，祖风莫振，仕途闭塞，宦路榛芜……"这是泗溪《林氏族谱》中的一段文字，记述林氏家族由盛而衰，家风不振的事。问老人们，后来泗溪的风水是不是就一直衰落下去了呢？他们的回答大多是说受了江西阴阳的破坏。

相传在明朝，同朝为官的浙江人与江西人日久生隙，导致不和。有天，江西官员问浙江官员，浙江人才那么多，是何缘故呢？浙江官员一时口快，说是风水所养。听说是风水所养，江西官员纷纷辞官不做，返乡潜心研究风水术，然后专门到浙江破坏风水。泰顺几乎每个地方都流传有江西阴阳破风水的传说。

话归正题，江西阴阳游逛到泗溪，看到花园那两株风水树后，自然又要生出歹心来。其时，学士的老母亲在家思念在朝中当官的儿子，江西阴阳对学士母亲说，你只要砍断此树，你的儿子就会回来，老母亲一听能见到儿子了，当然是立即答应下来，问江西阴阳如何砍断此树。江西阴阳拿来白狗血点到树上，树即被砍倒，再也没长出来。

另外有一个故事，说的是十八学士同朝为官，又同时遭难的传说。下桥村的林诒永说十八学士一起惨遭不测，是跟家乡学士府前的风水树被砍倒有关系的。

古人喜欢在山环水抱之地立村设镇，认为山环水抱可以藏风聚气，

最利人居。

山环是主山为屏障，山势向左右延伸到左右，成环抱之势，将后方、左右围合，前方有案山遮挡，因此环山可聚气。曲水收气，水流弯曲之地可聚气，泗溪镇有四条溪流相汇，正是好风水的格局。泗溪镇真是一处山环水抱、藏风聚气的风水宝地，历来文风昌盛，人才辈出。

宋朝时，泗溪下桥花园那里有户人家，兄弟十八人，个个在朝廷任学士之职，人称"十八学士"。居身于浙南一隅的家族，能在一个朝代中走出十八位学士，实属不易。

# 第八节　文化名镇——贵溪上清镇

上清镇是江西省鹰潭市贵溪市的下辖镇，位于鹰潭市贵溪市西南部。辖11个村（居）委会，总人口3万余人。

上清镇因中国道教发源地而闻名天下，张天师在此已历经63代1900余年，上清镇是中国道教29个福地之一。中国古典名著《水浒传》开篇第一回《张天师祈禳瘟疫，洪太尉误走妖魔》的故事就发生在这里，对龙虎山的奇峰怪石和上清宫的仙都就有过生动地描写。

上清镇不仅以道教文化著称，还以其"虚受一切，涵容万物"的道教理念宽大地接受了多元文化并存的格局，佛、儒、基督教在上清的活动极大地丰富了上清的文化内涵。唐代禅宗高僧马祖道一曾在上清讲经传道；月宝禅师也曾在镇东北的天门山上建天门寺收徒授经；南宋著名理学家陆九渊在镇北应天山创立象山精舍，世称"象山学派"，名噪一时；镇内近代还建有外国人兴建的天主教堂。

江西贵溪上清镇有"中国道教第一镇"之誉，位于鹰潭市南郊30公里泸溪河畔，依山傍水，风光旖旎。

贵溪上清镇

唐高祖武德八年（公元625年）设雄石镇，并派兵驻守。

唐末朝廷派中丞将倪亚任镇遏史，后因其剿匪有功封为倪亚王，古镇也因此改为倪亚市。

北宋崇宁四年（公元1105年），宋徽宗命江东漕臣将上清观从龙虎山迁放上清，又将倪亚市改为上清市。

清乾隆三十年（公元1748年），始称上清镇。

古镇中心有上清天师府，整个古镇有保持完整的明清风格建筑群，分布着诸多著名的道教宫观。

明初，上清镇即形成这于今日的规模。至明代后期，上清古镇已相当繁荣，《徐霞客游记》称上清街"甚长"。晚清咸丰年间（公元1851年～公元1861年），太平军和清军曾在上清激战，镇内建筑损毁严重。直至民国年间大体修复，其面貌一直保持到八十年代。

上清镇不仅以道教文化著称，还以其"虚受一切，涵容万物"的道教理念宽大地接受了多元文化并存的格局。唐代禅宗高僧马祖道一曾在上清讲经传道，月宝禅师也曾在镇东北的天门山上建天门寺收徒授经，著名理学家陆九渊在镇北应天山创立象山精舍（书院），世称"象山学

派"，名噪一时。历史遗迹长庆坊和东岳宫则显示了民间崇拜。位于镇东头的天主教堂于清同治十一年（公元 1872 年）由荷兰神父所建，为哥德式建筑，成为当地天主教的圣堂。佛、儒、基督教在上清的活动，丰富了上清镇的文化内涵。

上清镇自然环境十分优美，周围群山环抱，相传为"九龙聚会"之宝地。这九龙是指附近的天门山、台山、乌剑山、狮子山、冲天峰、应天山、西华山、乌龟山和圣井山。泸溪河从镇东缓缓流向镇西。古镇入口的古樟是唐高祖武德八年（公元 625 年）建镇时所植，它是古镇诞生、发展、繁荣的见证人，与古镇一样，已有 1300 多年的历史，至今仍然那么挺拔、茂盛。

上清镇古街古貌依旧，古风犹存。这条古街沿河而修，长约三华里，东西向贯联全镇，街面为鹅卵石，中间用长条青石铺砌，沿街两旁为砖木结构的商铺店面，临河一边为江南水乡独特的建筑吊脚楼。如果说吊脚楼是上清民居的一大特色的话，那么沿河码埠又是上清古街另一道风景线和繁华历史的印证了。上清古街，临水而建，先人建房时考虑到居民饮水、洗衣乃至船只停泊的便利，每隔二三十米，便空出一弄用麻石砌起石级，水边以长条麻石砌成扇形埠头，做工考究美观，方便实用。

古街左边的一幢幢房子，无论是古老的，还是新建的，虽然都是坐北朝南、鳞次栉比地排列着，但都不在一条水平线上，这是为什么？这叫"兜财屋"。如房子在一条水平线上，就是"流水屋"，那财运就会顺着流水冲走了，所以当地人建房时房角总要突出来些，以示要永远留住自家的财运。

千年古镇是江西鹰潭市贵溪市的亮点，如果没有上清镇，没有上清这块土地孕育出来的道教文化，龙虎山要成为中国道教第一山、中国道教的发祥地恐怕是不可能的。这条古街虽未经过专家设计，一切都自自然然，无形中有一种自然之美，然而就是在这种自然当中，整条街又孕育着独特的地方民俗风情。沿这条街逆泸溪河水而上，街左边的房子皆成阶梯状，每一家房子总比前一家的房子往前凸出 1 米左右，据说这是当地人预示家事兴旺的象征。右边的吊脚楼空荡荡地几个木柱子立于水

中。漫步这条街区，你不必闪躲汽车的横冲直撞，尽可悠闲自在地观看市井风情。渔民织网，孩童戏耍，怡然自得。龙虎山方圆二百平方公里，境内峰峦叠嶂，树木葱茏，碧水常流，如缎如带，并以二十四岩、九十九峰、一百零八景著称，自然风貌十分优美，具有形似武夷，胜似桂林的特点。其中最著名的风景区要数仙岩一带，这里有崖景九十九处，突幽者为观水、仙仓、酒瓮等二十四岩。由于二十四岩坐落在千尺云崖之上，人迹不能至，猱猿不可攀，故长期以来被视为神仙居所，凤号"仙人城"。唐朝诗人顾况游览龙虎山，仰望二十四岩，曾题诗曰："楼台采翠远分明，闻说仙家在此城。欲上仙城无路上，水边花里有人声。"二十四岩之中藏有春秋战国时期古越族人的岩墓群，岩墓位于距水面数十尺的悬岩洞中，号为悬棺葬，给人以十分神秘的感觉。龙虎山中的上清镇，九山环绕，山冈叠阜，逶迤起伏，气势雄壮，被看成是九龙集结的神仙之境。道家列龙虎山鬼谷山洞为第十五小洞天，称"贵玄司真之天"，列龙虎山为第三十二福地。

龙虎山自东汉以来，就逐渐成为道教圣地，素有"道都"之誉。道书称中国道教创始人张陵，曾于东汉永元二年（公元 90 年）上龙虎山，至永建初年（公元 126 年）携弟子经嵩山入巴蜀，降伏瘟疫，前后在龙虎山地区炼丹传道从事创教活动达三十多年，从学者甚众。至今龙虎山多处留下了张陵修道炼丹的遗迹。其中炼丹岩前的丹灶、濯鼎池、试剑石、西仙源、碧鲁洞、天师草堂等遗迹依然存在。后张陵于汉安元年（公元 142 年）在四川鹤鸣山打着老子的旗号创立正一天师道，俗称"五斗米道"。张陵传子张衡，张衡传子张鲁，传至第四代张盛迁还江西龙虎山定居。

张盛南下到龙虎山后，遂在张陵炼丹处建起祠庙，即后来的"正一观"，又在附近建了传箓坛，尊张陵为掌教"正一天师"，并以《正一经》为主要经典，遇三元日登坛传箓，以授四方学道之士，开创在中国历史上影响很大的正一天师道龙虎宗。龙虎宗由于适应时代需要而变革教义，受到唐、宋、元、明历代统治者的大力扶植逐渐兴盛起来。其地位，经几朝皇帝诰封，由一教之主到主领"三山符箓"，再到主领江南

道教甚至到掌管天下道教事，可谓显赫至极，从而确立天师正一道的祖庭地位。

龙虎山地区在天师正一道兴盛时期，曾一度宫、观、院、庵、堂、庙林立，先后建有十大道宫、八十一座道观、五十座道院。最为著名的建筑群有三处：

一、大上清宫，初为东汉时张道陵的草堂，后称"天师草堂"，约建于东汉和帝永元至延光年间（公元89年～公元122年）。大上清宫原位于"正一观"处，宋崇宁四年（公元1105年）迁建上清镇东边约一华里，距龙虎山十二华里处，此地传为九龙聚会的宝地。其为全国规模最大，历史最久的道宫之一，先后建有二十四殿、三十六院，是张天师传道布教举大型法会之所，号称"仙灵都会，百神受职之所"。

二、嗣汉天师府，亦称"大真人府"，始建于宋代、是历代张天师起居生活和祀神之所。位于上清镇中央，占地五万四千余平方米，主要建筑有府门、二门、大堂、私第、家庙、万法宗坛等，规模宏大，素有"龙虎山中宰相家"之称。

三、正一观，位于龙虎山主峰脚下，是祖天师张陵始炼"九天神丹"之处。汉末，第四代天师张盛弃官不做，自汉中迁居龙虎山，传道布教。为祭礼祖天师，特在祖天师草堂遗址建祠，南唐改建称"天师庙"，朱敕改"演法观"，经明朝扩建始具规模，并敕额"正一观"。主要建筑有正殿、玉皇殿、玄坛殿、仪门、钟鼓楼等，占地一万余平方米。此外，先后修建的还有仙隐观、祥符观、云锦观、玉清观、冲元观、崇禧观、先天观、蓬莱观、灵宝观、元禧观、静应观、凝真观、金仙观、真应观、天谷观等等。

龙虎山不仅道教历史悠久，而且带有道教文化色彩的自然景观和人文景观甚多。如试剑石、炼丹岩、濯鼎池、镇妖井、鬼谷洞、壁鲁洞、象山、浴仙池、望仙峰、飞升台、云锦洞、圣井山、藐姑山、自鸣山等。

此外，在仙水岩临流峭立的观水岩上，有字大如斗的"仙岩环翠"、"玉壁凌空"、"鹤归留影"、"仙踪缥缈"、"神仙可接"、"半天仙迹"等摩岩石刻。这里的"十不得"奇景：即莲花（石）戴不得、仙

桃（石）吃不得、云锦（石）穿不得、玉梳（石）梳不得、石鼓（山）敲不得、道堂（崖）做不得、纱绽（岩）纺不得、楠机（岩）织不得、丹勺（洞）盛不得、仙女（岩）配不得，多与天师传道有关联。

由于道教文化的影响，历代文人骚客、雅士高贤，如唐代的皮日休、吴筠、吴武陵，宋之王安石、陆九渊、江万里、白玉蟾、文天祥，元代赵孟頫，明时宋濂等，纷纷前来探幽寻胜，访道参玄，留下许多诗文和题刻。

但自明中叶以来，特别是入清以来，由于正一天师道的逐渐衰微，加上屡遭天灾兵火，无力修复，上述绝大部分宫观建筑先后被毁废，仅存天师府一座，近年经多次修复，为全国道教重点宫观之一。

上清镇山环水抱，是风水师眼中"九龙聚会"的格局，昔日上清宫，选址于"九龙集结"的"莲花"宝地：左拥象山，右注沂溪，面临云林，枕台山。

道教能在上清镇兴盛一千八百年，可知此地风水之佳。

# 第九节　文化名镇——歙县徽城镇

歙县古代为徽州府治，是徽州文化及国粹京剧的发源地，也是文房四宝之徽墨、歙砚的主要产地。于 1986 年被授予国家历史文化名城称号。

徽州地区位于皖、浙、赣三省交界处，是一个峰峦叠嶂、烟云缭绕的山区。西周以前，徽州属《禹贡》所说的扬州之域。春秋时属吴。

吴亡属越。战国时属楚。秦朝统一之后，在徽州设置黟、歙二县，属鄣郡。三国时，在徽州设置新都郡。西晋太康年间改为新安郡。隋朝开皇年间改为歙州。北宋末年平定方腊起义之后，改歙州为徽州，从此便有徽州之名。明清两朝的徽州府，下辖歙县、休宁、黟县，祁门、婺源（今属江西）、绩溪（今属安徽宣城）六县。因晋、梁、陈、隋，唐

时期都曾在此设置过新安郡，所以"新安"也成为徽州的别名。

徽州古镇

徽城历史悠久。据唐《元和郡县志》记载："东汉末年，乌聊山有毛甘故城。"宋《太平寰宇记》有"毛甘领万人屯乌聊，孙权遣贺齐平之，时歙县已治此"的记载。汉末至隋，未见有变更县治驻地的记载。隋末义宁中汪华起兵保境，将郡治自休宁县万岁山迁此.并在毛甘城故址筑郡城。此后，至清末的近1300年中，一直为郡、州、路、府城，而县治则附郭无城将近1000年，直至明嘉靖三十四年（公元1555年）知县史桂芳倡筑县城，至三十九年建成。县治始不再附郭。

毛甘故城范围及其结构，均无可考。汪华所筑郡城，据宋罗愿《新安志》记载："城制为内子城外罗城，等级分明。子城周一里四十二步，为郡治和郡王宫室所在地，有郡王宫霞、东西宫廊、正门楼（即二十四根柱）等建筑，宛然王城建制；罗城周四里二步，为士民商贾住居地。"此制经唐一直延续至北宋宣和年间，前后历时五百余年。宋宣和三年（公元1121年）八月，改筑州城于扬之河北三里的新州，其城周长四里多。

由于交通不便，群众纷纷迁回旧志，宋徽宗只得下诏知州事庐宗原，修复旧罗城。四年重修，五年竣工。修夏后，城周扩至七里三十步，有城门六座，即东门富州，西门丰乐，南门表城、紫阳，北门通济、太平，"不复为于城"。元初修城，仅改东门富州为新安，西门丰乐为庆丰，其余依旧。至正十七年（公元 1357 年），朱元璋部将邓愈加筑府城，城周扩至九里七十步，改六门为五门，即东门德胜，南门南山，西门潮水，小北门镇安，大北门临溪。并在城外东西北三面开濠池（护城河），河深一丈二尺，阔二丈四尺。明嘉靖年间始筑之县城，东践问政山，西靠府城垣，全长七里多。有城门四座：南门紫阳，东门问政，北门新安，西北门玉屏。至清代，府、县城垣虽有维修和加固，但城门一直未变。民国时，府城南山门，因建设杭徽公路而埋入地下，护城河也已湮塞。建国后，为便利交通，府城的大、小北门、德胜门，县城的紫阳门、玉屏门已先后拆除，唯有府城的潮水西门及其月城门，县城的新安、问政二门尚存，府、县城垣，尚部分保留。1979 年以后，为保护古城，在城西建设新区，现已初具规模。

宋初，徽城设坊，共设宣化、望仙、紫阳、兴仁、化成、问政、增明、和福、司晨、通济、育材、安集十二坊；乾道时（1165 年～1173 年），增设孝童、孝义二坊；淳嘉间（公元 1174 年～公元 1240 年），增依莲、廪实、兴贤、春风、孝行、连营六坊。元延六年（公元 1319 年），徽城设隅，隅下设坊。计有：东北隅，下辖文明、富积、乾明、忠孝、流庆坊；西北隅，下辖甘泉、香泉、通津、利泽坊；西南隅，下辖化成、兴仁、慈孝、福源、孝节坊；东南隅，下辖宣化、登瀛、状元、化淳坊。明弘治间，宣化坊改为宣明坊，新增绣衣、镇安、志节、永丰、孝义、通文、庆安、治平、里仁、崇宁、思贤、富山、清化、仁和十四坊。嘉靖三十九年，筑成县城垣，县城内有迎恩、新民、宣化、寅宾、双桂、道德渊源、风化之源七坊。民国 21 年（1932 年）始设镇，镇下设保甲。

名徽城镇处于山水聚合之间，乌聊山斜贯全镇，依山势分为长青阳和斗山两段，将徽城劈为两片，西片为古徽州府城，东片为古歙县县城。府城的东城墙依山而建，山与城垣融为一体，沿西门城墙建有陶行知公园。城西临河，扬之水、布射水、富资水、丰乐河在此汇合为练江，东

流与新安江合，直抵千岛湖，扬之水和练江之上横跨太平、万年、紫阳三桥。练江西岸西干山，郁郁葱葱，昔有十三胜景。城东问政山，古藤垂青，翠竹掩映，烟雾缭绕，风景秀丽。

清靳治荆、吴苑等纂修，康熙年间刊本，《歙县志》卷二《疆域·形胜》：

"歙在万山中视他郡最高，山峭厉，水清澈，地险陋，土骍刚，鸟道萦纡，峰峦云屏。

歙之为邑，据浙江之上游，东有昱岭之固，西有黄牢之塞，南有陔口之险，北有蕈岭之砠。歙睦要津，溯流而上，悬滩狼石九十余里，浦口嵌岩，峭峙两港合流，僻处一隅，屹如保障，陆行则自睦至歙，皆鸟道萦纡，两旁峭壁仅通单车。方腊之乱，两岸驻兵，下瞰来路，虽浮蝣可数，贼亦不敢犯焉！

即山为城，因溪为隍，百城襟带，三面距江，地势斗绝，山谷崎岖，黟山四水前奔，遥遥不绝，蜿蜒如龙。紫阳、问政二山矗起东南，势若飞凤。设险以守，无如此河山之固矣！况有黄山、灵岭之奇，汤泉、练川之异，风烟迷于郡郭，浦籞带乎人家，翠色苍颜，满目奇胜。新安大好山水，不其然乎（郡志集语）！"

徽城地处山水聚合之地，背倚青山，三面临水，古迹众多，风光如画。在一个小小的县城内，集中而完好地保留着宋代双塔（长庆寺塔、新洲石塔）、明代三桥（万年桥、太平桥、紫阳桥）、古城墙、古楼、古街、古园、古墓、古牌坊、古书堂等二十余处国家级重点保护文物单位余处县级重点保护文物单位的古建筑。

古代徽州文风鼎盛，人文荟萃。书院、社学林立，历代所出进士即有将近六百人。曾经涌现过多位文化界的杰出人士，中国文房四宝中的徽墨、歙砚两项均出于此。国粹京剧，是起源于徽剧，后来奉诏进京，便从此盛行。此外，还有新安画派、新安医学、中国八大菜系之一的徽菜等，也都是在徽州开始繁荣兴旺并进而影响全国。

自南唐及两宋以来，徽州商人就在中国的贸易活动中占有重要地位，被称作"徽商"。明、清时期，徽商更是遍及全中国，并有"无徽不成

镇"之说。获得巨额财富的徽商们积极资助故里的文化、教育和建设事业，形成了徽州官商学一体的发展体系。

徽州的民居选址注重风水，布置遵从阴阳五行学说，装饰精美且富有文化气息，以位于城西的潜口和呈坎民居最具代表性。徽州的祠堂和牌坊也各具特色，最著名的有棠樾石牌坊群、许国石坊、罗东舒祠等. 规模宏伟、雕梁画栋，均属国家级文物。

棠樾石牌坊

离古城墙一百多米外，环绕着扬之、丰乐、练江三条河，在徽城镇交汇成了一条天然的护城河，顺着练江南行不远就能看见 一道水坝，它就是国家重点文物保护单位渔梁坝。渔梁坝始建于隋末唐初，是歙县古代最大水利工程。

练江义名徽溪、西溪，或练溪。清道光七年（公元 1827 年）《徽州府志》引《大清一统志》记载："环绕郡城扬之、布射、富资、丰乐四水，分派合流，直泻如练，而抵于城南，平衍停蓄，竟川含绿，是名西溪。"练江以扬之水为其正源，扬之水又名东河。源流双岭水发源于绩溪县东北龙丛源林区的黄花尖西麓，自里双岭下起，东南流，经板桥至

大丘田，穿杨溪源峡谷，于杨溪左纳由丛山关来汇之水；折西南流，至际坑口右纳际坑源水，至郎家溪右纳王家源水；进入绩溪小盆地，至县城北，右纳乳溪水。绕县城东南侧，于城南右纳翠溪源水，经雄路至浦川，右纳大源河，至临溪左纳登源河；临溪以下，河床渐宽且深，至江村环进入歙县境内，至竦口右纳双竦河；至平溪右纳眉川河；进入桂林小盆地，至东山营，右纳布射河；至歙县徽城镇下葛塘，右纳富资水，至河西桥右纳丰乐河。河西桥以下为练江本干，折东南流，至鲍山又折西南流，至浦口注入新安江。

中国古代民居或村镇或城市的择址、环境的优选、生态景观的塑造，都必须选择充满"生气"或所谓藏风聚气之地。

好风水并非风景秀美之处，而是人与宇宙和谐的环境，吕理政认为好风水应该如此：

"所谓的好风水，一定是山明水秀的好地方，是营建物所处的空间，与周围的环境之关系，在时间系统中的完全和谐，还要主事者及行事时间的和谐。"

好风水的要素是阴阳协调以及生气和谐。《葬书》说："夫阴阳之气，噫而为风，升而为云，奋而为雷，降而为雨，行乎地中，而为生气。"所以，从理论上讲，生气是阴阳二气协调和谐的表现。但生气行乎地中，"其行也，因势之起；其聚也，因形之止。""千尺为势，百尺为形，势来形止，是为全气。全气之地，当葬其止。"所以，要求得风水宝地，必须选择好地形、位置、水系、土壤、方向等要素。或者用风水师的话说，就是龙、砂、水、穴、向五要素。

形势派之得名，就因为它重视地形山势。好风水的地形条件，简言之是一个群山环抱的山间盆地式的平原，其间有弯曲的水流及明净的湖沼。以方向而言，则喜北依高山，南对广野，既挡住寒冷的北风，又迎纳南方的阳光和熏风，也就是负阴而抱阳。对于北方的靠山，称为祖山，是龙脉发源之来势，它决定龙的优劣。对于四周较低小之护山，称为砂山。东为青龙，西为白虎，前为朝（远山）、案（近山），后为乐山，居中为穴位，穴前平地为明堂。明堂之前，最好有弯曲环抱的水流或湖

沼。水流宜从西北来，来处称天门，宜开阔；水流宜向东南去，去处称地户，宜闭锁。地户附近宜有华表山、捍门山，如山势不足，可建风水塔，以收聚气之效果。

有的风水书中将这种理想的风水宝地形象比喻为天子临朝，群臣侍卫。或称之为城局，因为周围的山有如城墙。这种四面封闭，中间有田地林野和道桥建筑的聚居地，是老子小国寡民或陶潜世外桃源理想的乐园，反映了中国农耕文化的自给自足、扎根自然的特征。

此外，好风水还要求土层深厚、质地坚实、色泽光润，最好是黄、红、白色。这样的土层不仅适于建房造墓，且能生长郁草茂林。

根据以上好风水的要求，风水师的工作便总结为五个步骤：寻龙、察砂、观水、点穴、取向。《地理五诀》说："一曰龙，龙要真；二曰穴，穴要的；三曰砂，砂要秀；四曰水，水要抱；五曰向，向要吉。"

对于阳宅和阴宅，上述条件同样适用。所不同者，阴宅之地可较收敛，阳宅之地宜舒展，即所谓"阳来一片，阴来一线"。阳基讲究局势宽大，落气隆重；阴基宜格局紧拱，收敛深藏。这既符合阴阳本来的义理，也有利于人类的生存。

在没有山的平原地区，便以看水为主要手段，将河流称为水龙。风水理论认为水比山更重要，有山无水之地不可取，有水无山也可成风水宝地。对水系要求深静、悠缓、弯曲、回环。选择地址时，应在水流内弯一边。水为生命之本源，古人对水资源的重视，与今天对环境生态的重视是一致的。

好的风水讲究藏风聚气，在《葬书》中对藏风的环境具体要求如下："宛委自复，回环重复。……欲进而却，却止而深。来积止聚，冲阳和阴。土高水深，郁草茂林。"

意思是说，藏风聚气的风水之地要山岭婉转逶迤，或顺或逆，迂回盘绕，层层拱卫。向前拥簇而不僭逼，能够聚止而不陡急。来山凝结，止而聚集，阴阳调和。土层高厚，聚水深沉，草木茂盛。总之，这是一个群山环绕，流水弯弯，山岭同环，草茂林盛的生机盎然之地。

徽城镇位于歙县中部，地处山水聚合之地。其东面倚山，北西南三

面临水，东部为古县城，是山间小盆地；西部为古府城，以斗山、长青山（即乌聊山）与古县城相隔。其风水格局藏风聚气、山环水抱，正是历代风水师的首选之地。

# 第十节　文化名镇——番禺沙湾镇

　　番禺沙湾镇，是个闻名于穗、港、澳的珠三角文明古镇。由于建在古海湾半月形沙滩畔的"猪腰岗"上，故名"沙湾"。又因选址在青萝嶂旁而一度被称为"青萝乡"。

番禺沙湾镇

　　沙湾镇地处珠江三角洲腹地，位于番禺区中部，北与番禺中心城区市桥仅一水之隔，西与佛山市顺德区隔河相望，南与榄核镇、灵山镇、东涌镇相连，东与石碁镇接壤。四周环水，东西长十四公里，南北宽六点五公里，东西阔、南北狭，地势从北和西北向南倾斜，西北部是低丘

台地，东南部为大片的冲积平原。镇内外河网纵横，计有十多条大小水道。

沙湾古镇始建于南宋，是一个有着 800 多年历史的岭南文化古镇，历史文化资源丰富，民间艺术饮誉南国。沙湾文化是以传统历史文化和民间文化为主体的水乡文化。

沙湾古镇物质文化遗产和非物质文化遗产资源丰富，大量祠堂、庙宇等古建筑和商业遗址、民居遗址保存完整。广东音乐、飘色、龙狮、兰花、饮食等民间艺术和民俗文化长盛不衰。

### 物质文化遗产

走进沙湾古镇区，可以清晰辨析古镇发展的历史脉络，现存的街巷错落纵横、宗祠古屋点缀其间、檐缘梁枋巧饰雕琢，沙湾古镇"石阶石巷"的古村落格局保存完好，并保留了大量明、清、民国时期的古建筑。是珠三角中心广府文化的杰出代表，这里的飘色被誉为南国艺术奇葩。

全镇现存以留耕堂为典型代表的古祠堂约 100 多座，还有一筒竹、三间两廊、镬耳屋、

高楼、西式住宅、自由式民居等建筑。沙湾古镇保存了大量砖雕、木雕、石雕、灰塑、壁画等艺术精品，艺术风格具有浓郁的岭南特色。

沙湾有省级文物保护单位 1 个，市级文化保护单位 14 个，第三次全国文物普查登记文物点 109 个。

### 非物质文化遗产

沙湾拥有国家级非物质文化遗产狮舞、广东音乐，省级非物质文化遗产沙湾飘色、砖雕。非物质文化遗产传承人有何世良（砖雕）、周镇隆（龙狮）、黎汉明（飘色）。

此外，还有许多传统文化活跃在民间，如北帝诞、鳌鱼舞、扒龙舟、养兰、私伙局等。

饮食文化方面，沙湾姜埋奶享誉省港澳，传统的菜色如鸡丝酿芽菜、沙湾别茨鹅、豉椒碌鹅、狗仔粥、牛奶宴等也极具吸引力。

沙湾自古文风鼎盛，文人雅士众多，这份风韵至今犹存。走在旧街古巷，我们可以看到大批古建筑，这些建筑不论是宗祠还是民居，纹饰

精美的砖雕、木雕、石雕作品随处可见。现时仍存的"官巷里"、"进士里"、"大夫第街"等就是历代达官贵人那份荣耀的见证。还有，沙湾依山傍水，风景优美，有"官巷归樵"、"萝巅旭日"、"峡口斜阳"、"元峤晚钟"等旧八景，如画的自然风光孕育了高雅而又灿烂的传统文化。

作为明清珠江三角洲的著名宗族乡镇聚落，伴随着以何氏宗族为首的宗族的繁衍和发展，沙湾经历了由小村定居点向大型乡镇聚落的历史进程。

## 一、古镇聚落选址与风水

风水模式是一种在长期的生活实践中形成的理想环境模式，其直接目的是"藏风聚气"，由此对民居、村落和城市的选址在一个相对封闭的环境中。其共同的聚落模式是：后有靠山、前有流水（或水池），左右有砂山护卫。

沙湾古镇选址和兴建也深受风水模式的影响，古镇选址在珠江三角洲番禺沙湾水道北岸，青萝嶂以东，市桥河以南．东南面为冲积沙田平原，由于古镇在宋代始建于古海湾的半月形沙滩之畔的"猪腰岗"，故名"沙湾"。又由于选址在青萝嶂旁边："青罗嶂……南迤曰南屏山，呼南牌头，峭石丛立，上有逍遥台，下有沙湾水……沙湾乡在其前。"故曾一度称为"青箩乡"。但不管是"沙湾"还是"青箩"其得名其实都体现了古镇的山水形势。"由广而至番禺之青萝乡，前踞虎门之巨川，后依青萝山之峻岭。玄峤辅其左，九牛石拥其后。山明水媚，而一地迂回，坦夷其中。"沙湾西北倚低岗、远靠青萝嶂为玄武，左为岐山，右靠青罗嶂之余峰正面岗和南牌岗，南对沙湾水道及万顷沙田、眺"踞虎门之巨川"。源于沙湾镇内的大涌在镇西南正面岗和南牌岗附近流入沙湾水道，为沙湾西南的"水口"（即"涌口"）所在，古镇的营建者在这附近修建了多处包括塔、庙、寺、桥等在内的、为镇住"风水之口"的水口建筑群，形成了独特的建筑文化景观。

永安桥是一座褐色水成岩的石拱桥，位于古时的交通要道、西村南牌岗东面，按沙湾《王氏族谱》所载，该桥建于明朝永乐十年（公元1412年）左右，由当时约二十岁的乡正王莹立负责兴建，他"首捐财粟，率乡人共集木石，身自募人督工而桥已成"；而青龙庙，"在沙弯乡外青九岗，员乔古寺之右，嘉庆十四年重建"；青云塔，"在沙湾乡外青云路南．路袤千百余丈，植棒、会万株，塔高七层，右建三元庙，门外笋峰笏立，绿畴百顷，水环其下，亦一乡之胜概也。道光乙酉年（道光五年，公元1825年）阖乡同建"。

珠江三角洲"乡村大姓必于所居水口起文阁，祠文昌祠，神之生日赛会尤盛，阁凡二层或三层，高者十余丈，远望似浮屠。有阁处其内多读书家，有科第"。显然从上文看出：珠江三角洲文阁的兴建大概包含了三种文化意义：

1. 风水观念：这里就其修建位置水口而言的。

2. 民间信仰："祠文昌祠"即祭祀文昌帝君。

3. 科教文宦：祈求文运或显示科举的成功，即"有阁处其内多为读书家，有科第"。

沙湾本有作为留耕堂附属建筑物而兴建的"水绿青山"塔，供奉魁星、关公、文昌等，塔后植有木棉树，其实只是何氏"区域性"的宗族风水塔，而青云塔则是"阖乡同建"的整个乡（镇）缎的总风水塔（高七层），前者（高三层）更注重祈求何氏宗族的文运与风水，后者则是"一乡之胜概"也，意义比前者似更为重大。陈忠烈对"水口"，这一华南（珠三角）地区特殊的历史坐标作了大量考察后认为，"水口"建筑的营建经历了由明代万历年间严格按照风水翼位修建的省会（广州）赤岗、莲花、琶洲三座府县级风水塔的首倡期，及清代后期的泛化期，两大阶段，即不管在水流入口还是出口，都会修建水口塔或类似建筑，以镇锁水口。沙湾两塔从其修建时间看（"水绿山青"塔，清康熙六十年，公元1721年，青云塔，道光五年，公元1825年）当属泛化时期所建。加之，沙湾古镇所处位置恰是整个番禺冲缺三角洲的顶点所在，青罗嶂等山脉束住沙湾水道，经此后，自西北向东南分叉成多条支流、呈

扇形分布，此地当属珠江三角洲的"大水口"，所以成为风水家们大力着墨之处。

## 二、乡（宗）族定居与繁衍

何族定居前，沙湾地最早居民是苏姓、麦姓，而曾、李、何等诸姓稍迟，早期聚居于南排岗。何姓由大岗边迁入今沙湾岗口一带，这里原有烧窑高地，苏、麦两姓居此，现仍存"麦步头"地名作证。而镇区的王（居西村）、黎（居东村）、李（居东村）、朱等各族与何族组成沙湾历史上的五大乡族。

沙湾何族始祖定居沙湾的历史在《番禺县续志》卷二十九引清咸丰《沙湾何氏家谱》及《庐江何氏宗支图谱》等文献记载：

"沙湾何族始祖（其族称四世祖）何人鉴（字德明）于宋淳熙十五年戊申（公元 1188 年）从广州迁居沙湾。后又在宋绍定六年（公元 1233 年）择沙湾可居之地，纳人广东常平司，承买官荒山园地，置土名第六州田、鸟沙田、蚝门沙田、村后青螺（萝）嶂山、大坑山、南牌漩水石等地段，命诸子孙定居焉。何人鉴迁居沙湾前后生了四个儿子：长子何起龙，为南宋淳桔十牟（公元 1250 年）进士，官至太常正卿；次子何斗龙，南床宝祐六年（公元 1258 年）特科省元；三子何耀龙，官至从事郎，由明经官至文林郎。由何起龙始，何族分为甲、乙、丙、丁四房，并以（甲房）六世和（乙房、丁房）九世为中心组成共十四房的宗旅系统。至此，始祖何人鉴共有十孙，二十三曾孙（不含女性，下同）至明洪武初年（公元 1368 年）约有男丁三千，清初康熙年间的海禁曾使沙湾宗族聚落一度衰落，禁弛后再度复兴，至清末民初（公元 1911 年前后）已达八千之数，成为了'烟火万家'的大聚居地。"

沙湾古镇村落选址背靠青萝嶂，面朝沙湾水道，是典型的南方村镇传统风水格局。镇区内部空间以镇北侧靠山之下的留耕堂为几何与景观中心，沿着青萝大街、安宁街和忠心里大街、罗山里大街、三槐里大街。古镇建筑群呈线形排列，大街两侧街巷为传统梳式布局。古镇中部有文

塔岗，乃全镇的制高点，为排水排污之需，文塔岗的建筑群又以水绿山青塔为中心，街巷呈放射形布局，颇具特色。

东面．元初，沙湾何族修建始祖祠堂留耕堂；元末明初，沙湾东向建有李忠简祠，以忠简祠为中心，形成了最初的东村村落，也形成了较早的小集市和街市；明代，留耕堂分支的孔安堂成为西村的中心，西村向东又形成一列小祠堂扩展到安宁市的中心，建成衍庆堂。

西面，青萝山里猪腰岗的山脊向东顺斜坡发展成鹤鸣巷及青萝大街，延伸成为长长的坡脊的主道，称之为"陂"，因行车马而称为"车陂"。为出入方便，有钱人家便沿车陂建大屋，大户人家的房子多了，形成了车陂街。车陂街前安宁街中段随之形成集市，称为安宁市，至今仍是沙湾的商业中心之一。西段则形成了安宁西街，并随即成为西村乃至沙湾古镇区最主要的街道，两边店铺林立，主要都是下商上住的住宅，是明、清至民国沙湾主要的产业街。

至今两条历史发展轴线仍清晰可辨——东西扩展轴线形成时间长，是发展主轴线，反映古镇顺应半月型的海湾地形发展，先东后西，形成东村与西村。南北发展轴线则是沙湾先民围海造田、改造自然的结果，形成北村和南村。东南西北村相交而成井田的布局。

沙湾镇地处珠江下游冲积平原，地势平坦，是风水师心目中的风水宝地。风水师认为，发源深山峻岭的龙脉，最后，其主干龙脉必"止息"于海滨，"势止气蓄"的结果，就会在该地形成生气十足、适于万物生长的"大龙穴"。

《地理大全》记载："海之为水，渎之所聚也；水势既聚，则龙势大止…故凡大干龙，多止于海滨，而其融结处或产王侯，或生富贵。"

此种地形除了"聚集生气"外，主要还是海水"逆潮"所致，这是风水"五大水局"中的"朝水局"。古书云："海水逆潮多富贵，潮来之时步青云。"即是此类型。

"环山面海"的海滨，三面环山一面向海，山环海抱、生趣盎然，这类风水吉地，所聚集的兴旺之气，适合人类居住。

沙湾镇山环水抱，正是海滨聚水的格局。

大海中的海水，也能"藏风"、"界气"、"聚气"，蒋大鸿《天元五·阳宅篇》中记载："若得乱流如织锦，不分元运也亨通。"沙湾正是"若得乱流如织锦，不分元运也亨通"的水龙宝地，难怪镇民无论经商或学文，历来人才辈出。

# 第十一节　文化名镇——吴川吴阳镇

　　吴阳镇位于广东省吴川市南部，鉴江出海口东岸的滨海地带，总面积 81 平方公里，大部分属鉴江平原，河网纵横，国道 325 线横贯全镇，交通发达。这里属亚热带海洋性气候，雨量充沛，花木葱茏，四季如春，有着得天独厚的丰富旅游资源。

吴阳镇

　　吴阳是粤西著名历史文化古镇，是历代吴川县城所在地，清末状元林召棠出自吴阳，历代进士、举人不计其数，现存的文物古迹众多，镇区内有始建于南宋的极浦亭、读书楼，元朝的圣殿（学宫），明代的双

峰塔，清朝的状元府，状元坊，还有城南门、古兴隆寺、城隍庙、白衣庵、中山纪念堂及巷门寨东炮台遗址、芷寮港遗址等，这些文物建筑与园林相结合，掩映于花间绿树之中。著名古代"吴川八景"，吴阳独占六景，即"东海朝阳"、"一览凭高"、"渔翁撒网"、"极浦渔归"、"延华弄月"、"限门飞雪"，虽历尽沧桑，但景点仍焕发历史的光彩。

吴川，历史悠久，人杰地灵。早在新石器时代，先民便在这里繁衍生息。秦时属象郡，西汉初年属南越国地，三国至南朝宋、齐时期，吴川先属广州高凉郡高凉县，宋元嘉二十年（公元 443 年）于吴川境内始置平定县，隶高凉郡。隋文帝开皇九年（公元 589 年）废平定县设置吴川县。至 1940 年的 1300 多年中，吴阳镇一直是吴川县政治、经济和文化中心。昔日的繁华在这里留下了大量的痕迹，可惜大多毁于十年浩劫。现存的只有：南城门（永和门），建于明洪武二十七年（公元 1394 年），孔庙（学官），建于元至正九年（公元 1348 年），极浦亭（"吴川八景"之一的"极浦渔归"所在），清道光三年（公元 1823 年）状元林召棠的故居，南城门和孔庙之间的一座中山纪念堂，是民国时期的建筑。

吴阳镇作为吴川县城有 1300 多年历史，古代著名的"吴川八景"，吴阳独占六景，即"东海朝阳"、"一览凭高"、"渔翁撒网"、"极浦渔归"、"延华弄月"、"限门飞雪"，虽历尽沧桑，但景点仍焕发历史的光彩。

从这座古城南行八里，便是芷寮街。芷寮港是唐、宋至民国的近千年间的中国南方大港。停泊来自海内外的船只不下千艘，帆樯数里。县志记载：此地富庶曾为六邑之最，故有"金芷寮、银赤坎"之说。芷寮南边二里处有一座古塔矗立鉴江边，名双蜂塔（当地叫花塔），建于明万历二十七年（公元 1599 年）。旁边的江阳书院和望海楼（可观赏吴川八景之一的"限门飞雪"）现已不存。芷寮北行三里处有一座桥，传说宋帝南逃时，陆秀夫背他骑马跃过小河，后人在此架桥名曰跃龙桥。芷寮南侧还有一口井，传说元兵追赶宋帝一行，曾在此挖井汲水造饭，后为海外来吴商人、船民所用，故当地人称为番鬼井。

近代，随着鉴江口泥沙淤塞，作为交通要道的芷寮港衰落了，作为

商业中心的吴阳镇萧条了，它不再是吴川县的政治文化中心了。

吴阳镇文塔村的东北边，有一塔，登上塔顶，可以望见几十公里外的尖山和特思山，故称"双峰塔"。此塔为明代万历二十七年（公元1599年），县邑周应鳌所建，塔身七层高，高约23米，内折形楼梯，可达塔顶。外观，塔为八角形，似楼阁，塔身的一棵棵小榕树千姿百态，寄居在小椿树上的整天小鸟叽叽喳喳，更给双峰塔增添了几分神韵。墙脚基础高出地面一米多，为石头积砌，石头上有各种各样的浮雕。

建塔的原因，根据晚清举人吴宣崇撰写的《重修江阳书院碑记》记载得知："江阳书院者，前明万历二十七年，泰和周公应鳌，谪宰吴川时建也，吴川山水泄于限门，周公用形家言，塔于此。复即其下建书院。所以振兴人文者，厥意甚盛……"

由此可见，双峰塔与江阳书院均建于明代万历二十七年（公元1599年），当时县治周应鳌（江西吉州泰和人，丙戌进士）接受镇民意见，听用风水师之言，认为吴川江水自西入县，从限门排泄出大海，此属地气不蓄，人民生活很难富裕。于是，周应鳌主持在限门江海交汇处附近建塔一座，用来镇守吴川山水，以促兴经济。之后，又在塔前建立了江阳书院，以兴教、育才。为发展邑地经济，促进社会进步，周公在此做了很多有益乡亲的事，周公的确功不可没。后来，附近的一带百姓常怀念周公，在村中建了一座周公庙，以纪念这位好官。

兴文运的方法除了在水口处建阁塔之外，还可以在村落规划中采用风水创意的方法来表现。

吴阳镇前有远峰耸翠，鉴水环流，后枕熊岭、龟山，左关象岭，右

双峰塔

达通衢，坐落于绿水青山的怀抱中。因为建了文昌塔促兴文运，后来果然科甲连绵。

清道光三年（公元 1833 年），出了状元林召棠，是广东历史上仅有的九个状元之一。古代名人辈出，历代进士八人。清朝第一任驻美大使陈兰彬也是此镇人。

# 第十二节　文化名镇——新竹北埔乡

北埔位于新竹县东南侧，四周山峦、农田环绕的北埔，是一个保有浓厚客家风味的纯朴小镇，窄小的街道两旁，坐落着一间间紧密相连的红砖瓦屋，平日，静谧的聚落里，不见人声鼎沸，夕阳斜照中，只听得嘶嘶虫鸣以及啁啾婉转的鸟叫声。

北埔是竹堑地区开发最晚的地方，先民艰辛的开拓痕迹，至今仍历历可见：迂回曲折的巷道宛如迷宫，紧紧相连的街屋几无空隙，部分民宅还依稀可见当年为防卫所开凿的枪眼等各项防御措施。

走过艰险的拓垦岁月，今天的北埔，因完整保留传统客家聚落形式，而吸引一批批的观光人潮。聚落核心所在的慈天宫，不仅名列三级古迹，庙前百年石板步道——北埔街，以及两旁的传统红砖民宅，古朴有味，邻近还有姜阿新宅、天水堂、金广福公馆等北埔历史建物，构筑出北埔的观光地图。

北埔的"埔"宇，乃是原野荒地之意，"埔地"乃是指没能当称田园、宅地、鱼堤等荒芜土地，如荒埔、海埔等未开垦的土地。至于北埔的名称由来有二说：一说是以地理大环境而言，北埔正好处在主山脉鹅公髻山的北麓，与南麓的南庄分为南庄北埔。一说为强调北埔境内的两块主要垦拓地，北埔属北方之垦拓埔地，与南方之南埔垦拓埔地相互对称而命名。

北埔乡

北埔乡四面环山，除中央北埔盆地外，大小丘陵错杂。地形以山地及丘陵为主，地势由东南方之鹅公髻山及五指山往西北缓降，因其受标准树状分布溪流之深度切割形成北埔、南埔为中心之二大盆地，由此盆地为中心向外辐射分布之地形，但由于山地与盆地之间落差极大、水流湍急，因此溪谷均陡峭深狭，致无法形成宽广之冲积平原。由于此盆地是沉积带，地势较平坦，土质肥沃、灌溉水源丰沛，故早在隘垦时期就已被开发成梯田，成为北埔乡之"谷仓"，北埔开拓发展亦在此孕育继而向周边辐射。

由于当地从鹅公髻山及五指山开始分布附近山峰迄大湖山、南埔山、大分林山往北绵延至分水龙环抱本乡之山脉，配合蜿蜒于群山之间的溪流一大坪溪、大湖溪、水（石祭）溪三溪汇合流向西部峨眉湖，再合流中港溪，使得具有"山环水绕"的地理特征。

北埔聚落构成之特质，认为深受风水观念的影响，勘定慈天宫庙址及天水堂宅地，此二处既经定位，聚落已初步建立。其后再环植莿竹，设置"城门"，开凿坡塘，修筑沟圳等等，虽然这些工程的进行乃因应

实际之需要，但仍屡屡依循风水原则的指导。

首先审视北埔的地理形势，正是符合"形法"风水的"吉地"，可由以下当地堪舆师之记述知其梗概："溯夫贵龙之发端也。自福建以飞台，由鼓山而过脉，睹鸡隆头叠嶂层峦，千里驰骋，远而难稽。但鹅公髻回头转脚，万丈奔驰，近以可考，查丙为大祖宗。五指高擎，已为中父母，六秀挺竖，经浦湖而逶迤。自巽至坎，由尾隘以入首，从北回东，列帐开屏，滚如海浪，前迎后送，拱若星罗，重重顿伏，如鹤膝，脉脉沉浮，似蜂腰，主星蠹起，恍若大将登台，灵峰耸劲，无殊景星瞰第。左控营头山东，带廪带库，右挟店子岗，蔽煞蔽风，肘腋双全，奇偶配合，脉落巽筹，分明个字，穴结辰坐，太极天生。青龙内蟠而转案，既形情致之妙，白虎外踞而雄镇，并无缺陷之虞。罗城周密，三阳开泰，金鱼会合，二水归堂。窍发贪狼之地，流入巨门之乡。龙凤髻捍门户之华表，龟山坪锁外局之要纲……"

由以上之描述，依"形法"风水原则来综观北埔大环境的龙、穴、砂、水。

鹅公髻山耸峻雄浑，发脉奔腾，系"太祖山"；五指山峦峰秀丽，承其气势，乃"少祖山"；而后龙走脉行，经尾隘子转抵北埔，落脉于秀峦山，故秀峦山为结穴之"父母山"，此为"龙"。而慈天宫庙地即"胎息、孕育"之所止，是为"穴"。

北埔之左右两翼皆有岗峦围护，即各属"青龙"、"白虎"；而对面之龙凤则为"朝山"，"龟山坪"系锁外局之要纲，如此北埔四周皆有拱卫之岗峦，是为"砂"。

水礤子溪与大湖溪各蜿蜒于秀峦山之南北两麓，并汇合归流于穴前之"明堂"，再回环而出，是为"水"。

由上可知北埔的"龙、穴、砂、水"格局甚为完整。选择"吉地"发展聚落是移垦先民构筑居住环境的首要步骤，再来就是聚落本身的建构。李嗣邺勘定慈天宫及天水堂之基址，其中轴线（分金线）皆正对秀峦山之山顶，此即龙脉所归之"乐山"。以后，北埔附近建造之大宅仍有中轴线正对此"乐山"者，而一般民宅则目紧密毗连又构筑简陋，故甚少能兼顾此项风水原则。

此外，环植莉竹及设置"城门"，虽基于防御之需要，但在风水上亦能达到"环抱围护"、"藏风聚气"的效果。

秀峦山蕴含着来龙所带之"地气"，但仍需源源不断之流水以引来丰沛之"水气"，故配合农垦聚落凿陂开圳之需要．将水流自山上引来，纳入聚落内所开凿之陂塘。气随水行，不能湍急涌入，否则仍将水走气散，无法蓄气；而以陂塘来缓和水势，正可以收纳水气。除此之外，水亦能界气，《葬书》有云："气乘风则散，界水则止。"所以圳沟及陂塘环筑于聚落地势较低之西半部，以免来龙之气向外逸失。形法上又以为"惟有穴前水湾环抱向我，始能聚气；倘若反弓背我，亦无地可取"，而北埔聚落之水流形势正属于"玉带水"，陂塘则为"聚面水"，皆能"环抱有情"，蓄气界气。

慈天宫可说是聚落内灵气最盛之地，庙前广场为宽阔之"明堂"，气易流失，而正对之照壁、"城门"及门外沟圳正可重重关拦，停风止气。其中"城门"尤为重要，《阳宅秘旨》有云："阳宅以门户为水口，以道路为水气，故阳宅最重要者莫如门路。"若将聚落视为阳宅尺度之放大，"城门"即为聚落之门户，而庙前广场及"上街"，乃至透出"城门"外"下街"，则为气行之"水路"。因此"城门"应如"水口"般紧闭关拦，才能使来龙与水带之气不会漏失。

慈天宫

聚落内民宅紧密围居，且巷道皆曲折狭窄，可以遏制风吹气散，将气蓄留于聚落之内。

综观北埔聚落之风水格局：慈天宫稳坐龙穴；穴后有"胎息"连脉至"父母山"（秀銮山）以为屏障，是为"玄武脑"；左、右两翼有莿竹拱卫及宅屋层层围绕，即"青龙"、"白虎"二砂；而前有陂塘、沟圳环抱洄流，乃系"朱雀"水。因此，北埔聚落可谓符合"四种相应"的风水架构，依堪舆学之说，为上吉之居住环境。

此聚落架构与整个北埔大环境的风水形势，显然能以大小格局相呼应，巨观有磅礴山水之气势，微观则有致密之风貌。

若以中国传统的合院建筑来比拟，则慈天宫龙穴之所在乃地位最高，祭祀神明、祖先之"堂"；左、右两侧环围之民宅即东、西两厢；而代表"明堂"之庙前广场是为中庭；意味"朝案"之照壁、"城门"则比之"门厅"。依此观之，北埔聚落之格局严整，颇能反映中国传统建筑布局（大自都城，小至宅屋）一贯的空间观念。

光绪十五年后，店铺街屋往"城门"外呈带状发展。如前所述，此区域原系姜、张两家水田之所在，各商贾纷纷向其租得地基建造街屋，遂将土地分割成排排并列之狭长形。然此区大部分为姜家之田，又无明显的地形分野，竟而形成了蜿蜒曲折的街道，笔者推测极可能基于某种共识而规划出扭转一个角度的弯道。经田野调查访问当地居民，归纳出两大主要因素：其一为防御作用。若此笔直正对慈天宫，则庄外人甚或盗贼宵小在远处即可望见庙前广场，对聚落内之动静一目了然，如此就住民而言，较无安全保障。其二为风水因素。因为此聚落中轴线延展而出，若街道蜿蜒曲折，则龙脉之气较能弯转盘桓，不致直遗漏失；再于"下街"街尾建置新"城门"，如此，不但能藏风蓄气，且在防御方面，颇具实质功效。

综观上述，可知客家移民具有浓厚的风水观念，认为风水对家庭乃至整个聚落之兴衰皆有莫大之影响。风水原理可为客家移民建构实质环境的指导原则，大自聚落、街巷、组群，小至寺庙、宗祠、民居、阴宅，鲜不笃信奉行堪舆明师之指点，以为巩固基业、安家立命、造福子孙之

必然途径。

北埔聚落在风水原则的指导下，确实建构了富地气之起、水气之来的居住环境，并以莿竹、宅屋层层环抱，以巷道、陂圳紧密关拦，故能藏风聚气，使气弥漫于整个聚落之"面"，再由"面"散及各家各户之"点"，以为住民提供一个所谓"带廪带库"、"蔽煞蔽风"之居家"吉地"。

北埔聚落的风水观念，可以归纳为以下四点：

## 一、背对乐山，正对朝山

前已举例说明北埔集村及南埔外围散村之宅院中轴线对向"乐山"或"朝山"的情形。此二山（秀峦山及观音座莲峰）经堪舆师认定为灵气钟毓之龙脉，且于宽广台地中巍然屹立，故有众多宅院共同以其为"乐山"或"朝山"。至于郊野山林之间的散户，其宅院中轴线仍然普遍地朝向附近之山顶；背对之"乐山"，通常即宅屋所靠山峦之顶峰，而"朝山"则为它所正对较远之山头。

在初垦之时，以防御为重，皆聚居于集村之中，且宅屋简陋，除了庙宇及豪户家宅（如慈天宫及天水堂）之外，一般民屋并无法讲究这种风水原则。待垦业安定，住民纷纷迁建散居农宅时，即多半能符合这种轴线对向"乐山"或"朝山"的通则。

## 二、环抱围护，藏风聚气

山环水抱是围护的第一层次，故无论聚落或宅院，首先要选择较佳的地理环境。第二层次的围护，就聚落而言，即环植莿竹，建置"城门"（隘门），并凿陂筑圳；对散户农宅来说，则是环植竹林风围，砌造院墙，小门屋及修筑排水沟渠，以达到"藏风聚气"的功效。

## 三、种植树木，左高于右

宅屋旁边或前面无论种植竹林或果树，一般都维持"左高于右"的状态。此系缘于"左阳右阴"之说，希望家内阳盛于阴，男儿比女孩多，且较有出息。

## 四、带廪蔽煞，改道转向

在笃信风水的客家农垦社会中，家内不宁或无法聚财常会归咎于风水欠佳，于是延请明师术士来改其家运。或迁改溪流水道，以求"带廪带库"，或转移院门朝向，得以"去邪蔽煞"。

新竹县北埔镇的金广福文教基金会编著《北浦光景》一书，谈至北埔的风水观与聚落格局是藏风聚气：

"拓垦之初，山川河岳一片莽荒，到处充满未知，因此，敬天畏神笃信风水，乃属人情之常。"

正是基于这种心理，北埔聚落形态的形成，不只出于防御的实际需要，也不单纯是当时空间意识的呈现，其实，它更与风水观念息息相关。

依"形法"风水原则综观北埔大环境的"龙、穴、砂、水"格局，其中鹅公髻山耸峻雄浑，发脉奔腾，靠"太祖山"；五指山峦峰秀丽，承其气势，乃"少祖山"；而后龙走脉行，经尾隘子转抵北埔，落脉于秀峦山，故秀峦山为结穴的"父母山"，此为"龙"；而慈天宫庙地即"胎息、孕育"之所止，是为"穴"。

北埔之左右两翼皆有岗峦围护，各属"青龙"、"白虎"；而对面之龙凤则为"朝山"，龟山坪系"锁外局之要纲"。此拱卫之岗峦，是为"砂"。

水礶子溪与大湖溪各蜿蜒于秀峦山的南北两麓，并汇合归流于穴前的"明堂"，再回环而出，是为"水"。

所以，北埔的"龙、穴、砂、水"格局甚为完整。

至于聚落本身的建构，地理明师勘定的慈天宫及天水堂基址，轴线

（分金线）皆正对秀銮山的山顶，此即龙脉所归的"乐山"。后来北埔附近建造的大宅仍有中轴线正对此"乐山"者；而一般民宅则因紧密毗连、构筑简陋，才甚少兼顾此项风水原则。

此外，环植莿竹及设置城门虽为防御所需，但在风水上亦能达到"环抱围护"、"藏风聚气"的效果。

秀銮山虽蕴含来龙所带的"地气"，但仍需借着源源不断的流水引来丰沛"水气"，因而配合农垦聚落凿陂开圳之需，自山上引来水流，纳入聚落内所开凿的陂塘。风水上讲究气随水行，不能湍急涌入，否则仍将水走气散，无法蓄气；而以陂塘缓和水势，正可收纳水气。除此之外，水亦能界气，所以北埔先民将沟圳及陂塘环筑于聚落地势较低的西半部，以免来龙之气向外逸失。北埔聚落的沟圳水流形势属于"玉带水"，陂塘则为"聚面水"，皆能环抱有情，蓄气界气。

审视北埔聚落的风水格局：慈天宫稳坐龙穴，穴后有"胎息"连脉至"父母山"（秀銮山）以为屏障，是为"玄武脑"；左、右两翼有莿竹拱卫及宅屋层层围绕，即"青龙"、"白虎"二砂；而前有陂塘、沟圳环抱回流，乃"朱雀水"。因此，北埔聚落可谓符合"四神相应"的风水架构，后人住居此地，承其福荫，亦得保平安。

该书又谈到北埔郊区的散村聚落背山面田，充分说明客家先民重视风水的环境观；清咸丰、同治年间（公元 1851 年～公元 1874 年），原住民逐渐被驱往内山，移民威胁大减，不必像拓垦初期一样，必须聚众而居彼此照应。更何况山林埔地之中，少有集中的大片耕地可供垦种，众多的农户势必分散，各觅可耕之地。于是，一户户的农家就在山林之间奠定基业，世代耕垦，形成散村聚落。

清末时期，北埔地区的散村聚落已甚普遍，主要有两种形态：第一类即上述原本零散耕垦，分散发展的农户散村聚落形态；第二类是早先居住在集村内的垦户，因安全无虞以及人口增多，纷纷在所耕垦的田地上建宅居住，成为散户。

北埔地区山多田少，散户多半在山麓地带建家造宅，而将较平缓易耕且利于灌溉的河阶台地或山洼各地作为农田，大抵是以"背山面田"

为立地原则；因此，北埔郊野的散村聚落，常可见到农宅巍下的山洼各地被垦成梯田的景观。此为北埔的第一类散户形态。

至于南埔集村外的散户，则为北埔的第二类散户典型。这一带至少有十一座宅院的轴线对向龙气旺盛的"观音座莲"山顶峰（其中一座以它为"朝山"）。此极富戏剧性的散户农宅配置，充分说明客家移垦先民重视风水的环境观。

南埔开垦之初，水源缺乏，先民为了长久计，遂凿山引大林村旁的溪水而来，至今此地居民灌溉稻田依然依靠这项水利。

北埔集村与郊区散村聚落的关系，可谓唇齿相依，至为密切。清光绪年间，北埔聚落的产业形态逐渐由农趋商，从竹堑城等地输入的用品，已有较广大的散村农户消费，而运销外地的农产品，也多依赖郊区散村聚落的提供。所以，当时北埔聚落已是整个北埔地区交通往来的枢纽，更是当地农垦社会圈的重心。换言之，北埔聚落的影响力，就如同慈天宫广场在北埔聚落内具有核心性地位一般。而其深厚的依存关系，更使外围散村聚落必须以北埔为中心，借此连结成紧密的农垦社会圈。

# 第十三节　文化名镇——泰兴黄桥镇

黄桥镇地处长江北岸的苏中平原，处于长江三角洲北翼，素有"北分淮委，南接江潮"的水上枢纽之称，其南濒长江，东连如皋，北接姜堰，是苏中、苏北地区通往苏南的重要门户。早在二千多年前汉高祖时期，刘濞为吴王，都广陵，设海陵仓于今泰州市，黄桥因仓取名"永丰里"。北宋建镇，又名"黑松林"。南宋绍兴年间，岳飞将军奉旨抗金，从广德移兵泰州。元末明初易名黄桥镇。

2010 年 4 月，泰兴市溪桥镇、刘陈镇与黄桥镇合并设立新的黄桥镇。

黄桥镇

据史料记载，黄桥地区约成陆于新石器时代。早在五六千年前的原始社会末期，这片古老的土地上，就留下了人类活动的足迹。

5千年前，泰兴地区是一片茫茫大海，长江入海口还在镇江、扬州之间。到东汉献帝建安十年（公元205年）前不久，泰兴老龙河以北地区才形成了一片江海冲积的沙滩，地属海陵县界。所谓"海陵"，意为海中一片高地，即古长江入海口江中一洲。到晋武帝太康元年（公元280年），海陵又改名为海阳县，此时已明确了海阳的确切位置。古人称山北为阴，水北为阳，海阳，即位于长江之北岸。表明这一时期由于长江口延伸东移，江岸线也有所变化，海阳与北岸靠拢相接。到南朝时，海阳复称海陵，这与海平面上升，陆地后退有很大的关系。

东汉建安十三年（公元208年）前后，江心又出现一片沙滩，即现在的靖江境地，当时叫阴沙。所谓阴沙，潮落时出水面，潮涨时又没于水中。到唐文宗太和五年（公元831年），随着泰兴以东及沿江地区的第二次成陆，这片江心滩已现出水面，改称为"骥渚"，到宋代就称为"马驮沙"了。从阴沙形成变为江中陆洲，直至明末与泰兴涨接连片，

前前后后大约经过了1500年历史，明成化以前，泰兴县南孤山巍然一峰仍在江中。

由于孤山在江中阻流，江心深泓南迁。从隋、唐到明初，孤山以北县境西部，江中沙洲并峙，自东向西，自东北向西南，渐次涨接，造成历史上泰兴东北高，西南低的地形地貌的特征。而泰兴的老龙河，远古时期也应该是江岸线南移而形成的，其中部尚有东塌江头、西塌江头、殷塌庄、盐泥场等地名，充分说明老龙河以南几乎半个泰兴县境都是江中沙洲涨接而成。古称泰兴"襟江带海"源出于此。

永丰里即黄桥镇所在地，早先应是由于沿海盐业的兴起而得之发展的，这又和古运盐河有千丝万缕的联系。隋、唐以前，黄桥以东海岸煮盐业非常发达，当时永丰里位于江口，有龙开河与运盐河相沟通，在龙开河与运盐河交汇处，盐商云集，迅速形成了集市，即现泰兴县城所在地，古称姜堰。堰，是盐场交货、换船的地方。到隋、唐以后，江口东延，南通、海门与陆地相接，黄桥、如皋海潮不至，土卤日淡，开始由并场转灶转向垦殖。但南通、如皋以东一些盐商、盐贩为了逃避交税，多从如皋入境黄桥、古溪，经龙游河绕道贩运私盐，永丰里因龙开河、龙游河、古黄桥河等通江港口交汇处，必然成为私盐交易场所。永丰里北边古溪至今还有一河称私盐港，一河称私盐河（后误称为沿河）。河上有桥称私盐桥，港边有庄称盐河（现称沿河庄，有东沿、西沿等村）。

南唐升元元年（公元937年），泰兴建县后，设太平乡，永丰里属太平乡，此后已发展成为规模不小的集镇。由于盐业、农业、商业的发展，加之永丰里得天独厚的水陆运输条件，到北宋神宗熙宁元年（公元1068年），永丰里已成为一个很大的集镇，称永丰镇。

历史上的黄桥以河流众多著称。地方则多以桥定名，明、清时代著名的桥有北关桥、南坝桥、直来桥等，多为拱石结构。除便于交通外，桥身还起束水分流作用。如清康熙年间所建南坝桥，坝北之水高于坝南数尺，桥下激流湍急，极为壮观，来往船只过此需用绞索才能过桥。永丰里也是淮水入江的重要口门。

汉代即出现了"永丰里"这个黄桥原始的名字。汉高祖十二年（公

元前一九五年），封刘濞为吴王，"都广陵"（今扬州市），设海陵仓于泰州，黄桥依仓采名曰"永丰里"，即预祝此地永远丰裕，使海陵仓足廪实。汉武帝元狩六年（公元前117年），置海陵县，永丰里属海陵县。此后至晋太康元年（公元280年）近五百年几经兴废，永丰里已宛若世外桃源。黄桥家喻户晓的顾孝子之父顾慈，即于唐末携妇雏避乱于"永丰里"。

元末明初，永丰镇域已具有一定规模。据《明史·地理志》云："百川会通、民利灌溉，土田饶沃，物产丰盛"，永丰镇正式改名为黄桥镇。

明初泰兴有位县令姓黄，两榜出身，一身正气，疾恶如仇，执法如山，深得民之称颂，尊为黄公。其时里人正在永丰西门建石桥，公议将桥命名为"黄公桥"，在桥侧镌"黄公桥"三字以颂黄县令之德。岂料好事多磨。地痞讼师因恨黄县令之刚正无私，使之不能随心所欲，为非作歹，遂联名诬告，谓黄县令自大，连桥上也刻名颂德，使百姓"只知有黄公，不知有皇上"，犯了欺君大罪。皇上命严查。里人得知，不知所措，暗悔好事反而害了黄公。一老秀才曰："无妨，但将桥石三字中间公字凿去，使其成'黄桥'，便无把柄可抓。"受命查办的钦差亦是一位正直的监察御史，一路微服查访，尽闻赞颂黄公之声，待及永丰西门，但见石桥"黄桥"二字赫然入目，全无恶棍所告"黄公桥"之影。钦差心知肚明，连赞"黄桥好！"据实上报。皇上闻奏，龙颜大悦，破格升七品黄县令为四品黄堂。从此"永丰镇"便改称"黄桥镇"，流传至今。

江苏泰州黄桥何氏，自宋室南渡迁居江苏，迄今逾八百多年历史，其后裔绵延繁衍二十多支三十多代。历史上曾出过四名进士，十名举人，三百多名秀才和若干乡里人望，现如今何氏家更是人才辈出，无论做官、治学，还是经商务农，皆有为人称道的。

何氏宗祠位于黄桥镇珠巷西首，是在何御史的故宅上，由何氏二十多房共同出资修建的，成于清雍正九年（公元1731年）。仿木砖雕门楼，敞厅为抬梁式建筑，以荷叶墩、斗拱承托，梁上有彩绘、墙上月洞门较一般为大。现存房屋二十多间，最后五间为神主楼，木制花窗，兽头钢爪，两头有跳檐马头墙。形成一处完整古朴的明清古建筑群，是黄桥历史文化的宝贵财富。

何氏宗祠每年春秋都要举行祭祖大典，仪式极为隆重壮观。现经整修展示的何氏宗祠，坐北向南，前后两进。大门的匾额上"何氏宗祠"四个金字，是当地现代书家的作品。门两旁，一左一右各竖着一块骑马石，这对出土文物，是经多方寻觅才查找到的，历经岁月的沧桑仍逼真可爱。沿着两扇黑漆大门向里，是一个有着十多平方米的屋子，人们叫大门堂。大门堂北边有着一座青砖砌就的长方形小门楼。由于年代久远，砖头已锈蚀剥落，但当年花草图案的雕饰仍可见一斑，此门楼叫仪门，是古时候主人迎接客人的地方。从仪门向北，穿过一块青砖铺地、丈余长的小天井，便来到大厅。大厅为三间屋，高大宽敞，梁柱皆为粗大的木料，抬式结构。上面的彩绘在屋外阳光的映射下，还依稀可寻。据文物专家说，这座大厅为典型的明代风格，粗犷古朴，是研究建筑史的最好佐证。且历经数百年，保存到今，不要说在泰州地区少有，就是在江苏全省也属少见。从大厅向后，再经过一座大院落，便来到一幢二层小楼，这里的建筑虽然是上世纪末重建，但当年却叫神主楼，是何氏后裔供奉祖先和举行祭祀的场所。

黄桥的何姓一族，是明朝初年由江苏常州迁来，耕读渔樵，繁衍生息，已历经五百余年。这座何氏宗祠原是其四世祖何栗御史故宅，后来才改为宗祠。现在，大厅和小楼已将何氏祖先的部分画像、功名匾及有关史料进行陈列，其中最引人注目的是大厅屏风上的《泰兴何氏家范条件十则》（又名《家规十条》）。全文约 1500 字，分作 10 个部分：孝父母、友兄弟、谨夫妇、叙长幼、敦善行、训读书、奖行谊、崇节俭安生理、重茔祭。何棐（公元 1464 年～公元 1541 年）太仆寺少卿，字辅之，号笃斋，祖籍毗陵（今常州市），宋末世祖何孔庭因避战乱迁至永丰（今江苏省泰兴市黄桥镇）后，自何棐始世代居此。黄桥镇河道纵横，水网交织，是典型的水乡古镇。水乡泽国，鱼米之乡，是风水师眼中的上吉之地，与山环水抱或背山面水的地形，都是风水师的首选。

黄桥镇就是典型"若得乱流如织锦，不分元运也亨通"的风水宝地，因此能够千年不衰。

# 第十四节　文化名镇——姜堰溱潼镇

溱潼镇隶属于江苏省泰州市姜堰区，坐落于苏中里下河地区。溱潼原名秦潼，古称秦泓。地处南通盐城泰州三市交界处，旧有"犬吠三县闻"之说。这里河港交织、气候湿润，境内多处发现麋鹿化石遗骨和出土新石器时代的石斧、石器。大约在5千年前这里已有人类居住，因其地面海向阳，属海阳地域范围。

汉初改海阳为海陵，属海陵县，南唐升元元年，海陵县升为泰州，溱潼属泰州。元世祖至元十四年（公元1277年）设置泰州路，此间溱潼始称为镇。清乾隆三十三年（公元1768年）析置东台县，溱潼划归东台县。清末民初一度时期称"溱湖市"。民国年间，溱潼一直隶属东台县管辖。

溱潼镇

民国三十二年（1943 年）溱潼是中共民主政权兴东行署辖区，民国三十四年（1945 年）四月民主政权兴东县溱潼镇设在这里，民国三十四年（1945年）十月民主政权兴东县兴南办事处设在溱潼，1945 年 10 月民主政权溱潼县成立。1949 年 5 月 19 日中共苏中区党委决定撤销溱潼县，溱潼行政区从原国民党时期的东台县划入泰县，为泰县溱潼区。

"莫道江南花似锦，溱潼水国胜江南。"这是一位诗人对古镇溱潼的赞美，溱潼镇地处江苏省里下河地区。溱潼镇区域内河港交织，岛屿星罗，碧波荡漾，嘉树丰草，环护长堤。一年一度的溱潼会船节更以其独特的人文景观和民俗风情而享誉天下。

溱潼镇曾有"南寺书楼"、"北村禅院"、"东观归渔"、"雨院庭槐"、"板桥秋月"、"堤柳春莺"、"花影清潭"、"禅房修竹"八景点缀，古意盎然。

溱潼一度临海，夏、商时属扬州，春秋时属吴。这里水草丰茂，麋鹿千百成群，农民不耕而作。典籍记载，距今三千年，这里就有相当发达的经济与文化。"溱潼"的由来，不少人费尽心思作过考证，仍是众说不一。民国初年大旱，溱潼镇东郊的青蒲人掘沟接水，得唐代《李符墓志》云："青蒲南临吴渚，北傍秦泓，遂家焉。"据此，《东台掌录》明确指出："秦泓"即今"溱潼"可无疑义。而溱潼人李敬之在《寄庐杂记》中提出进一步讨论："秦泓何得只溱潼，音别相讹意不通。他日泰东修邑乘，宜将碑记写其中。"并对"秦泓"二字作了进一步研究："吾邑在唐时本名秦泓，秦字从禾，产嘉禾之意。泓，水也，四郊多水。""泓、潼音相近，更有好事者认为，吾乡多水，于秦字旁加水，是音又异矣！"时至今日，究竟是先有"潼"而笔误为"泓"，还是先有"泓"而后演化为"潼"，虽难定沦，但名称最早出现于唐代，则毫无疑问。

"溱潼"的名称最早出现于书籍的是在宋代。宋岳飞之孙岳珂所著《金陀粹编》中，有岳飞任通泰镇抚史时"军驻秦潼村"之语。清朝嘉庆《东台县志》记载："宋建炎年间，张荣、贾虎率义兵与金兵转战南下，与敌相遇于秦潼村，遂引兵佯败，获胜于兴化缩头湖。"文字记载和今日"溱潼"仅三点水之差。

　　溱潼镇四面环水，流经镇北的泰（州）东（台）河和横贯镇东的姜堰）兴（化）河像两条玉带缠绕其间，镇南碧波万顷，湖光潋滟的喜鹊湖更似一只玉盘依依相托，辉映出明珠的晶莹剔透。溱潼镇地势低洼，水面宽阔，河网纵横，垛田星罗，风光旖旎。长江、淮河水系在这里汇集。泰东河、姜溱河、姜兴河、黄村河缠绕其间。

　　溱潼镇环抱于万亩溱湖之中，夹河穿镇而过，家家枕河而居，后来为发展地方经济，穿城河被填没，水乡雅韵大不如前，不过今日的古镇，小桥流水、深巷幽居、麻石铺街、老井当院的风貌还是依稀可见，今昔对比，古韵新风，相映成辉，倒是别具风味。

　　溱潼，位于江苏省泰州姜堰市东北隅，地处泰州、盐城、南通三市交界处，自古就有"犬吠三县闻"之说。自汉武帝元狩六年（公元前117年）设置海陵县，南唐升元元年（公元937年）升海陵县为泰州，直到清乾隆三十三年（公元1768年）一直属泰州。清乾隆三十三年至民国期间，溱潼属东台县，解放后又划归泰州。溱潼四面环水、港汊交汇，宛如威尼斯水城，又如"九龙朝阙"，穿镇而过的古运河为盐运漕运的必经水道。三条东西向夹河穿镇而过，夹河两岸为临河商业街。沿街商铺常有便门通往巷内，小巷两端设有公用大门，古名叫共门，暮关晨启，这种形制为一般地区所罕见。

　　镇区面积不大，仅零点五四平方公里，寸土寸金，小巷宽不盈尺，因水而形成九曲十八弯、狭窄之处仅可容一人通行。到目前为止，镇区尚存古民居六万多平方米，古街巷二十三条，古刹六座，现存古桥有利济、永安、鹿鸣、月明、永乐等七座，浇花井、学士井、双魁井、缫丝井等至今流水淙淙，清泉汩汩。

　　溱潼的民居建筑一律采用砖木结构，青砖小瓦，七桁五桁不等。大户人家室内装修采用隔扇花窗，卷棚斗拱，斗角重檐等多种形制，更有火巷密室、神龛照壁，做工精细，毕肖动人，以显示其主人身分的高贵和富有。

　　现存的古民居中大多数为官宦世家和地方土著所建，用料考究，做工精细，各户形制布局同中有异：有单门独院、有合面两进、有前后三

进五进，更有厅堂厢照、合院兜梢、四关厢等。

最能体现水乡特色的民居，莫过于夹河两岸人家的水榭，河上临窗互答，河下舟楫往来，三座石桥横跨其间，车水马龙，络绎不绝，俨然一幅清明上河图的实况展现。以东西向溱湖大街为中心，十多条小巷呈"非"字形向南北辐射，房屋鳞次栉比，错落有致。巷内麻石老街，老井当院。

古树名木遍布全镇，给古镇增添许多神秘色彩。镇区内的唐代国槐，虬枝苍劲；宋代山茶，繁花似锦。2005 年 3 月 6 日国际茶花协会主席格里高力，戴维斯先生亲临这里，亲笔写下了"环球第一茶花王"的题词；更有明代黄杨古意盎然；清代垂槐顾盼生姿。加之临河的绕堤春柳和十里芳塘把整个古镇掩映成一座水上绿洲。

镇郊湖西庄、黄介田、单塘河、三里泽、青蒲等处出土的新石器、麋鹿角化石表明，数千年前，这里就是先民聚居之所、麋鹿生息之乡。被列为第五批江苏省文物保护单位的单塘河遗址，为新石器时代晚期至商代中后期的古文化遗址，是泰州地区发现的唯一新石器时代至商周时期的遗址。对填补江淮地区商周史空白，研究长江口北岸的形成以及黄海海岸线的变迁，对建立该地区考古学文化序列，都具有十分重要的意义。

溱潼古时临海，附近天目山的西周古城证明，距今三千年，这里就有相当发达的经济与文化。《补晋兵志》、唐代《李符墓志铭》都记载了古镇溱潼的史实。五代时期，梁昭明太子曾来天目山礼拜。宋代岳飞、文天祥在此辗转征战。吴王张士诚的"娘娘"便是溱东人氏。明史部侍郎在古镇水云楼读书，清大词学家蒋鹿潭在此久居，写下《水云楼词》。诗人吴嘉纪、画家郑板桥、学者孙乔年、民国元老于右任都普挥毫寄意，吟咏溱潼。

自古以来，溱潼就是沟通江淮的交通要冲，里下河地区粮油集散地。早在清代就有徽商胡、王、洪、方四姓在这里经营茶叶、油漆、锅席、纸张。二十世纪初，南通张謇、无锡荣氏都来这里设立庄栈，创办实业。至今古街依旧，排门栉比，商贸依旧。

溱潼是一座与水为邻的岛镇，镇周围全是水．水包围着镇，镇依靠着水，无数的码头和粮行就建在镇四周的水边上。现在所见到的水泥路面大街和仿古商业大楼处，原本也是一条东西流向横贯全镇的夹河，河上曾架设过三座造型各异的拱桥。过去大大小小装满稻麦的运货船就来往穿梭于夹河之中，夹河南岸是一条名为竹河街的东西大路，沿河是一家接连一家的竹行。水乡船篙、农具、渔具多用竹子，需要的毛竹多。从宜兴和江西等地购进的毛竹，像一片又一片竹林依靠在河岸边，河面上一个接一个竹排，有时甚至阻塞运货的河道。

夹河北岸是一条叫作口街的沿河小街，街南为傍河而居的店铺和民居，街北就是与夹河平行镇中大街店铺的后门。这条长约一华里的镇中大街，是溱潼经济的中心。街上条石铺地，街面不宽，两边店铺的员工可相互交谈，街两侧是各色各样的店面，南货、北货齐全，吃的、穿的、用的应有尽有。溱潼附近农夫撑船来到镇上，船停在夹河里，全都在这条街上买商品，满街人头攒动，熙熙攘攘，一年四季天天如此，以至于有人将溱潼称为"小上海"。

溱潼的巷子布局合理．有纵有横有弯曲，泾渭分明。全镇以纵向小巷为主，从东向西一条又一条有规律地间隔排列。这些纵向巷子的巷口都开在大街上和大街相接，大致以大街为界，街南的巷子向南延伸，街北的巷子向北走去。又因地块而异，长短不一，最长的庆雨巷约有五百米。在大街两侧与大街平行的是东西向横巷，其数量虽然较少，但起着联系纵向巷子沟通全镇交通的作用。此外在靠近镇边缘的地方，还有一些曲曲弯弯大小不等的小巷沿河而建，俗称十八弯的建设巷就是典型实例。

溱潼现存有一批明、清时期的古建筑群。登高俯视，依稀可辨旧日三条东西河流横贯其间，以原来夹河为中心，两岸河房水阁，错落有致，沿河店面，前路有水，十多条小巷呈"非"字形放射，巷内房屋鳞次栉比。此地因水网交织，人们临河而筑，傍水而居，形成了独特的水乡风貌。因河道弯曲，填河成路形成了这里街道蜿蜒曲折。

溱潼镇镇区面积很小，只有半个平方公里多一点。20世纪初，异常

繁荣的商品经济，将镇区建设推向了鼎盛时期。在这极为有限的地盘上，竟然容纳了那么多的商行、店面和住宅，创造了前所未有的辉煌。在这里以水为邻街河并列的水乡风格，以长巷为主泾渭分明的镇区布局，以院落为特色紧凑小巧的民居，无不凝聚着当时建设者们的聪明才智。

溱潼面积较小．而溱潼的巷子特多，曾有人粗略统计过，加起来总共有百十来条。溱潼巷子多数小而窄。位于绿树院巷西头最窄的一条巷子宽不足一米，对面来人无法交会，只好有一人退让才能通过。可因为巷子的数量多，人行其间能很快得到分散，这就很自然地解决了巷小人挤的困难。

在纵、横相交的巷子转角处，住户人家都自觉地将自家的墙角抹去，为的是让肩挑货物的来往行人顺利通过，既撞不到自家的墙又方便了他人的走，于己方便于人方便，有人将此举称之为"左右逢源"、"和气生财"。

纵向巷子的南北两头，听说都曾设有可以开关的贡（共）门，每到晚间，巷内各户门前都挂起灯笼，家人回来后就将灯笼取下，待巷子里灯笼全都收拾进去，两头巷门关闭，全巷人安然入睡。

住在南北向巷子的人家，为了主体建筑面南，大多为山墙对着巷子，小巷两边山墙接着山墙磨砖驳缝，美观而又防火；而住在东西向巷子内人家，或大门或后墙对着巷子，立面上高低有差，形式上多有变化。这里的巷子多用麻石铺地，石下暗沟排水，雨止巷干。

位于溱潼大街上的住宅，为前后多进的连家店。前面是迎街的店面，后面就是店主人的住家，两进房屋紧靠一起，中间不设天井，用天沟排水，为的是不浪费地方。而在数以百计小巷内的民居，则更是一户挨着一户，紧密相连。各家各户多以院落为单位，单门独院。院落形式多样，因地制宜。

简单的院落为三间正屋，一间厨房和一简易门楼；稍好院落内在其中再加一间厢房；也有的院落为一间门楼一间厢房和三间厅屋及三间照厅；最好的大户人家则由照厅、厅屋、穿堂、堂屋前后多进，外加厨房、厢房、书房等多个院落组成的大型建筑群。镇上人习惯把在正屋两侧建

厢房形成的院落叫四关厢；一侧建厢房，另一侧砌围墙的叫外关厢；而在天井内建厢房连着正屋的则叫做内关厢。

无论是哪种院落，有一点是共同的，那就是自我封闭，自成一体互不干扰。但又家家相通，户户相连，往往前面一家的后墙就是后面一家天井前的围墙，左侧人家的西山墙。就是右侧邻居的东山墙。房屋建筑的彼此关联，互相依存，天长日久之后，便形成了邻里间多有照应，和睦相处，相互关心。

溱潼民居没有雕梁画栋，没有翘角飞檐，梁架简朴，装饰无多，崇尚朴实，不事奢华。这可能也与水乡人生活习惯和建房的理念有关。溱潼当地出产的砖瓦，土质细腻，色泽相同，规格一致，经久耐用，是建筑房屋的好材料，砌成的砖墙青灰勾缝，看上去特别的舒服。这里的砖，又是用于砖雕的最佳材料。

镇上各家门楼都用磨砖一层一层向外挑出，精工细作，美观大方。多数门上有砖雕"福"字和"喜鹊登梅"、"桂树蝙蝠"的图案。少数院内还有砖雕仪门和正对大厅的砖雕照壁，内容有《三国》、《水浒》人物故事，渔樵耕读情节，吉祥如意的福、禄、寿等等。铺在室内的地面，是特制大方砖。有的在方砖四角下置陶盆，不但防潮，而且人走在上面能发出空响，名叫响厅。

房屋全是小木作，榫卯结构，抬梁式或穿斗式，无雕刻和彩绘，也不用油漆，只少数梁头刻着花纹，厅屋当心间格扇的裙板上则往往有精雕细刻的八仙人物、四时花卉、松竹梅兰图案。

为了增加房屋的美感，溱潼民居在细砖砌筑的屋脊上，别出心裁地进行了打扮，即在脊的正中及起翘的两头，用青灰堆塑出立体的荷花、莲、藕、螃蟹、松鼠、葡萄、福禄寿三星等图案，生动活泼，惟妙惟肖。抬头望去，屋脊上的一堆一堆的灰塑，成了一道水乡特色颇浓的风景线。

溱潼现存房屋中，除有一座具明末清初风格名为绿树院的庙宇和溱湖街三十八号、小溱湖巷二号、东桥巷四十三号等几处清代早、中期建的房屋外，几乎全都是上世纪初商业兴起时建造的瓦房。从高处俯瞰遍布全镇约有二万多平方米的古民居，一色的青砖黛瓦，一样的两披水硬

山屋面，整整齐齐，排列有序。溇潼民居开在巷子中的大门，相对两户不允许大门对着大门，这家房屋上屋脊也不允许对着那家已建的大门，实在无法避让，则要砌一面马头山墙挡住对方，正对着巷子的墙，都立有一块"泰山石敢当"的石刻，房间朝北的一面都不设窗等等，所有这些，都体现出这里民居的个性，保留着当地建房的民风民俗。溇潼由古代凹陷地发育而成，四面环水，就像是漂浮在水面上的一叶轻舟。这是风水师眼中的上吉之地，称为"湖荡聚沙"格。

这种安全、适于人类定居的湖中岛屿，是风水师眼中的"龙穴宝地"。

有风水师称此种格局为"水巧之穴"，认为是万里龙脉，结穴于"差畔之中"的象征，《地理大全》记载：

"临于深渊大泽，忽然隐脉水底，而结穴水中；其四畔皆水，后于水中突出山阜，再于山阜上结穴；而四周环绕周匝，皆汪洋巨浸，即是穴在水中，为水巧之穴！"

溇潼镇的独特风水格局，使古镇历千年而不衰。溇湖水的灵秀之气，更形成了古镇独有的书香氛围。据初步统计，溇潼历代的进士举人达一百多名。溇湖南岸状元村雁仑刘氏书香门第，科甲连绵，为中国科举史所罕见。刘家先后有十五人中举人、五人官任都督，二人高中武状元，因此，民间有诗赞誉"一门五都督，三科两状元"，"青黎高照无双阁，皇榜连标第一家"。同胞弟兄为武状元，在中国历史上仅此一例，堪称绝代双骄。

# 第十五节 文化名镇——湘潭韶山

韶山，地处湖南省中南部，古属荆楚之地，与湘潭、湘乡、宁乡三地相邻，面积虽只有210平方公里。

"韶"乃虞舜时乐名。《书·益稷》记载："箫韶九成，引凤来仪。"

史载：韶山，相传舜南巡时，奏韶乐于此，因名。（《湖南省志·地理志》引《嘉庆一统志》卷354）《辞海》据此诠释韶山："相传古代虞舜南巡时，奏韶乐于此，故名。"……山有八景，风景优美。虞舜，远古时代父系氏族社会后期的部落联盟首领。

　　姓尧，号有虞氏，名重生，世称虞舜。他是继尧之后被中华民族世代推崇的又一明君圣主。他为尧所器重，尧不但把盟主的尊位禅让于他，还把两位爱女娥皇、女英许配与他。舜继位之后，为造福人类，开拓疆土，辞别爱侣，甘冒苦辛，渡黄河，涉长江，深入荆楚蛮荒之地，探测山川利弊，规划拓垦宏图。南下途中舜与侍从宿营韶山，侍从们为舜帝载歌载舞，随着优美的音乐舞蹈，山崖翕然，山鸣谷应，声震林木，凤凰闻乐展翅，嘤嘤和鸣。山间胜境，人间盛会，亘古传诵。日久，人们便把舜帝欣赏过的音乐称为韶乐，把他赏韶乐的山岭叫韶山。

　　秦至晋未属湘南县。南齐属湘西县。

　　隋开皇九年并入衡山县。唐天宝八年改衡山县为湘潭县，自此至宋。元湘潭县升湘潭州，韶山归湘潭州。

　　明代属湘潭县移风乡居义里；清代为湘潭县的第七都；光绪十九年〔癸巳〕冬月十九日（1893年12月26日），毛泽东诞生于湘潭县七都韶山冲上屋场。

韶山

韶山是个"鸡鸣三县"的地方，或称"三邑边区"。是一个群山环抱、蜿蜒起伏的狭长峪地，东西长约五公里，南北宽约四公里。

古称仙女山、仙女峰，韶山人把它叫做仙顶灵峰。韶山海拔五一六米，为南岳七十二峰之一，它秀丽挺拔，群峦环抱，以雄伟峭峻居湘乡、宁乡、韶山三地交界之处。登峰远眺，韶山风物尽收眼底，令人心旷神怡，有天高地远之感。

韶山诸山的来龙，是南岳山系，故此，韶峰被列入衡山七十二峰中的第七十一峰；山的去脉，则是经宁乡县、望城县逶迤两百里，至长沙城西郊湘江岸边之岳麓戛然而止，岳麓山遂紧随韶峰之后成为衡山第七十二峰。

韶山境内的山由湘乡龙洞方向而来，以韶峰为中心，向东北、西北分成两支，自然成脉，由南往北包抄，将韶山主体围于其中；山脉总长度约在100公里。山脉回环之间，为丘、岗、平原、盆地，总的轮廓是以韶峰山脉和韶河、石狮江两水为骨架，构成西部隆起，往东及东南倾斜的地势。最高点在韶峰，海拔518.5米，最低点六亩洲，海拔48米，高低差470.5米，两点平距11公里。

韶山市版图形状酷似中国地图按顺时针方向旋转180度后的形状，有人称之为大中国的缩影。韶山市虽只有六乡两镇，但因为这里出了一位毛泽东，而使之闻名遐迩。

说来凑巧，以韶山为轴心，一百公里半径周围内，就会发现这里出了不少人物。人们熟知的就有刘少奇、任弼时、彭德怀、谢觉哉、罗荣桓、谭政、陈赓、蔡畅、王震、胡耀邦等。因此，人们传说，韶山是一块地灵人杰的风水宝地。

以韶山为中心的"韶山八景"："韶峰耸翠"、"塔岭晴霞"、"仙女茅庵"、"凤仪亭址"、"胭脂古井"、"石壁流泉"、"顿石成门"、"石屋清风"，独具风韵，令游人心驰神往，流连忘返。"韶山八景"的每一景，都有动人的掌故，载人了《湘潭县志》、《湖广通志》或《广舆记》中，脍炙人口，广为流传。

对韶山的天文地理、山川胜景和历史掌故的最好记载，莫过于清初

湘乡籍文人周定宁所写，载于清乾隆二年（公元1737年）一修《中湘韶山毛氏族谱》的《韶山记》，至今仍完整地收录于清光绪辛巳（公元1881年）《中湘韶山毛氏二修族谱》中，此文言简意赅记载韶山的风水布局：

"韶山，楚南一名山也！祖西华，面南岳，《盘古舆图》按轸宿在玉衡。天文昭曜，其辰在巳，星在荧惑，五行在丙，天市在西垣，次舍在鹑尾，细度在轸十六度也。界三湘而远七泽，发岳麓而控东台。潆回地涌，水飞雪浪之花；巍葳天开，山横玉枕之案。绵亘百余里，蜿蜒来八面之龙。山苍莽，际无隆，狩幸致南巡之大舜，凤音亭，丹凤衔书；胭脂井，紫龙吐沫。上麓天马凌空，岱上灵鱼不老，褒忠、贞女来朝，相随鹏山白鹤，懈护、石人抱子，引将东鹜凤凰。乌台石龙，草衣崖畔，湘西狮子，石羊入山。"

左湘潭，右湘乡，风云际会；前金紫，后龙王，雨露同沾。登望而咫尺星沙，转盼而韶山罗列。青草湾，金鸡观，秀丽花园；铁陂塘，枫梓山，恢宏乌石。平地斑竹，竹山青葱四季。南岸创石，石峒雄壮。长天、黄田、白田、月城，山之保障。黑泥、花桥、桃树，山之前朝。钓水洞、鲤鱼寨，鱼龙变化；青山寨、文林寨，虎豹风生。太乙观，中夜燃藜；白莲庵，四时玉藕；韶峰庵、仙女庵，列三女仙之金像；团山寺、清溪寺，绘诸菩萨之仪容。九天韶乐，时来迭奏罗音，三邑叟童，每日瞻依圣境。果然特地乾坤，信道崭新日月，不仙不道，眉山、盘古风规；产乐产花，桃洞、天台景象。皓月是长明公不老，白云乃不速客频来。绘动风长清，山麓松垂露，轻洗妖氛。惟阅此山，野芳发而幽香，佳木秀而繁阴，风霜高洁，水落石出；四时之景恒周，一道同风永远，乃述题数语，聊缀七言：

绕岫岚光凝欲滴，长风轻袅云烟侧。

山涵五月六月寒，地拥千山万山碧。

从来仙境称韶峰，笔削三山插天空。

天下名山三百六，此是湘南第一龙。

在周定宁的笔下，韶山的位置，来龙去脉无不备述。山形山势，跌荡生姿；神话传说，信手拈来。

韶山风水，韶山发脉于南岳衡山，分南北两支向北弯环转折，起伏迭宕，几经驳换，郁结成七十二座奇峰，龙山为七十一峰，龙脉到此奇峰突起，形成五龙朝圣、万山归拱的大格局。其辖区图形宛如中国地图顺时针转动一百八十度，似婴儿安睡母腹，大中国的心腹地带蕴含着一个小中国，巧妙，妙极！此为衡山山系南脉，所经之处皆有伟人出世。王船山、曾国藩、陈赓、毛泽东皆出于此脉，又出了个刘少奇。此脉继续北行，再度突起，结成南岳第七十二峰岳麓山，尽于湘水之滨，作为韶山前案，端严稳重，完成了南岳山系的整体造型。其北脉所经之处出了齐白石、彭德怀等巨人，可见衡山山脉之尊贵迥异常伦。

韶山山峦起伏，溪水潺潺，整个地势是由西北向东南逐渐倾斜的，东部为丘陵和较为开阔的地带，西部山峰环绕，由于长年的封山育林，峰峦一片葱郁。韶山河流不多，属于湘江水系，均经涟水入湘江，五公里以上的小河有九条，全长一百零三公里，其中以发源于韶山山脉的韶河最大。韶河原名云湖河，曾经是九曲十八弯，由滴水洞清泉冽出，渐涌渐大，穿山过涧，跳跃跌宕，又有诸溪加入，且从地底阴河汇集蕊珠，水势剧增，便可行舟了。韶河河谷，宽敞开阔，垂柳依依，白杨箭直，春有白鹭云集，夏日荷香袭人，秋天稻菽起浪，冬季浓霜薄雾。是一个"六山半水，两分半田，一分道路加庄园"的典型丘陵地形区。背山面水，藏风聚气，真是一个地灵人杰的风水宝地。

# 第十六节　文化名镇——邵武和平镇

和平镇位于邵武市的西南部，原叫"禾坪"，因其地势平坦而得名，日寇投降后改为"和平"。建置始于唐朝，是福建省历史最悠久的古镇

之一。

　　和平镇是古代邵武通往江西、泰宁、建宁、汀州的咽喉要道，而且福建出省三道之一的隘道"愁思岭"就在和平境内，因而也成为兵家必争之地。早在四千年前便有人类繁衍居住，建置始于唐，历史文化悠久，是邵武历史上第一古镇。是一处全国罕见的城堡式大村镇，其众多古建筑是中国迄今保留最具特色的古民居建筑群之一。

和平古镇

　　和平旧称"禾坪"，取地势平坦和盛产稻谷之意。新石器时期，古越先民就在这儿繁衍生息。有文字记载的历史始于唐代。其建置沿革为：唐称昼锦里，宋属昼锦乡，元属昼锦下乡，明为昼锦下乡三十三都，清朝乾隆年间设置和平分县，建县丞署，又有旧市街，旧圩街之称，民国时设禾坪区、禾凤乡，1950 年设立和平镇，1958 年成立红南人民公社，1960 年改称和平人民公社，1984 年复改为和平镇，现为邵南的经济、文化、商贸中心集镇。和平历史上人才辈出，曾出过两名宰相、六名尚书、137 名进士，故和平又有"中国进士之乡"的美誉，如今博士、硕士、研究生也多达 20 多名，他们分布全国各地。和平古镇是邵武古县城的所

在地，许多古迹都留在了和平古镇，它代表了闽北的建筑风格。这些街巷、古建筑保存得相当好，完整地体现了当时的风貌。

和平镇位于邵武南部，是一座有四千多年历史的文化古镇，是古代邵武通往江西、泰宁、建宁、汀州的咽喉要道，而且福建出省三道之一的隘道"愁思岭"就在和平境内，因而也成为兵家必争之地。自唐代以来，历设里、乡、分县建制。这里文物古迹星罗棋布，不仅有城堡、谯楼、分县衙门，由明末著名军事家、民族英雄袁崇焕题写塔名的"聚奎塔"，闽北历史上最早的书院和平书院，还有许多庵庙宫观、祠堂及义仓，更有近三百余幢明、清民居建筑，仅建筑技艺精湛、雕饰精美、外观壮美的大夫第就有五座，是我国保留最好，最具特色的古民居建筑群之一。保留完整的六百多米长的古街，素有"福建第一街"之称。

新石器时期古越先民就在这儿繁衍生息。有文字记载的历史始于唐代。唐时称"昼锦"，宋为"昼锦乡和平里"。因唐代这里已经人口稠密，形成繁华的街市，故宋以后又称旧市街。元承宋制，明为三十三都，万历年间和平开始修宝塔、建城堡。明万历二十年（公元1592年），一些大户人家时常遭山贼土匪强扰和掠夺，在黄氏族裔黄显岐、黄若岐首倡下，修建和平城堡。城堡周长三百六十丈，占地零点四三平方公里。修建和平城堡就地取材，全部用河卵石砌成，别具匠心。城堡辟有四大门、四小门，东西南北四个主城门，并在门上建谯楼，用于瞭望。城堡内青石板和鹅卵石铺成的小巷纵横交错，光滑的鹅卵石记载着古镇的繁华与沧桑。

和平镇自古以来就是邵武南部的政治、经济、文化中心，因此在清乾隆三十四年（公元1769年）设和平分县，置分县署和把总署，驻兵防守，隶属邵武府治。县丞署俗称分县衙门，位于古镇区东南隅的谢傅巷，坐西朝东，现有面积约五百余平方米，两进厅，五开间，构架以抬梁式与穿斗式结合，用材硕大，四根纵梁与横梁形成一个井字顶，使公堂显得更加威武壮观。整幢建筑保留了明代建筑遗风。地面上还有两排半圆小坑，为当时升堂时衙役口念"威武"，手拄水火棒所留。大门外有一块专给犯人枷号示众时站立的方石，称罚站石，一对脚印清晰可见。署

衙前右侧原有关押人犯的平房（俗称"监狱"）。署衙前一片空旷的坪地，为驻防官兵训练、演武场所，称为校场。民国四年（公元1915年），县丞署由官产处拍卖给基督教作教堂福音堂。民国九年（公元1920年），基督教会在此办起一所初级女子小学，1940年辍。和平县丞署是全国保留最完好的分县衙门。

和平古镇有着四千多年的悠久历史和丰厚的文化底蕴，现仍然留存有东门、北门谯楼、城门和部分城墙；在九公顷的古镇城堡内有遗存完好的古街巷近百条，被众多专家学者誉为"福建第一街"。古镇不是很大，这里有东街和西街二条街、一条向西流去的小河。约四十条小巷，面积达一万多平方米，总数超过三百幢的明、清古民居，让人仿佛置身于远古的年代之中。这里的小巷四通八达，全由青石板或鹅卵石铺成，房子多由大块的砖砌成，而砖色被岁月刻画得斑驳陆离了。

和平古镇是邵武古县城的所在地，许多古遗迹都留在了和平古镇，它代表了闽北的建筑风格。这些街巷、古建筑保存得相当好，完整地体现了当时的风貌。整个古镇区连接南北城门的是一条形成于唐天成初，长六百余米的青石板古街，街两面分布着近百条纵横交错呈网络状的古建卯石巷道。专家评说："和平古镇是汉族经济、文化南移过程中留下的见证，具有历史的阶段性、代表性，是汉族文化从中原进入福建后融入当地文化而形成的积淀和缩影。"

和平古镇是闽北邵武市的山村小镇，城堡式古镇格局完整，地域特征鲜明；群山围抱，和平溪、罗前溪两河环绕左右。典型的山环水抱风水格局，藏风聚气，因此造就千年古镇，人才辈出。

从开科取仕以来，和平镇出了137名进士，有"进士之乡"的美誉，这与已有千年历史的和平书院密切相关。现在我们看到的是通往和平书院的青石板路，许许多多的和平学子就是通过这条路成就了功名。和平书院始创于后唐，创始人黄峭（公元891～公元953年）。唐时，黄峭之父从河南到邵武做官时，发现和平水向西流，非比寻常，因此把家安置在和平。其子果真应证了和平风水好，18岁考上进士，官至五代后唐工部侍郎。在朝做官时，黄峭最大的抱负就是复唐，在感到复唐无望时就弃官归隐到和平，并创办了和平书院。黄峭娶妻妾3房（上官氏、吴氏、郑氏），并且每房都生了 7 个儿子，共计 21 个。在其 80 大寿时，把 21 个儿子召集起来开了一个家庭会议，命令各房仅留长子尽孝送终，其他 18 个儿子各得一匹马与一斗瓜子金，并口占《遣子诗》赠别："信马登程往异方，任寻胜地振纲常。足离此境非吾境，身在他乡即故乡。朝暮莫忘亲嘱咐，春秋须荐祖蒸尝。漫云富贵由天定，三七男儿当自强。"就因他的开拓思想，现在黄峭后裔已遍布世界各大洲。邵武和平古镇已成为联系海内外黄氏后裔的纽带。

和平书院

　　和平书院的北向大门设计非常讲究，顶部形状像一顶官帽，反映了古代读书为做官，学而优则仕的思想，三扇门形成了一个"品"字，意味着要当有品级的高官。进入书院大厅，必须登十三级台阶，前六级为努力读书，从第七级开始为七品至一品，寓意步步高升。大门上方的木雕月梁为打开书卷的样子，寓意"开卷有益"。"书卷"上原本镶嵌着"天开文运"四字，令人惋惜的是现已不在。和平书院初创时是一座黄氏宗族自办学堂，专供族中子弟就学，开创了和平宗族办学的先河。邵武南部各姓氏宗族竞相效仿，宗族办学自此相沿成习。自宋以后，和平书院逐渐成为一所地方性学校，吸引了一大批历史上著名人物到书院讲

学，如宋代著名理学大师朱熹、杨时都曾到和平书院讲学过。据说现存和平书院的东面门上"和平书院"四字就是朱熹题写的。和平历史上文化教育的发达，营造了和平千余年读书求学的氛围，文风炽盛，造就了一批又一批英才人杰。如宋代大理丞黄通、司农卿黄伸、榜眼龙阁侍制上官均、元代国史编修、文学家黄清老等，都是从和平书院走出来的。和平书院可以说是邵武人才的摇篮。

# 第十七节 文化名镇——灵石静升镇

静升镇，位于山西省灵石县，坐落在风景秀美的绵山脚下，依山傍水，一条大街横贯东西，九沟、八堡、十八街巷散布于北山之麓。据有关史料记载，远在新石器时代，古镇静升就有人类繁衍生息，商代则是"内"部落生产劳动、安居乐业的地方。春秋时，因介子推之故，与静升相连的绵山被封为介山，静升也曾名为"旌善村"。隋开皇又改为"灵瑞乡"。唐贞观以来，灵瑞乡日臻兴旺，直至元皇庆年间仍以灵瑞乡称之。到清康乾盛世，农商发达，经济繁荣，民间修庙宇，建民居，大兴土木，静升镇经历了第一次大规模的发展时期，被誉为"晋中第一镇"。

"灵石古村山水间，四合坊巷礼为先，楼台塾馆凝文气，儒雅兴衰二百年。"今留于静升镇的主体古建筑群——王家大院，先后经历了清朝康熙、雍正、乾隆、嘉庆几个时期的修建，建筑总面积达到15万平方米。灵石县历史上"四大家族"之一的静升王家，为太原王氏后裔，元仁宗皇庆年间由灵石沟营村迁到静升。王氏望族以商贾起家，货殖燕齐，后加官晋爵，步入官场，成为当地工商大地主兼官僚士绅。王家修建住宅不惜工本，相当豪华奢侈。清康熙年间，在静升村老街首建"拥翠"、"锁瑞"两条巷王氏住宅区；乾隆年间建钟灵巷；雍正年间建崇宁堡；嘉庆年间又兴修了红门堡、拱极堡、东南堡（又称和义堡）王氏住宅区

等。

依山建势，梯度推进，静升镇的建筑是黄土坡上的奇迹，远远望去，屋舍院落高低起伏，有序排列，堡墙环绕，院门紧闭，俨然一座壁垒森严的中世纪城堡。

灵石静升镇

据史料记载，远在新石器时代，古镇静升就有人类繁衍生息。春秋时，因介子推之故，与静升相连的绵山被封为介山，静升也曾名为"旌善村"。隋开皇时又改为"灵瑞乡"。唐贞观以来，灵瑞乡日臻兴旺，直至元皇庆年间仍以灵瑞乡称之。到清康、乾盛世，农商发达，经济繁荣，民间修庙宇，建民居，大兴土木，静升镇经历了第一次大规模的发展时期，被誉为"晋中第一镇"。

静升，是村，也是镇，位于灵石县城以东 12 公里处。东挽绵山，南望汾河，北靠黄土高坡，南面是一片葱茏间的漫漫田畴；在以土石山区为主的灵石县境内，的确是地肥水美、风光绮丽之地。静升的八堡，古朴壮观，有六堡雄踞于黄土高坡之上，堡墙或砖或土，堡门或存或废，

却气势犹存。最早的朝阳堡重建于顺治十年（公元 1653 年），崇宁堡建于雍正三年（公元 1725 年），最晚的视履堡（即高家崖建筑群）建于嘉庆元年（公元 1796 年）至嘉庆十六年（公元 1811 年），其余都建于乾隆年间。其中恒贞堡（即红门堡）、视履堡、拱极堡（即下南堡）、凝固堡（即大小堡子）均为王家所建。和义堡（即东南堡）、崇宁堡（即西堡子）虽异姓杂居，但也是王家人牵头，"延众相商"、"竭志经营"而成。

被誉为"华夏民居第一宅"的王家大院，是中国最大的民居古建筑群，是晋商大院的典范。王家大院为历史上灵石县四大家族之一的静升王家所建，始建于元末明初，曾是"五巷六堡五祠堂"的庞大建筑群，鼎盛时期有房八千余间，占地达 25 万平方米以上，比占地 15 万平方米的北京故宫还要大。

"王家大院"的装饰风格整体上讲分三部分，屋面、建造外、建造内。

屋面部分：屋顶是中国古建筑的冠冕。屋檐改变现有的设计做成反曲状成屋面举折的结构做法，体现屋面曲线的艺术美。山墙的山尖常做成五花山墙。屋面使用小青瓦材料体现民居风格。脊饰作鸱尾激浪降雨状，象征压火。脊饰还用板瓦叠成各种祥瑞花卉、仙人、瑞兽、暗八仙等，脊的两端多做成佛手、石榴、寿桃。翼角上装饰水浪、回纹和各种图案。这些图案各有喻意，龙凤象征福祥，松鹤象征长寿，蝙蝠象征福到，凤凰牡丹象征富贵吉祥，鲤鱼跳龙门象征仕途通畅。悬鱼古建筑悬山、歇山顶的山尖部分设博风板，刻鱼形和水草图案象征水，叫"悬鱼"和"惹草"，以压火。鸟纹瓦当图案表达祈求神灵保佑的意愿，青鸟、朱雀、凤凰一类都是鸟纹的题材。鹿纹瓦当，鹿被看作善灵之兽，可镇邪。鹿又象征长寿，""鹿"与"禄"谐音，象征富贵，故寿星、梅花鹿和蝙蝠叫做"福禄寿三星"。

建造外是指四合院外墙面的装饰，"王家大院"外全部采用石材雕刻装饰，包括屋柱、窗等。牢固耐用、内外对承的需要。青砖烧制时部分青砖亚印"王家大院"字样及修造时间。

王家大院

    建造内是指四合院外墙内的装饰,包括除"大木构架"以外的木构件。如梁枋、楣罩、琴枋、雀替、擎檐撑、门、窗、罩、栏杆、裙板等部位。象征驱邪祈福内容的有以人物为题材的蟠桃盛会、麻姑献寿、郭子仪上寿图、文王访贤等。有以祥禽瑞兽为题材的,如龙、凤、狮子、麒麟、鹿、鹤、喜鹊、蝙蝠、松鼠、鱼等等,并组成丹凤朝阳、狮子滚绣球、五蝠捧寿、凤穿牡丹、喜鹊登梅等图案。有以植物为题材,雕刻佛手、桃、石榴、牡丹、紫藤等。有以器物为题材,如雕刻瓶寓意平安。有以绵纹为图案,广泛用于门窗、挂落、栏杆、罩,如"卐"字寓意吉祥,龟背纹象征长寿,盘长喻意福寿绵长。也有以暗八仙和佛八宝为题材,寓意求仙得道。洞门和窗具有象征意义的洞门有宝瓶形和葫芦形。"瓶"谐音"平",宝瓶形洞门象征平安。葫芦,八仙之一铁拐李的法器,又是传统画老寿星手中之物,葫芦繁殖力很强,结果时十分繁茂,有"子孙万代"的象征意义,葫芦被民间视为吉祥物。窗格图案以绵纹和动植物相配合而成,如梅花和竹衬以冰裂纹,象征春天。

　　在中国古建筑中，用以分割室内室外空间的木建筑构件，称为装修。其中用以分割室内空间的木构件，内檐装修；用以分割室外空间的木构件，为外檐装修。"王家大院"的内檐装修的各种隔断、花罩、天花、藻井等将根据风格和宅主要求进行绘制方案。天花和藻井是内檐装修的重要组成部分。"王家大院"的天花采用三种形式：一种是梁架全部或部分露明，其做法有不做吊顶和屋面下顺坡再做一层假屋面两种形式。这种做法的优点是使室内空间显得更高爽，运用于堂屋正厅。一种是海漫天花，即平顶棚。过去用木条钉成方格网架，网架下皮糊纯色或施彩绘的纸；运用于功能厅。第三种为现代装饰吊顶主要用于起居室，根据喜好和需求而定。

　　中国古建筑的用色，一般是采取冷、暖相间的对比做法，即，上面以天幕为冷，屋顶则为暖，中间以屋檐彩绘为冷，则柱、墙、门窗为暖；下面以玉石栏杆、台基为冷作为结束。

　　院内绿化景观。花草主要有丁香、海棠、榆叶梅、山桃花、夹竹桃、金桂、银桂、杜鹃、栀子等。树多为枣树、槐树和石榴树。至于阶前花圃中更有草茉莉、凤仙花、牵牛花、扁豆花等。这些植物并非随意栽种，其中许多花木有着古老的象征义，寄寓着主人的良好愿望和寄托。丁香，又名紫丁香。春天开白色或紫色小花，花多烂漫。有诗描写"入目皆花团，放眼尽芳菲"。丁香具有坚忍品质，能在严寒干旱的恶劣环境中生长开花。丁香的品质使其具有坚忍、生命力和美丽的象征义。"一树百枝千万结"，丁香结子，香味浓烈，故而丁香结子在文学作品中又具有相思象征义。桂花，象征友好和平。桂花还象征爱情，青年男女以赠送桂花表示爱慕之情。槐树，开淡黄色小花，结圆长条形荚实，形像金元宝，被视为吉祥物。民间栽种普遍，有吉词道"门前一棵槐，不是招金，就是进财"。"槐"字谐音"怀"字，象征拥有的意思。　在中心花部位还常附砖匾，其上刻"吉祥"、"福禄"、"鸿喜"、"迎祥"、"迪吉"、"戬毂"等词语象征吉利。菊花象征长寿。　铺地用砖瓦、碎石、卵石、碎瓷片、碎缸片组成各种纹样，铺地的图案一般都有象征含义。如金鱼，"鱼"与"余"谐音，金鱼象征发财富贵，把金鱼与莲花组成画面，表示"金玉同贺"。

　　静升镇确实是风水宝地，王氏家族始迁祖出身平民，家境贫寒，到了

明熹宗天启年间（公元 1621 年～公元 1627 年），王氏家族已是士者经史传家，英辈迭出；农者沃产遗后，坐享丰盈；工者彻通诸艺，精巧相生；商者逐利湖海，据资千万。明末清初，王氏家族开始经营典当，用以谋利。清康熙年间（公元 1662 年～公元 1722 年），王氏族人在冀、鲁一带贩卖牲畜致富。发财后的族人捐官晋爵，至乾隆年间（公元 1736 年～公元 1795 年），已是豪门望族，绅士所占比例为全县总数的十分之一。受封五品至二品官员有 42 人，家势之显赫在灵石境内家喻户晓，妇孺皆知。

# 🎋 第十八节　文化名镇——苏州木渎镇 🎋

　　木渎镇隶属于苏州市吴中区，地处苏州城西 5 公里，太湖之滨，灵岩山麓在此交汇，灵岩、天平、狮山、七子、尧峰等吴中名山拱列四周，形似一道天然的绿色屏障。境内风光秀丽，物产丰饶，又恰在群山环抱之中，故有"聚宝盆"之称。

　　秦始皇二十六年（前 221 年），秦以吴国故都设立吴县，木渎隶吴县。汉、唐时代，苏州、吴郡经数度互改，但木渎均属吴县辖地。元代沿袭旧制。明为吴县六镇之一。明、清皆置木渎巡检司，设官分治。清雍正年间，木渎镇属吴县长寿乡。清乾隆十一年（公元 1746 年），置巡司省，同年移吴县县丞驻此。清光绪三十二年（公元 1906 年）七月，实行地方自治。

　　胥江，又名胥溪。传说当年吴王夫差听信谗言，逼伍子胥伏剑自刎，尸身逆流而上入太湖。后人为了纪念这位刚正不阿的忠臣，故把此河称为胥江。

　　胥江自苏州胥门起，西经木渎，越太湖，西出宜兴，直达长江，全长 230 公里。据史料记载，吴王阖闾为与楚国争霸，满足运兵载粮之需，命伍子胥负责开凿此河，这堪称中国历史上第一条人工运河。

苏州木渎镇

香溪，源于30里外光福铜坑。传说当年西施沐浴之水流入此河，日久留脂不退，飘香不绝，故称香溪。明代诗人周南老有诗曰："吴宫香水溪，俗称脂粉塘。美人曾此浴，魂销水又香。"

木渎是与苏州城同龄的水乡古镇，迄今已有2500多年历史，相传春秋末年，吴王夫差为取悦美女西施，在灵岩山顶建馆娃宫，并增筑姑苏台，"三年聚材，五年乃成"，木材源源而至，竟堵塞了山下的河流港渎，"积木塞渎"，木渎由此得名。

三国时，木渎已是三吴重镇。东晋时司空陆玩为陆逊后裔，曾建宅于灵岩山馆娃宫旧址，后舍宅为寺，木渎成为佛教胜地。宋代，据《元丰九域志》记载："北宋设木渎镇，属吴县，镇以渎名。"当时木渎已是苏州城西诸乡镇的中心。至明代，木渎为吴县六镇之一。清朝中叶，木渎已是吴中著名商埠。清人徐扬绘有一幅乾隆年间姑苏繁华风貌的写实性图卷《盛世滋生图》，其中木渎部分竟占全卷的二分之一。康熙三次南巡和乾隆六下江南，每次偏幸木渎，为这里的山水风光而倾倒。木

渎镇的接驾亭、古御道和御用码头等遗迹，见证了此镇当年的地位。

木渎老镇区依河而建，胥江、香溪二条河流贯穿而过，窄街水巷，石桥驳岸，木舟水阁，明清宅第，鳞次栉比，古韵犹存。

木渎镇的地理环境优越，名胜众多，诚如清朝诗人王汝玉诗云："山近灵岩地最幽，香溪名胜足千秋。"

小桥流水是江南水乡留给大家共同的印象，木渎镇也不例外。古镇最有特色的当属它的水系，香溪和胥江在镇中交汇，呈"Y"形分布，沿河布局的民居呈带状排布，极具典型和个性。

在香溪和胥江交汇的斜桥，景观尤其特殊。香溪清澈，胥江混浊，两水汇合，出现了一条清浊分明的分水线，所以此地又称"斜桥分水"，是木渎古十景之一。而在香溪和胥江上各有大小桥梁十余座，其间最为著名的为永安、西津、木廊桥三座。

木渎古镇位于苏州西郊灵岩山麓，依山而筑，傍水而居，其独特的格局为江南诸多古镇少有。木渎更是江南著名的园林古镇。木渎镇在明、清时期容纳了三十多处私家园林，这真是个奇迹。木渎园林的主人身份各异，有文人雅士、退休官员、富商巨贾，因而这三十多处园林各园有各园的个性，但由于同一方水土的浸染，因而各园又形成了精雕细琢、幽深雅致的共性。"严家花园"是木渎造园艺术最高的园林。它在数百年内几易其主，首先是乾隆年间诗写得好，连皇帝也佩服的江南名士沈德潜安顿在这里；接着是道光年间的木渎诗人钱端溪购下此园，取名"端园"；光绪时此园又转让给木渎首富严国馨，并由香山帮建筑大师姚承祖率能工巧匠重新修葺，于是这座花园更加显得婉转多姿。

"严家花园"中间是住宅，春、夏、秋、冬四园如群星拱卫。春园由一株枝繁叶茂的古玉兰点题，书屋山房掩映其间，夏园以"接天莲叶无穷碧，映日荷花别样红"的荷花命名，夏日荷风四面，暑气尽消，令人心旷神怡。秋园则含丹桂拾趣之意境，桂花绽放之际坐于临水的轩亭，沏上一杯清茶，微凉的风送来阵阵芳香，加之偶尔几点金色的花朵飘落杯中，谁还能辨是天上人间？冬园自然用"暗香浮动月黄昏"的梅花助兴了。红英绿萼一片烂漫，五曲梁桥婉转有致，又有一堵粉墙作烘托，别有一番韵致。四园独立成景又由长廊贯通，亭台楼阁错落．假山池沼映衬，漫步其间步移景换，裁一角，剪半边，都是一幅完美的图画，就算读它千遍也不会厌倦。

香溪右岸的"虹饮山房"是木渎园林中最大的一座。它建于清代乾隆年间，因门前临水。又有规模，建筑雅致，所以在清朝乾隆六下江南时，这里是乾隆必到之地。主人好酒，乾隆名臣刘墉戏称其"虹饮"，"虹饮山房"因此得名。山房也像它的主人一样旷达爽朗，房与房之间的距离拉得很开，宽阔敞亮，让人看了心胸舒展。"虹饮山房"兼"溪山风月之美，池亭花木之胜"。天子人民间，"虹饮山房"也沾染了皇气。园中的二层古戏台飞檐翘角，俨然立于中庭，台前是一片开阔的空地，两侧连以廊庑，应是当年皇帝和臣僚们品茗听戏之处。整个木渎只有"虹饮山房"有这般气派的戏台，它印证其"民间行宫"的辉煌。当年乾隆多次坐过的龙椅，如今已是该园的镇园之宝。

古松园是清末木渎四大富翁之一蔡少渔的旧宅。因后花园一株高逾十米、树龄过五百多年的明代罗汉松而得名。古松园微形大境，充分利用曲折之妙，空间虽小却让人觉得幽深无尽。园中别具一格的双层雕花长廊把亭台楼阁连成一个整体。漫步其中，近树远山，别有一番风情。

古松园

榜眼府邸就规矩多了，前堂、中堂、卧室、书房、花园等沿着轴线一字排开。如果说其它的木渎园林是行书，那么榜眼府邸便是楷书了。府主人冯桂芬是晚清著名政治家，为学讲究经世致用，他的府第也就带了点主人的脾气，讲究实用。冯宅建筑以砖雕、木雕、石雕为特色，尤以石雕《姑苏繁华图》为镇宅之宝。此图以清人徐扬在乾隆年间所绘《盛世滋生图》为蓝本，由木渎民间艺人流畅地镌刻在八块首尾相接的灵岩山砚石上，细腻生动地展现了一幅姑苏富庶胜景长卷。

木渎镇的每一个园子在设色上都力求清雅，白的墙，黑的瓦，亭台楼阁的漆色也在岁月中沉潜变为一种接近黑色的老粟，没有彩画的热闹，也没有金碧的夺目，但它却衬得绿树更绿、鲜花更鲜，事事物物都更纯粹。木渎的每一个园子又都注重打造细节。游目所至，即可看见镌刻着的诗文图画，让空间的每一处都氤氲着墨韵书香。随地形高低铺设的爬山廊，让线条更加曲折多变，用卵石在地面铺出各色花卉人物图案，让艺术充满各个角落，用漏窗勾勒出一窗窗的风景，更让人觉得每一眼都是图画。木渎的假山石是各园的主角，或依水岸，或列庭院，或成洞穴，或成山峰，或独立成景，或层迭成屏，或朴拙厚实，仪态万方，多姿多彩！

木渎镇在苏州的西南部丘陵盆地中，盆地略呈东西走向。其东、东北部宽广，西部较窄。西北部有灵岩山、天池山；西部有穹窿山、小王山；西南部有清明山；南部有尧峰山、凤凰山；东南部有七子山、花园山、和合山；东北部有狮山、何山；北部有天平山、金山。镇境内地势平坦，整个地势（除东南角和合山，西北角灵岩山外），由西向东略呈缓冲倾斜之势。镇四周环山，胥江、香溪在此交汇，真是典型山环水抱之地。

山环水抱之地可以"藏风聚气"，在风水师眼中是上吉之地。

清朝中兴名臣曾国藩特别喜欢藏风聚气、山环水抱之地，他在道光二十七年的家书中说：老秧田背后三角蚯，是竹山至我家的大路，男曾对四弟言及，要将路改于坳下，并在坛香嘴那边架一小桥，由豆土排横穿过来，其三角蚯则多种竹树，使上接新塘坳大枫树，下接坛香嘴……

如此，包裹甚为完紧，我家之气更聚，望堂上大人细思。两年后，也就是道光二十九年，他在家书中道及：四位老弟足下：九弟生子大喜，敬贺，敬贺，自丙午年后，我家已添三男丁，我则升阁学，升侍郎，九弟则进学补廪，其地之吉，已有明效可验。我平日最不信风水，而于朱子所云："山环水抱"、"藏风聚气"二语，则笃信之。

曾国藩虽然说他不信风水，但是由于他深信朱子所说的"藏风聚气"、"山环水抱"为好地，所以他建议改善老家的风水。

木渎山环水抱，名人辈出。自宋大中祥符八年（公元1015年）至清末，共出进士20余人，举人27人。著名人物有范仲淹、袁遇昌、朱碧山、陆子冈、杨基、吴宽、徐枋、汪琬、叶燮、沈德潜、毕沅、冯桂芬、叶昌炽，以及近现代沈寿、唐纳、严家淦、王为一等等，他们或土生土长，或长期寓居木渎，给古老的木渎增添了浓郁的人文气息。

# 第十九节　文化名镇——桐乡乌镇

乌镇在浙江省嘉兴地区桐乡市，地处浙江省北部杭嘉湖平原腹地，属于嘉兴五县市之一。位于桐乡与嘉兴、湖州和江苏省吴江市两省四市的交汇处，是江南水乡六大古镇之一，是我国现代文学巨匠茅盾的出生地。古风犹存的东、西、南、北四条老街呈十字交叉，构成双棋盘式河街平行、水陆相邻的古镇格局。这里的民居宅屋傍河而筑，街道两旁保存有大量明清建筑，辅以河上石桥，体现了小桥、流水、古宅的江南古镇风韵。镇东的立志书院是茅盾少年时的读书处，现辟为茅盾纪念馆，为国家级重点文物保护单位。镇上的西栅老街是我国保存最好的明清建筑群之一。每年4月5日至29日在这里举行江南水乡狂欢节，茅盾笔下的"香市"场面在此重现，修真观戏台还有社戏表演。

据《乌青镇志》记载："春秋时此地为吴疆越界，秦汉为乌程由拳

分境，唐咸通年间始正式称镇，南宋嘉定年间，以市河为界分为乌、青两镇，河西为乌镇，属湖州府乌程县，河东为青镇，属嘉兴府桐乡县。1950年，市河以西的乌镇划归桐乡县才统称乌镇。"

桐乡乌镇

乌镇古名乌墩、乌戍，"乌镇古为乌墩，以其地脉坟起高于四旷也。"（王雨舟《二溪编》）"镇，周属吴，吴戍兵备越，名乌戍。"（李乐《乌青镇志》）这里是河流冲积平原，千百年的淤土堆拥隆起，土色深黛，原居民就给这个地方起了这么个名字。唐咸通十三年（公元872年）文献中始见"乌镇"之名。1950年，乌镇与一溪之隔的青镇合并，因乌镇知名度高，遂用此名，乌镇便有了如今的规模。

乌镇车溪"绾姑苏、钱塘之脊"，素为西水东泻，南水北泄和申、苏、杭水运的咽喉，由于地处险要，自古为兵家必争之地。春秋时，"吴常戍此御越"，六朝皆遣将戍守，唐置镇遏使。五代时，乌青为"吴越与南唐接壤"地，钱谬"依为重镇，赖以保障一隅"。宋初主要是军事重镇。南宋时，由于此地"较他市集为冲要"，"故南渡兵燹，衣冠辏

杂，繁丽甲江表"，成为"人烟繁盛"、"市廛所聚"之地，"居民不下四五千家、南宋嘉定二年（公元 1209 年），莫光朝撰《青镇徙役之碑》记载：乌青镇分湖、秀之间，水陆辐辏，生齿日繁，富家大姓，甲于浙右。直到元朝末年遭兵燹，全镇被洗劫一空，"仅存者惟两浮屠之遗迹"。

明朝初年，乌青镇"民庐寺观虽云重兴，亦不尽复"。到成化、弘治间，"居民殷富，锐于兴作，荆棘荒芜素无人居者，亦删刈而结构之"。镇上店铺、民居"鳞次栉比，延接于四栅"。至嘉靖、万历时，"地僻人稠，商贾四集，财赋所出甲于一郡，丛塔宫观周布森列，桥梁阛阓，宛然府城气象"。当时乌青镇，"负贩之广，耕桑之勤，又日盛一日，且士知向学，科贡有人；民知尚义，输赈多室；缙绅士夫摩接街市，民风土俗一变而为富庶礼义矣"。清朝时，"百货骈集，商贾云集于四方，市井数盈于万户"、"市业生理甲于他镇"。

乌镇一向被人视为风水宝地，按两镇之形势统论之，市则六街万户，纵横甚广，无泊促漱溢之形。水则迭溆层溪，墩屿常存，有萦拂旋绕之致。大都抗制得其要，拱向得其势，有藏蓄而不泄露，亦包裹而不涣散，映带钩联，巨会为浙系冠，非偶然矣！

乌镇自古多名胜，早在宋代，就有八景之目。"古山云树"、"雪水风帆"、"双溪皓月"、"两镇苍烟"、"南郊春色"、"西林爽气"、"仙桥野笛"、"佛寺晨钟"，被名流贤士津津乐道。

乌镇乡风淳笃，民风质朴，桐乡拳船、皮影戏、香市等独特的民俗风情，体现了本地浓郁的水乡情怀。此地钟灵毓秀，人才辈出，自梁昭明太子筑馆读书于此，至近代文学大师茅盾，留下了众多的人文胜迹。若乘舟流连其间，只身徘徊于巷陌之中，无不能领略此地的纯情与从容，充分感受到江南水乡的魅力。

乌镇在中国文化史上，有相当建树。中国凡读书人，没有不知道《昭明文选》的。这部文选，对后世的影响可与《论语》、《楚辞》相伯仲。《昭明文选》是靠后梁昭名太子萧统之力而编纂成书，昭明太子的老师沈约，南北朝时期的大文学家，因先父的墓地在乌镇，他每年都要来扫墓，萧统事师甚恭，常常跟来，有时日子待得较久，索性在这里筑馆读

书，以免荒废学业，文选中不少佳作便是在这里选辑的。昭明书馆早已不存，但有一座石牌坊还耸立在当年昭明太子读书处旧址上。石牌坊用花岗岩材，门楼式，高约5米，宽3.8米，明万历年间湖州同知全廷训建，上有"六朝遗胜"题书和"梁昭明太子同沈尚书读书处"横额，供游人凭吊。

明末清初的著名理学家张扬园，被称为乌镇"第一乡贤"，他又是个自学成才的农学家，以亲躬自耕的实践经验，撰写了《补农书》，对于研究我国古代农事很有价值。清乾隆《四库全书》，乌镇藏书家鲍廷博贡献的藏书是全国私家之冠。鲍廷博还将所藏之孤本、善本校勘，辑成《知不足斋丛书》，内容涉及经史考订、算书、金石、书画、地理、诗文集、书目等，计三十集，收书二百零七种，是我国古代著名丛书之一。世称现存最早的《聊斋志异》刻本，也是鲍廷博所刻，经此一刻，蒲松龄和他的著作才为世人所知。晚清，乌镇进士夏同善与翁同龢同为光绪帝师，曾在杨乃武、小白菜冤案的翻案上起了一定作用，乌镇人家喻户晓，妇孺皆知。

近代乌镇也出现了许多杰出人物，如妇女运动先驱王会悟、章太炎夫人汤国梨、文学家和革命家沈泽民（茅盾之弟）孔令境（茅盾内弟）、新闻界风云人物严独鹤、海外华人画家作家木心等。他们有的土生土长于乌镇，有的寓居游学于乌镇，这些杰出的人物把乌镇的名气带向了全国，带向了世界。

乌镇街道上民居以清代建筑为主，保存完好。全镇以河成街，桥街相连。各式民居、店铺依河筑屋，即有深宅大院、百年老屋，也有河璋廊坊，过街骑楼。

乌镇是一个有1300年建镇史的江南古镇。十字形的内河水系将全镇划分为东南西北四个区块，当地人分别称之为"东栅、南栅、西栅、北栅"。

乌镇自古繁华，千百年来，古镇民居临河而建、傍桥而市，镇内民风纯朴，是江南水乡"小桥、流水、人家"的典范，同时乌镇又有其他小镇所没有的临水建筑水阁，乌镇由此又被称为"中国最后的枕水人家"。

乌镇民居

大多数乌镇民居的样式与其他水乡小镇没有什么不同，但沿河的民居有一部分延伸至河面，下面用木桩或石柱打在河床中，上架横梁，搁上木板，人称"水阁"，其他小镇就没有了。水阁是真正的"枕河"，三面有窗，凭窗可观市河风光，午夜梦回，听底下水声訇訇，别有一番情趣。出生于乌镇的文学巨匠茅盾在一篇题为《大地山河》的散文中这样描述过故乡的水阁："……人家的后门外就是河，站在后门口（那就是水阁的门），可以用吊桶打水，午夜梦回，可以听得橹声欸乃，飘然而过……"。

乌镇街、坊、巷的数量和规模非同小可，俗称有四门八坊数十巷、八坊八街六十八巷的规模，其中八坊分析为四十七坊。八大街为常春里大街、澄江里大街、通里大街、南大街、中大街、北大街、观前街和东大街。从今天的情形看，坊和巷是变化最大的，几十上百年人口不断增加，搭建出来的房子特别多，使得坊巷有的徒具虚名，有的面目全非。倒是大街，由于乌镇老区总体格局变化尚不很大，所以大多都在，尤其是观前街、东大街、南大街、西大街等，不仅保存完好，功能也还在发挥。

这些老街一律的旧石板铺地，两边是马头墙隔出的一间间店铺和民

房，门大多是木板的，残缺的雕花和斑驳的油漆让人感觉时光的无穷魅力。偶尔会看到横骑在大街上的拱券门；两两相对，那是以前大户人家的墙界标志。老街都沿河，街与河之间也是房子，每隔一段，总有一个码头连通河道。老街差不多都有二千米的长度。

乌镇地处浙江北部的桐乡县的北端，与江苏省吴江县接壤，西邻湖州市。四望皆平原。发源于天目山的苕、雪二溪自镇的西南方向逶迤而来，分数股入车溪，流经镇区；至镇北分水墩，汇入烂溪，流向太湖。镇南又有白马塘、金牛塘与京杭大运河相通。

乌镇是江南水乡六大古镇之一，古风犹存的东、西、南、北四条老街呈"十"字交叉，构成双棋盘式河街平行、水陆相邻的古镇格局。其间来往以桥相连，古镇因此桥多。民国二十三年（公元1934年），乌青镇志》记载有桥131座。《乌镇志》云：乌戍错壤地杂，去各郡邑较远，且南则禁海，北枕太湖，四通八达。乌镇当水陆之会，巨丽甲他镇，市逵广袤十八里。

这样的形势据说风水极佳。《乌青镇志》上就说得十分自豪："按两镇之形势而统论之，市则六街万户，纵横甚广，无迫促湫溢之形。水则迭潋层溪，墩屿常存，有萦拂旋绕之致。大都抗制得其要，拱向得其势，有藏蓄而不泄露，亦包裹而不涣散，映带钩联，巨会为浙西冠，非偶然矣！"

乌镇的风水格局，在风水师眼中是平洋水龙。唐朝风水师杨筠松著《撼龙经》，有看平洋水龙法，杨筠松很明确地说："龙到平洋莫问踪，只观水绕是真龙。"乌镇水网交织，正是典型的水龙，是百中选一的上吉之地。

乌镇水乡泽国，千年来不但"繁丽甲江表"，而且人文昌盛。乌镇自宋至清，出了161名举人，其中进士64人，又有例贡160人，授武职7人，另有荫功袭封136人。细分一下，则是：宋代进士17人，举人21人；元代进士、举人各1人；明代进士9人，举人20人；清代进士37人，举人119人。如此鼎盛的科举成就，连许多城市都难望其项背，在现有的江南古镇中，乌镇无疑可摘桂冠。

# 附：中国历史文化名镇名录

中国历史文化名镇，是由中华人民共和国建设部和国家文物局共同评定的，保存文物特别丰富且具有重大历史价值或纪念意义，能较完整地反映一些历史时期的传统风貌和地方民族特色的镇。通常和中国历史文化名村一起公布。

评选条件和评定标准依据建设部和国家文物局 2003 年 10 月 8 日发布的中国历史文化名镇（村）评选办法，主要内容：

历史价值与风貌特色：建筑遗产、文物古迹和传统文化比较集中，能较完整地反映某一历史时期的传统风貌、地方特色和民族风情，具有较高的历史、文化、艺术和科学价值，现存有清代以前建造或在中国革命历史中有重大影响的成片历史传统建筑群、纪念物、遗址等，基本风貌保持完好。

原状保存程度：镇内历史传统建筑群、建筑物及其建筑细部乃至周边环境基本上原貌保存完好；或因年代久远，原建筑群、建筑物及其周边环境虽曾倒塌破坏，但已按原貌整修恢复；或原建筑群及其周边环境虽部分倒塌破坏，但"骨架"尚存，部分建筑细部亦保存完好，依据保存实物的结构、构造和样式可以整体修复原貌。

现状具有一定规模：镇的总现存历史传统建筑的建筑面积须在五千平方米以上。

已编制了科学合理的村镇总体规划；设置了有效的管理机构，配备了专业人员，有专门的保护资金。

中国历史文化名镇，第一批名单，2003 年 10 月 8 日公布，共 10 处：

1. 山西省灵石县静升镇
2. 江苏省昆山市周庄镇
3. 江苏省吴江市同里镇

4. 江苏省苏州市吴中区甪直镇

5. 浙江省嘉善县西塘镇

6. 浙江省桐乡市乌镇

7. 福建省上杭县古田镇

8. 重庆市合川县涞滩镇

9. 重庆市石杜县西沱镇

10. 重庆市潼南县双江镇


第二批名单，2005 年 9 月 16 日公布，共 34 处：

1. 河北省蔚县暖泉镇

2. 山西省临县碛口镇

3. 辽宁省新宾满族自治县永陵镇

4. 上海市金山区枫泾镇

5. 江苏省苏州市吴中区木渎镇

6. 江苏省太仓市沙溪镇

7. 江苏省姜堰市溱潼镇

8. 江苏省泰兴市黄桥镇

9. 浙江省湖州市南浔区南浔镇

10. 浙江省绍兴县安昌镇

11. 浙江省宁波市江北区慈城镇

12. 浙江省象山县石浦镇

13. 福建省邵武市和平镇

14. 江西省浮梁县瑶里镇

15. 河南省禹州市神垕镇

16. 河南省淅川县荆紫关镇

17. 湖北省监利县周老嘴镇

18. 湖北省红安县七里坪镇

19. 湖南省龙山县里耶镇

20. 广东省广州市番禺区沙湾镇

21. 广东省吴川市吴阳镇

22. 广西灵川县大圩镇

23. 重庆市渝北区龙兴镇

24. 重庆市江津市中山镇

25. 重庆市酉阳土家族苗族自治县

26. 四川省邛崃市平乐镇

27. 四川省大邑县安仁镇

28. 四川省阆中市老观镇

29. 四川省宜宾市翠屏区李庄镇

30. 贵州省贵阳市花溪区青岩镇

31. 贵州省习水县土城镇

32. 云南省禄丰县黑井镇

33. 甘肃省宕昌县哈达铺镇

34. 新疆鄯善县鲁克沁镇

第三章

文化名村在中国

中华大地上有许多数百年或千年古村落，不但人丁兴旺，而且历来人才鼎盛，这些村落至今生机盎然，是因为先祖谨慎择址布局，符合中国风水学理论所致。这些古村落就是风水学最佳的明证。

最早为风水下定义的是晋朝郭璞，他在《葬书》中说：

"气，乘风则散，界水则止。古人聚之使不散，行之使有止，故谓之风水。风水之法，得水为上，藏风次之。"

清朝范宜宾在《地理风水法窍》一书中，注《葬书》记载：

"无水则风到而气散，有水则气止而风无，故"风水"二字为地学之最重。其中以得水之地为上等，以藏风之地为次等……得水者，水龙法也，藏风者，山龙法也。"

风水术千门万派，众说纷纭，但一致的看法是，风水最重要的是选择藏风聚气之处。《阳宅统楷》记载：

"阳宅一节，持论原多，或谓宅有东西，二者不可相犯，或谓开门宜在生旺方，不可在休囚方，或专论宫星或独崇卦数，从未有撮其至理者。殊不知，所极重者藏风而已，所必贵者聚气而已。"

因此，择居必择藏风聚气之处。《阳宅统楷》："何以藏风？何以

聚气？乃为垣周四外，宅居其中，……

即瑞气无从而泄，蔼蔼乎，如祥云之捧日，绕绕乎，若众星之拱辰，观此，可卜为吉宅。”

清朝中兴名臣曾国藩特别喜欢藏风聚气、山环水抱之地，他在道光二十七年（公元1847年）的家书中说：

“老秧田背后三角坵，是竹山至我家的大路，男曾对四弟言及，要将路改于坳下，并在坛香嘴那边架一小桥，由豆土排横穿过来，其三角蚯则多种竹树，使上接新塘墈大枫树，下接坛香嘴……”

如此，包裹甚为完紧，我家之气更聚，望堂上大人细思。两年后，也就是道光二十九年，他在家书中道及：

“四位老弟足下：

九弟生子大喜，敬贺，敬贺，自丙午年后，我家已添三男丁，我则升阁学，升侍郎，九弟则进学补廪，其地之吉，已有明效可验。

我平日最不信风水，而于朱子所云：‘山环水抱’、‘藏风聚气’二语，则笃信之。”

曾国藩虽然说他不信风水，但是由于他深信朱子所说的“藏风聚气”、“山环水抱”为好地，所以他建议改善老家的风水，事后，他果然印证了这个理论。

中国古代民居或村镇或城市的择址、环境的优选、生态景观的塑造，都必须选择充满“生气”或所谓藏风聚气之地。

好风水并非仅是风景秀美之处，而是人与宇宙和谐的环境。

好的风水讲究藏风聚气，在《葬书》中对藏风的环境具体要求如下：

“宛委自复，回环重复。……欲进而却，却止而深。来积止聚，冲阳和阴。土高水深，郁草茂林。”

意思是说，藏风聚气的风水之地要山岭婉转逶迤，或顺或逆，迂回盘绕，层层拱卫。向前拥簇而不僭逼，能够聚止而不陡急。来山凝结，止而聚集，阴阳调和。土层高厚，聚水深沉，草木茂盛。总之，这是一个群山环绕，流水弯弯，山岭回环，草茂林盛的生机盎然之地。中国许多家族开基都是选择背山面水、山环水抱充满生气之地。

衡阳《汤氏五修谱》记述其居址形势：

自白石峰抽脉，过檀山冲大水江车峰坳，趣水木芦鞭，结金星峦头，由左抽脉跌下，穿大田坳上，……前拱白石三台星，后枕大霞，左倚仙女，右靠峋嵝，岳水环绕，岳灵萃聚。徽州《尚书方氏族谱》记载的居址：

"慕山水之胜而卜居焉，……阡陌纵横，山川灵秀，前有山峰耸然而特立，后有幽谷窈然而深藏，左右河水回环，绿林阴翳。"

福建《蒲田浮山东阳陈氏族谱》记述其居址形胜时记载：

"东阳发脉囊山隐伏而来，至吴塘始露奇顶，木兰使华陂水迤逦入怀，缠绕青龙方位，右去处得东阳桥一砥沟西奴仆水口，回抱有情。至西漳村，又缠玄武，会青龙入海，作腰带状，壶山秀拱于前，真文明胜地也。"

徽州《弯里裴氏宗谱》记载：

"鹤山之阳，黟北之胜地也，面亭子而朝印山，美景胜致，目不给赏，前有溪，清波环其室，后有树，葱茏荫其居，悠然而虚，渊然而静，……惟裴氏相其宜，度其原，卜筑于是，以为发祥之基。"

《衡阳左氏家集》记其左氏先祖择居：

"……沿冈而北，蒸水宫之如带。沿冈而南，林木掩映如画，清初余祖子申公迁冈下，而筑庐于其南，小阜环之，形如长构，曰此真燕窝矣！故名燕窝山，庐前小溪屈曲。……山川秀发，哲人所都。"

衡阳《刘氏族谱》述其先祖择居之地：

"吾宗之宅，是王江也。东杏岭突起平地，翠屏百尺；西城冈枕两溪，蜿蜒耸峙；左则泸溪之流合于王江，清浊分乎汀渚之间，……绿畴白水，称沃土焉。……马岭峰卉木葱倩，夕樵言归，……隔江上湖之洲，土衍草肥，牧笛横秋，与王江潭浦渔歌互答。"

中国风水学认为，山环水抱必有气，这是古人在长期观察山与水之后，总结其经验得出的结论。

中国历史文化名村，由中华人民共和国建设部和国家文物局共同评定，通常和中国历史文化名镇一起公布。第一批，2003年10月8日公

布，共十二处；第二批，2005 年 9 月 16 日公布，共 24 处。这些历史文化名村、名镇，在当初择址布局时就符合风水理论，或是经过改善风水后使其符合风水理论，因此能够经历千百年的沧桑遗留至今。

在风水理论的指导下，村落选址布局注重物质和精神上的双重需求，有科学的基础和很好的审美观念。古人以崇尚自然、珍惜自然、合理利用自然的态度，择宜居之地，高度重视并尊重自然生态环境的内在机理和自然规律，以珍惜土地、重山水、保林木、巧用自然能源的原则。村落选址大都利用天然地形，依山傍水，枕山环水，背山面水，负阴抱阳，随坡就势；大都选择在山谷内相对开阔的阳坡或山侧南向缓坡上。遵循"阳宅须教择地形，背山面水称人心。山有来龙昂秀发，水须围抱作环形。明堂宽大斯为福，水口收藏积万金。关煞二方无障碍，光明正大旺门庭"的模式。古村落的选址方式，充分体现了利用自然环境、营造适宜的聚居环境；充分体现着节约不可再生的土地资源；充分利用自然、装点自然和融合自然，而且满足人们的居住和心理要求；注重环境和资源容量，保持适度的聚居规模。保存到现在的古村落多为聚居形态，多沿山势、水势布局，灵活多样，整个村落的轮廓与所在的地形、地貌、山水等自然风光取得和谐统一，但每个村落都有着浓厚的地方特色。不能不说中国古人所创造的风水学，确实是人类生存的智慧成果。

古村落的选址、定位和土地使用、分区安排上都注意因地制宜，以充分发挥自然潜力，以人活动的多种功能需求合理确定土地使用量、强度及特质。同时也从人与人、人与社会的活动需求和人们精神审美及文化的需求，构建与自然保持协调的民居、街巷、广场、活动中心等物质和精神空间体系，创建人与自然、人与社会和谐有机的整体环境。

中华大地上尚有许多遗存的古村落，神秘、秀美。因为古老而神秘，因为山美、水美、人美、村美、田野美，可谓处处秀美。未经开发的原汁原味的古村落，因年代久远而风雨剥蚀，常常被历史尘封而深藏不露。

风水意象在古村落文化中表现十分突出。风水是一门独特的中国文化景观，在数千年的文明发展历程中，风水是中国人追求理想环境的代名词，是中国传统的人居环境观，也是人们物质和精神方面的需要，是

自然与精神和谐的景观意象。一方面，风水关注于人与环境的关系，强调以自然为本，人类只有选择合适的自然环境，才有利于自身的生存与发展。另一方面，风水也关注于人们的传统文化、民俗观念和审美情趣等精神文化的和谐。

古人讲究天人合一、讲究顺应自然、讲究耕读写意、讲究寄情山水、讲究风水布局，这才使古村落能成为今天文化旅游的宝贵资源。

古村落的保护与开发，在旅游潮中渐渐成为一个热点。今天的保护和开发，应该说是在经济利益驱动下提供给传统文化复兴的一次历史机遇，值得欣慰。但是在保护和开发的同时，如果能够深入研究古人在风水布局上的用心，一定可以给后人更多的启发。

本书介绍了十多个中国古村落与风水的关系，在多如繁星的古村落中，这只是寥若晨星，希望能够抛砖引玉，使大家能够更深入的研究，写出更多、更好的作品。

# 第一节　中国文化名村概述

在山河大地之间，挑选一处适合人类生存的环境，并好好利用此环境，积极奋斗、努力不懈，进而使长居此地的人们健康、平安又兴旺成功。

风水，主要是在研究"宅地环境"，整个风水的探讨，是要在自然界"山"、"河"交会的宝地中，包括冲积扇平原、盆地、河阶台地、二河汇流处、平地高岗、湖中沙丘、绿洲、海滨平原等地中，考虑阳光、空气、水质、风速、土壤、地磁、温度、湿度与人工建筑等要素后，再从其中找出一处最适合人类生存的地方，来筑室建邑。这才是风水的"真义"与"目的"。至于风水的范畴，涵盖生物学、自然地理学、人文地理学、地质学、大气科学、天文学、气象学、建筑学、景观艺术、考古

学、历史学、环境科学等。

它的体系极为庞大，建构时间长达一千二百万年，最早可追溯至旧石器时代早期的人类。

人文地理学表示，世界各地原始聚落的位置，经考古与历史学家实地勘查后，发现它们具有相当高的"一致性"，大多发生在"盆地"、"冲积扇平原"、"河阶台地"、"二河交汇处"、"平地高岗"、"湖中台地"、"绿洲"、"海滨港澳"、"滨海山麓平原"等地方。

即使在今日世界，各地人口稠密的城镇、都会区，也大多为这些地形的延伸。

为何"古聚落"会选定这些区域？聚落地理学认为，这些地方，都是人类祖先为了求生存，在神秘难测的自然界里，用生命逐步检验出的"居住宝地"。

依西方地理学的认知，这是一种"生存经验"的累积，只要选在这些地方营造聚落，大多可以使聚落兴旺，族群发达。

巧的是，这些区域的地形特征。如前述，和中国风水中，各类龙穴宝地的特征，二者一经比较，非常类似，甚至相同。

中国风水在探讨这类宝地时，比起西方地理学，整整早了两千多年。

中国风水也是一门追求"生存经验"的学问，是古代中国人观察自然、尝试与环境"共存共荣"的居住法则，只是在形式过程中，因古代科学不发达及中国文化特性，以致在理论形成过程中，因"表达"方式的特殊性，被赋予太多神秘的面纱，使得它的真实内容，一直被社会大众误解。

一定要还给中国风水真正的面貌，从自然环境的"生存"角度着手，摒除不合时宜的艰涩术语，与奇玄难懂的内容，多以实用的角度看待它，并积极发扬，使它日后成为一门轰动世界的"显学"，来和发源西方的各式学说鼎足而立，进而超前，才是正确之道。

风水福地是一个封闭性的空间，由群山、溪流所围绕形成，惟有如此方能"藏风聚气"。在风水福地中，有一高大宏伟的山脉位于背侧称为祖山。其山势需变化起伏如气充满其中，也因此风水理论将山想象为

矫捷善变的神龙。位于左侧的山称为青龙，右侧的称白虎。群山围绕中有一较平坦之处，称之为明堂。明堂中心称为穴，是整个风水福地中气最充裕的地点。明堂前有一向明堂蜿蜒而行的溪流。溪流前有两座山，称案山与朝山，朝山在案山之外，离明堂较远，此即所谓"远朝近案"。位于溪流与风水福地进口两侧的山皆统称为"水口山"。

风水福地有如中国传统的太师椅形象，如此的空间模式最适合人类居住。

风水福地的空间模式，有如中国传统的太师椅形象。祖山即如太师椅的靠背，青龙、白虎山即为座椅左右的扶手，而明堂即为太师椅中的坐垫。案山可想象为太师椅前的书桌。一张太师椅及一张书桌组合在一起，就形成一个完整的个人空间。后有祖山，左右各有青龙、白虎山，前有案山所围绕形成的风水福地，是一个完整、封闭的空间结构。称为包被的空间模式，常见于中国传统中的合院或阴宅。

群山环抱则不仅防止了气的流失，也形成了一个天然庇护所，无惧于人为及自然气候上的侵害。高大的祖山阻挡了寒冷的北风，明堂之前环绕的溪流，有如古代城堡前的护城河，阻碍了来犯敌人的快速向前推进。在河流进出口的水口山，则形成了安全的隘门。环抱的群山、河流，以及水口山构成了三重天然的屏障，使风水福地易守难攻。

风水理论就选址方面而言，第一是城市，尤其是都邑，选址时要讲求其适中的地理位置，称为"择中观"。第二，选址时着重土地是否肥饶、广宽，这是古代城市或村镇聚落赖以生存发展的基础。择其形之肥饶者，乡山左右，经水若泽二及以其天林、地之所生利养其人，以育六畜。第三，早在新石器时代，先民选择聚落基址，几乎一致为依山傍水之处。选址宜在水旁岸上有崖之处，此处高出岸平，离水近而便利取水，居高又无洪水之虞。第四，古代选址特别重视设险防卫，尤其古代城市的设置，首先要考虑的就是军事的攻战与防卫的问题。"天险，不可升也。地险，山川丘陵也。"

这种设险防卫的观点，与展望一庇护理论相似。主张人类偏好能够提供观察者向外展望，但又不被外人所发现的场所。所谓展望，即一宽

广深远的视野，有利于及早发现侵略的敌人于远处。所谓庇护，即是能提供良好的掩蔽物不被敌人所发现，以及能够遮风避雨安身立命的地方。

中国人理想的居住环境："丢林尽水源，得一山，山有小口，仿佛若有光，便舍船从口入，初极狭，方通人，复行数十步，豁然开朗，土地平旷，屋舍俨然……"这种居住环境是一种由群山围合的要塞型，而且出入口小，主要着眼于利于防卫的形态。风水视为中国人理想的住居环境，具有下列特点：

1. 群山环抱中的风水地点，形成一较为封闭与外隔离的空间，占有地形上易守难攻的优势。符合中国人理想中与世隔绝且能自给自足的桃花源居住模式。

2. 四周山峦围绕，空间感界定明确。

3. 北方有高大的祖山，层层护山，可以阻挡冬季时强大凛冽的东北季风。

4. 明堂即为发展住家、村落、寺庙、坟墓之腹地。

5. 明堂坡度适中，利于排水、建筑、农耕及各种活动。

6. 明堂内比重大之土壤，确保了兴建住宅稳固之地基和种植作物时肥沃之土壤。

7. 明堂前蜿蜒之河流提供了日常及农耕所需之用水，也具有对外交通运输水利之便。

8. 河流提供了居民渔捞及游憩的资源，也具有调节微气候的功能。

9. 四周茂密的植栽具有水土保持之功能，可防止土壤之冲蚀。平时可作为休憩之地，兴建住宅时也提供了所需的木材。

10. 面南之朝向，使得该地区冬暖夏凉，且具有充足的日照，适于居住及农作生长。

11. 坐落于山脚处，可免于强风、湿气的困扰。

古人为何喜欢选择封闭式的环境，作为都城、城镇、村落及民宅？他们提出了几种选择的方式：一、以水为主的选择，二、以平原为主的选择，三、以山为主的选择。

第一，以水为主的选择。风水学说认为山随水行，水界山住，水随

山转，山防水去。风水里面水占一半，凡入一局之中，未看山，先看水，先看以水寻龙。水是龙的血脉，两水之中必有山，故水会即龙尽，水交则龙止。水飞走即生气散，水融注则内气聚。水深处民多富，水浅处民多贫。水聚处民多稠，水散处民多离。流来的水要屈曲绕抱，流去的水要盘桓。汇聚的水要悠扬、澄凝。一曰眷，去而回顾；二曰恋，深聚留恋；三曰回，回环曲引；四曰环，绕抱有情；五曰交，两水交汇；六曰锁，弯曲紧密；七曰织，云意如织；八曰结，众水会潴。以得水为上，北京万水朝宗，南京则长江环绕。

1. 城镇民宅位于两条江河相汇处。

2. 城镇民宅位于河的一岸或两岸。

3. 城镇民宅位于海滨，可辟为海港。

4. 注重水质。风水先生在选地时，往往要亲自尝水。水颜色碧，水味甘，水汽香，这个地方主上贵，是最好的地点。房屋建筑也应选在阳坡，因为阳坡温暖，光照强，通风条件好，干燥不易生病等。在选择都城、市镇、民居地址时，强调"负阴抱阳"或"背阴而阳"是有实践经验作基础的，含有现代科学的价值。

在风水中，水代表财富与吉利，所谓"山管人丁水管财"，不理想的地形，引水补基为第一要义。

古人最常用引沟开圳的方法以求得水，其实是为了疏通一村之给排水，具有强烈的实际功用，但风水却借助水能带来"财气"的观点使人们乐意实施。

引水补基最负盛名的例子，当推地处皖南山区的宏村，明永乐时听从休宁国师何可达之言开挖月塘"定主科甲，延绵亿万子孙之家"。明万历年间又因为有"内阳之水"，还不能使子孙逢凶化吉，于是在村南开南湖作为"中阳之水"以避邪。

水在中国文化中有着特别的含义，通常被看做是"财富"的象征。"水积如山脉之住，……水环流则气脉凝聚……后有河兜，荣华之宅；前有池沼，富贵之家。左右环抱有情，堆金积玉。"许多没水的村落要引水入村，有的甚至在村落的宗祠等地开挖池塘，或"荫地脉，养真气"，

或聚财、兴运。

有些村落则通过开沟圳来畅通村落的气运。有的村落则在村落的不同方位引水、开塘，或主科甲，或主聚财，或辟邪等。开沟挖渠是具体改善风水的方法之一，风水的开沟，主要用于住宅的排水，"水沟者，即居宅内之出水阴沟也。宜暗藏不宜显露，决沟抑水宜顺地势。"挖渠，指在住宅的前后左右开挖水渠，以形成"环绕宅之四面如腰带水"产宅前弯绕横过水"。

井可固气通神的理论根据是风水的生气说。生气说认为气因水而止，井因为汇聚了地下的泉水，因此可以固气。井不可随处乱打，打得位置不对，会弄伤地脉。不可在靠近坟墓的地方打井，"凡近家有井，主有患心脏及病目。不可在紧靠大门的地方打井。"凡宅井不可当大门。"来脉休穿井与塘，财散人离不可当。红黄出水皆为脉，若是清时也要防。

《中国古代风水与建筑选址》中，列出风水追求的环境美，有四个标准。

第一个标准是秀，从外观上看给人的印象应该是秀美，不是丑。土色要光润，草木要茂盛，地基要方正，房屋的外形要端肃，气象要豪雄，护从要整齐好看，这才是美。

第二个标准是吉，吉就是美。"气吉则形必秀丽、端庄、圆净，气凶则形必粗顽、欹斜、破碎（《地理知止》）。"比如地形上探头、刺面、掀裙都是凶地，自然也是丑地。而玉带、御屏、帝座是吉地，自然也是美地。对水来说有八吉八凶，也就是八美八丑。八美是：一眷，去而回顾；二恋，深聚流恋；三回，回环曲引；四环，绕抱有情；五交，两水交汇；六锁，湾曲紧密；七织，之玄如织；八结，众水会潴。

第三个标准是变，各种自然因素要有变化才美，无变化，呆板则不美。龙脉要活动曲折，山欲其迎，四山向我。迎则不是大河大溪绕抱的，虽小邑市井亦必可通舟楫。地必平，水龙水卫水为城。

这种山水环抱的环境，从自然美学的角度看是很美的，具有很高的审美价值。在这种环境中旅游、观赏，甚至居住时，可以欣赏到大自然四季景色的变幻。山里云气状态和烟岚的瞬息万变，山的远、近、正、

侧、向、背的不同形态，朝、暮、阴、晴所引起的山色气象的变化，不同地域的山所表现的奇、秀、浑、厚的差异等等。水得山而媚。有山无水谓之孤，有水无山谓之寡，都不美。只有山光水色巧妙组合，才能使风水美学环境令人神往，就像陶渊明描述桃花源里的梦幻景象。实际上自然环境优美，与人才的成长有关，"人杰地灵"，"俊彩星驰"。

风水学说还以特殊事物为美，"万绿丛中一点红"就显得格外美。以山为例，大山之中的小山，小山之中的大山，平坦之中的小丘，小丘之中的平坦，都是美的。山多的地方有水，水多的地方有山也是美的。舒旷的地方忽然紧夹，紧夹的地方忽然舒旷，也有美的情趣。"山重水复疑无路，柳暗花明又一村"，在水口处往往建塔亭之类，以壮其美。依照这种美学观点，风水理论在选择居住环境时，主张"众大取其小，众小取其大。众高取其低，众低取其高。坦中取突，突中取坦。圆取其尖，尖取其圆。山多处要水，水多处要山。舒旷处要紧夹，紧夹处要舒旷。刚取其柔，柔取其刚。来者不宜太逼，去者须要回头。山本静，势求动处水本动，妙在静中"。山本静，欲其动，动则气流行于内而不绝也。水本动，欲其静，静则气停蓄于中而不散也。

第四个标准是情，风水不外山情水意，若山无情，水无意，则失地理之本旨矣！朝对要有情，如案山近宜低，远宜高。水要曲折而来，盘桓而去，横水抱穴为穴，绕抱有情。内明堂不可太阔，太阔近乎旷荡，旷荡则不藏风。又不可太狭，太狭则气局促，局促则穴不贵显。要合情合理，要适中。风水要求整个环境都要面而有情，环水抱山山抱水。一要五星形体分明；二要坐处旺气丰凝；三要前有宽大明堂；四要玄武四应分明；五要授受动静相乘；六要合尖界水聚前；七要龙虎高低相应；八要前后案乐相亲；九要乘借无差；十要村门关锁。

人与自然应取得一种和谐的关系。居住环境不仅要有良好的自然生态，也要有良好的自然景观和人为景观。

一、山外有山，重峦叠嶂，形成多层次的立体轮廓线，增加了风景的深度感和距离感。

二、以河流、水池为基址的前景，形成开阔平远的视野。而隔水回

望，有生动的波光水影，造成绚丽的画面。

三、以案山、朝山为基址的对景、借景，形成基址前方远景的构图中心，使视线有所归宿。两重山峦，亦起到丰富风景层次感和深度感的作用。

四、以水口山为障景、为屏挡，使基址内外有所隔开，形成空间对比，使入基址后有豁然开朗、别有洞天的景观效果。

五、作为风水地形之补充的人工风水建筑物，如宝塔、牌坊、桥梁等，常以环境的标志物、控制点、视线焦点、构图中心、观赏对象或观赏点的姿态出现，均具有易识别性和观赏性。

六、多植林木，多植花果树，保护山上及平地上的风水林，保护村头古树大树，形成郁郁葱葱的绿化地带和植被，不仅可以保持水土，调节温湿度，造成良好的小气候，而且可以形成鸟语花香、优美动人、风景如画的自然环境。

七、当山形水势有缺陷时，通过修景、造景、添景等办法，来达到风景画面的完整谐调，有时用调整建筑出入口的朝向、街道平面的轴线方向等办法，来避开不愉快的景观或前景，以期获得视觉及心理上的平衡，这是消极的办法。改变溪水河流的局部走向改造地形；山上建风水塔；水上建风水桥；水中建风水墩等一类的措施。

依照风水观念所构成的景观，常具有以下的特点：

一、围合封闭的景观群山环绕，自有洞天，形成远离人寰的世外桃源。

二、中轴对称的景观以主山—基址—案山—朝山为纵轴；以左肩右肩的青龙、白虎山为两翼；以河流为横轴，形成左右对称的风景格局或非绝对对称的均衡格局。

三、富于层次感的景观主山后的少祖山及祖山；案山外之朝山；左肩右肩的青龙、白虎山之外的护山，均构成重峦叠嶂的风景层次，富有空间深度感。这种风水格局的追求，在景观上正符合中国传统绘画理论在山水画构图技法上所提的"平远、深远、高远"等风景意境和鸟瞰透视的画而效果。

四、富于曲线美、动态美的景观笔架式起伏的山，金带式弯曲的水，均富有柔媚的曲折蜿蜒动态之美，打破了对称构图的严肃性，使风景画而更加流畅、生动、活泼。

# 第二节　文化名村——永嘉苍坡村

苍坡村位于岩头镇北面仙清公路西侧，为李姓聚居之地。始建于公元 955 年，原名苍墩。现存的苍坡村是南宋淳熙五年（公元 1178 年）九世祖李嵩邀请国师李时日设计的，至今已有八百多年历史，虽经近千年的沧桑风雨，却旧颜未改，仍然保留有宋代建筑的寨墙、路道、住宅、亭榭、祠庙、水池以及古柏等，处处显示出浓郁的古意。苍坡村在村庄的布局构思上，非常注重蕴含文化的内涵。村庄是以"文房四宝"来进行布局。

苍坡村

楠溪江流域因其"山环水抱，山水有情，藏风聚气"的特殊地理环境，成为历代风水师的乐土和先民们的理想家园。其群峰连绵和曲水环绕的地势，不知激发了多少先民的灵感，造就了一个又一个神奇的风水生态聚落。这些风水生态聚落，有着质朴的生态科学原理门前的流水，有利于灌溉和舟楫往来，村后的群山，可以调节气候；面南的朝向，是日照充足的基本条件。三面环山，可抵御寒流；曲水抱村，可防河水冲刷侵蚀。这些古老的生态环境理念，为村落的生活和耕作创造了良好的条件，使得村落年年风调雨顺、五谷丰登。

村中街巷呈八卦形，以方形环状的鼓盘巷为中心，向东南西北四方开八条路，经村寨的八道门通向村外。先后建东西两方池及园堤胜景，同时以"文房四宝"作为规划思想指导其布局，建长306米、宽2米的直街称"笔街"，对村西笔架山；以两方池作"砚台"；砚台两旁搁置长4.5米、厚0.5米、宽0.3米、端头打斜的条石以为"墨"；村四周展开的3000亩平畴以为纸。意在激励后代读书入仕，光宗耀祖。李时日在村寨大门上题联："四壁青山藏虎豹，双池碧水贮蛟龙"，以寓此村为龙腾虎跃、名人辈出之地。

苍坡村为李姓聚居之地，是根据风水学的阴阳、五行说规划建设的，形成千古典型的村镇风水杰作。宋孝宗淳熙五年（公元1178年），苍坡村第九世祖李嵩返乡探亲，在此遇云游的国师李时日，国师按五行说，认为西方庚酉辛金面向远方的山形似火的笔架山，相克不利，而北方壬癸水又无深潭厚泽以制火，东方甲乙木又会助火延烧，南方又是丙丁火，故四周均受火威胁。宜在东、西两方建水池，并围村开渠，引溪水环村，以求用风水制煞。随后建了人工东、西双池。同时以池水为"砚"，池边置放长条石以象征"墨"，池边主街笔直对向村外的笔架山，象征"笔"故名此街为"笔街"。而全村宅院一片片，象征"纸"。从而形成"笔、墨、纸、砚"的传统"文房四宝"，化风水的凶煞为吉祥，并赋予文采寓意。其规划设计，一为重视风水，二为利于发荣科甲。把山势山形充分结合起来，并与人文条件相配合，使"天"、"地"、"人"三才合一，村落规划得如此风雅，苍坡村人可称得上是杰出的景观规划师，至

今其风水杰作令人惊叹。

先民对环境保护不遗余力，在苍坡村就流传着一个保护树木的感人故事。该村仁济庙前有两条石质马槽和三棵柏树，柏树为寨主李西斋所植。为了使柏树免遭破坏，李西斋特订立"凡拴牛子柏者，杀牛不赦"的禁约。后有人拴牛于树，经查系他家的长工。李西斋为执行自己订的禁约，二话没说，杀了自家的牛。此后无人再敢拴牛于柏树。如今这三棵柏树已经历了八百多个春秋，仍枝繁叶茂，为苍坡村增添了几分古意，也为后人留下了一段环境保护的佳话。

苍波村的风水规划布局：

苍坡村落布局规范合理，外观苍劲古朴，其设计建造独具匠心、不落前人俗套，后人效仿者亦为数不多，遗存极少，堪称"前无古人，后无来者"。村落的四周以大块的卵石垒成近两米高的寨墙，上覆雨道，植有数百年的大树。村落的大门为"车门"，门上"苍坡溪门"镏金匾额为书写时的笔误，其实应为"苍坡车门"。其门为木石结构牌楼建筑，重檐悬山顶，中央有五根大梁，暗喻通达"礼、户、刑、工、兵"五部。车门前有名叫"进士坛"的广场，前设三步台阶，寓意考取进士须经过乡试、省试和会试三个步骤。在车门牌坊下面，还有一个用青石铺就的一品官帽，提醒族人苦读方能出人头地。车门两侧的方形木柱上，有村落设计者李时日所题的对联"四壁青山藏虎豹，双池碧水贮蛟龙"。

相传当时李时日受李嵩委托设计村落时，曾数日踏勘周边地形，苦思冥想，不得其法。后来他抬头忽然发现村落西部三峰相连的笔架山，遂根据笔架山的意境，将村落设计成了文房四宝的格局，借自然之景，合天人之功，在天地之间安置了一副巨大的案板。苍坡的"笔街"呈东西走向，笔直细长，直对远处的笔架峰，这就是"笔"，东、西各挖两个长方形的池塘，其中东池长 147 米、宽 19 米，西池长 80 米、宽 35 米，这就是"砚"；东、西两池设置四米多长的石条，这就是"墨"；而用寨墙围起来的村落，就是"纸"。笔墨纸砚具备，再加上车门上李时日对联的点题，苍坡用文房四宝构造出一个"耕读为本，读书为荣"的聚落意象，表达了李氏祖先对子孙后代读书出仕、增辉门第的期望。

以文房四宝为中心，村落中许多建筑都是围绕"读书出仕"这个主题来构建。过车门入村，首先要经过"五龙桥"，其为五块石板搭建的古朴拱桥，隐喻此地人才众多，"藏龙卧虎"。五龙桥东侧，即为仁济庙，始建于公元 1180 年，相传是根据宋朝殿试的场景设计的。庙宇共有二进，大门模仿殿试时皇帝、大臣和三甲出入规制而建。在庙宇两旁临水之处，还建有美人靠，据说是仿造当年贡生们休息候考的制式而建。仁济庙的建筑风格异常特殊，其不仅效仿了殿试的格局，又三面临水而建，并且在庙里天井中又设置了一个水池，整个庙宇水流萦绕，极富灵动的空间感。这样的建筑格局应该和仁济庙供奉的平水圣王有关，体现了乡民对治水的崇拜。平水圣王是浙南一带民间的抗洪英雄，名叫周凯，相传为晋朝人，因带领乡民抗洪而亡，浙南百姓为了纪念周凯的功绩，奉其为平水圣王。

仁济庙

仁济庙前的寨墙上，还有两株八百多年的柏树，相传为李氏先祖李西斋于南宋孝宗淳熙五年（公元 1178 年）所植。柏树原为三株其中一株被乡人牲口牵挂拉扯而死。李西斋深恶痛绝，下令"谁再牵挂，必杀其畜"。并带头杀了违背禁令的自家之牛，终于保全了这两株"风水宝树"。

在苍坡以南 1 千米处，还有一座名叫"方巷"的古村落，村中居民亦大多为李姓，是苍坡的兄弟村。据李氏族谱记载：南宋高宗建炎二年，李氏七世传人李秋山、李嘉木按照族规分家，兄弟二人从小情谊深厚相互谦让，李秋山主动把苍坡留给了弟弟，自己举家迁至不远处的方巷。虽然分居两村，但是兄弟间感情深笃，相互尊黄，留下了"望兄亭"和"送弟阁"两座著名的古亭和一段流传千古的佳话。望兄亭位于仁济庙东侧的寨墙上，正好处于村落寨墙的东角。站于高高的亭内南望，远处一千米外方巷村口的送弟阁依稀可辨。相传当年李秋山和李嘉木"会桃李之芳阁，叙天伦之乐事"，兄弟之间经常互访聊天，每次都会聊到很晚，分手时又要送行到对方村口，有时相互谦让，客人还会把主人再送回去。后来两人商量确定，李秋山在方巷村口建"送弟阁"，李嘉木在苍坡建"望兄亭"，亭中挂上灯笼，每次分手后，见对方亭中灯笼燃亮，便知已经安全到家，不用再牵挂担心，大家放心睡觉。如此动人的故事，使得"望兄亭"虽为区区小亭，却成为苍坡最著名的建筑。至今人们而对亭子中那副"平川日丽嘉禾秀，仁里高风俊彦多"的对联，依然为之感动。

水月堂是苍坡最为巧妙的建筑，始建于北宋真宗天禧四年（公元 1020 年），为李氏八世传人所建。其位于东池的最北侧，四面临水，西面用一块石板连接村落。水月堂为三间单檐建筑，屋前有十平方米左右的天井，南面为镂空花墙，花墙之外便是水波荡漾的东池。透过花墙，庭院中可以看见外面的池塘水月和仁济古庙，外面的人却一点也看不到院落内的景物，构思之巧，令人称奇。

**苍坡村的风水：**

苍坡村以"文房四宝"作为其村落主要景观，是楠溪江中游最著名的村落。它由李姓族人修建，最早建于五代，至今已有一千多年的历史，是楠溪江最古老的村落之一。

苍坡村的主要建筑大都在南宋建成，宋孝宗淳熙五年（公元 1178 年），苍坡村的先民与国师李时日商议村落选址和建筑规划，他们以阴阳五行为依据，分析苍坡村的地貌，认为村子的四周会被烈火烧烤。为

了克火，决定在村子的南侧建一个方型水池，以重点镇"火气在村子的东侧建一长条形的水池，成为防火隔离带；又在村的四周开渠引溪，引北方的水来环抱苍坡村，这样一来，水与火才得以平衡。

镇住火以后，具有文人风雅的乡民不满足于风水的释意，还要涵盖一层文雅的情趣，于是将对准笔架山凹口的地方作为村子的中心，建一条笔直的街道，以象征笔。在"笔"街中段的一侧，平放一个大型条石作为"墨"块。墨块旁边就是村南苍坡门旁边的水池，水池为"砚"。整个村落的用地为方形，即为"纸"。如此一来，"文房四宝"样样都有。苍坡村中，一条条纵横交错的街巷和一个个造型优美的民居组团，整体平面构成一篇"大块文章"，喻示此地必将文人辈出，体现了人们向往文运昌盛的美好愿望，表现出这里先人的独具匠心。

在宋代，耕读是当时社会文化的一大特征。所谓"一等人忠臣孝子，两件事读书耕田"、"读可荣身，耕可致富"。当初苍坡的祖先用"文房四宝"来规划、设计村落，是想用"文房四宝"来激励后代读书入仕，光宗耀祖。真是用心良苦啊！

# 第三节　文化名村——婺源晓起村

晓起有"中国茶文化第一村"与"国家级生态示范村"之美誉。是清代两淮盐务使江人镜故里，位于婺源县城东北45公里的段莘水和晓起水交合处，有上、下晓起之分。村屋多为清代建筑，风格各具特色，村中小巷均铺青石，曲曲折折，回环如棋局。主要景观有双亭耸峙、枫樟流荫、进士第、大夫第、荣禄第、江氏祠堂、砖雕门罩、养生河与古濯台等。"古树高低屋，斜阳远近山，林梢烟似带，村外水如环。"这首古诗极为形象生动地描绘了晓起村落的美丽山光水色，竟有"绝妙何图诚若是"之感。

婺源晓起村

晓起村始建公元 787 年，始居人为汪万武，据晓川《汪氏宗谱》载：唐乾年间（公元 877 年～公元 879 年）歙县篁墩汪万武逃乱，至此天刚破晓，只见青山环绕，绿水潺潺，地沃草肥，花香四野，便搭草棚、起炊烟，而将此取名"晓起"，亦称晓川，后汪姓在小溪上游一公里处建村，也称晓起两溪汇合处的下晓起，村边水口十几棵数百年老树和村小学后成片的古樟树林，即使在古树遍布的婺源也不不多见。群山环绕、一水横亘的上晓起，村屋居多系明清建筑风格各具特色。其中"进士第"、"大夫第"、"荣禄第"等官宅气派堂皇，前后天井，厅堂宽敞深进，炫耀着主人高贵的身份。繁华。晓起村中保持 600 余年的房屋有几十幢，风格鲜明，气势非凡。进士第、大夫第、荣禄第等商第官第无不折射出这方钟灵毓秀土地曾经有过的辉煌。一门四进士和四代一品更是先贤留与后人宝贵的精神财富。

晓起，是一个很有生气的名字，据晓川《汪氏宗谱》载：唐干符年

间（公元 874 年～公元 879 年）歙县篁墩汪万武始居，因逃乱至此天刚破晓启明，而称晓起。后来又有洪姓迁入离小河上游一公里处，可以分为上晓起村，下晓起村。

下晓起地势较低，号称"商一村"，自古都为富裕之村。下晓起的老房子多是清代茶商的宅第，茶商之富从门楼的砖雕上就看得出来，这些水磨砖的厚度不过四厘米，工匠采用高浮雕、透雕、镂空等技法，有的图案竟然镂空透雕出五个层次的造型，刻有一二十个人物。例如继序堂门套上的砖雕，从上到下依次为"忠、孝、节、义"、"瓜果连绵""文王访贤"、"连中三元"，在中部四角还配有"渔、樵、耕、读"。

下晓起村的地形为一个聚宝盆，村前的山绝似柜台，而村中的古樟王是镇财的神树，古樟树后的山坳是装财的金屋。整个地形正对应着下晓起的商人以柜台贩货，聚财于本村，敛于金屋，有古樟王镇财，源源不断，滴水不漏。

上晓起地势较高，号称"官一村"，自古名仕大官辈出，有"一门三大夫"、"祖孙两进士"的佳话。上晓起的老房子主要都是官宅。其中"进士第""大夫第"、"荣禄第"等官宅气派堂皇，前后天井，厅堂宽敞深进，大门口有三级高阶，门楼有精美的砖雕图案。此外，"敦贵公祠"和"光禄公祠"保存完好。而村头青石护栏的古道、古亭以及梁柱间族人"高中捷报"、依稀可辨的"江氏宗祠"，也很容易让人想象古村当年的显赫。

上晓起为官者甚多，这与上晓起的绝好风水是分不开的。整个村庄为蝴蝶状，村前一山形似笔架，村与山之间有溪沛阳，风水先生便命村民修筑双桥与彼岸相通，于是，上晓起这只蝴蝶就有了一双触角，终于沾上了笔架山的文气，村中弟子从此仕途通畅，加官晋爵。

据说，婺源最美的田园风光，就在上晓起、下晓起两村之间一公里长的古骆道旁。作为一个典型的徽州村落，水是晓起的命脉。养生河穿村而过。晓起人在村口建了水口，水口就是一个小的水坝。在徽商那里，水就是"财"，所以每村必须建在河边，而在村口和村尾建立水坝，截住财源。我们在其他徽州古村落中，也可以看到水口。

晓起依水而居。每天清晨，晓起人挑水种田，傍晚，全村人在河里游泳洗澡洗涤。河边有溪埠。溪埠，即河水边洗衣服的地方，从这里可以看出古人对公用事业的重视。溪埠用条石、方石垒成高低三层格子。如果，姑娘洗衣服，就站在上面，每人一格，根据水位不同高低不同洗衣，而不沾湿鞋子。而桥分上、下两部分，上面洗衣服，下面洗污物。晓起保留有完好的溪埠，人们常说"东不嫁，西不嫁，就嫁晓起溪埠好"。

溪埠

村中建筑的布局，人们以前建房子是注意到两点土地利用和土地保护。房子建造地比较密，中间一溜青石板小巷，房子紧密相连，也互相对立。房子一般没有大院，只有富有户有小院，这考虑到土地利用保护。另外，这些房子都有侧门相连，下雨时穿堂而过，每家都相通。所以说，房子不但是单独个体，也是公众交流的场所。我们可以看到徽派建筑的墙，一般屋檐都砌两三层山墙，远处看层层叠叠，十分壮观。而且，山

墙像马头，称马头墙。马头墙不但美观，而且可以防盗、防火，马头墙直上房屋顶，而且是最高的墙。这样，厨房着火，马头墙就起隔绝火势的作用，不会祸及正厅、邻居。所以，马头墙在徽派建筑中必不可少。

徽州传统建筑还有一特点就是小窗。远望去白色的墙上只开了很小的窗。在徽商眼里，开小窗的意思就是聚财，同时徽商长期在外做生意，家中只有老少妇女，所以开小窗就显得很安全。同时，徽州建筑保留了天井，是根据风水，水是源，天井便成了聚宝盆，瓦面上雨水流到天井四周锡制的水沼里，叫做"四水归堂"，而水沿着锡管流入地下水沼，就有聚财之意，所以天井正映了"肥水不流外人田"。

晓起四面皆是郁郁葱葱的山丘，青山环抱着一个丰饶的小盆地，两条小河左右夹流，正中央嵌着一个小村庄，它是一块天设地造的乐土，它是婺源旅游景点中的佼佼者。

下晓起，一座如水的婉秀小村。不说左右夹流的两条河水，单是村头的水口就够令人陶醉了。水口是水流出村的地方，最为村人重视。按风水之说，为防"气泄"，凡水口处，不仅要建桥梁、庙宇、宝塔之类，还要种植樟树与银杏，水口风景的好坏往往是一个村庄风水的象征。

下晓起村头的水口很美，数十棵古樟树，遮天蔽日，树龄约二三百年。高高的樟树下有一座小小的庙宇，号曰："樟树天神"，有镇财的作用。距庙宇不远处是一座宛若天成的蒿年古桥，它遍生古藤青草的独孔桥身，与清澈的河水合成了一个能圈住人心的圆。蒿年桥畔有一排青石垒起的古濯台，村人称之溪埠，以蒿年古桥为界，上台专洗食用之物，下台洗涤各种生活污物。河边有一块石碑，上刻"养生河"三字，晓起古村的良好环境，是村民们历代守护的结果。

上晓起、下晓起和上坦三个自然村的地理环境近似，村落选址首先考虑的是背后有可依的龙脉，面前有环抱的水流，而朝向次之。依据的是"背山、环水、面屏"的象形风水原理。此外，村民还将村形附会成某种具象的东西，并赋予风水上的意义。

上晓起以河为界，村民认为河南为船形，千年香柏似系船之木；江氏居住的河北为蝴蝶形，两座古桥似蝶之触须。下晓起人称本村为聚宝

盆形。四周村子都较下晓起高，将它围在中间。下晓起历史上经商致富的人也较多。上坦背依的龙脉与村前的河水离得较近，村左右有砂山围抱被认为是一个交椅形。

村民对村形的理解使他们将很多现象都附会到上面去。如大家认为上晓起江氏蝴蝶状村形好，蝴蝶翩翩使江家人发达，岭下和下晓起两村像卫十一样守在它两侧，保护着它。而仅一水之隔的叶氏居住的船状村形就不甚理想，因为西边"船首"处有一棵千年香柏将其拴住，逆流而上的航船也预示着村民生活的艰辛。下晓起人自称村形为聚宝盆但却难以发家，村民认为一是下晓起没有自己的水口，村落在养生河与宏溪、湖溪三水交汇处做的水口被多数人认为是帮上晓起做的；二是1958年建的环山公路破了聚宝盆的形，财气散了。上坦的交椅形也被认为是风水较好的。

按风水理论，村后的山和村前的水都属村子一部分，后依的案山要强劲有力，使整个村子有依托，如上晓起依后龙山，上坦依山为"九龙下海"。上坦村虽然朝向不如对岸好，但因山势强过对岸山脉，所以居民愿住这儿。他们提到对岸的井坞村，则会摇摇头不屑地说："那个村子不行，发不起来。"

所谓"山养丁，水养财"，这样的俗语是可以解释村民对山水的感情。山因其自然形态被想象成各种东西，人们又因这种相似性对山特别钟情。如下晓起东北方向被想象成乌纱帽的山，上坦被称为金字面的山，很多宅门都对此而开，所谓"开门见峰"，期望家中出大人物。笔架山的命名似乎昭示着上晓起读书人多的原因。

村落水口往往也希冀通过人工改造而使其符合风水上的要求。如上晓起水口处的"象鼻山"和"水口狮"两山夹峙，被称为"狮象把门"。下晓起水口为三水交汇处，水口旁有老樟树，被称为樟树爷爷，遇小孩生病家人就会来膜拜。对面的山被称为望江狮，看住水口。水口处曾经有过拦河坝，意为拦财，20世纪60年代修复过却又被冲毁。引起下晓起人叹"无财无丁"。

晓起分为上、下两村，被青山和河流紧紧环抱，据说上晓起的地形

像条扬帆出海的船，而下晓起则像一个聚宝盆。连接上下晓起的小河被称作"养生河"，在下晓起村口的石板桥的尽头，赫然树立着一块"养生河"碑，宣示着晓起人对自然的态度。

晓起人讲，"水养钱财树养丁"，所以他们特别重视对树木的养护。下晓起水口那片郁郁葱葱的古樟林，巧妙地把黑白相间的村落疏疏落落的隐去。

# 第四节　文化名村——南靖石桥村

福建省南靖县书洋镇石桥村面积 3 平方公里，全村有 63 座不同形式的土楼。石桥古村距书洋镇 14 公里，东邻船场镇，北侧是梅林镇，南与平和县相邻，西边一山之隔是永定县。明英宗正统八年（公元 1443 年）建村。明代石桥村划归永丰里。清代石桥村属梅垅总管辖。民国时，石桥归曲江相关下，称为石桥堡。1949 年以后划归书洋乡，改称石桥村至今。

石桥古村落位于福建省书洋镇石桥村，整个村落处在一个清流如带，绿树如烟，山环水绕的谷地里。石桥小盆地内地形变化多，又有小溪穿流其中，每个山包、地段都有自己的小地名。

石桥村的四片住宅区室门口垟、溪北垟、长篮和洪坑坝。三团溪从石桥村中间穿过，将村子划分凉拌。为了节约盆地内十分有限的平整耕地，房屋大多沿盆地边缘或溪边坡地建造。这些区域的划分不是靠街道，而是凭自然地势。

代表性建筑：

长源楼是县级第四批文物保护单位，坐落在长篮，建于清朝雍正元年（公元 1723 年）。是一座依河边陡峭坡势建筑的横长方形土楼。其临溪的一面墙就建在以巨大鹅卵石从溪底垒砌起来的高坎上，只建一层，

10个开间：坡壁一面建3层，13开间，两翼由3层和2层组成，形成前低后高，如扶手交椅般的变式方土楼。当地人称为"交易楼"，是南靖县第四批文物保护单位。

顺裕楼是县级第四批文物保护单位，位于门口垟。1927年动工兴建，1937年建成，它是目前已知的最大的圆土楼。楼高四层半16.9米，底层墙厚1.69米，楼外经86米，楼内径63米，占地面积5805.85平方米，建筑面积22834.65平方米。每层72开间，四层计288间房。楼中楼又有房间80间，全楼共有房间368间。若人在楼内每间房间住上一天，一年还住不完呢！大门上"顺裕楼"三字，为赵体书。写得劲健秀美。石雕门额横批"三多九如"，石刻联"顺时纳诂，裕后光前"。

石桥村作为省级历史文化名村，其独特的文化内涵令人陶醉、神游。每一座土楼都在楼门上方镶嵌一个吉祥如意的楼名，如文兴、永庆、德源、兆德、向月、向日等等，以此表示楼主的向往与追求；而且每座土楼都有一副对仗工整的楹联。如顺裕楼的大门联："顺时纳诂，裕后光前"，步云斋的大门联："步武安详循序进，云龙变化任高飞"。这些藏头嵌字联，体现了耕读为本、忠孝仁义的传统思想，构成了张姓家族传统祖训的核心，对后人起着灌输、训诫、敬策的作用。

南靖石桥村

石桥村的村落选址与风水传说：

福建山多、溪多，乡民自古就很讲究风水。清乾隆《南靖县志》的县治图上都标有阴阳馆。但石桥村张念三郎公在定居之初，由于生活窘迫，急于找一个落脚谋生的地方，来不及仔细考虑大风水的情况，只能注意到自家建楼的小地形小风水。东山冈是大崎的一条东西走向的山脉，山形西高东低称为"卧虎"对河北岸的垟田形成环抱之势。念三郎公就以大寮崎为祖山以东山冈为少祖山，在山坡上一个叫"背头寮"的地方建起住宅。家族逐渐发展，并陆续分支外迁之后，出去的张姓大都很快兴盛富裕，超过石桥，这使得留居石桥的张姓，对村落的风水产生了怀疑。

传说，一位骑马的官员从梅村到书洋去，路过石桥。走近石桥的村口，踏上林荫遮天，藤蔓缠绕的古道时，被这里的景观震慑了。先是碰到了横于路上粗大的伏地藤蔓，上面一道道殷红的斑纹，这是血印，血印就是生命，是地力旺盛的表征。又向前，路中央卧着一块巨大的小水塘，水质清凉甘甜，水便是财。他想，这样好风水，村里必定出过大人物。于是不敢怠慢，未敢进村就先急忙跳下马来。但当他走到村子中间时，一眼看到了银山崎与大寮崎之间朝北的缺口，北煞呼呼地吹进来，他便叹了口气，骑上马走了。有人问他为什么，他只说了句，有这么大的北缺，是不会出什么大人物的。于是张氏族人连夜在银山崎与大寮崎之间的山沟内，栽种起大量松树、杉树、柏树、樟树，修补北缺遮挡煞气。以后族中规定，凡风水林均不得砍伐，并在各风水山头立碑警示，至今石桥龟山上还留着一块"禁伐风水林碑"。由于这道沟与东山冈相连，所植林地就成为祖山风水林的一部分。为改变张姓的命运，石桥人又请来了有名的风水师踏勘。据传说，请的是"杨公仙师"（杨筠松）的徒弟。他告诉张姓，溪水回流为龙蟠，东山冈为卧虎，龙蟠虎踞是上好的风水，必须驾驭这只虎，家族才有希望。清康熙四十年（公元1701年）石桥张氏的三大房共商之后，在东山冈虎腰位置的山脚下建起一座东山祠"追远堂"，一方面供奉先祖，另一方面借助虎威，具补救风水的作用。

风水术说:"山主人丁水主财。"但是有山有水,还要看山和水对村子的影响。三团溪从南向北而来,到调径口(山的小地名,记音)时,两侧山脉逼向溪流,使它变得狭窄湍急,形成一个深潭之后又转了一个小弯,向谷地流去。水流进的地方是村子的上水口,也是村子的天门。按照风水理论,上水口越顺越宽,财气才能源源不断,而石桥的水口就显得窄憋了一些。恰恰此时位于石桥上游两公里的河坑村,在石桥村上游一公里处,也就是石桥村的天门外侧,建起一座水尾庙"永济宫",镇守河坑村的下水口,使石桥原本不很充沛的财源,又被上游村子截流了一部分。

石桥村的下水口在下游两公里处,虽然三团溪曲折有情,又有龟、蛇两山关锁,但这里落差较大而河道宽。因此,风水师认为,村子的进水口太小,财路不畅,但出水口太大,留不住财。于是张氏家族在下水口,又建起一座水尾庵,称"丰稳堂",与龟山、蛇山共同镇守下水口。村落风水经过整治,达到了风水术的理想格局。这时期正好是石桥第十三代前后,家族兴盛,于是人们自认为真是风水起了作用,对风水的迷信越来越看重。

清代中后期,石桥村不断有人出洋,又出现人口下降的趋势,其它村出洋的人,有许多往家里寄钱,供家族修桥、铺路、造祠堂、建学塾、办公益,一派欣欣向荣的景象。石桥村张姓却只有不多的人往家里捎钱和捎棉布、药品,数量都很少。于是再找到风水师查补风水。

风水师说,地势虽是龙蟠虎踞,可惜这只是睡虎,远处看老虎的精神生猛都在,近看却没有威风气势,所以,石桥的风水对外迁子弟利大,对村内子弟利小。但这次张姓却没有再补风水,因为短期内家族又兴盛起来,不但人口增长到三百多,整体经济实力也在南靖、默林一带声名远播。当时南靖、默林盛传着四个最兴旺的聚落"塔下大坝,石桥洪坑坝,河坑西竹坝,默林中心坝"。石桥洪坑坝是石桥河谷内的一个小地名,这多少说明当时石桥张氏家族的兴盛和对外的影响力。

石桥是一个依山傍水,风景秀丽的小村庄,长源楼就建在这美丽的山水之间,与环境完全融于一体。它坐西北向东南,大门朝南,门与墙

偏折安装，正对河流，河水碧绿清澈。据说建造此楼的先祖们希望子孙后代发家致富，创造财富像河水那样源源不绝，故而起之为长源楼。

长源楼建于清代雍正元年（公元1723年）。长源楼是方形土楼，地处九龙江西溪支流岸上，依河岸坡地高低而建。形成青山、绿水、土楼、人家的景园。长源楼临溪的墙是以大河卵石从溪岸垒砌起来的，只建一层，有十个开间，中央主楼建三层，有十三个开间，两翼由二层和三层组成，形成一座前低后高，如交椅般的方土楼，当地人也称"交椅楼"。为防止外侵，一楼四周是封闭式的，只在左侧开一大门。楼里有天井，面向天井的正中是祖堂，祖堂两边是厨房与库房，二层、三层是卧房，有一开敞的回廊，视野开阔，通风采光极好。

长源楼

长源楼整体建筑顺乎地形地貌，与自然环境融为一体，体现土楼建筑的智慧与技巧。日本建筑专家称长源楼为"斜面土楼"。国内土楼研究学者则认为是五凤楼的变式。

土楼的选址，一般是在较为开阔的平地上，但是在书洋镇石桥村，却有一座土楼是例外的，它建在临溪的陡峭的坡地上，远看像一条横卧

的长龙，前低后高起伏很大。这就是长源楼，以其造型独特、和山水融为一体的诗情画意，备受建筑专家和游客的赞赏。

长源楼的主人奇思妙想，把楼建在临溪的斜坡上，不占耕地，巧妙地利用地形，地坪与屋势的变化顺乎自然，山野风光触手可及，也使自己成为一片山野风光中的一个亮点。整座土楼光线充足，通风透气，夏天特别凉爽，冬天特别暖和，实在是众多土楼里的经典作品。

# 第五节 文化名村——岳阳张谷英村

张谷英村，位于湖南岳阳以东的渭洞笔架山下，地处岳阳、平江、汨罗三县市交汇处，为中国保存最为完整的江南民居古建筑群落。以其始迁祖张谷英命名，至今已存在了500多年，有"天下第一村"、"民间故宫"之称。

这里是一个青山环绕，树木葱茏，溪水涂涂，鸟语花香的山乡盆地，盆地中有一龙形山丘，古建筑群依龙形山之走势，沿渭溪河之流向，绕河环山而建。

相传明代洪武年间，江西人张谷英沿幕阜山脉西行至渭洞，见这里层山环绕，形成一块盆地，自然环境优美，顿生在此定居的念头。张谷英是位风水先生，他经过细致勘测后，选择了这块宅地，便大兴土木，繁衍生息，张谷英村由此而得名。

张谷英村几经沧桑，基本上保留了原状。比较完整的门庭有"上新层"、"当大门"、"潘家冲"三栋，规格不等而又相连的每栋门庭都由过厅、会面堂层、祖宗堂屋、后厅等"四进"及其与厢房、耳房等形成的三个天井组成。顺着屋脊望去，张谷英村整个建筑就变成了无数个"井"字。厅堂里廊栉比，天井棋布，工整严谨，青砖花岗岩为辅。

从高处眺望，四面青山围绕着一片屋宇，渭溪河迂回曲折穿村而过，

河上大小石桥 47 座。

宇墙檀相接，参差在溪流之上，形成"溪自阶下淌，门朝水中开"的格局。傍溪而铺的是一条长廊，廊里铺有一条青石板路，沿途通达各门各户，连接每一条巷口，巷道纵横交错，通达每个厅堂共有 60 条，最长的巷道有 153 米，居民们在此起居可以"天晴不曝晒，雨雪不湿鞋"。图案有喜鹊、梅花、猛兽之类，栩栩如生。

张谷英村呈半月形分布在山脚下，以主屋为大门，背靠青山，门前的渭溪河成了天然的护庄河。大门门楣上有一幅太极图，为全族人保平安、佑富贵之意。大门里的坪上有两口大塘，分列左右。它们寓意龙的两只眼睛，既用来防火，又壮观瞻。屋场内渭溪河迂回曲折，穿村而过，河上大小石桥 47 座。屋宇墙檀相接，参差在溪流之上，形成"溪自阶下淌，门朝水中开"的格局。傍溪建有一条长廊，廊里用青石板铺路，沿途可以通达各家门户，连接着各个巷道，巷道两旁由青砖垒墙，高达 10 余米。墙高且厚，宜于防火，称为封火墙。大屋场里像这样的巷道一共有 60 条，它们纵横交错，四通八达，最长的巷道有 153 米，所有的巷道加在一起，总长度达 1459 米。居民们在此起居可以"天晴不曝晒，雨雪不湿鞋"。檐内，浑圆的梁柱上刻有太极图，屋下镂雕的是精巧的小鹿。窗棂、间壁以及隔屏大多以雕花板相嵌，图案有喜鹊、梅花、猛兽之类，栩栩如生。

张谷英村现住有 658 户，2169 人，全部是张谷英的第 26、第 27 代子孙。族居在这座迷宫似的古屋里，谨守着先祖"识时务、顺天然、重教育、兴礼义"的遗训，日出而作，日落而息。繁衍生息几百年，世传不衰。

张谷英村为汉族聚居群落。整个建筑群由当大门、王家塅、上新屋三大群体组合而成。古建筑群始建于明嘉靖 41 年，清代两次续建。现有巷道 62 条，天井 206 个，总建筑面积达 5 万多平方米，共有大小房屋 1732 间。总体布局依地形呈"干技式"结构，主堂与横堂皆以天井为中心组成单元，各个单元自成庭院，各个庭院贯为一体。其最大特点是排水设施完整，采光、通风、防火设施完备。张谷英村人世世代代一直尊

奉孔孟之教，重礼仪、教育。村人以读书为荣，以不识字为耻，喜好读书的风气代代相传。科举时代曾有进士 1 人、举人 7 人、贡生 6 人、贡员 1 人、佾生 1 人、庠生 45 人、太学生 33 人，当代大学生 240 多人、还有博士生和留学生。张谷英村人不但爱读书，也精武术。不少人还练就了一身好武艺。

张谷英村

　　张谷英村的选址，四面环山，地势北高而南低，又有渭溪横贯全村，俗称"金带环抱"。村落有山环绕，负阴而抱阳呈围合之势，形成对外封闭，而对内则按长幼划分家支用房。它采取纵向与横向轴线关系，成功地把家族群体凝聚在一起，各家支邻舍之间连成一体。同时，各家支又有独立的生活空间，显得完整而宁静，这是家族的融洽亲和的表征。房屋高密度紧凑布局，尽量节约用地，注重人与生活、人与自然的和谐关系，这是乡土民居"天人合一"具体的表现。

　　大屋的选址也很有讲究。不仅四面环山，地势北高南低，而且有渭溪河水贯穿全村，俗称金带环抱，从风水的角度讲是最佳选址。大屋能

够完好无损地保存下来，不能说和它的地形没有关系。环绕在它四周的山峰，丘陵起伏、重峦叠嶂，形成了一道天然的屏障。使大屋不怕天灾，也能在一定程度上抵御人祸。六百多年来，由于地形的保护，张谷英村一直没有受到过战争的骚扰。即使抗日战争期间岳阳沦陷，日本侵略者在渭洞一带烧杀掠夺，无恶不作，张谷英大屋也因为隐蔽在山根下，得以再次躲过一劫。

关于大屋的选址，还有一段美丽的传说。话说明朝洪武年间，有三个好朋友结伴从江西来到湖南的渭洞山区，见这里层山环绕、树木青葱、溪水清澈，应该是一个适合耕种、读书的好地方，就决定在这一带安家定居下来。但究竟选哪三块地方好呢?勘探宅基的重任最后落到了三人中一个叫张谷英的人身上，因为只有他才懂风水。经过一番寻访和勘察，谷英公最后选定了三块宅地，分别是"四季发财"、"禄位高升"和"人丁兴旺"。出于礼让，谷英公让其他两个人先选，最后分给他的就是"人丁兴旺"。后来，其他两位的后代据说果然发了大财，做了大官。而张氏家族六百多年来，虽无名卿显宦、巨贾首富，却也人丁兴旺、久盛不衰。岳阳乡间长久以来一直流传着这样一句民谣"渭洞有个张谷英，36岁见曾孙"可以说是张家人丁兴旺的夸张写照。

龙珠石位于当大门前、龙形山口，直径约3米、高2米，形状酷似一颗珍珠。相传，当年有两条大龙同时争抢这颗珍珠。结果被张谷英大屋后龙形山的真龙抢到，张谷英村因此而人丁兴旺而另一条长垄山的懒龙没有抢到，结果长垄山就只能用来种地，因为要人们经常给它松动一下皮。

当大门位于张谷英村龙形山前，也就是龙口上。门前有溪，溪上有两座八字形的石桥，被称为"龙须"。此屋建于明朝万历年间（公元1573～1616年），内有大小堂屋和天井各24个，住房422间。大屋的整体形状像一把打开的折扇。设有两道大门，大门门框都由花岗岩石凿制而成。

上新屋位于龙形山尾。清嘉庆十三年（公元1808年）由张谷英十六世孙绪彬公所建，共有房屋172间，具有明、清时期古庄园建筑雏形。从外观上看，结构严谨，高墙耸立，从高处俯视，像一个飞机模型。整

个房屋以木结构为主，以青砖、花岗岩结构为辅，有六进七井八横堂。堂屋地而全是 6 寸方砖铺成的各种图案。堂屋两侧、天井回廊相互对称，四通八达。

百步三桥建于清代嘉庆年间。位于张谷英古建筑群的中部，在不足百步的距离中，依渭溪河水回环曲折之势拱起三座花岗岩石桥，形如弯曲散布的仙网。石桥两岸建筑鳞次栉比，桥下流水潺潺，宛如一幅清新的图画。

张谷英村几经沧桑，基本上保留了原状。比较完整的门庭有"上新层"、"石大门"、"潘家冲"三栋，三栋门庭各自分东、西、南方向设置，主庭高壁厚檐，围屋层层相因，分则自成系统，合则浑然一体。规格不等而又相连的每栋门庭都由过厅、会面堂层、祖宗堂屋、后厅四进及其与厢房、耳房等形成的三个天井组成。

顺着屋脊望去，张谷英村整个建筑就变成了无数个"井"字。厅堂里廊栉比，天井棋布，工整严谨，格局对称，形式、尺度和粉饰色调都趋于和谐统一。体现出高超的建筑技艺。建筑材料以木为主，青石专花岗岩为辅。

从高处眺望，四面青山围绕着一片屋宇，渭溪河迂回曲折穿村而过，河上大小石桥四十七座。屋宇墙檐相接，参差在溪流之上，形成"溪自阶下淌，门朝水中开"的格局。傍溪而铺的是一条长廊，廊里铺有一条青石板路，沿途通达各门各户，连接每一条巷口，巷道纵横交错，通达每个厅堂共有 60 条，最长的巷道有 153 米，居民们在此起居可以"天晴不曝晒，雨雪不湿鞋"。檐内，浑圆的梁柱上刻有太极图，屋下镂雕的是精巧的小鹿。窗棂、间壁以及隔屏大多以雕花板相嵌，图案有喜鹊、梅花、猛兽之类，栩栩如生。

在整个村庄房屋外围和每一间堂屋里，都设计了一个"回"字形的排水设施，冬天堂屋里的排水设施又可做火塘使用，真是一举两得。有赖这种科学的建筑艺术，尽管张谷英村较之周围的地形，地理位置最低，但每年的春秋汛期来临时，却一次也没被水淹过。

**古村的风水布局：**

张谷英村坐落在一个四而环山的盆地里，外围有幕阜山余脉的三座小山峰大峰尖、旭峰尖和笔架尖，像三片大花瓣围合成的一朵莲花，张谷英大屋就在这朵莲花的簇拥之中。村落的东、西、南、北各有四个山坳：梓木坳、桐木坳、佛坳、大当坳，犹如村内四个大门，大有"一夫当关，万夫莫开"之势。张谷英大屋建筑群落次第分布在内圈的低山、丘陵、盆地之间。中部有龙形山头东尾西逶迤而去，东南有狮形山、象形山镇门守关。龙形山两侧有渭溪河水在山前交汇，张氏先人巧妙地将两溪沟通，构成"玉带环抱"的风水景观。

张谷英大屋的几大屋场背靠龙形山，"负阴抱阳"、"枕山、环水、面屏"，这些是风水文化选择村址的最佳格局。渭溪水自西而东呈"金城环带"之势绕村而过。出村口有两道水口，分别建有水口塔，地形由内而外，先后有"乌鸦扑地"、"螺蛳吐魇"、"狮象把门"等造型地貌，整个村落地形形成"人行十里观四坳水流百步过三桥"的风水特色。这种周边环境很符合"天人合一"的基本条件要求。它四面环山，层峦叠嶂，形成了一道道天然屏障使整个村落前有护守，后有倚靠，外人必须先越过大墩坳，方能进入其村落。其闭合式地形，满足了人们心理上对安全的需要。

从张谷英大屋总体布局来看，盆内中央有绕沿幕阜山余脉蜿蜒而至的小山，形似一条卧龙，被认为是"龙脉"所在，村人称之为"龙形山"。龙形山昂首向东，逶迤向西北甩尾。山的两边各有一条小溪，在"龙头"前的大屋（主屋）前汇合。龙头正前方百多米处有一天然巨石，直径约三米，裸露田间，被称为"龙珠"。张谷英大屋背依"龙身"，自龙头处造屋，顺龙形山走势铺陈扩建。正门"当大门"处在龙头山前面，正对前方"龙珠"。当大门前有环抱状的溪水流过，上有两座八字形石桥（现溪水改道，桥已不存），称之为"龙须"。这样，"龙头"、"龙须"、"龙珠"三者齐备，形成了"巨龙戏珠"的地貌格局。

由此可见，张谷英村将仿生学运用到村落的建设中，按照龙形进行村落的总体布局，形成了"山为龙头，桥为龙须，石为龙珠"的"龙形

村落"。有趣的是，这"龙形村落"中的"龙须"正是人工创造的"石桥"构成的。村人盼望"龙呈吉祥"，能给他们招财进宝，大吉大旺。

水系是村落总体布局中不可缺少的要素。张谷英村水环绕的创造，不仅满足了村人日常生活的需要，而且还丰富了村落的空间景观，改善了村落的生态环境，实现了使用功能、景观功能、生态功能的三者有机结合。在张谷英村有一条渭溪河，它像一条玉带，泛着银光，迂回曲折，穿屋而过，溪水淙淙，四季悠悠，冬暖夏凉，甘甜怡人，这"玉带水"给村人带来了灵气。民谣称："前面生有玉带水，高官必定容易取。出入代代读书人，清显出贵耀门庭。"张谷英根据"东水西流，西水东流，其地主富"的观念，选定渭洞为张氏的安身立命之地，可见张谷英也是考虑了"环水"的风水的。

道路在风水学中也很有讲究。张谷英大屋临溪建有一条青石长廊，叫"渭溪街"，宽有丈余，长约千米，以木为主，靠西边设有供休息之用可坐可倚的吊脚横栏，长廊内铺青石道。这里不仅是古代商贾云集的街市，而且是东到平江，西通岳阳的骆道。这一条廊式古道与大屋左边的渭溪河也构成了张谷英大屋的一个风水景象。右有通山之道供白虎驰骋，左有达海之河任青龙潜行。正如风水先生所说："右边白虎道连山，左有青龙绿水潺。若居此地出相公，不入文班入武班。"说来也巧，张谷英大屋确有文昌武盛。明代有张煌、张炳兄弟双赐"文魁"金匾，清代张蛰兮掌指即可开碑裂石，近世武有黄埔将校，文有留学博士。

张谷英大屋建筑是一种"负阴抱阳、背山面水"的格局，因背山，能屏蔽冬日北来的寒流；因面水，可迎来夏日南来的清风，争取良好的日照，同时方便生活、灌溉用水。这种"枕山、环水、面屏"地形的选择，既有利于生存需要，又有一种情趣怡然的审美格调。整个建筑依形就势，充分体现了人与自然的融合。

据我国建筑学家们评价，张谷英大屋的建筑风格完全符合我国明、清时期"形法派"风水理论的思想，是一种典型的"天人合一"的传统文化体现。上海同济大学古建筑学家王绍周教授说："张谷英村房屋选址四面环山，地势北高南低，有渭溪河水横贯全村，俗称'金带环抱'，

这乃是按风水之说的最佳选择，具有一定的科学性。"村落四面有山环绕，负阴抱阳呈围合之势，而房屋又围成一个个天井，使房前后左右也都呈现环抱之势，形成对外封闭，而内则按长幼划分家支用房，满足所谓"聚之有气，藏之有能"的世俗观念。风水观念中虽然存在一些封建迷信的成分，但它合理地处理了村落的人工环境与自然环境的关系，在村落建筑中，充分利用日照、通气、流水、绿化等自然环境因素，创造了良好的生态环境。

村内立有文塔以兴文运，文塔位于张谷英牌坊约 50 米的地方。相传张谷英大屋是"双龙戏珠"的宝地，可是当大门前的笔架山像一把利剑插在门前，使龙不敢抬头，从而有损张谷英大屋的风水，故修此塔避"煞气"镇邪。此塔建于清代乾隆年间，其平面为六边形，塔分 7 层，塔身高约 7 米，其中塔座高 1.5 米，边长 2.8 米。塔的四柱为花岗岩结构，四面嵌石板，上刻"风水储藏"四个大字。

始迁祖张谷英之墓，在土堪冲的牛形山上，面朝笔架山，背坐虎山，与龙形山相邻。其风水名曰："金牛下海。"其先祖选这里长眠，指望后代勤耕苦读，子孙有福。原立有"田"字碑，上刻有"始祖张公谷英老大人之墓"。

本邑山脉，皆祖昌江之幕阜山入邑。东南境者为老鸦尖，中支突而为渭洞之削蜂尖，盘旋我境最高者日周家尖，迤而为独石尖，再迤而为尖山者即我谷公坟山来脉也。分数小支拥护斯地，旧名谷英嘴，有坟无碑。清咸丰庚中始立石碣，墓傍松树类数百年物，必其初葬时所蓄植者。墓而众山，拱揖正对者为笔架山，说者谓主文运。至若龙形，我张谷英屋场之主顶，依山为屋，凡八百余户，无他姓杂处。水有三源一出何公坳，一出独石尖，一出后山，内环龙形，流如玉带，至铺门口会向东流，出口极狭，有狮、象二形为门户。祖祠当狮形上首，修于清道光癸巳，形势苍古，寝堂神座，悉以石条甃成。中庭梁栋，大皆连抱木柱，围丈二尺许。祠外文峰高耸，阶罗石柱，围六尺，长丈余。迩年复建高小校于祠左，建全福社于祠右，因限于篇幅不能详绘，谨于此说明云。

民国二十一年壬申岁秋九月吉日，裔孙书第肖蓉氏图志。

张谷英村地灵人杰，明、清时期，这里共出秀才 45 人，太学生 33 人，贡生 6 人，贡员 1 人，举人 7 人，进士 1 人，中宪大夫 1 人，其中兄弟同登虎榜，祖孙夺取文魁者也不乏其人，留下许多佳话。

## 第六节　文化名村——韩城党家村

陕西省韩城市党家村距城区 9 公里，主要有党、贾两族，建村距今约 670 年历史。

村中有建于 600 年前 100 多套"四合院"和保存完整的城堡、暗道、风水塔、贞节牌坊、家祠、哨楼等建筑以及祖谱、村史，被专家称为东方人类传统民居的活化石。

村中街道有"井"字形、"T"字形、"十"字形格民青石铺路房屋建　筑多为"四合院"、"三合院"。

从公元 1364 年东阳湾改名党家村至今，已有 626 年的历史。这批古建筑经久不衰，保存相当完好。经建筑学家考察认为：一是自然条件优越，该村依塬傍水，位于狭长的沟谷之中，南北土塬高达 40 米以上。既减弱了西北季风的侵袭，又使夏天的凉风顺沟谷吹过，是理想的冬暖夏凉的好处所。另外由于北塬的红黏土与南塬的白黏土均不起尘，加之泌水绕行，空气得到净化，使党家村的古建筑数百年来一尘不染。

党家村能完整地保存至今与与历届政府和民众多方重视与保护有关。当今党家村共有 333 户 1300 多口人，但近半个世纪以来，房屋基本没有大拆大改。保留了原有建筑形态，是陕西目前发现的一处最大、最古老、保存最完整的古村寨。英国皇家建筑学会查理教授认为：东方建筑文化在中国，中国居民建筑文化在韩城。

陕西省已将党家村古村寨的开发建设列入全省"八五"旅游发展规划之中，经过修复维护，这里将成为"黄河游"旅游线上的一个重要参

观点。

党家村民居四合院是韩城民居的典型代表，韩城在乾隆年间曾经被称为陕西的"小北京"而党家村因农商并重经济发达则又被称为"小韩城"，可见当年之盛况。2001年6月25日经国务院批文，党家村古建筑群被列入国家重点文物保护单位。

英国皇家建筑学会查理教授说道："东方建筑文化在中国，中国民居建筑文化在韩城。"日本建筑学会农村计划委员会委员长工学博士青木正夫撰文："我曾到过欧、亚、美、非四大洲十多个国家，从来没有见过布局如此紧凑，做工如此精细、风貌如此古朴典雅，文化气息如此浓厚历史悠久的保存完好的古代传统居民村寨。党家村是东方人类古代传统居住村寨的活化石。"现党家村被陕西省定为"历史文化保护村"，列入"国际传统民居研究项目"，成为旅游参观的重地。

走进党家村，那古老的石砌巷道，那形式多样千姿百态的高大门楼，那考究的上马石，庄严的祠堂，挺拔的文星阁、神秘的避尘珠、华美的节孝碑与布局合理的四合院无不向人们诉说着党家村往日的兴盛与辉煌。

那些精美奇巧的门楣、木雕、砖雕、与壁刻家训使人们在欣赏赞叹之余又受到中国儒家传统人文思想的教益，真实地感知，感受到做人作事的哲理。

城墙、看家楼、泌阳堡、及夹层墙哨门等攻防兼备古代防御体系，是党家村保存至今的一个重要原因，也体现出在战乱年代有钱的党家村人当时的心态。

民居四合院，是韩城典型的民居，被誉为"东方人类古代传统居住村寨的活化石"。英国皇家建筑学会查理教授曾说："东方建筑文化在中国，中国民居建筑文化在韩城。"

元至顺二年（公元1331年），党姓始祖党恕轩，由陕西朝邑县逃荒至此，见村北土崖巍巍，村南泌水潺潺，认定此处是块能助他兴旺发达的风水宝地，于是便在此落脚开荒种田谋生，并在这里娶妻养子，繁衍生息。党恕轩所生4个儿子，种田之外，开始兼营商业。历经33年的艰

苦创业，至长孙党真子明永乐十年（公元1412年）中举，"党家湾"终定名为"党家村"。一百多年后，贾姓始祖贾伯通，从山西洪洞县迁居韩城经商，第五代和党姓联姻，其子在明嘉靖四年（公元1525年）定居党家村，成为党家村的第二大姓。至今党家村依然由党、贾两大姓氏组成，外姓极少。

党家村

明朝成化年间，党家、贾家两姓联姻，合伙经商，创立"合兴发"商号，在河南驻马店地区经商，生意兴隆，货船直抵汉口、佛山。据家谱记载，村中当时"日进镖银千两"，富冠韩原。明朝弘治八年（公元1495年），党家的外甥贾璋迁居党家村，两姓联合，财力更盛。

党家村周边地理环境极为优越。北边的源台耸立如屏，南部较为舒展，塬台渐次抬升，且有泌水绕行。从大的环境看也是如此，西枕梁山山系，东临浩荡黄河，村落的选址非常符合中国传统的风水说。

无论是党家村的外部环境，还是居住的房屋，都深深受到风水的影响。在党家人看来，党家村北依高岗，南临泌水，倚山面水，处于葫芦状的泌水河谷之中，正符合风水学"负阴抱阳"的说法，风水很好。顺河谷流下来的吉气，被村子收的差不多了，但为了"肥水不流外人田"，

又在村子的东南边建造了面朝西北、正对村子的文星阁，把可能流失的吉气统统收起来。此外，四合院的方位、院门的开法，甚至雨水的排法，无一不蕴藏着风水的布局。

风水既讲通气，也讲聚气。要通气，就必须有信道；要聚气，就讲究迂回曲折。选村址如此，建巷道、筑房屋也是一个道理。因此，党家村人在村内的巷道布置、房屋的构造上煞费苦心。除了祠堂、学堂、哨楼、寨子、文星阁等公益建筑之外，最典型的就是一般人家的四合院了。因为四合院不仅是党家村人之安身之所，同时也是党家村人灵魂所依托之处。

党家村民居环境选择经过几代人才最终完成。遵从自然，适应自然，利用自然，这是党家村人建村筑寨的基本依据。泌水河谷东西走向、西北高东低的地形，自然决定了村中东西设大巷、主街，南北站巷相连，既适应河谷空气的流动，又满足了村中排水需要和居民行走的方便。村东北角有一块三角状高台地形，具有防卫意识的党家村人，因势利导，才有泌阳堡寨子和城墙的设计、筑造。寨子上用水困难，除打造了三眼水井外，还在寨子入口处的祠堂旁挖了一个蓄水涝池，以供洗衣和牲畜饮用。村寨地势东南最低，遂建文星阁垫，以达到了点缀风景，美化环境的目的。自然美、人工美水乳交融，浑然不觉，竟能收到"有意经营却似无"的艺术效果。

党家村四合院

**党家村的四合院特点有三：**

其一是一二五座四合院鳞次栉比、对称俨然、错落有致，所有四合院均依阴阳风水而建。

其二是这里的古建筑体现了人们尊重自然，服从自然，利用自然的意识和传统。党家村村寨格局基本形成后的几百年里，这里从未发生过水患。每逢雨季来临，村中巷道畅通，雨水从各个四合院流入石砌的水道（也是巷道），由西北向东南缓缓流入泌水河，这样合理的排水系统，即使连下十天半月的雨，村中仍安然无恙。

其三是格局追求"天人合一"。例如党同印家的四合院，是一座有二百多年历史的四合院，建于清嘉庆年间，呈狭长的长方形，青砖铺地，干净整洁。东西厢房五间，上下厅堂四间。有四五级台阶基座的正面厅堂作为院子核心，是供奉祖先和招待客人的地方。厅堂下还有窑洞，贮藏杂物。院中四面房屋高大，都是两层，楼上不住人，用以储放粮食和杂物。院落正中间的一块方形青石，名曰："天心石"气按照"天圆地方"之说，地上的方石应与上天苍穹相互呼应，主宰着人的命运，"天人合一"的境界蕴涵其中。因此，这块石头即是建宅定位、测量的定桩石，又是镇宅之石。

当初党家祖先之所以选择这里作为他们繁衍生息的风水宝地，好处有三：其一是向阳避风，冬天不直接遭受北方寒流的侵扰。其二地势高，排水便利。其三离河比较近，取用水方便。

从大的环境来看，党家村西枕梁山，地处河谷，可以通风。北依高岗，不仅可以挡风，又可聚气。顺谷而下的吉气，无论是文气、财气，还是福气、喜气，均收聚于村落之中，一时收拢不了的，也是"肥水不流外人田"，由位子村东南的那座朝向西北的文星阁收集。村南的泌水绕村而行，向东流入仅三点五公里之遥的黄河，夏季洪水再大，也可排泄无碍。此外，党家村西北高东南低，与中华地脉地形走向相同，这到底是巧合，还是风水之故，确实有些令人匪夷所思。

据说党家村之所以"瓦屋千宇，不染尘埃"，是因为有一颗"避尘珠"。相传，在光绪年间，党家村的一位进士党荣把慈禧太后赐予他的

一颗避尘珠放在了文星阁的顶盖之中，从此四方尘埃遇珠回避，杂草也从不在此生长。村内空气清新，村容整洁。虽然，这只是一个美丽的传说，但不管怎样，党家村民居屋顶不生杂草、不染尘土确为事实。

一百多年，曾有人做过这样的一个比喻从村南源上看，党家村是一艘船，东南为船头，西北为船尾，文星阁是桅杆，村南石垒是船舷，舷下流水汤汤，村北通向北崖顶的蜿蜒小道是缆，崖边那座实心的砖塔是旋，一旦船解缆扬帆启航，前程不可限量。

党家村选址合理，村容如舟，房屋建造符合传统阴阳八卦之说，是中国典型的以风水选址、布局的村落。

### 党家村的风水布局：

党家村分为原上（黄土崖上）和原下两部分，村落也因此而分为"下村"与"上寨"，村落的主体建在原下的沟谷之中，也就是"下村"，为何如此？原来，党家村一带黄土堆积层厚达数十至上百公尺，干旱少雨，农作物的灌溉主要依靠地下水源。沟谷相对于原台来说，灌溉用水的取得自然方便得多，这是党家村人建村选址的首要条件。再者，党家村四周环绕黄土原台，村址位于东西走向呈"宝葫芦"状的狭长沟谷中，北边的原台耸立如屏，南部较为舒展，泌水绕行其间。从大的环境上看也是如此，西枕梁山山系，东临浩荡黄河，村落的选址均符合中国建筑风水之说。

村北高达三四十公尺的原台，能遮蔽寒冷的西北季风，南边较平缓的原坡，使得村落得到充分的日照，而顺东南而下的沟谷，又让夏季的东南凉风得以顺势吹拂，加上泌水具有降温作用，使得整个村落冬暖夏凉，四季如春。此外，由于北原的红黏土与南原的白黏土不易起尘，泌水绕流村畔，空气相对湿润清新，使党家村的屋宇，常年洁净如新。但村人却认为这得归功于村东文星塔顶"避尘珠"的神力，于是，清雍正三年建成的文星塔，也当然成为镇村之宝。

党家村四合院民居的内部格局，也经过特别设计，使其符合风水要求，党家村民居的庭院用青砖铺满，中心点铺一块石头，当地人称"天心石"。院落屋檐有一圈回廊，宽度约为80公分左右。由于屋檐向外出

挑不少，所以在无风的情况下，屋顶上的水垂直流入院落，而不会淋湿走廊的人。院落内的排水要依靠下水道，埋在地下的下水道是弯的，当地人认为这样可以串钱，不会使财气漏走。

　　尽管各地都有四合院，但解释各不相同。党家村人说，四合院的厅房为主人，大门为客人，只有设计合理的四合院，才称得上是"贤主配贵宾"。有的四合院有前后进院落，从门房、中房到最后的厅房，屋脊一个比一个高的话，叫做"连升三级"，表达了旧时党家村人望子登科、连中三元的愿望。中国许多地方的四合院，东西厢房的门窗并不完全相对，一般都是东厢房的尺度略大，以突出"左"的尊位，但党家村民居厢房，都是三开间或五开间，东西厢房的门窗相对，当地人说，"门窗相对夫妻合。"

　　党家村的四合院通常利用最南端的倒座房和最北端的厅房遮挡住东西厢房前后的山墙，考究的院落会在东西厢房的山墙下加一个窄窄的屋顶。当地人称这个小屋顶为洞槽，使山墙与屋檐之间雨天不漏水。四合院的四檐加上四个小洞槽，下雨时雨水从八个屋顶上落地，俗称"四檐八滴水。"

官宦人家，大门不像普通人设在院落的左前方（厅房朝南的院子，大门即在东南方向），而是设在院落的中轴线。大门前方增设旗杆斗子，进士家为双斗旗杆，举人家为单斗旗杆，这种院落俗称为"旗杆院"。由于大部分人家的大门都在院落东南角，按照后天八卦，大门在巽位，所以当地有一首民谣"南楼北厅巽守门，东西两厢并排邻，院中更栽紫荆树，清香四溢合家春"。描写了人们理想的住宅形式。

书香门第的四合院，为了不让牲口进宅院，专门在正院的旁边或前边设一个马房院，给佣人居住，这被称为"四合院跨马房"。厅房与厕所的设置也很有规律。假如院落朝南时，灶房一般都是设在东厢房南端的一间，厕所则设在倒座房西端的一间，俗称"东起西落人丁旺"。党家村民居的厢房出檐很多，有的设檐柱，有的不设檐柱，但厅堂都在前方设檐柱。檐柱是圆柱子，而内侧门窗墙壁齐平的"金柱"则为方柱子，这种内方外圆的柱子，寓意做人处事，在家要严以律己，在外要圆通待人。

据统计，清末道光到光绪这六十年间，党家村中就出了 1 名进士、5 名举人、44 名秀才，其中有 3 个院考案首。在这不足百户的党家村中，就有半数人家取得了功名，因此，党家村获得了"文史之乡"的美誉。

# 第七节　文化名村——门头沟爨底下村

爨底下村位于北京西部门头沟区斋堂镇西北部的深峡谷中，属太行山脉，清水河流域。四面群山环抱，山脉起伏蜿蜒，气势壮观，山形奇异优美。

爨底下村建于明朝永乐年间（公元 1403 年～公元 1424 年），将近六百年的历史。在明、清时代，为京西贯穿斋堂地区西部东西大动脉最重要的古驿道，它是京城连接边关的军事通道，又是通往河北、内蒙古

一带的交通要道。

爨底下村人（户主及子女）全姓韩。相传是明代由山西省洪洞县大槐树下移民而来，原村址在村西北老坟处，后因山洪暴发，将整个村庄摧毁。只有一对青年男女，外出幸免遇难。为延续韩族后代，二人以推磨为媒而成婚，并在现址立村，婚后所生三子，为：韩福金、韩福银、韩福苍。三子分三门，即：东门、中门、西门。始以福字为第一辈序排20辈：福景自守玉、有明万宏思、义巨晓怀孟、永茂广连文，至今已发展到17辈，茂，字辈。

还相传是因为爨被村民们编成了顺口溜：兴字头，林字腰，大字下面架火烧，大火烧林烧的兴，岂不很热？所以姓韩，谐音寒。

全村现有人口29户，93人，土地280亩全村院落74个，房屋689间。大部分为清后期所建（少量建于民国时期）的四合院、三合院。依山而建，依势而就，高低错落，以村后龙头为圆心，南北为轴线呈扇面形展于两侧。村上、村下被一条长200米，最高处20米的弧形大墙分开，村前又被一条长170米的弓形墙围绕，使全村形不散而神更聚，三条通道惯穿上下，而更具防洪、防匪之功能。

爨底下村

爨底下的"爨"字，共有三十笔，发 cuan 音，为了方便记忆可拆开说：兴字头，林字腰、大字下面加火烧，大火烧林，越烧越兴，岂不很热，而爨底下人全姓韩，取谐音（寒）则为冷意，冷与热在五行之中可以互补，宇宙万物有天就有地，有日就有月，有男必然有女，有冷就得有热，故而爨底下村在历史上曾辉煌过。

"爨"字从字意解释为：家，永不分爨，即永不分家。为：灶，烧火煮饭。为：姓，陕西省歧山县有爨家庄，全村千口余人皆姓爨。此字难写难认，会写则成爨，不会写则成一片，故而用谐音"川"字代之，但仍发爨音。最早是在 1942 年为方便抗日干部特别是外地抗日干部通讯联系，将"爨"改成"川"，爨与川并用至五十年代末，基本就不用爨字了，1995 年搞旅游开发后，爨字又大放熠彩。

爨底下的四合院与京城四合院相比有相同之处，也有不同等地方。

正房多大，厢房多大，门楼开在那边，中轴线在哪儿，完全靠风水学所规范。左青龙，右白虎，前朱雀，后玄武，其建筑思想相同。在工艺上也讲究干磨细摆，磨砖对缝。不同之处是，东西厢房向院中央缩进，减少占地面积，二进院中，内宅与外宅的中轴线上，不建垂花门，而建三间五檩的穿堂屋，以提高土地利用率。穿堂屋东侧开二门，大门开在前院东南角。雨水从大门左侧地洞排出。

爨底下的四合院的正房、倒座房大部分为四梁八柱，厢房为三梁六柱。墙体四角硬，房顶双坡硬山清水脊，房脊两端起蝎子尾，下置花草盘子，板瓦石望板或木望板，条砖墙裙。门和窗的窗棂多富于变化：工字锦、灯笼锦、大方格、龟背锦、满天星、一马三箭和斜插棂字等。地基四周全用条石砌成，房两侧墙腿下有迎风盖板，其石雕花纹繁多而不雷同，有大方格、斜方格、水波纹或花卉吉语等。

爨底下四合院前院东厢房的南山墙，后院东厢房的南山墙建座山影壁。上有帽，中有心，下有座三部分。帽上雕有寿桃，万字锦，檐头瓦当或虎头，或福字，磨砖假椽头或圆或方，精雕梅花，以取万事美好之意，心外角雕有四时花卉，内角雕云花，中心为置或雕"鸿禧"或书"福"字，而"福"字左上点为蝙蝠造型，下为梅花鹿头造型，而右侧为寿星

造型，寓意福、禄、寿。更有在福、禄、寿上布有梅花，以其梅花五瓣状示五福临门，实为绝妙之极。用料考究，做工精细装饰华美的影壁其主要功能是显豪富、壮观瞻、避邪气、迎吉祥。

门楼

爨底下门楼大部分建在四合院东南角，也就是沿中轴线横向东移，寓发横财。同时也符合左青龙，右白虎的风水思想。而建于街南的四合院门楼建西北角。屋宇式门楼居多，歇山起脊，板瓦石望板或木望板，脊两端起蝎子尾，下置花草盘子，磨砖对缝四角硬，前有前门罩，后有后门罩，或硬木透雕荷花、牡丹，或装窗棂卡花，门额之上有圆形或多边形门簪，上雕迎祥吉语。门槛下置门枕石，外起石墩，雕有吉语、花卉、瑞兽。门上装铜制或铁制门钹，配门环，钉锦，门楼四角下有迎风盖板，上有戗檐博逢富丽而壮观。

整体精良

北方大部分村庄，地主老财的宅院特别好，而贫下中农的房屋却很差，形成很大反差，而爨底下村由于在历史上曾经有过辉煌，尤其清后期有闻名京西的大财主及远近知名的八大家，有钱的人多，没钱的人少，故而每家都盖起青砖灰瓦四合院，三合院，可谓：整体精良。

高低错落

爨底下村坐北朝南，建于缓坡之上，层层升高，依山而建，依势而就使每家采光、通风、观景视觉都具最佳效果，充分体现人与建筑，建筑与环境的完美结合。

构思巧妙

爨底下街道、胡同多用青石、灰石、紫石板铺路，质地坚固而漂亮，雨过天晴各色石板映射出迷人之彩。而院内多用方砖铺地，夏天不热，冬天不凉，走路不滑，还可调解院内湿度。地下则建地窖用以储存蔬菜、果品，因可用气孔、窖盖儿调解温度，萝卜、土豆等能储存数月。地面上，镶嵌外方内中央有圆洞的六个石窝，到秋季，六个等距离对称的石窝内树起六根带叉木桩，搭放荆芭，上晒粮食，下可行人。粮食晒干下棚，将木桩拔掉，既方便又漂亮，可谓：构思巧妙。

文化遗存

明代老村遗址、清代民居、壁画、捷报、"二战"时期被日军烧毁房屋的废墟、抗日哨所遗址、五十年代的标语、六十年代的标语、七十年代的标语、古碾、古磨、古井、古庙使人们感悟历史，感悟苍桑，信步其中，如品陈年老酒。

风水宝地

爨底下人重耕读，同时也注重风水，村庄周围环境与风水理论珠联壁合。在漫长的历史长河中，劳动人民为祈求丰富的生产成果和舒畅的生活状况，总结、积累了非常深奥的风水理论并形成不同流派。而这些理论，无论那种流派都在或多或少地影响、指导、规范着人们地生产、生活。同时，无论那种流派都离不开共有的风水理论七要素：左青龙，右白虎，前朱雀，后玄武，风，水，应案。只是有的注重"形势"，有的则注重"理气"。

爨底下村左有内青龙山，东坡梁，外青龙山，鳌峪东坡梁。这两条青龙山，气势磅礴，蜿蜒起伏，而令人称绝的是内青龙山于起伏之中隆起三组山头，颇似三个吉祥动物。即：卧虎，侧头而卧伏视全村，虎，兽中之王，为禄。龟，神龟啸天，仰天长啸，龟，为寿。蝙蝠送福，翔飞而来，蝙蝠，为福。福禄寿星照古村。

爨底下村右边有内白虎山，北坡楞子，外白虎山，柏峪台北坡，这两座白虎山顺势而下，而无大起之势，特别是内白虎山一落到底，垂驯至极。恰是左青龙昂首，右白虎低头。

两青龙山和两白虎山交汇于柏峪台东坡梁顶为祖山即：玄武。它舒展双臂将爨底下抱之怀中，令村庄西避寒气，负阴抱阳。而好中称奇的是从祖山左侧垂落下一条山梁，为红砂岩，落平全是黄土，微起后形成一圆润山包。红砂山梁为龙脊，两侧梯田为龙鳞，黄土处为龙脖子，山包则为龙头。可龙头之下即是村之明堂，村庄以明堂为轴展于两侧。村庄与龙头，龙头与祖山结合的如此巧妙，如此亲蔼，如此鬼斧神工。

爨底下村对面山南坡梁为朱雀山。它从西南笔架山向东南垂落，至村对面趋平，然后骤落于村前左方，与青龙山对峙并向村内合围成出水

口且锁势强烈。朱雀取象于鸟，势似翔舞之姿才为祥。南坡梁势平壮观，毫无犬牙之恶，丛林茂盛，青翠秀丽，尽管东部山顶稍低，巧有一溜翠柏傲立与山体相依相连翔舞盛情。

村前南坡梁后有一山峰匀挺而尖酷似毛笔，但在村外才能观得，称之笔锋朝外，具笔峰便崇文，有文化才能当官，故而笔峰朝外孕育出爨底下许多高官曾任职于全国各地。真可谓：笔峰朝外官如林。

风水理论中"风"和"水"也极为重要。无风花不开，无风雨不来，无风空气也发呆。刚风、疾风、冽风、狂风不好，春风、微风、柔风、和风甚佳。爨底下群山怀抱可拒西北刚烈之风，尽享微风拂面。水乃万物之源。爨底子村居斋堂西北沟中下部，上距柏峪黄草梁10公里，属来水，"乾方来水，天门开，流源长财源茂盛"。下离国道6公里，为出水，"巽方出水，地户闭财用不竭"。村西北，左有麻花儿沟之泉水，中有黄草梁之河水，右则爨宝峪之泉水，三水（很早以前有，近几十年干涸）汇聚自西北而入，直奔南坡根顺势向东，随之折向东南而去。恰以弧形绕村，"山环水抱必有气"。村左，东沟之泉水，村右，后塆之雨水，村前，巧有两口水井（龙眼）与龙头相对。冠带之水，滋村润民，福泽万物。水能聚气，水能聚财，水能避邪趋吉。

村上一公里，百米南湖（一线天）像只喇叭，强纳东方紫气，拂祥入户。村下半公里，笔峰山垂伸一梁（门插岭）插入东山之坳，劲锁财神在家。

在山区，四面环山的村庄比比皆是，但是，像爨底下这等风水要素面面俱佳，处处称奇者实为难得，风水宝地名不虚传。不管风水理论含有多少迷信色彩，然而爨底下村人，在优美的自然环境恩泽下，尽享其祥。村民相貌秀气，勤劳智慧，在家求财，财源广，于外当官，官运亨通。名京西，誉河北，辉煌历史气贯长虹。

东山之巅三尊神，福禄寿星照古村。背靠龙头对应案，笔峰朝外官如林。

上得爨头纳紫气，下有门插锁财神。昔日辉煌随风去，世纪之交又逢春。

高官之村

抗日战争时期，全村 108 户，500 多口人。在抗日战争和解放战争时期先后有七八十个年轻人参军、参政、参战。百分之八十的农户为军属、干属、烈属。有 34 名烈士为国捐躯，4 人致残。解放后数十人在外当官，仅司局级近 20 人。

民居特点

坐落在山谷北侧的缓坡上，坐北朝南，占地约 1 公顷，存院落 74 个，689 间房。一条街道将村落分为上下两部分。民居以村北的山包为轴心，呈扇面形向下延展。古民居以清代四合院为主体，基本由正房、倒座和左右厢房围合而成，部分设有耳房、罩房。主要分为山地四合院、双店式四合院及店铺式四合院。四合院的附属建筑主要有门外影壁、门内影壁、门楼、拴马桩、上马石、荆芭棚等。民居装饰有砖雕、石雕、木雕、字画等，如喜鹊、蝙蝠、牡丹、荷花、莲蓬等，装饰的主要部位集中于建筑的屋脊、檐口、墙腿口、门墩石、门窗、门簪、门罩、墙壁及影壁等处。受家庭地位、经济条件等的限制，其装饰部位、内容及精致程度等均有差异。庙宇建筑主要有关帝庙（大庙）、娘娘庙及五道庙等。广亮院，村民称其为"楼儿上"，为川底下地势最高、居中轴线的宅院。建于清代早期，在清晚期及民国时期有过不同程度的修缮。院内北高南低，相差约 5 米。南北二进，院落分东、中、西三路，即三个相对独立的院，构成一个大四合院，共有房 45 间，院外有围墙。东路前院正房、中路院正房及西过厅仅存墙体或地基，其他建筑主体完好。

在建筑特点上，爨底下村建房有严格的规划，主次分明。韩姓家族主事的一支占据中轴线，其他韩氏兄弟在其两侧依山而建，形成中轴分明，两侧井然有序的布局。这种有规划的山村建筑群，在其他村落中是很难见到的。

爨底下村建筑装饰华美，墙腿石、门墩石，雕刻精良图案丰富，有田字格、一灶香、福到眼前（蝙蝠翅尖穿在铜钱孔内）、乐器、喜鹊登梅、荷花、牡丹、苍松、翠柏、瑞兽等。院内戗檐砖、清水脊盘子上砖雕细致入微，有四季花卉、珍禽和各种吉祥纹。门罩窗饰形式多样，门

罩以透雕各种花卉为主，窗棂有步步紧、一马三箭、灯笼框、万字锦、工字锦、满天星、花根格、方根格等，另刻有鹿、鹤、花草。

爨底下村

　　站在山上俯瞰，整个村落如同八卦，布局极其讲究。从爨底下村的选址和房屋的建造上不难看出风水学对它的影响，爨底下村四周山势合围，从风水上讲是不可多得的藏风纳气的风水宝地。背靠龙头浸水，前照金蝉望月；右侧为白虎岭，蝙蝠山；左侧山似青龙，还有臣卜虎山、神龟啸月山。

　　爨底下古村选址于优美独特的大风水环境中，群山环抱，山泉绕流，特别是爨底下传统风水要素项项俱全，围合格局如此典型，真令人叫绝。是在奇异优美的自然环境中应用风水理论创造人与自然高度和谐，自然美与人工美融合的山村环境的典型实例。

　　爨底下村的布局和建筑造型，以及装饰艺术更为考究，同样尊奉了"天人合一"的传统自然观，尊重自然、顺应自然、因地制宜。在以龙头山为中心的南北中轴线控制下，将七十余座精巧玲珑的四合院，六百多间明、清时期建筑的民居，随山势高低变化分上下两层，呈放射形态

灵活布置在有限的基地上，建筑分布严谨和谐，变化有序。鸟瞰村落的整体布局形如葫芦，又像元宝，建村者意在取"福禄"、"金银"之意为古村环境赋予吉利的寓意。

全村街道、屋舍砖墙建材则全部采用自当地特产的青灰石，许多巨富门前几乎都有象征身份的石挡或石狮，进门首见形式不一的"影墙"，当时有些富人为营造运势还特地在入门地板上铺设青石与紫石，意寓"脚踏青石平步青云"、以及"紫气东来"好彩头。

诸多建筑方式也反映早年的阶级或民俗观念，例如，俗称的"门当户对"，由于当地商贾居多，越富有者其门前的台阶越多，最富者门阶为七个阶梯，小富者门阶为三阶，议论婚嫁前以此先"自称斤两"；有些人家为免下雨时屋檐水流滴入邻居的宅院中，特地设计的排水沟最终还顺沟而下流进自家的暗沟内，除免惹邻居讨厌因素外，还因盛行遇水则发的想法，故有营造"肥水不流外人田"的风水用意。

此外，饲养猫、狗宠物在早期也相当盛行，所以，许多人家特地在主堂屋前拱形阶梯下方，特地兴建"猫洞"与"狗洞"，以方便它们自由进出。

由子该村深具古典特色与建筑风格，去年在中国建设部和文物局从全大陆中报的古村遴选中雀屏中选，而且被列为"中国历史文化名村"的榜首，也因此被称为"中国第一历史文化名村"。

# 第八节　文化名村——歙县呈坎村

呈坎村位于安徽省黄山市徽州区北部，地处黄山南面余脉灵金山、丰山之间的盆地中，被宋朝名儒朱熹誉为"呈坎双贤里，江南第一村"。

呈坎古名"龙溪"，始建于东汉三国时期，已有1700多年的历史。呈坎村是按《易经》中"阴（坎）阳（呈）二气统一，天人合一"的八

卦理论选址布局的。早在宋代就被理学家朱熹誉为"呈坎双贤里，江南第一村"。这里的祖先把呈坎村按《易经》阴"坎"阳"呈"二气统一、天人合一的八卦风水理论选址布局，自唐朝改"龙溪"为"呈坎"。"盖地仰曰呈；洼下曰坎。""呈"即向上为天；"坎"洼下为"地"；人立天地之间；因此"二气统一，天人合一"的理论就自然而完美的形成了。使整个村落达到可开百世不迁之族的风水宝地。然后改众川河自北向南成"〜"形穿村而过，自然形成了罗盘八卦中的阴阳鱼的黑、白分界线。村北、村南又以众川河为起点，向村外发射八条街巷，把整个村庄分割成大小八块，街巷相通，巷巷相通，使村落形成二圳三街九十九巷，成为一个完整的九宫内八卦。因此，呈坎是皖南最古老、最神秘的八卦村；一个非常特别的古村落。它是一个集自然八卦和人文八卦相结合的千年古村，是空间形态和意识形态最完美的结合。

呈坎村

呈坎四面皆山，山气茂盛。东面灵金山，东南列下结山、丰山，西南倚龙盘山、马鞍山，西靠鲤王山、葛山，北有长春山。龙山自西北向

南延伸，山势犹如万马奔腾，涌至龙盘，则一马平川，使整个环境构成"左青龙、右白虎、前朱雀、后玄武"之态势。山多则水多，潆川河是呈坎的主要河流，全长十九公里，是新安江支流。它从龙山与长春山之间进入呈坎盆地，向南汇入丰乐河而后往东注新安江支流练江。除潆川河外，呈坎一带溪涧纵横：村北有西边坑（又名柿坑）、环里坑，东面有东边坑，东南有东山坑、石步坑，西边有窑坑、棚坑，还有一些无名小溪。俯瞰呈坎，潆川河与众多溪涧如群龙汇聚，故呈坎有"九龙戏珠"之谓。呈坎古名"龙溪"，又名"潆川"，即由此而来。

呈坎这个典型的徽派古村落，是罗氏先祖审慎选址、周密规划、精心实施、严格管理的结晶，是中国古村落规划史上不可多得的范例。从总体上看，呈坎保留了罗盘八卦式的特殊格局，左宗右社的典型模式。它还保留了明代所建的堤坝、桥梁、水圳等古代水利工程，以及独具特色的村落街巷系统。更主要的，星坎保有数量众多、分布集中、类型丰富、文物价值甚高的明代建筑群。

从高处俯瞰村落，呈坎位于八座小山环抱之中，山与山似连非连，形似八卦的八个方位，山与山之间有梯田相互连接，地形呈八卦之坎卦，整个呈坎村就在八座山夹一河的盆地中。

呈坎村俯瞰图

呈坎原是大片芦苇滩，潆川河经芦苇滩南流。呈坎的先民是东汉三国时期吕、金、孙三姓，定居于芦苇滩的南部。现在依然保存有吕家井、金家井、皇冠前、孙家巷等遗迹。唐朝末年，江西南昌柏林罗氏文昌偕堂兄秋隐至此，看中了呈坎这块山环水绕、五峰拱托、百世不迁之地，兄弟俩就徙居于此，以避乱世。罗姓初迁时，文昌公定居于呈坎盆地的东南部（称上溪东、下溪东），为前罗族始祖；秋隐公定居于盆地的西部（称后岗），为后罗族始祖。故呈坎有前罗、后罗之谓。罗氏自迁来后，将村落定位于藏风聚气的最佳位置，整个村落坐西朝东，以避肃杀之气，迎春阳之和。

在村落的具体布局上，呈坎三街九十九巷两水圳，是其他村落所没有的格局，呈坎俗称"前面河，中间圳，后面沟"。两条水圳将河水引入村中，街街巷巷有水沟，门前有水流不息地流过，既方便了村民的日常生活，还有消防上的考虑，更具体地传达了"聚水如聚财、纳四水于村中"的传统文化内涵，以示财源茂盛，源远流长。在村南两条水圳交汇处建有水碓。川河两岸筑石坝保护村庄和农田。坝西的龙山上，有明万历间前罗二十二世祖罗小华建的龙山庙。在南面下结山嘴和龙盘山嘴之间筑夹河两堤。在夹河两堤上端，前罗族十九世祖罗弥达于明弘治年间建有当时江南最大的石拱桥——隆兴桥。桥北头建有都天庙（奉唐朝睢阳太守许远）。桥南头左侧下结山嘴，后罗族二十三世祖罗必瑞于明嘉靖年间，依山面水建隆兴禅院。由桥南头左侧上百步云梯，在观音山较高的平坦上，前罗族二十世祖罗震孙于明弘治间，建有隆兴观（俗称上观）。

在夹河两堤的下端，前罗族十九世罗弥四，于明弘治年间建有乐济桥，为当时江南少有的廊石桥。桥西头不远，前罗族二十二世祖罗应鹤，于明万历间为其父罗灌宗建有一座石坊。在龙盘山嘴的旷坦上，前、后罗族于明嘉靖间建有女贞观（俗称下观），观内建有文昌阁、大圣堂、太子殿、关帝庙、藏经阁、旷如亭、文会馆等。从长春社右侧至都天庙后即为便溢滩，前罗族二十八世祖罗梅（清乾隆间翰林院庶吉士），于嘉庆年间建有上、下花园，又在夹河两堤上广植梅花。全村千余丈街道，

由前罗族二十世祖罗震孙，于弘治年间全部铺上花岗岩石板。

呈坎古有八景：永兴甘泉、朱村曙色、灵金灯观、众风凝翠、里池鱼化、道院仙升、天都雪霁、山寺晓钟。这些都是村落的点位，从中也不难看出，在徽州古村落中，村庄与山水融为一体，人居与自然和谐统一的优美意境。

**呈坎村的村落选址：**

呈坎原名龙溪。唐乱，罗氏避难迁移定居。元大德九年，严州府事郑仲贤为《罗氏族谱》序云："罗隐公系江西南昌府人，洞明文学地理。唐末之乱，摒弃家产遍择里居，至歙西四十里地名龙溪，改名呈坎，山水缭绕，风景中和，遂筑室居焉。"罗氏在呈坎定居后，世族繁衍，名流辈出，成为呈坎大姓望族。

**呈坎村的村落布局与风水的关系：**

呈坎村依山傍水的布局型态，是徽州村镇选址布局的基本规律，历经千年沧桑仍焕发生机。潀溪河自北向南穿村而过，前、中、后三条南北向的主街平行于潀溪河，九十九条小巷纵横交错，形成布局灵活适宜的民居街坊。三条水渠引潀溪河水沿三条主街从村北向南流经全村，把生活、消防水源直接送到各户门前宅后。水——生命之源在村落规划中的独特作用是徽州民居一大特征。村东潀溪河下游建于明代的石拱桥保存完好，古庙、古驿道、牌坊已毁，古树数株幸存，这里是呈坎的"水口"。历代建筑师们因地制宜、裁剪山水融自然成一体的水口园林是徽州民居又一特征。

罗氏先祖是以卜宅的方式选择自己居住的村落。呈坎何以被他们选中，选中的理由是什么呢？

一是位置优越。呈坎村的位置恰好在黄山白岳间．皖南新安江上游，地处万山之中，四面环山，中间是一平方公里的盆地。这种地理形势使呈坎村居于非常有利的位置。四面临山，在夏季，可避东南飓风，冬可挡西北寒风，又利于避火防灾。作为呈坎主要河流潀川河，从龙山与长春山之进入溪涧纵横，呈坎就在四山夹一河的盆地当中，良田、至地均能得到良好灌溉。

二是气候适宜。呈坎一地四季分明，气候温和，雨量充沛，属亚热带湿润区。日照充足，无霜期长，小气候较为优越。潈川河穿村而过，有利于灌溉，易于农耕，尤其易于水稻的种植。水稻与茶叶是呈坎的主要农作物。

三是交通便利。呈坎距离歙县重镇岩寺十五公里，县城二十六公里，离著名黄山风景区也只有五十公里。经陆路可方便地抵达岩寺、歙县、屯溪等地，经水路走新安江可以直达金华、兰溪、杭州、太湖和长江流域。区位的优势为呈坎人奔走四方或经商、或为官提供了方便。

族谱中认为，呈坎一地"山形交错，水色清澄；人情庞实，伦理端严；有田可耕，有水可渔；脉祖黄山，五星朝拱，可开百世不迁之族"。这样的环境，一是满足了罗氏族人生存发展的物质条件"有田可耕，有水可渔"，又满足了人们希望人丁兴旺、家族发达的心理需求，"五星朝拱，可开百世不迁之族"正是这种心理的写照。这可能是罗天秩、罗天真俩兄弟迁居这里的基本条件。

接着他谈到呈坎村风水环境的营造：

徽州的古村落一般都很讲究风水。村子的水口，在村子的下游。入村道路一般都溯河而来，水口便是第一道村口。据堪舆术，水口溪河左右应有小山或小高地错列夹峙，称"狮象把门"，不让溪河水"直泻无情"，以利"藏风聚气"。为了加强"关锁"，水口还常有文昌阁、关帝庙、桥、长明灯、牌坊和"文笔"之类，形成水口建筑群。它是村落最华丽壮观的部分，代表着一个宗族的经济文化水平和伦理教化的成就。呈坎村的风水形势，又是怎样的呢？

呈坎古村依葛山傍潈川河面灵金山而建，坐西朝东，背靠大山，地势高爽，负阴抱阳，阴阳二气统一。河西三街九十九巷，左有龙山、柿坑为辅，右有潈川河、龙盘山为弼，山环水绕，三面环山，宛如太师椅状。河动的溪东街和良田，也有灵金山和丰山山脉作屏障，可望而不可即。大山左右也有长春山、下结山南北相峙，也是三面环山，呈太师椅状。两把太师椅东西相扣，使整个环境构成"左青龙、右白虎、前朱雀、后玄武"态势。"四面皆山，山气茂盛。"山多则水多。呈坎之水，犹

如群龙下山，有"九龙戏珠"之谓，故呈坎村古名龙溪，并至今还保留有龙山、龙盘山等与龙有关的名字，极富灵气。从风水图中，我们不难看出呈坎古村正好处在藏风聚气的最佳位置——穴中。冬天，寒冷的西北风，被背面高耸的葛山、鲤王山所挡，进不来；夏天，阳光直射时间又相对较短，并且山风习习，更有南风顺河吹来。冬无严寒，夏无酷暑，在没有空调的漫长岁月里，可谓冬暖夏凉，小气候优越……山水田园古树特色显著，是个不可多得的风水宝地。我国著名古建名城保护专家郑孝燮在《田园古村呈坎》诗中赞曰："山环水抱少兵燹，四百年间白屋群。乌顶玉衣成素裹，长街窄巷无繁尘。横桥夹岸忆环秀，崇阁归根缮宝纶。骤雨狂飙昨日梦，田园交响夺形神。"

呈坎依山傍河而建，坐西朝东、背靠大山、地势高爽，选址完全符合"枕山、环水、面屏"的古代风水理论。

民间乡土学者们从八卦的角度对呈坎的风水形势进行了阐发。相传天秩、天真二公深明堪舆之学，察其地，众山环抱，丰山挺秀，知后必能兴旺。又因呈坎的"灵金山"阳气太旺造成阴阳失律。罗氏兄弟遂把濠川河改道前山，开凿河道、垒筑堤坝，引濠川河水由北向南宛如一条腾飞的巨龙穿村而过，成"〜"形，形成呈坎八卦太极图中阴阳鱼的黑、白分界线。然后取八卦中的"坎卦"，即"水卦"的"坎"字定村名，用"水"来克"火"，使整个呈坎村阴阳调和。这一说法的理论依据是因为"阴阳鱼"的眼睛既能看见一个人的前世修行，又能看出一个人未来的旦夕祸福，非常神秘。正因为这样的风水形势使得呈坎成为徽州绝佳的"风水宝地"，为中华一奇。

从八卦的角度，民间乡土学者把呈坎定位为"中华风水八卦第一村"。在这个理论框架下，他们认为呈坎的格局是按九宫八卦式而建，整体布局以村中濠川河为中心，似太极阴阳鱼图，房屋呈放射状排列，向外延伸八条街巷，将全村分成八块。村内街巷似通非通，似连非连，曲折玄妙。整个村落按《易经》，"阴"（坎）、"阳"（呈），"二气统一，天人合一"的八卦风水理论选址布局，巧借山水形势，形成二圳三街九十九巷，宛如迷宫。

随着罗氏的人丁兴旺，人口增多，原先的住地不足以容纳。到了南宋，前罗第七世祖罗天锡方始填滩建宅。至明初，呈坎村已初具规模。为适应发展之需，呈坎村在明弘治年间经历了一次大规模的改造，村落由此得到改善整合。明弘治年间，呈坎兴建了规模宏大的前罗宗祠——文昌祠和后罗宗祠——文献祠。并对潨川河进行全面修造，修堤坝使河水由偏西南流改为正南流至观音山嘴，汇入丰乐河。呈坎人还利用了古河道开辟了一条水圳。这项水利工程与后面沟（即引村北柿坑水沿后街而流的小水川）和遍布全村的水井形成柿坑，潨川河环抱呈坎村居态势，它与前面河、中间圳、后面沟、水井共同构成全村的用水格局合消防用水体系。此举不仅扩大了河西建设用地，美化了河西小气候和居住环境，更为河西提供了源源不断的生产、生活、消防用水。两条水圳还具有排水、泄洪、灌溉，为村南水碓（粮食加工作坊）提供廉价动力等多种功能，一举数得，被誉为古代自来水。山不转水转，水是生命的源泉和流动的音乐，古村因得"水"而更有灵气，前罗在水圳穿街过户时得到了充分的利用，尤其在穿越文昌祠、一善祠时，在通道两侧辟建水池，既可饮用，又可养鱼观赏，还可使享堂前的大院更具活力；当火情发生时，水池还可提供充足的消防用水。水圳可以说是徽州先贤灵活运用于故乡建设的一种创造和发展。

呈坎作为徽州村落的典型，在村落形成的过程中，除地理环境、风水追求等因素外，宗族意识是主要支配力量。从呈坎古村落的形态看，前罗家庙、后罗家庙、罗东舒祠、前罗长春社等是村落的核心，居首要地位。住宅则是围绕这一核心进行组合。罗氏宗族在对村落进行大规模改造、组合中，突出了左宗（即在村左建家庙宗祠）右社（即在村右建祭祀土地神的社屋）的理念。罗氏族谱中把罗氏宗族的兴旺归因于呈坎的风水环境。这是由于在农业社会中，人们把宗族的凝聚力、宗族的团结看成是宗族生存与发展的重要条件。而宗族内部的团结、强有力的凝聚力，是源自于宗族成员的血缘认同和归属感。认同归属感一方面来自于宗族自身的建设，另一重要的方面是有赖于他们对土地的依赖和眷恋之感。风水理论恰恰能为人们培养对土地感情提供有效的理论说明。风

水理论认为，自然地形、地貌和地表之物能决定生活在这个地理环境里的人们的吉凶祸福。把风水与祖先的阴阳宅联系起来，自然崇拜与祖先崇拜结合，风水就成了团结宗族的有利因素。

**风水与呈坎村的关系：**

对古村落形成最直接、影响最大的因素首推"风水理论"。"风水理论"，是古代人们在选择居住地时，对气候、地质、地貌、生态、景观等各建筑环境因素的综合评判，以及建筑营造中的某些技术和禁忌的总概括。风水理论起源于商的甲骨占卜，形成于秦、汉，成熟于唐、宋，明、清时已达到非常完善的风水理论体系了。风水理论大致分为两个流派。其一为形势派，着眼于山川形胜和建筑外部自然环境的选择，另一为理气派，注重于建筑方位朝向和布局。唐、宋以后，全国的风水文化中心已逐步由山、陕转移到江、浙、闽、赣一带，及至元以后，风水文化中心进一步由江西赣州转移到了皖南徽州一带。这是由于皖南山区的自然地理环境是形势派风水理论得以广泛应用所促成的。在众多的皖南古村落中，至今仍能形象地说明风水理论和程朱理学对村落选址布局、环境建设所起的作用，当数呈坎古村落。呈坎古村落的风水现象是形势派与理气派的综合与互融，既有山川形胜的组合，又有村落朝向布局的组合。

呈坎，位于黄山东南麓，古名龙溪，原为歙县地，现属黄山市徽州区管辖。唐末，江西南昌府罗天真、罗天秩堂兄弟俩，举家迁入歙县，"择地得西北四十里，地名龙溪，改名呈坎"，并"筑室而居焉"（元张旭《罗氏族谱序》）。呈坎，作为罗氏家族的聚居之地，至今已有一千多年的历史，呈坎罗氏，枝繁叶茂，人才辈出，成为歙县"八大家"之一（据《罗氏族谱》载，歙县"八大家"为槐塘程、呈坎罗、棠樾鲍、长林郑、山前汪、溪南吴、岩镇吕和叶有曹）。呈坎现有居民七百余户，人口近三千人，其中75%仍为罗姓。呈坎古村至今仍保持了村落形态的完整性，尤其是古村落所具备的风水现象在皖南古村落中最具有典型性，其所保存的罗东舒祠和长春社屋在皖南古村落中具有惟一性。呈坎村落的风水现象主要有以下几个方面：

### （一）体现了风水理念的村落名称

呈坎，与古村名（地名）龙溪相比较，应该是龙溪更为响亮，为什么改为"呈坎"，完全是风水理念的体现。罗天真兄弟俩原居江西，其时江西风水学说甚为流行，他们迁入歙县后没有贸然地定居一地，而是慎重地进行了选择，在选择居住地时，以风水理论作指导，择定了歙县西北四十里的龙溪，改名呈坎。呈坎村名到底是何含义？元张旭的《罗氏族谱序》说："盖地仰露曰呈，洼下曰坎。"实际上，这仅仅是叙其表，未涉其里。《说文解字》中"呈"的本意是"平也"，后引申为"显"、"表"。"坎"从伏羲先天八卦所定方位看，应属西方，再从"坎"所对应的自然现象看，应属水，这样，很明显，"水西边的平地"就是"呈坎"二字的真实内涵。

### （二）体现了"负阴抱阳"的风水理念

"负阴抱阳"是建筑选址和建筑格调的基本形式之一。无论是我国所处北半球的地理位置还是传统文化的精神意识，决定了建筑选址通过"负阴抱阳"形式所体现的方向性和空间感。坐北朝南，是"负阴抱阳"的基本形式，依据地理子午线取向，使用平面日晷定向，而且，完全的南北向只限于皇家建筑与衙门建筑，这种思想来源于《易经》："圣人南面而听天下，向明而治。"正南正北体现了权力和尊严，也是理气派风水理念的主体内容。在民间，多用磁罗盘相宅，以地理子午线与地磁子午线为依据测向，由于地磁子午线与地理子午线存在一个偏角，这就决定了民间建筑物虽然大致面南，但完全坐北朝南的并不多，大部分偏东南的转向。在皖南山区，地形复杂多变，完全以坐北朝南理念来体现"负阴抱阳"不太现实，于是，就有可以适用的背山面水的风水理念作为体现"负阴抱阳"的另一种方式，也就是形势派的风水理论。这种方式在朝向上没有作出任何限定性的要求，但是注重了山水自然环境的组合。早在春秋时期的《管子》一书就对营造选址作了总结："凡立国都，非于大山之下，必于广川之上，高勿近旱，而水用足，下毋近水，而沟防省。"呈坎村落整体形态是坐西朝东，完全体现了背山面水的"负阴抱阳"形式。村西紧靠葛山、鲤王山，村北有龙山、长春山，村南有龙

盘山、下结山，村东紧靠自北向南的潆川河，河之东是数千亩的田园。呈坎村背山依水，山环水抱，地势平坦，但有一定的坡度，这种优美的自然环境、良好的局部小气候环境正是通过"负阴抱阳"风水理念的实践所获得的。

### （三）最佳风水模式的村落典范

按照我国传统的风水理论，无论城市、村落还是住宅的选址，最理想的模式是：基址后面有主峰来龙山，亦称靠背山，且来龙山后要有龙脉，即与大山形势相连通，基址左右有略次子来龙山的山冈或土丘，俗称为扶手，即左辅、右弼山，也称青龙、白虎砂山，青龙在左，白虎在右，基址前有月牙形池塘或弯曲的水流，水流的对面有一座对景山，也称案山。

我们将呈坎古村落的选址与最佳风水模式进行对照，发现两者之间竟然是如此一致的吻合。请看，村落背后紧靠的来龙山为葛山和鲤王山，高大的葛山与西北方向的黄山山脉连成一气，黄山即是呈坎村的龙脉；村落左边有龙山、长春山为青龙、为辅；村落右边有龙盘山、下结山为白虎、为弼；村落前潆川河依村而过；潆川河前是广阔的平畈，遥遥相对的对景山是灵金山。呈坎古村所处的位置，正好处于风水理论所认为藏风聚气的最佳位置——穴中。

另外，特别要指出的是，呈坎的水形势非常优秀出色，风水理论认为"吉地不可无水"，潆川河是主干流，此外，还有数条小溪从各方汇入潆川河，"潆"者，水多之义也。《说文解字》释云"潆"为"小水入大水"，实为众水汇合。《诗经大雅》有"凫鹥在潆，公尸来燕来宗"之句，意思是"野鸭和小鸟停留在港汉之处，尊敬的祖先来这儿赴宴"。鸟瞰潆川河水系与呈坎村的关系，风水学上称为"九龙戏珠"，也属于风水书《水龙经》中所列的"舞凤"型吉水格局，认为这种"舞凤"水格局是"群流飞舞入垣缄，凤舞鸾翔羽翩轻，更得穴中真气结，不为仙客也公卿"。如果把呈坎的山势比作一条起伏的龙（实际上，早已形象地称为龙山、龙盘山了），那么潆川河水系就像一只飘逸起舞的彩凤，真可称得上是龙翔凤舞、龙凤呈祥。

### （四）以风水理论修正村落形态

从风水理论出发，可以确定一些较好的生态环境，但是这些环境由于地理形势上的微小差异未必能达到十全十美的境地。于是，在村落建设与发展过程中，运用风水理论作指导，对村落形态进行适当的修正，以达到完美的精神追求和环境营造，在皖南古村落中不乏其例，呈坎村就是其中的一个典型。

据《呈坎前罗氏族谱》所载，呈坎罗氏始祖原定居于葛山脚下，这与西递胡氏始迁祖定居东山脚下、宏村汪氏始迁祖定居雷岗山之阳是一致的。当时呈坎的地形为一溪水沿山脚而流。后来，罗氏家族发展，兄弟二支繁衍成为前后二罗夹溪而居。以溪为界分出二罗的领域，但由于溪水沿山脚走，大大限制了以背山面水为格局的村落建设用地，并且当时前罗祠堂朝向不利，据风水师的意见，必须引水相克。

再加上原来的河流水势对村落呈直接冲射状，非理想状态。于是，根据风水理论的指导。同时也是出于村落发展建设用地的实际需要，罗氏家族不惜耗费巨资，在潨川河上修筑了七道石坝使河水改道，绕祠堂前面而过。这样，不但扩大了村落建设用地，而且还将原来对村庄直射之水形改造成为冠带形，完全符合了风水理论。

### （五）以人工补村落水口天工之不足

水口，是皖南古村落的一个非常重要而又非常特别的组成部分。水口概念，源于风水理论，但在皖南古村落中，水口经过人工的补充，往往成为该村落的形胜之地。在皖南古村落中，自然形水口居多，如黟县西递的水口处，两山夹峙，中间一小溪流出，实乃天然屏障。也有人工型水口，如歙县棠樾村，在水口处人工堆筑七个大土丘，称为七星墩，以形成锁钥，呈坎水口，既有自然形态，又有人工刻意营造。呈坎村的水口营造，无论是上水口，还是下水口，都非常注重。村北的上水口，也称为天门，山林茂密，并建有龙山庙。村南的下水口，也称为地户，是藏风聚气的关键部位，所以，历史上曾建有上花园、下花园、上观、下观。上观有都天庙、隆兴桥、钓鱼台、观音庙、百步云梯和隆兴观等建筑；下观则有廊桥、乐济桥、女贞观、关帝庙、文会馆、文昌阁、藏

经楼、大圣堂、旷如亭、石牌坊等建筑。上、下观之间是大坝（南河堤）和小坝（北河堤），这两道大坝、小坝使潀川河在下结山自北向南转而西行，至龙盘山后又复往南，使水口处水流弯曲，更符合"藏风聚气"的要求。同时，也使潀川河水形象地体现出了太极图中的"〜"形意念。为什么采取这么多的人工建筑来补足水口？这是因为南边水口部位的龙盘山和下结山形成的水口形势不够严密紧凑，不补，就达不到藏风聚气的效果。不补，就不能全面地体现风水理论对村落建设的指导作用。

### （六）以"礼制"、"理学"为精神支柱的村落结构

皖南古村落，由于地理环境的差异，因此在村落结构的形式上也不尽相同。但是，他们也有一个共认的组织规律和模式。这就是，从中原陆续迁入皖南山区的中原士族，尽管他们逃避战乱，躲入了深山老林，但是，他们原来所遵守的"礼制"却一直与之相随，所以，他们在构建村落居住地时，仍然奉行"礼"所规定的"左祖右社，前朝后市"的建筑结构布局，这种"左祖右社"的结构布局，在皖南古村落中可以说是只有呈坎村硕果仅有了。村北，也就是村的左边，气势恢宏的罗东舒祠傲然挺立，威武雄壮；村南，也就是村的右边，长春大社英姿勃发，风采依旧，罗用东舒祠被国内专家、学者赞为"江南第一祠"，是当之无愧的国宝，这充分说明罗氏家族当时对祖先的崇敬程度。另外，特别值得一提的是罗东舒祠内右侧的女祠，题额为"内则"，这也完全是根据"礼制"的内容而设的。罗氏家族规定女子可入祠，可上谱，未出嫁而亡的女子可入"姑姑祠"，在礼教盛行的时代，罗氏家族这样对待女性，应该说是很开明的举措。长春社是一幢始建于宋代的祭祀土地神和组织农事生产的特殊公共建筑，是皖南古村落中极为珍贵的完整实例。村中三街九十九巷的规整里坊结构布局，前罗文昌祠与后罗文献祠东西相峙，前后呼应；村南长春社与村北罗东舒祠南北相对，首尾相望，充分体现了古徽州"礼仪之邦"的文化特征。

在风水理论指导下营建起来的呈坎古村落，确实是一片钟灵毓秀之地，近千年的历史上，罗氏家族英才辈出，既有高官，也有隐士；既有富商，也有高僧；既有诗人，也有画家；还有史学家、医学家、教育家、

军事家、自然科学家等等。理学集大成者烹朱熹就曾题联赞美呈坎"呈坎双贤里，江南第一村"。现代科学研究也证明，良好的人居环境对于人的智力开发有着积极的作用，脑效率可提高1.5%～3.5%。由此，我们就不难理解为什么黄山脚下的弹丸之地呈坎，能够孕育出南宋时期的方志学家罗愿，和清代扬州八怪之一的罗聘等一大批在华夏文明史上都能占有一席之地的罗氏英才了。

呈坎依山傍河而建，坐西朝东，背靠大山，地势高爽，选址完全符合"枕山、环水、面屏"的古代风水理论。两条水圳引潨川河水穿街走户，现仍发挥着消防、排水、泄洪、灌溉等功能。

呈坎五街大体平行潨川河延展，呈南北走向，小巷与大街垂直，呈东西走向。街巷全部由花岗条石铺筑，两侧民宅鳞次栉比，纵横相接，排列有序，青墙黛瓦，高低错落，黑白相间，淡雅清秀，长街短巷，犬牙交错，宛如迷宫。漫步街头，一步一景，步移景异，无处不景，人在画中，其乐无穷。

凡到过徽州呈坎村的人，看见那隐于黛绿青山古树之间，与小桥流水相连的古村落，无不发出由衷的赞美。山水互为映衬，白墙青瓦高低错落，古树果木点缀其间，野鸟家禽交相鸣啼。村落或枕山傍水，或夹溪而筑，村子四周青山相峙，既得山泉溪水之便利，又有青山绿树为屏障，人类与大自然融为一体。

呈坎村历史上科甲不断，英才辈出，人文荟萃，曾出现过许多高官、隐士、高僧、巨贾、诗人、画家、史学家、制墨家、自然科学家。苏东坡在《罗氏族谱》题辞中有"文德武功名留简竹，理学真儒后先继续"之句，如宋代吏部尚书罗汝楫、安徽省第一部地方《新安志》作者罗愿、元代国子监祭酒罗绮、明代都察院右佥都御史罗应鹤、制墨大家罗龙文、地理学家罗洪先、清代朝议大夫罗宏化、直奉大夫翰林罗廷梅、扬州八怪后起之秀罗聘、近现代钦点内阁中书孙中山秘书罗会坦、文物鉴赏家罗长铭、当代物理学家罗辽复等。

呈坎村自宋代以后徽商兴起，贾而好儒，贾德结合，儒政相通，文化教育事业兴旺发达，在徽州文化历史发展中独树一帜。正如朱熹在《罗

氏族谱》序中赞曰："以进士发科嗣世家业赫，为歙文献称首。"一方水土养一方人，呈坎钟灵毓秀，英才辈出，兴旺发达，经久不衰，是当之无愧的"江南第一村"。

# 第九节 文化名村——绩溪冯村

冯村，位于安徽绩溪县西部，距县城 32 公里。地处群山环抱之中，平均海拔高度 400 米以上；槐溪水由西向东穿村而过，将整个村庄分割成南北相望的水街。石桥横卧，两岸相连，活脱脱一幅小桥、流水、人家风光图。

冯村有两峰对峙，左峰名曰狮子峰，右峰名曰象麓山，自然形成一个袋状环抱，称为狮象把门。而在村庄之后，又有龟蛇二将。所谓龟蛇，实际上也是两座山峰，以山形而命名：南称龟墩，北曰蛇形，东南西北四隅钟灵，人住其中，定当宁静安详，福寿双全。在遵从自然法则的同时，冯村人还以积极的态度改造自己的居住环境。在村口狮子峰麓，原有冯氏支祠一座，祠前的槐溪坝上，古木参天，郁郁葱葱；在冯氏支祠的东向挖掘池塘七口，谓之"七星"；又在云庄书屋的大门前悬挂一盏天灯冠以"月"名，组成一幅"七星赶月"的吉祥画面。这也是古代人在质朴的自然观念支配下生发出的物化实践，以满足某种心理需求。

据《冯氏宗谱》载："唐咸通六年（公元 865 年），歙州刺史冯子华的长子冯延普对冯村的自然环境、山水风光情有独钟，遂举家从太行山迁居于此，距今已有 1000 多年的历史。"冯氏后裔崇尚文化，承继儒学传统，在南宋咸淳年间（公元 1265 年～公元 1274 年）就有冯硅、冯云龙登科及第。到了明代，冯村名人迭出。据清嘉庆《绩溪县志》载："有明一代，冯村列人科第行列的就有 5 人，其中文科第 4 人，武科第 1 人；而列入仕宦行列的有 14 人之多；列入援列的有 5 人。"清代，又

有冯端光、冯朝元、冯端本、冯汝骐、冯容路等人荣登进士。如冯熔，考取明成化戊戌科（公元1478年）进士后，被朝廷任命为神州府推官，在职期间为政有声，又被朝廷提升为兵部车驾司主事。一次，他奉命前往陕西主持交换马匹，由于精打细算，为朝廷节省了不少银两。冯容奉公廉洁，将所剩的银两如数退还国库，深得好评。后来，冯馆为了孝敬父母，乞求朝廷准予回乡尽孝。他在冯村居家30多年，期间官方多次举荐，请他出山，他都婉言辞谢再也没有走进官府一步。冯容的一举一动，为冯氏家族树立了榜样。此后的冯德望、冯尚志、冯科、冯哲等人身居官宦，都能克己奉公，政绩名传，为冯氏家族争得了荣誉。

然而同时，冯村的理学文化表现得相当突出，对妇女的毒害也相当严重。从明代到清代，冯村就有烈女十余人之多。譬如，明代冯耀的妻子石氏，与冯曜定亲后，还未来得及结婚，冯曜病逝，年仅18岁的石氏"忍贫守志"直到去世；又如清代冯承嘉的妻子胡氏，丈夫死后，绝食十余日后随丈夫同去，由此而得到乾隆皇帝的旌表。这些女子不仅虚度了青春年华，而且葬送了一生幸福。

古代文明的创造与传承，往往是以物化的形式再现出来的。冯村璀璨辉煌的历史文化、人文功绩，通过现存的府第与牌坊生动地展现在世人面前。

绩溪冯村

冯村历史上有皇赐名门府第 8 幢，依次排列在槐溪两岸。它们是：大夫第、协政第、刺史第、旌封第、州牧第、五马第、进士第、州司马，第等，这些府第的建筑现格都比较高，用材、做工都比较讲究。如刺史第，坐北朝南，硬山屋顶，开间、进深各五间，占地面积 164 平方米。大门两旁有抱鼓石、荷花柱；垂带板上镌刻如意花卉；大门外框用水磨青砖砌筑成 2 柱单间 3 楼式门楼，匾额中书以"刺史第"三字，四边盘以龙凤纹；门楼的梁枋间有砖雕装饰，极为精美。抬梁式的木构架，豪华气派，拱轩、人字轩相互增辉；撑拱、驮峰、雀替、平盘斗等构件均有雕刻，内容丰富，技艺精湛。显现出徽派建筑的艺术魅力和文化底蕴。此外，每座府第前均有石质华表、石马槽以及供人歇息的石桥、石凳，让人感悟冯村昔有的繁华岁月和厚重历史。

冯村的牌坊共有 5 座，它们是登庸坊、进士第坊、大夫坊、百岁坊和贞烈坊。其中，大夫坊位于村首，为知州冯兰而立。该坊四柱三门五楼，通体用花岗岩石雕凿而成。现为省级文物保护单位的进士第坊，位于冯村中街，南北朝向，建于明成化十五年（公元 1479 年），为进士冯容而立。该坊四柱三门五楼，仿木结构，歇山式楼顶，高 8 米、宽 8. 2 米，通体为花岗岩石雕凿而成。明间上部有竖式"恩荣"匾，花板中书有"进士第"三字。梁枋采用浮雕工艺，镌刻双龙戏珠、祥云织锦、鸿鹄腾飞、骏马驰骋、麒麟降福、平安如意等精美图案，其刀法娴熟，线条奔放；结构精良，风格淳朴，气势雄伟，堪称徽州牌坊建筑中的上乘之作，具有较高的历史、艺术和科学价值。

冯村的古民居，清一色的白墙黛瓦马头墙。其建筑规模较大，做工也比较讲究，追求的是居室的美观、实用和文化品位。冯应元宅，清代早期建筑，坐南朝北，前后两进，中设天井，开间五间，进深七间，占地面积 216 平方米。在天井东西两侧设 7 级台阶登后进。天井南面用花岗岩石雕成单项式面须弥座，其东、西、北三向是深达 32 米的水池。后进屋架前部设拱轩，后部设人字轩。这栋民居的砖砌门罩风格独特，采用花团锦簇垂花柱 2 根和假昂 14 根，矩形、圆形椽各 13 根组合而成，给人以古朴、大方、简洁、端庄、豪放的艺术感受。再如冯嗣隆宅，面

临槐溪，硬山屋顶，封砌马头墙，砖木结构，前后两堂，中设天井，占地面积148平方米，大门饰以垂花式门罩，镶嵌块块砖雕，简洁雅致。室内的装修，或人物故事，或花鸟相伴；或灵芝祥云，或夔文博古。尤其是在鬲扇的裙板上，以阴刻手法镌以诗词歌赋，宛如李白、陆游在世。游客入室，一股浓郁的文化气息扑面而来，让人心境怡然。

冯村名贤辈出，文化底蕴深厚，仅明清时期就曾出进士14人、仕宦23人。明清时代，冯村在京为官人数之多，一度闻名京城。冯村先人注重农工商学，也是徽商的主要发源地之一。虽经战乱沧桑，冯村古风依旧，文化古迹极多。

## 一、村头水口

冯村的村头水口，两山对峙，左象山、右狮形，名曰"狮象把门"；村尾水口，龟蛇相望，左蛇形，右龟墩，名曰"龟蛇锁关"。冯村村头、村尾水口左右风水景观对称，天人合一，风水环境极为优美，是彰显徽州人讲究水口隐蔽之风水理念的最好证例，已经被加载国内多部有关风水论著中。

在风水思想的影响下，冯村先人因地制宜，辟其墙围于安仁桥之上，象征"天门"；筑其台榭于里仁桥之下，象征"地户"。名曰："天门开，地户闭。"传说，天门开、地户闭为冯村一祠六厅的关键之防。

冯村村头水口坝，坝长82米，宽11.5米，高两米。传说，村头水口坝全是用人工堆筑起来的。

在水口坝中段，有平排六株间距有序、极为古老的红叶枫树，树高10米之上，树围3米至4米不等。虽然高矮粗细参差，个个都枝挺叶茂，风景十分好看。

村头水口坝外有一眼水塘，水面面积400多平方米。塘内之鱼只供观赏，不可垂钓。水塘前是一片百亩田川，土质肥沃，阳光充足，水利配套，稻麦皆丰。水口坝左侧，有一个四柱三门五楼的石牌坊——大夫坊。大夫坊的三门，曾是全村人出入的主要通道。在大夫坊旁，有一个

砖木结构、白墙黛瓦、占地面积约 30 平方米、只有一门进出的村口亭。该亭的构建艺术是整个岭北各村所有村口亭构建艺术最好者之一。在村口亭背后，有一株高 10 米之上，围约 3 米的槐树，树干挺拔，枝繁叶茂，全树呈现出一种令人驻足观赏的美景。

水口坝左头，有二株高约 6 米，围约 1 米，主干已秃，但仍坚挺活着的杉树。在杉树旁，有平排四个砖木结构，白墙黛瓦、内供土地神位的土地庙。

村头水口坝的最左侧，有一座低山，山名"书馆园"。传说，书馆园是冯村"云庄书院"的配套设施——"藏书馆"的所在地。

在水口坝右侧，有一株高 12 米之上，围 5.5 米左右的檫树，主干坚挺，枝形如伞，树荫覆盖面积在五百平方米以上，是整个岭北范围内所有檫树中围径最粗的一棵。过往行人望之，都称它为"檫树王"。在大檫树下，有一座砖木结构、白墙黛瓦，内供土地神位的土地庙。

在水口坝右头，有一座花岗岩结构的石拱桥，名"云庄桥"。云庄桥的桥孔是全村之水的流出处。

在水口坝的最右侧，有一座低山，山名"狮子峰"。狮子峰上有一座建于宋嘉祐元年的"云庄书院"。该书院的创建时间仅次于本县宅坦村的"桂枝书院"，是全县第二所最早建立的书院。这所书院在宋、明、清三个朝代为冯村乃至全县培养了许多国家栋梁人才。

## 二、祠堂、府第和牌坊

冯村是一个沿槐溪筑建的村落，曾经有不小的规模，只是因为战乱、瘟疫和历史沧桑，现已大大缩小，残垣废砾和零落的文化古物依稀地印出当年的繁华。

古冯村的名胜古迹遍及全村的各条街巷。

在北侧水街一线，建有一座占地面积 2036 平方米，砖木结构、白墙黛瓦、雕梁画栋、鳌鱼翘角、气势恢弘的冯氏宗祠，和冯氏宗祠发脉的老尚厅、新尚厅、前厅、后厅、东家厅、刺史第，及新尚厅派支的承德

堂,后厅派支的纶公堂,以及葛氏支祠(葛家老屋)等九座支祠(又称老屋、厅屋)。此外,冯村还有八份厅、接官厅。到新中国成立时,冯村的规模已经不算大,却有如此众多的宗祠、支祠,证明冯村曾经有千灶万丁、繁荣兴旺、人文景观极多的史实。

在冯村村街的中心地段,曾有明、清年代皇上旌封赐建的大夫第、大树第、州牧第、协政第、旌政第、登科第、仪宾第、刺史第、五马第、州司马第等十座府第,这些府第足已显现冯村曾经的辉煌。

从下冯村至冯村村中,曾建有明、清年代皇上恩荣赐建的登庸坊、贞烈坊、百岁坊、大夫(掇科)坊、进士第、尚义坊六个石牌坊,及一个楠木木牌坊,一个砖牌坊。这些牌坊同样彰显冯村曾经的光耀。

## 三、九槐十三桥

冯村的通村河,发源于七坎八叶,河长830多米,河溪均宽4.15米,河岸均高3.2米,河水清澈,常年不干。河的两侧,用花岗岩块石砌成,整齐、牢固、美观。用块石砌成的河岸,至今仍然完好。河岸之牢固,证明冯村先人办事一丝不苟。

在通村河上,建有造型各异、各具特色、横跨南北两岸、方便往来的石桥,它们由下而上,依次为云庄桥、龙门桥、里仁桥、万年桥、荷花桥、益三桥、永瑞桥、独秀桥、安仁桥、崇义桥、并秀桥、绿荷桥、北山桥等十三座名桥。此外,还有一座因后建(建于清末)而未列在冯村十三桥名单之内的"尚德桥"坐落在安仁桥与崇义桥的中间地段。在冯村通往七坎山村的途中,还有一座坐落在塘坑大柏亭门前,造型小巧玲珑、常不被村人注意但构筑非常考究、一孔通水的石拱桥。传说,每座桥都有一个美丽动人的故事。这些桥的设计与施工,可以窥见冯村先人重视村落建设之一斑。

通村河北侧沿河一线,在万年台、东家厅、协政第、新尚厅、大树第、大夫第、安仁桥、尚德桥、大路转弯等各条巷口各栽植一株槐树,合计九株古老槐树。这些槐树,虽然树龄和高矮不一,但都枝繁叶茂,

叶绿季节满树风景。冯村因"九槐十三桥"而声名远扬。

## 四、民居老屋和公共建筑

冯村兴盛时期曾是千灶万丁，当时的民居数量现已无法考证。至1949年新中国成立时，冯村还有砖木结构、白墙黛瓦、两楼三开间、有天井明堂、颇具徽州聚落水街景致的明、清年代徽派建筑的民居五十八幢。这些民居有的分上下堂，有的分前后进，有的为四部、六部、八部通转。这些老民居，历经数百年沧桑，依然风韵依旧，冬暖夏凉。

在万年桥上首，曾有一个年代久远、造型别具一格，全县也不多见的槐溪楼，村人叫它"路楼下"，因为构建艺术独特，曾是冯村街中最靓丽的一景。

在万年桥下首、里仁桥左侧，有一个明成化年间建造、清代光绪年间重建的戏台——"万年台"。因为它的构建艺术与众不同，又传说建台当年全村产男孩十人，加之又坐落在村街街心之处，所以格外引人注目。

在村头水口进村约一百米处的北侧街中，有一个砖木结构，白墙黛瓦的"下马亭"。在亭的额枋上横着楷书"百官至此"四字，在"百官至此"四字左右两旁竖着楷书"文官下轿"、"武官下马"八字。在亭的通门下安有六棱门坎石一块，因此更加引人关注。尤其十二个字的警语，证明冯村曾经受到的厚重皇恩。

在下马亭之上四米处，有一个由石头和青砖砌成的不夜灯塔。从每天天黑起至第二天天明，塔内点着一盏青油（乌桕籽榨出的油）灯照亮街面，便于行人夜间过往，长年不断。传说，建此不夜灯塔，是行善人家积德之举。

在北侧水街的中心地段，到处可见古董文物。突出的有六棱石柱（村人又叫它"系马桩"）八根；古石椅（村人又叫它为"美人靠"）两只；上马石（村人又叫它为"小石椅"）四只；石凳两只；石水池（村人又叫它为"马食槽"）两个；旗杆石七对，其中祠坛上六对，州司马第门

前一对。

## 五、庙宇、路亭、土地庙

冯村从村头至村尾，有明、清年代建造或几经修建的砖木结构、白墙黛瓦、内供神位的文昌阁、观音阁、清隐寺、社屋（又叫"厚儒社"）、五猖庙五座庙宇。

在村中和村的四周，符合天人合一理念的景观景点就有四十多处。其中天然性的景观有五处：望君山、巽峰尖、五龙洞、金鸡石等。沧海桑田，现已经面目全非，有的只剩下模糊的遗址。人造景点三十六处，包括亭洞、路亭、村口亭、土地庙以及"七星赶月"。三十六处景点中，有一个叫"七坎岭洞"的亭洞，是用花岗岩块石砌成的石拱亭，位于七坎岭头。亭洞形似一座拱桥，绩溪岭北至旌德西乡的主要古栈道就从此亭洞中通过。站在这个石拱亭顶上，可望见绩溪岭北三大名洞：蚂蚁山洞、边山岭洞、七坎岭洞排成一线，此种景观，举世难得、世上难见。另外，还有两座用花岗岩石头砌成的石亭，包括坐落在地名"石子尖"的上石亭，和坐落在地名"官择塘"之里半山腰间的下石亭。路亭五个，砖木结构、白墙黛瓦、只砌两向或三向墙，亭内靠山一向的墙上安有土地神位，包括饭罗岱亭、降头亭、大柏亭、北山亭、乐凤亭。另外的景观包括村头水口坝外的村口亭、云庄小学的花园亭。此外，还有坐落在冯村街石板路小岭头、择地上、村头水口坝左头（平排四个）、水口坝右侧大檫树下、云庄桥至饭罗岱途中的小岭上、冯华清户水碓大门前的小山包上、具地坞小石桥边、八树塘右边路后、崇义桥南侧半岭上、新变岭小岭上、狗屎坦街口、冯村上村两路交叉路口路外、蛇形街口、社屋半岭上、大柏亭外路口等十八个砖木结构、白墙黛瓦、内供土地神位的土地庙。还有被称作"七星赶月"的著名景观，说的是在村水口坝外有七口池塘（冯村先人形容池塘为"星"），加上狮子峰上云庄书院大门门罩上悬挂着一只大壁灯（老辈人称灯为"月"），并称"七星赶月"。

这些庙宇、路亭、土地庙、池塘、壁灯，与村中的风景景观相映生

辉，使整个村落的环境景观更加美丽，更加令人喜爱。

缪希雍《葬经翼》称："水口乃地之门户，当一万众水所总出处也。"徽州处万山间，各个村落四面皆山，形成较封闭的完整空间，水口也就自然而然地成为村落的咽喉，被看成关系到村落人丁财富的兴衰聚散。风水认为水即是财富，为了留住财气，除选中好的水口位置外，还必须建筑桥台楼塔等物，增加锁钥的气势，扼住关口。

徽州人建村落讲究水口，不惜一切地在此处营造、劳作，寄托着美好的希望，为了弥补自然环境不合风水家所设想的理想模式，就需用人工造景来加以调整，使景观趋于平衡与和谐，以满足世俗心理的需求。如绩溪县的冯村。

自元代开族以来隅庐豹隐，尚未能大而光也。后世本堪舆之说，因地制宜，辟其墙围于安仁桥之上，像应天门；筑其台榭于理仁桥之下，像应地户。非徒以便犁园，实为六厅（族分六支，支各有厅）关键之防也。所以天门开，地户闭，上通好国之德，下是泄漏之机。其物阜而丁繁者，一时称极盛焉！

冯村在上水口架安仁桥，并在桥上方围墙设"天门"；在下水口筑理仁桥关锁水流，并建合榭于桥下方，象应"地户"。再衬以四周狮、象、龟、蛇几座山，天门开，地户闭。借助风水，表达了吉凶观。

水口往往有很多树木及文昌阁、奎星楼、庙宇等建筑，这些布局也是基于风水"障空补缺"理论之上的。风水在水口上的处理，改善了村落的环境及景观，形成"绿树村边合，青山郭外斜"的村总体环境特征，使水口成为村落庭园。

在徽州人的观念中，水口的形势状态主宰着村落的盛衰和安危，它是一村居民生死、前程的象征。冯村自元代开族以来，"尚未能大可光也"，改善风水后，结果"物阜而丁繁，一时称极盛焉"！此类记载当地的谱牒中比比皆是。也正是这一原因，过去的族众往往对风水的一石一草一木都不敢轻举妄动。

# 第十节  文化名村——黟县屏山村

地处黄山市黟县县城东北约 4 公里的屏风山和吉阳山的山麓。吉阳溪九曲十弯，穿村而过，两岸石磅不时飞来村妇浣洗的捶声，蓄水石磅白花飞溅；青砖灰瓦的民居祠堂和前店后铺的商铺夹岸而建；十余座各具特色的石桥横跨溪上，构成江南水乡"小桥流水人家"特有的风韵。

屏山，这个千年古村，她的名称由来是村北有座状如屏风的高山。清朝诗人余逢辰在游屏山时写下诗句："青山列画屏，雨余翠欲滴。秋叶更春花，纷披似锦织。"的确，屏风山就是一列四时皆丽的锦屏，衬托着建有无数徽派古民居的屏山村落。屏风山是黄山的一脉，西与石鼓山相连于风来岭，此为黟县通往池宁的必经大道；东与一联青山相接于弓家岭，此为屏山村通往黟北宏村的大路。此联青山纵贯于屏山村东，有不少景色各异的山峰。其北端是困睡尖，峰形恰如侧首欲睡的老人。迤南为三姑山，三峰并峙，传为三仙女所化，不少诗人多有吟咏。明朝舒祥在《三峰削玉》中写道："卓卓三峰落碧天，夜深常见斗星连。春风长养琼崖笋，夏雨沾濡玉井莲。"写的就是三姑山的日夜景色和春夏物产。再迤南就是端凝浑厚的吉阳山，清代另一诗人朱霈在《游吉阳山》中写道："树密日还少，苔绿径不分。深没岩下水，迸出洞中云。"诗中的石岩指的就是吉阳山腰的大方石，终年流水，远观光亮如镜。再南经东山即至黟渔大道峡口石山。

就在屏风山与这联青山之间的弓家岭，流出一条小溪，清澈见底，经屏山村于古溪处汇入自黟城南来的漳水。此溪因位于吉阳山麓，故名吉阳溪，亦称吉水，为新安江源头之一。吉阳溪流过村中，两岸粉墙黛瓦，民居幢幢，三里十桥，方便交通。我曾写诗道："吉山吉水吉阳村，神化三峰对吉门。石板桥头无寂寞，明灯天乐伴黄昏。"写的就吉阳溪

今日的风貌。此溪流至村南，筑坝掘渠，引水灌溉田亩，并在与朱村接壤处，开凿月湖，水面约五十余亩，湖泥堆成湖塍，上植松柏桃柳，湖中波光粼粼，与红庙构成一景，是为屏山村水口，因地处长宁里，并含长久安宁之意，取名长宁湖。

黟县自古是个宗法社会，聚族而居。屏山自不例外，自唐朝则聚居舒姓，故屏山村又名舒村。说起舒姓，不能不上溯到颛顼时代伏羲氏九世孙的叔子。颛顼任他为纾的地正，后改纾为舒，遂以地为姓，故叔子为舒姓的始祖，至今已约四千多年。汉武帝时，舒姓传至九十九世舒骏，中举贤良，任官至丹阳太守（在今当涂）。在任九年，施行许多惠政，并留居长住，故皖江南北，包括安徽庐江的舒姓，皆为其后裔。庐江即当时之庐江郡。

再传至一百三十四世舒德舆，因唐僖宗时政治腐败，黄巢起义，僖宗中和三年（公元883年），因兵乱，德舆偕堂兄德与、德兴自庐江南逃，德与至歙县长龄桥定居，德兴至黟县长演岭定居，德舆至黟县长宁里（即屏山村）而居，故德舆是为黟县屏山舒姓始祖，至今已一千一百多年。屏山村口有一拱门，上嵌"长宁里"青石横额一幅。由于这段自庐江南来的历史，所以屏山村舒氏宗祠中有楹联一副："源溯庐江，舒国舒城寻旧派；秀钟徽岭，长龄长演尽同根。"德舆来屏山时，原住皆如庵，至屏山十六世舒佛六，迁至花园畔村心，即今舒姓聚居地方。

屏山十九世舒彦友，于元末明初时，有子三：长曰依仁，称大长房；次曰据德，称外屋；三曰志道，称里屋。依仁传后单薄；据德有子四：外屋长房永彰、二房永文、三房永武、四房永瓒；志道亦有四子：里屋长房铎一二房矿，二三房镠，三四房镛四。如此椒衍瓜瓞，遂成大村，清末支丁已超千人。

宗族社会极重宗法秩序，而以血缘联系。其主要信条是信神、忠君、尊祖，因此建有总祠、支祠，于元旦、清明、中元、小年、除夕各节，分别祀神、奉君、祭祖，长幼行礼有序。外屋总祠为序伦堂，因其建筑高大宽敞，所以又称敞厅；里屋总祠为光裕堂，因其门楼饰以神仙、松柏等彩雕，所以又称菩萨厅。两总祠下各房均有支祠。大长房因人稀财

薄，未单独建祠。为尊长兄，每逢喜庆，外屋里屋总祠随其使用。为免族内世系颠倒错乱，排有班辈统之。最后一轮班辈是一首五言诗："立朝遵尧君，法天广其仁。秉志崇功道，梦怀希纯乡。学成允升用，守令知子民。同年若与选，克家存忠心。"表达尊圣求仁崇道的理想及求学知用、为官爱民，克家忠心的修身之道，用以教育后辈。由于各家婚娶生育有早晚，故千百年来，班辈相距甚远。

屏山村地处黟城东北的屏风山、吉阳山下。因村北向屏风山形如屏风而得名，又因古建制属黟县九都，村中多为舒姓聚族而居，故又名九都舒村。

黟县屏山村

舒氏于一千一百多年前的唐末，从庐江迁至黟县九都（古称长宁里），就极富神奇色彩：当时舒氏祖先舒德舆梦游洞天福地，受白发仙翁指点："舒氏南迁，逢长则止；家族兴旺，荫庇后裔。"故三兄弟一迁歙县长龄桥，一迁八都长演岭，老三德舆则来到长宁里，风水先生称，此为"仙点胜处，踞含玄机：贵人得宝地，全族当兴矣！"果然如此，屏山九都舒氏千百年来"家族兴旺，名人辈出，长盛不衰"。

屏山村山清水秀，古称风水宝地，地灵必得人杰。屏山人建村落时十分讲究建筑风水学，追求人与自然的和谐统一。讲究村落的图形优势，随其自然和民居的吉门吉向。屏山村坐落在谷地中，北有屏风山作"靠"，南有东头岭为"照"，东有吉阳山，西有双凤山"含抱"：发源于吉阳山的吉阳水（小溪）由北向南川流不息，穿村而过。溪上建有八桥，并且各具特色，村南建有水口园林、廊桥，绝无水榭。亭台楼阁，道观寺庙，并据有水口塘（鸳鸯湖），古溪成了屏山村的一大景观，因为古人认为"水主财，水主发"，因此水口成了一个村的重要组成部分，水口一为聚财，二是象征一个村的兴旺发达，三作村落屏护，四可镇邪、镇煞。

屏山村古有"三千烟灶，五里长街"之称，全村自北而南沿吉阳溪而建。舒氏先人把整个村子的格局喻为扬帆出海的航船，美丽多姿的吉阳溪宛如一条缆绳，秀美的群峰围就了一个宁静的港湾，村南开阔的田园犹如海洋，层层叠叠的民居恰似船舱，众多祠堂前矗立的旗杆和挺拔的乔木如同船桅，座座高大的青石牌坊仿佛片片风帆。这些精美的喻义既寄托了屏山人对一帆风顺、兴旺发达的企盼和告诫子孙在学海、商海、宦海中搏击中流的追求，也显现出屏山人环境策划和景观设计诸方面潜在的审美情趣。

屏山村总体布局以菩萨厅和舒庆余堂为中心，沿吉阳溪上下南北分布，北部屏风山与东部吉阳山形成天然秀丽的屏障。水随山转，屋追溪落，水声鸣溅，鸟语花香。远观青山含黛，层层屋宇，隐现在雾霭霞蔚之中，犹如浓墨淡彩的山水图画；近观马头墙突兀而立，其势恢宏，粉墙黛瓦，黑白分明，给人以宁静淡泊的惬意。智者乐水，仁者乐山的审美情趣和艺术哲学在这里似乎得到完美的体现。

九都为黟县屏山舒村，都是黟县古时的乡镇的自然建制，通常以可为界．九都有两个村落，分上九都、下九都：上都姓舒，下九都姓朱，现时为加以区别，人们习惯称舒村为"九都"，而下九都却直呼朱村。据有关文献记载："九都舒氏族大势强，朱氏不可与之同日而语，更不可与之同呼地名也。"又载："九都舒氏得风水之先机，朱氏得风水之

余尾。"

明永乐初年（公元1430年），休宁风水大师何可达乘轿经黟县古城过九都，越虞山溪到宏村为汪氏相墓，后来在返程中停留九都，赞叹不已：

此乃风水宝地，藏风得水，五行不缺。

他在村前水口长宁湖边反复察看，叹曰：水口胜地妙也，主丁旺，作屏障，汲财源，镇邪狂无一不至……

当村中长辈知其是名师时，请其观宗族坟山，看祖先墓地，观后称"挹神风，得吉水，受龙气，族发有源"。据说事隔几年后，何先生曾再度到屏山观吉阳水向。

古徽州，无论从村落建筑到民居建造，从祖先墓地到庙宇位置，无论从气口（入风口）到水口（出水口）等等都离不开风水，然而在九都，风水一块显得越益突出，无论是古代的操作，还是现存的物象都说明了九都是一块风水宝地，这里是风水学应用的典范。

屏山村整个村落的布局也是有讲究的。村中的古民居、祠堂，密密匝匝，鳞次栉比。尽管吉阳溪穿村而过，但是这些古建筑主要集中在吉阳溪的西畔。为什么不沿着溪流大体上呈对称分布呢？其实，"河右为吉，河左为凶"，这是经验之谈。"河右为吉，河左为凶"中的左、右分法是以人横跨河流，水从背后流向前方，此时左手为河左，右手为河右。中国古代文献中关于"河右为吉，河左为凶"的记载颇多。因此屏山舒氏在做房屋特别是建造族祠时，一定也会考虑到这一点。

屏山舒氏非常看重风水，认为风水与人生祸福、家族兴衰息息相关。所以，他们的村落布局和住宅基地，力求遵循风水定律，甚至墓地选择，也郑重其事，丝毫不敷衍。在胡时滨、舒育龄编著的《屏山旅游诗话》书中，载有"调包计堪得好风水，朱娘子热葬发屏山"的传说故事，说的是嫁到舒家的朱娘子依据风水先生所言，在一块神牛宝地"热葬"，数十年之后，舒氏家族果然兴旺发达起来了。故事是真是假，谁也说不清。

在这块风水吉地上，屏山舒氏世代致力耕读，勤俭持家，民风淳朴。

明、清之际，不少人外出经商，以诚待客，以义取利。致富后，热心公益事业，捐资助学济困，行善积德。古人云："好风水必以德求之。"千百年来，风水的神奇魅力在屏山的展现，无疑与舒氏家族一贯重视读书修身、行善立德分不开。

正因为屏山村风水灵秀，加上村人自古尊义重文、诗礼传家，故历代人才辈出。

# 第十一节　文化名村——歙县昌溪村

安徽省黄山市歙县昌溪镇昌溪村山环水抱，有"歙南第一村"的美誉。

昌溪村原名沧溪，根据文物考古发现，这里早在汉代就有了人类活动的历史，距今已有 2000 年的历史。唐代时，有姚、叶、朱、方、王五大姓在这里生息。南宋淳熙年间，吴姓迁入后改称沧溪为昌溪，吴姓便成了这里的主姓。整个村落建在依山傍水的小盆地中，气候湿润，水源充足，适宜农作物生长和人口繁衍发展。

歙县昌溪村

　　昌溪河历史上曾通航，清代中叶曾开有一条官道，给昌溪后来的发展提供了便利。村庄被蜿蜒连绵的群山环抱，树高林密，在军事上利于屯兵。正因如此，历史上朱元璋、太平天国军队曾到此屯兵休整。20世纪30年代曾是新四军皖浙支队的重要驻地之一。

　　人文古迹：坐北朝南，村前以70多米宽清澈见底的昌溪河为屏，后以层峦叠翠的来龙山为障，自明代始，这里就构筑了西自西静庵东至"务本堂"的长达3公里的古建筑群体，包括水口、石拱桥、亭阁、书院、学堂、古庙、宗祠和民宅等，并形成了前街后路的南北大道。村中纵横交错着二百多条巷弄。初到此地的人，深入其中会让人分不清东西南北。还有大塘坑、小塘坑两股溪水穿街过巷，在庙坛汇合，形成优美的"S"形，注入昌溪河。村中有池塘二十多口，古井更多，民宅鳞次栉比，纵横相接，扑朔迷离，宛如迷宫。村前小河流水潺潺，村中池塘波光粼粼，加上村中水口和庭院中的井水，既有利于蓄水、泄洪和消防，还改善了小气候，美化了村落环境，使人们年年岁岁生活在舒适宜人的环境之中。整个村落布局既古色古香，又雄伟壮观。

　　到南宋时，昌溪人子孙繁衍，人口剧增，因受耕地限制，于是寻求向外发展。宋代起就有居民外出经商和攻读学问，参加科举考试，逐步形成官、商、学一体的格局。这里有一门两进士、五举人、二十二秀才和贡举会考一等第一名的传奇，有明、清时期闻名遐迩的徽商代表——"吴茶""周漆"。昌溪徽商在外获得发展后，便返回家乡兴建宅第、寺庙、楼台亭阁，兴修水利、治理环境、开办书院等；到清末时已建成东西向4华里长廊，民居近800幢，祠20余个，寺庙7个，庵5个的建筑格局。就是现在，昌溪仍存有宋、元、明、清古建筑201幢，即如"忠烈庙""太湖祠""周氏宗祠""吴承仕故居"等都是古建筑佳作，"员公支祠"木牌坊更是江南独有。

　　徽州重风水，葬必择地。同时徽州的宗法观念又极其浓厚，庐墓是伦理孝道观念的结果。由庐墓而逐渐发展成村落，在徽州较多见。歙县昌溪即由吴氏庐墓而成村，至今村中仍有一块占地很大的"大柏园"，为昌溪吴氏始祖及后代各世祖的坟地，大柏园也就是昌溪村的发源地。

歙县潭渡黄氏庐墓成村的过程与昌溪村同时成长，村落的结构亦体现了聚落包坟茔的特点。

如果把庙前、庙坦和庙后这些景观当做一个整体来看，自然就具有了一种壮观之美，撼人心魄。这里的古树是很神奇的，具有种种特别的神韵。这里的景致不但画了龙，而且还点了睛，点睛之笔就是"忠烈庙"。而人们的许多习称也在自觉不自觉中点化着这双眼睛，那就是所谓的"八老爷之坐骑"、"八老爷之马鞭"、"八老爷之玉带"等，这是自然与人文的合唱所形成的杰作，内涵丰富、形式壮观，给人以特别的美丽之感。

沿着村落走了一大圈，终于来到了昌溪河边。

站在河岸边，这才真正体味到昌溪河的源远流长和清澈透底。据介绍，昌溪河发源于天目山脉西侧，由昌、华二源汇聚成流。昌源出自清凉峰至搁船尖一带山峰西麓，流经竹铺、三阳、梓里、苏村、唐里等乡镇，到石潭外与华源汇合，沿途接纳柏川、英坑、小溪、周川等支流。华源则出自绩溪县逍遥岩南麓，流经石柱坑入歙县境，再经水竹坑、西村、横溪、金山、庄川、上干、河政、霞坑、进丰等村到石潭外汇昌源为昌溪，途纳九条溪水，汇合后经昌溪到定潭，在深渡注入新安江。河道全长七十公里，河面宽 12 米~75 米不等，昌溪地段最宽处达百米，坡降 4.19‰，流域面积 452.4 平方公里。昌溪河水有急有缓，曲折多姿，深潭浅滩错落相间，配以河畔青山翠竹，绿草如茵，吸引着诸多骚客游人前来驻足观赏。

顺着蜿蜒的昌溪河水而上，可以找一高处眺望昌溪古村的整体形象了。当你来到通往沧山源的山岭上，迎着夕阳的余晖，向古村遥望，整个古村落尽收眼底。抬眼望去，古村落依山傍水，坐北朝南，背依里西山，面朝昌源河，给人一种不凡的气势。只见村北有积毛岭、朱岗岭、福金山为屏，南有外西山、火焰山坐镇古村落水口，而处于山水之间的盆地间的整个古村，则恰似一只巨型蝴蝶展开羽翅，栖息在众山脚下和昌水之畔。面对此种突然间展开在自己眼前的奇异景象，令人顷刻间突生种种奇思幻想。莫非此番所见，就已经揭开裹藏在这古村身上的神秘

面纱？莫非这古村乃由一只神蝶衍化不成？越想越让你觉得此中的神奇：原来昌溪是一只翩翩而飞的神蝶！不管怎么说，这个古村落是蕴藏着丰富奥秘的，有待于人们去一一揭开它的神秘书页，去探看个究竟，但这需要一些时日。短暂的探访，即让人领略了它的诸多神奇和美丽，倘若沉潜下来细加体味，岂不从此永远陶醉其中而不能有一时半刻的自拔？

# 第十二节　文化名村——武义俞源村

　　俞源村，属浙江省金华市武义县，坐落在武义县西南部，距县城20公里。新近发现明、清古建筑竟有395幢之多，超过有"中国第一古村"之称的江西乐安流坑村。该村以其深厚的文化底蕴，奇异的布局，罕见的古建筑群和精致的木雕、砖雕，以及一个个不解之谜而吸引着国内外众多游客，开放近两年多来，已有英、美、法、德、日、奥地利等十三个国家的专家、学者慕名而来。据《俞氏宗谱》载，俞源村系明开国皇帝朱元璋的国师刘伯温按天体现象设计的村庄布局建造的。

　　南宋时，在松阳任儒学教谕的杭州人俞德过世后，儿子俞义护送灵柩回杭，路过这里投宿时，停放在溪边的灵柩被紫藤缠绕起来。俞义认定这里是神地，便置地葬父，守墓时与当地人通婚，至今已第30代。2000多人口大多姓俞，是全国规模最大的俞姓地之一。

　　俞源乡具有国家级保护单位古建筑群的俞源太极星象村名噪全国。俞源太极星象村位于金华市武义县俞源乡境内，距县城20公里。俞源古村落布局奇异，充满神奇。据考证俞源村是明朝开国谋士刘伯温按"天体星象"布局排列设置的村落。俞源名胜古迹甚多，有始建于南的圆梦胜地——洞主庙，建于元代的"利涉桥"。明代的古墓，村口有600余年古树林，尤为突出的是保存完好的大面积明、清古建筑。俞源明、清

朝出过进士，举人、秀才等 293 人，现存俞源古诗百余首，宋濂、章溢、苏平仲、冯梦龙、凌蒙初等名家与俞源有着不解之缘，起源于明末清初的大型民间文化活动"擎台阁"流传至今。神秘的古村落，抹不去 600 余年的封尘，走进俞源犹如走入历史的迷宫。省级风景名胜区清风寨、"十里画廊"刘秀垄、樊岭脚的文昌阁都在本乡境内。拥有丰富的古建筑文化资源，位于俞源村的古建筑是历史文化保护区，有许多保护较好的古屋、屋檐、柱梁等雕刻优美、栩栩如生，具有较高的文物价值。

俞源太极星象村系明朝开国谋士刘伯温按天体星象"黄道十二宫二十八星宿"排列设计建造，名胜古迹众多，现存古建筑 1072 间 3.4 万平方米。古屋、古桥保存完好，木雕、砖雕、石雕精美，巧夺天工。始建于南宋的洞主庙，是远近闻名的圆梦胜地。村口设一占地达 8 公顷的巨型太极图，村中布有"七星塘"、"七星井"，人文景观与自然景观密切融合，是古生态文化的经典遗存，是考察、观光、游览的首选之地。

俞源古村落始建于南宋，明嘉靖年间为鼎盛时期，至清乾隆、道光时期再度兴盛。古村现存宋、元、明、清古建筑 53 处，其中一级保护 36 处。2001 年被国务院列为"全国第五批重点文物保护单位"，2003 年又被国家建设部和国家文物局列为"首批中国历史文化名村"。

古村、古林、小桥流水形成一幅美丽的画卷，俞源村各类旅游设施齐全，有酒店、旅馆、超市及多座农家乐，现为重点全国文物保护单位、中国历史文化名村、中国名俗文化村、浙江省历史文化保护区。

俞源明、清两朝出过进士、举人、秀才等 293 人；现存写俞源的古诗百余首。宋谦、章溢、苏平仲、冯梦龙、凌蒙初等名家与俞源有着不解之缘，明翰林院士苏平仲撰写的俞源皆山楼记被载入《四库全书》，有关俞源的许多故事被编入《二刻拍案惊奇》和《中国情史》。俞源曾出过画有、书法家、医术家。起源于明末清初的大型民间文化活动"擎台阁"流传至今。

俞源村还有许多不解之谜，自刘伯温为俞源改溪设太极河之后，600 余年来未发生过一次洪灾；"商坐楼"边有口井称"气象井"，天晴水清见底，井水变浑浊定要下雨；"声远堂"沿口桁条上九条木雕鲤鱼会

随气候变化而变色；每年农历六月二十六是"圆梦节"，这天必降喜雨，即使大旱年头也不例外。

　　走进俞源古村落，你就会深深感到在如此广袤的大地上，竟然还有一个如此特点的"世外桃源"。武义县俞源村是一个充满神奇色彩的古村落，这个村的太极星象等神秘文化遗存不断被发现，引发了国内外专家极大的兴趣和关注。俞源村距武义县城 20 公里，现有农户 700 多户，2000 多人口，是全国较大的俞姓氏聚居地。据《俞氏宗谱》记载，明清两代，该村出过尚书、大夫、进士、抚台、知县、举人等 260 人，村人读书成风，历代书香不绝。有人说走进俞源就如进入人类历史文明的大观园，它的一砖一石都极富人文色彩，每一条古巷、每一幢古宅都有讲不完的故事，据初步统计，俞源村古代民居 395 栋，构成了 50 多座较为完整的古民居建筑群，占地约 34000 平方米。从单体看，许多建筑结构合理、科学，而且大多具有较高的艺术价值。例如精深楼，又称九间头，清道光时所建，此屋有 9 道门之多，层层设门是为了防盗，其中第七道门下还设有暗道机关，盗贼误入就会掉入陷阱而束手就擒。这幢民居的另一个特点就是整幢房屋的石雕、砖雕、木雕均精雕细刻。不仅如此，木雕的内容也相当独特，白菜、扁豆、丝瓜等蔬菜以及小白兔、小狗、蟋蟀、蜜蜂等动物、昆虫均成为雕刻的主题，体现出主人效法自然、悠闲自得的田园山水般的人文情调。

　　俞源古村落引起了海内外人士的注意，除了深厚的文化底蕴、完整的古村形态和丰富的古代民居建筑以外，神秘的太极文化现象和按星象布局的村落规划不能不说具有极大的诱惑力。俞源村四面环山，发源自九龙山的溪流横穿整个村庄，与另一条小溪汇合折向村庄的北豁口，这条溪流为全村的人居提供了充足的水源。以前四周山岗上全都是苍苍郁郁的大树，位于东南部的九龙山更是森林茂密，巨形太极图就处在村北豁口的田野里。站在村前的山岗从高处俯瞰，但见穿林而过的溪流在北豁口呈"S"形流向村外田野，"S"形溪流与周围的山沿在村口勾勒出一个巨大的太极图。"S"形溪流正好是一条阴阳鱼的界线，把田野分成太极两仪。溪东阴鱼古树参天，鱼眼是一池圆形小塘；溪西阴鱼则稻谷

金黄，鱼眼处高山田畈，种着旱地作物。经村民用仪器测量，太极图直径为320米，面积达120亩。

武义俞源村

此地三面是崇山峻岭，北面是一条弯曲的峡谷，一条溪流呈"S"形穿村而过，经过人工改造，之所以设计成"S"形，带有一定的玄机。当年刘伯温与俞氏的第五代传人俞涞为至交，据俞氏家谱记载，刘伯温曾在俞源村小住，但是村中非涝即旱，瘟疫流行，刘伯温认为俞源村外围有十一道山峰环绕，是为福地，但这条溪水直行，将瑞气尽泄，如改直为曲，以太极图布局，设黄道十二宫环村，住宅按照星象排列建造，可以求得发达。俞涞将此加载家谱，经过几代人的努力，渐成完整气候，以后果然家族兴旺，成为四方羡慕的风水宝地。

整个村落的布局是一个巨大的太极图。有关专家仪器测量，确认该太极图直径为328米，面积为120亩。溪流的分割恰好将村落前的这个区域，由南至北分割成太极的两仪，也就俗称的阴阳鱼。其中的阴鱼身上长满了各种参天大树，阳鱼鱼眼上本来也有古树，在20世纪50年代被毁。村中以前有28幢大型的厅堂是按照星象图上的28宿排列，被誉

为"太极星象村"，是古代天人合一思想的经典遗存。

俞源村整体上坐北朝南，以笔架形的六峰山为朝山，馒头形的梦山为案山，高耸的李丁山为祖山。一般村落只有上、下水口，俞源却多一处中水口。上水口位于洞主庙前，是两条坑泉合一的上宅溪上游；下水口位于村北丛蓬古林外；中水口为大黄岭峡谷溪水入村处。

明朝万历四十二年（公元1614年），《俞氏宗谱》后序载俞氏祖先择址：

始祖处约府君德者……雅爱山水之奇，数游览括、婺间，见婺界有所谓九龙山者，其下溪山秀丽，风气回环，欣然有卜居之想矣！仕无几何，辄尔脱却名利关，创此安乐境，则今俞氏千百世不拔之业实托始焉！

民国版《宣平县治》记载此地的风水：

宣邑山水惟俞源为最胜，自九龙发脉，如屏、如障、如堂、如防，六峰耸其南，双涧绕其北，回环秀丽如绘也。

俞源村现存古民居有395幢，村中还有七口水塘，俗称七星塘，主要用于防火防旱等，还有七星井，其布局亦呈北斗七星状排列。俞氏宗祠的偏厅，摆放着一个巨大的俞源村落沙盘，它直观地将奇特的太极田、星象村完整地描绘出来。刘伯温按天体星象原理规划俞源村布局，意在营造良好的环境，体现了古代人在村落建设上的生态意识。

从俞源村后的梦山冈高处俯瞰，一条山溪从村庄东南方流入，改为东西方向横穿村子，直至村西山脚，复折向北至村口，呈"S"形流向村外田野，"S"形的溪流与四周环山在村口勾勒出一个巨大的太极图。而"S"形溪流正好是一条阴阳鱼界限，把田野分割成"太极两仪"。溪南"阴鱼"古树参天，鱼眼处现有公路穿过；溪北"阳鱼"稻谷金黄，鱼眼处种着旱地作物。经仪器测量，太极图直径为320米，面积八公顷。据说，太极图置于村北口子上，一则可以挡住北方的寒冷空气和"邪气"，二则好似一座"气坝"，防止村庄祥瑞之气外泄。

专家们进一步考证后发现，俞源村的民居布局是按中国古代的天体星象图"天罡引二十八宿，黄道十二宫环绕"来排列的，与1974年在河北宣化辽墓中出土的星象图的排列完全一致。村口的太极图即环绕俞源

村的"双鱼宫",与围绕村子的十一道山冈正好组成"黄道十二宫"。村中的28处古建筑群则按东方苍龙七宿、北方玄武七宿、西方白虎七宿和南方朱雀七宿的方位排列,七口水塘(又名"七星塘")呈北斗七星状排列,组成"天罡引二十八宿"的布局。更为巧妙的是,位于西方"白虎"之首"奎"宿的俞氏宗祠,恰好装在北斗星的"斗"内。

有关专家分析认为,刘伯温按天体星象原理规划俞源村布局,意在营造良好的风水环境,事实已具有朴素的生态学意义,是古代生态环境意识在村落建设上的体现。

首先,在村口造一个太极图是建立在科学基础上的水利改造工程。俞源村所在地形几乎是四面环山,仅在北面有一个小缺口,整个村庄就像一只口小肚大的瓶子,一条小溪就从瓶颈处笔直地流出村外。雨季时每当大雨过后,山上的水纷纷涌入小溪.溪水流量陡然增加。由于出口狭小,溪道笔直,溪水下泄速度极快,在短时间内瓶颈处就会滞留大量溪水.进而造成漫溢,形成涝灾。

刘伯温将溪流改成"S"形,就是要把溪道变长,溪道容积加大,可使溪水下泄速度减缓,使瓶颈口处水量不至暴积,溪水可以缓缓流出村庄。

同样,刘伯温用黄道十二宫的理论把环绕俞源的山冈变成了"神山",培育了村民保护山林的生态意识,从而世世代代禁绝了滥砍山林,改善了小溪源头的生态环境,从根本上消除了山洪下泄、溪流泛滥的诱因。据史书记载,刘伯温的好友俞涞还带头在家乡营造过两片人工林近五公顷。这样做了还不够,刘伯温让人在村内挖了七口池塘,做旱时救旱、火灾时救火之用。刘伯温还把它们按北斗七星状排列,名之曰"七星塘",进而将村落的民居全部按天罡引二十八宿排列……中国历史地理学界权威、浙江大学终身教授陈桥驿考察后认为,俞源可称为中国古代村落生态建设的典范。

为了保护好风水,俞氏宗祠对村口和大祠堂山的风水林,定有严厉的护林禁约。凡偷砍乱伐的,轻者罚植树木,重者罚钱演戏,更严重者报官查处。

# 附：中国历史文化名村名录

中国历史文化名村，是由中华人民共和国建设部和国家文物局共同评定的，保存文物特别丰富且具有重大历史价值或纪念意义，能较完整地反映一些历史时期的传统风貌和地方民族特色的村。

评选条件和评定标准依据建设部和国家文物局 2003 年 10 月 8 日发布的中国历史文化名镇（村）评选办法，主要内容为：

历史价值与风貌特色：建筑遗产、文物古迹和传统文化比较集中，能较完整地反映某一历史时期的传统风貌、地方特色和民族风情，具有较高的历史、文化、艺术和科学价值，现存有清代以前建造或在中国革命历史中有重大影响的成片历史传统建筑群、纪念物、遗址等，基本风貌保持完好。

原状保存程度：村内历史传统建筑群、建筑物及其建筑细部乃至周边环境基本上原貌保存完好；或因年代久远，原建筑群、建筑物及其周边环境虽曾倒塌破坏，但已按原貌整修恢复；或原建筑群及其周边环境虽部分倒塌破坏，但"骨架"尚存，部分建筑细部亦保存完好．依据保存实物的结构、构造和样式可以整体修复原貌。

现状具有一定规模：村的现存历史传统建筑的建筑面积须在 2500 平方米以上。

已编制了科学合理的村镇总体规划；设置了有效的管理机构，配备了专业人员，有专门的保护资金。

中国历史文化名村，第一批名单，2003 年 10 月 8 日公布，共 12 处：

1. 北京市门头沟区斋堂镇爨底下村
2. 山西省临县碛口镇西湾村
3. 浙江省武义县俞源乡俞源村
4. 浙江省武义县武阳镇郭洞村

5．安徽省黟县西递镇西递村

6．安徽省黟县宏村镇宏村

7．江西省乐安县牛田镇流坑村

8．福建省南靖县书洋镇田螺坑村

9．湖南省岳阳县张谷英镇张谷英村

10．广东省佛山市三水区乐平镇大旗头村

11．广东省深圳市龙岗区大鹏镇鹏城村

12．陕西省韩城市西庄镇党家村


第二批名单，2005 年 9 月 16 日公布，共 24 处：

1．北京市门头沟区斋堂镇灵水村

2．河北省怀来县鸡鸣驿乡鸡鸣驿村

3．山西省阳城县北留镇皇城村

4．山西省介休市龙凤镇张壁村

5．山西省沁水县土沃乡西文兴村

6．内蒙古土默特右旗美岱召镇美岱召村

7．安徽省歙县徽城镇渔梁村

8．安徽省旌德县白地镇江村

9．福建省连城县宣和乡培田村

10．福建省武夷山市武夷乡下梅村

11．江西省吉安市青原区文陂乡渼陂村

12．江西省婺源县沱川乡理坑村

13．山东省章丘市官庄乡朱家峪村

14．河南省平顶市郏县堂街镇临沣寨（村）

15．湖北省武汉市黄陂区木兰乡大余湾村

16．广东省东莞市茶山镇南社村

17．广东省开平市塘口镇自力村

18．广东省佛山市顺德区北滘镇碧江村

19．四川省丹巴县梭坡乡莫洛村

20．四川省攀枝花市仁和区平地镇迤色拉村
21．贵州省安顺市西秀区七眼桥镇云山屯村
22．云南省会泽县娜姑镇白雾村
23．陕西省米脂县杨家沟镇杨家沟村
24．新疆鄯善县吐峪沟乡麻扎村